마케팅 조사론

김 우 성 저

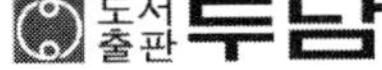
도서출판 두남

머리말

성장가도를 질주하던 국내의 기업들이 1997년 IMF관리체제상황에 직면 한 후 세계화 및 글로벌을 화두로 생존을 위한 다각적인 노력을 기울이고 있다. 고도성장을 계속 해 온 우리에게 익숙한 기업들 조차도 도산이라는 비극적 최후를 맞이한 경우도 있다. 이런 때일수록 기업은 소비자에게 어떻게 인식되고 있으며 우리가 만든 상품이 소비자에게 최대의 만족을 부여하고 있는지를 다시 한번 돌이켜 보아야 할 때이다.

우리 나라 기업이 안고 있는 큰 취약점을 꼽는다면 저자는 기술 축적과 마케팅 전략부문이라고 과감하게 얘기 할 수 있다. 그러나 기술 부문은 정부 차원에서의 과감한 지원과 첨단기술개발의 노력으로 머지않아 우리도 선진국 수준에 이를 것으로 생각되어지지만 문제는 마케팅부문이다. 마케팅이란 오늘날과 같이 글로벌 경쟁의 시대에는 기업의 운명을 한손에 거머쥐고 있는 핵심이라고 하여도 과언은 아닐 것이다.

마케팅믹스를 전개하는 요건 중에서 가장 중요한 것이 마케팅조사이다. 현재 우리나라 기업에는 마케팅조사를 담당하는 부서가 설치되어 있는 경우가 많음에도 불구하고 이런 말을 할 수 있는 것은 마케팅조사의 기능을 제대로 활용하는 기업은 많지 않기 때문이다. 유통재고의 점검, 상품 또는 기업에 대한 소비자의 반응, 경쟁사의 판매현황수집 등은 마케팅조사의 극히 일부분에 속하는 일반적인 사항일 뿐이다. 항상 변화하는 소비자의 욕구를 신속하게 파악하고, 급속한 환경변화에 대응해 나가기 위해서 끊임없이 경영내외의 정보를 수집하여 분석함으로써 시장에서의 독자적인 위치를 확보하기 위한 노력이 더욱 필요하다고 하겠다. '조사는 훌륭한 경영보험이다', '경영을 적절히 관리하는 것은 그 장래를 관리하는 것이고 장래를 관리하는 것은 정보를 관리하는 것이다'라는 말은 마케팅조사의 비중과 정보의 중요성을 단면적으로 나타낸 것이다.

이 책은 1장에서는 마케팅조사는 어떠한 것이고 그 문제점은 어떠한 것인가에 관하여 기술하였다. 2장에서는 마케팅정보시스템의 종류를 다양한 각도로 검토하였으며 의사결정을 행하는 경우의 프로세스에 관해서 서술하였고 또한 이전부터 사용되어지고 있는 실태조사의 방법에 관해서 기술하였다. 3장에서는 마케팅조사의 신뢰성확보를 위한 데이터의 종류와 각종 조사기법과 조사표작성 등에 관해서 서술하였다. 4~12장에서는 수집되어진 자료를 정확하게 분석하고 시장의 상황을 예측 할 수 있도록 통계의 기초적인 부분에서부터 다변량해석을 소개하고 상황에 따라 적절한 분석을 행할 수 있도록 구분해서 설명하였다. 13장에서는 마케팅조사의 주체인 소비자행동과정과 의사결정과정을 현실적으로 이해 할 수 있도록 설명하고자 노력하였다. 이는 마케팅조사의 대상이 소비자나 제품이 되는 경우가 대부분이기 때문에 소비자행동 과정을 이해함으로써 조사를 좀 더 용이하고 정확하게 실행하고자 함이다. 14장에서는 마케팅조사에서 빈번히 활용되고 있는 각종 조사기법에 관해서 소개하였다.

이 책은 마케팅을 연구하는 학생이나 실무자들에게는 마케팅조사에 관해서 경험할 수 있는 좋은 이론적인 지침서가 될 것으로 믿는다. 특히 대학교에서 강의하는데 도움이 되는 교재로써의 가치를 충분히 담고 있다고 생각되어진다.

이 책을 탈고하고 보니 부족한 점이 너무 많다. 이 시점이 마케팅조사에 관한 본격적인 연구의 시작이라 생각하고 앞으로 끊임없는 노력을 경주하겠으며 이 책에서 부족한 부분은 늘 보완하고 새로운 영역을 추가해 나가고자 한다. 동학제현의 기탄없는 지도편달을 바란다.

2012년 2월 도안동에서

차 례

Chapter 01

마케팅조사의 이해

1. 마케팅조사

1) 마케팅조사의 정의

마케팅조사의 대표적인 정의로 1961년의 미국마케팅협회(AMA; American Marketing Association)의 정의는 "상품 및 서비스의 마케팅에 관한 제반문제에 관해서의 자료를 조직적으로 수집 기록 분석하는 것"이라고 되어 있고, 그린(E.Green)과 툴(S. Tull)[1]은 문제해결에 중점을 두어 "마케팅조사는 마케팅 분야에 있어 어떠한 문제의 식별 및 해결과 관련된 정보의 조직적이고도 객관적인 분석이다"라고 정의하였다. 마케팅조사는 정보에 대한 조직적 탐구와 분석이며 조사의 모든 단계에서 신중한 계획을 세우는 것은 반드시 필요하다. 조사해야 할 문제를 명확히 해야 하고 얻고자 하는 정보를 보다 심도 있게 다루기 위하여 적절한 분석기법을 선택해야 한다. 이때 조사에 따른 객관성이 가장 중요한 요소이다. 마케팅조사는 경우에 따라 마케팅에 대한 과학적방법이 적용되는데 과학적방법의 핵심은 정보를 객관적으로 수집하여 분석하는 것이다. 마케팅조사는 효과적 마케팅 전략의 전개를 지원하는 문제를 제시

1) P.E.Green and D.S.Tull, *Research for marketing Decisions*, Prentice-Hall, 1966, p.4.

하고 해결책을 제시해야 한다.

마케팅조사는 5W(what, where, when, who, why)와 1H(how)로 6개의 문제를 마케팅제반문제에 던지고 그것을 해결하여 경영의 위험을 최소화 하자는 것이라고 할 수 있다.

마케팅조사는 보고조사와 문제해결조사라는 2가지 측면과 관계되어있다. 따라서 조사를 위해 경영 내·외부에 있는 데이터의 양적측면과 질적측면 모두가 고려되어야 한다. 또한 시장은 끊임없이 변하고 있으므로 정태적으로만 파악 할 것이 아니라 동태적인 면을 충분히 고려하여 그 변화와 움직임을 연구해야 한다.

[표 1-1] 6개의 의문과 해결해야할 문제

	상 품 (product)	소 비 자 (consumer)	광 고 (advertising)
무엇을 (What)	• 상품의 특징은 무엇인가 • 경쟁상품은 있는가 • 그 특징은 • 보완 상품은 무엇인가 • 어떠한 상품을 소비자가 원하고 있는가(색, 디자인, 포장, 가격 등) • 어떠한 상품을 갖고자 하는가	• 소비자의 연령별, 소득별, 직업별, 성별, 가족 구성 등의 인구통계적인 요소들	• 무엇을 광고할 것인가(상품인가 기업인가) • 소비자는 광고에서 어떠한 정보를 얻고자 하는가
장소 (Where)	• 자연적으로 나누었을 경우 상품판매량의 차이가 있는가(도심, 교외, 농촌 등) • 어떤 점포에서 잘 팔리는가 • 점내에 어디에 상품을 배치 할 것인가	• 어디에서 소비자층이 살고 있는가 • 어디에서 상품을 구입하는가 • 어디에서 사용하는가	• 어느 지역에서 광고를 할 것인가 (전국적으로 할 것인가 특정지역인가) • 어느 매체를 사용 할 것인가
시간 (When)	• 가장 잘 팔리는 시간대는 언제인가 • 팔리지 않는 시간대는 있는가	• 언제부터 구매가 용이하게 되었는가	• 언제 광고를 하는것이 효과적인가(TV라면 어느 시간대가 효과적인가)
누구 (Who)	• 누가 소비자이고, 구매자는 누구이며, 구매에 영향을 미치는 사람은 누구인가	• 누가 소비자이고, 구매자는 누구이며, 구매에 영향을 미치는 사람은 누구인가	• 소구대상자는 누구인가(일반소비자인가? 산업재소비자인가)

	상 품 (product)	소 비 자 (consumer)	광 고 (advertising)
어떻게 (How)	• 구입방법은 • 대금지불방법은 • 상품의 사용방법(용도)은 • 1회 구입 수량은 • 구입의사가격은	• 구입방법은 • 대금지불방법은 • 상품의 사용방법(용도)은 • 1회 구입 수량은 • 구입의사가격은	• 어떤 소구방법을 택할 것인가
왜 (Why)	• 왜 특정상품을 사는가 • 왜 특정상품을 사지 않는가 • 왜 상표전환을 하였는가 • 왜 특정점포에서 구입하는가(동시에 그렇지 않은 이유도 포함)	• 왜 특정상품을 사는가 • 왜 특정상품을 사지 않는가 • 왜 상표전환을 하였는가 • 왜 특정점포에서 구입하는가(동시에 그렇지 않은 이유도 포함)	• 광고에 대한 효과와 영향은 • 역효과를 가진 소비자에게 그 이유는

이상과 같이 마케팅조사는 공급자 보다는 수요자를 중심으로 상품 및 서비스를 유통시켜 사용·소비되어질 때까지의 전과정을 조사의 대상으로 하고 질적·양적 측면에 관한 조사연구이고 나아가 그 변화를 연구하는 것이라고 할 수 있으며 과거지향적이고 사실확인과 미래지향적인 것으로 마케팅조사를 해야 한다. 즉 하퍼(Harper)[2]가 말한 "경영을 적절히 관리한다는 것은 그 상태를 관리하는 것이고 상태를 관리하는 것은 정보를 관리하는 것이다"라는 말과 같은 맥락에서 마케팅조사를 해야 한다.

2) 마케팅조사의 문제점

위와 같이 마케팅조사는 경영 특히 마케팅의 위험을 줄이기 위한 기법이다. 효과적으로 실시된 마케팅조사는 경영자의 의사결정에 내포되어 있는 위험요소들을 감소시킨다.

시장을 개척함에 있어 동반되는 위험으로는 예를 들어 고객은 그 상품을 선택하지 않을 수도 있고, 그 가격으로 구입하지 않을 수도 있으며, 또한 판매업자는 그 상품에 대해 관심을 가지고 있지 않을 수도 있으며, 경쟁자가 보다 뛰어난 상품을 제공할지도 모른다. 실제 이와 같은 일이 발생하였을 때 기업은 상당액의 손실과 기업이미

2) M.Haper, jr. "A New Profession to aid Management," *Jurnal of Marketing*, vol.25, No.3 (January 1961, p.1.)

지에도 좋지 않은 영향을 미친다. 그러므로 마케팅조사는 이러한 위험을 줄이는데 도움이 된다.

한편 마케팅조사를 실시하고 그것을 충분히 검토했다고 하더라도 경영자의 바른 결정을 보증하는 것은 아니다. 마케팅조사는 시장기회의 모든 요소들을 항상 분석하고 있지 않으며 마케팅조사시 발생되지 않은 요소들을 결정할 수도 없다.

그래서 마케팅조사는 만능이지 않다. 할 수 없는 것도 많이 있다. 그것만으로 완벽하게 의사결정을 행할 수는 없는 것이다. 마케팅조사는 경험이 축척된 사람들에 의한 건전한 판단의 기초가 되는 어떠한 정보를 제공하는 역할을 하는 것에 지나지 않는다. 마케팅조사자의 사명은 객관적인 정보를 제공하는 것이다. 그렇지만 예언자이지는 않다. 또한 마케팅조사는 의사결정자에게 제공되는 정보로서 도움이 되는 예측이나 권고는 그 자신의 판단이나 감에 의해 보충되어져야 한다. 과학적 분석은 경험이나 주관적 분석을 대신한다는 것은 아니다. 훌륭한 마케팅조사는 많은 경영자의 의사결정을 이루는 감이나 추론에 대한 사실적이고 객관적인 평가를 제고하지만 마케팅의사결정의 전부는 아니며 경영자의 판단에 도움을 주는 것이다.

3) 마케팅조사의 필요성

마케팅컨셉(marketing concept)은 기본적으로 소비자이익이나 사회이익에의 공헌, 경영기능의 통합적 활동 및 이익지향이다. 그것은 시장을 구성하는 사람들이 투표권을 행사하는 입장에 서있다라는 경영자측의 인식을 의미한다. 이러한 경영목적의 정당한 정의는 "인식은 고객을 창조하는 것"에 기인한다라는 주장에 의한 것이다. 기업경영은 사회기관 중의 하나이고 그 목적은 결국 같은 사회에 융화되지 않으면 안된다는 것을 의미한다.

다시 말해 오늘날의 마케팅컨셉은 소비자의 욕구를 고려하여 적절한 판매량, 적정이익, 최소의 비용으로 소비자의 욕구를 만족시킬 수 있도록 마케팅기능의 적용과 경영의사결정을 하는 것이다.

이 컨셉이 경영내에 도입되면 마케팅과 경영의 다른 기능영역의 통합과 상호작용을 가능하게 하는 조직을 만들게 될 것이다.

드라크(E.Drake)와 밀러(I.Millar)[3]는 전통적인 마케팅컨셉에서 제품개발 마케팅에

---

3) J.E.Drake and F.I.Millar, *Marketing Research: Intelligence and Management*, International Textbook co. 1969, pp.4~7.

수행되는 역할을 [그림 1-1]과 같이 나타냈다.

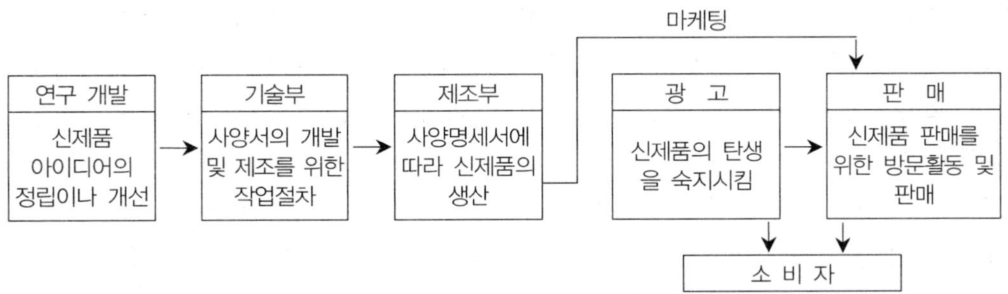

[그림 1-1] 전통적인 마케팅컨셉에서의 제품개발 플로우차트

경영이 새로운 마케팅컨셉을 확정하고 실행하기 전에는 마케팅영역에 채용된 사람은 신제품의 계획이나 설계에 영향을 거의 미치지 못 하였다. 아이디어는 연구개발부서내에서 창조하고 기술부의 의견을 생산에 반영하기도 하여 제조부서에서 사양명세서와 작업절차가 결정된 후 생산에 들어가게 된다. 이전의 마케팅관계자는 제품이 생산된 후 마케팅부가 그 상품을 판매촉진활동에 의해 판매 할 임무만을 부여받는 것이 전부였다고 해도 과언은 아니다. 종래에는 제품생산에서부터 판매까지 이와 같은 형태로 이루어져 왔다.

이에 반해 [그림 1-2]와 같이 새로운 마케팅컨셉에 의한 제품계획에 있어서는 최종소비자의 의견이나 욕구가 기점이 된다.

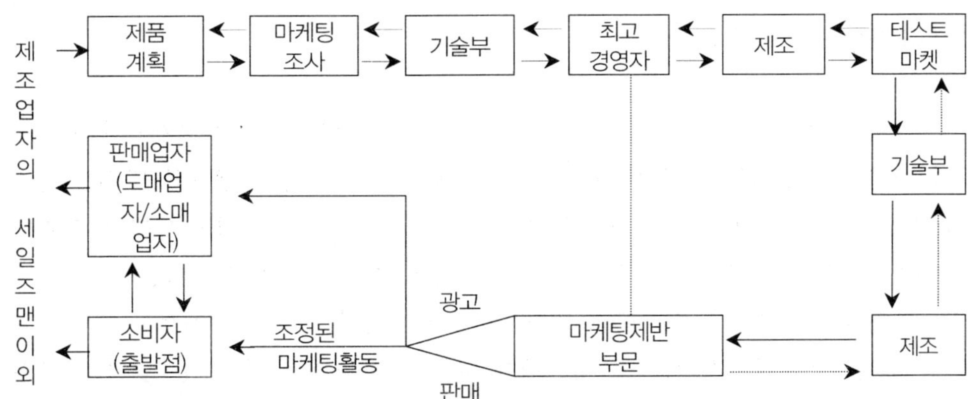

[그림 1-2] 새로운 마케팅컨셉에서의 제품개발 플로우차트

경우에 따라 소비자는 생산자나 마케팅경로상에 공식적, 암시적으로 자신의 의견이나 욕구를 표명하게 된다. 최종소비자의 메시지, 신제품의 아이디어, 기존 제품 개량에 대한 아이디어를 담당부서에서 아이디어가 제시되고 평가부서는 아이디어가 대다수의 소비자에게 받아들여지고 있는가를 검토하기 위해서 마케팅조사에 의해 확인·평가하여 기술부에서 검토를 요구한다. 이러한 것들을 선별하여 평가 과정을 거친 후 최고경영자의 승인을 얻도록 한다. 그 후 기술부, 시제품, 테스트의 과정을 몇 회 반복하여 본격 생산에 들어가 최종소비자에게 제공되어 진다.

[그림 1-2]는 최종 소비자를 기점으로 하여 취급되고 소비자의 욕구는 기존 제품의 개량에도 신제품의 과정과 동일하다. 최고경영자로부터 마케팅제반부분으로의 점선은 아이디어를 채용했을 때부터 마케팅부분에 연결되어 있다는 것을 의미한다. 따라서 광고나 판매촉진 등 마케팅관련 제반부문은 본격적인 판매촉진 계획을 세우기 위한 검토를 아이디어채용단계에서부터 행하고 있다는 것을 의미한다. 이것은 마케팅활동과 생산활동을 조정하는 것을 가능하게 한다.

이상은 제품개발을 예로 설명해 보았지만 마케팅컨셉에 있어서는 우선 소비자가 전제가 되며 질적·양적측면으로 소비자정보를 수집하여 검토하는 작업이 필요하게 된다.

2. 마케팅조사의 성격

1) 마케팅조사의 역사

경영활동의 특수분야로서의 마케팅조사의 역사는 그다지 깊지는 않다. 1900년대에 시작되어 그 후 급속도로 발전을 거듭 해 왔다. 그 역사적 성장과 발전에 관해 살펴보기 이전에 마케팅조사의 성격은 상당기간에 걸쳐 변화를 계속해 왔다. 기본적인 마케팅활동에 있어서 마케팅과업의 성과와 실행을 다양한 마케팅기능의 수행, 마케팅정보수집의 필요성을 강조하고 있다. 시대적인 변화의 흐름 속에서도 어떠한 마케팅시스템을 배제하고자 하여도 시스템에 따른 기능을 배제 할 수는 없다. 관련된 기능을 배제하는 대신 그 기능을 다른 대행 기관에서 실시하게 되는 것이다.

마케팅정보의 수집역할을 전문부서에서 이행하게 하고 또한 정식 계획에 따라 실시되어졌을 때 마케팅조사로서의 권위를 가질 수 있게 되는 것이다. 1930년대의 불황기는 마케팅분야의 많은 연구자들이 조사지향인 광고나 마케팅의 과학기 도래를 예견하였다.

새로운 마케팅컨셉에서도 마케팅조사는 알려져 있지 않은 많은 면을 가지고 있다. 마케팅과 생산이라는 2가지는 최대이익을 창출한다는 공통의 목적을 가지고 있다. 이러한 양자의 기능 영역의 책임자는 가능한 한 효율적인 활동을 전개해야 함과 동시에 위험과 불확실성 요소를 회피할 수 있는 정보를 기초로 신중하게 장기적으로 계획을 세워야 하고 또한 최선의 사회·경제적 이익으로 인적 및 자연 등 모든 자원을 이용하는 것도 가능하게 할 것이다. 이를 위해 생산조사와 마케팅조사 양자의 사용이 필요하게 된다. 특히 마케팅조사가 급속도로 기업에서 받아들여지게 되었는데 마케팅조사의 발전단계를 살펴보면 다음과 같다.

① 1910년~1920년

마케팅조사의 주된 임무는 영업통계나 내부자료의 검토를 통해 이루어 졌다.

② 1920년~1930년

마케팅조사의 주된 임무가 시장을 향하게 되고 실태조사가 강조 되었다. 1920년대에는 주로 출판사나 GM 등에 의해 실시되어졌다.

③ 1930년~1940년

럭클리(C.Lockly)[4]에 의하면 1930년대에 샘플링기법의 개발, 심리적 면접의 채용 및 그 외 태도 및 의견측정법이 급속도로 이 분야에 도입·확장되었다. 1930년대 불황기의 마케팅매니저는 자사제품 잠재고객의 지역적 특성이나 소득수준을 밝히고자 노력하였다. 또한 고객 욕구가 높은 상품의 특징이나 가격대를 확인하기 위해 판매정보에 관한 연구가 행하여 졌다. 바꾸어 말하자면 1930년대 비즈니스맨은 마케팅문제를 해결하는데 도움이 되는 정보를 입수하기 위한 과학적 어프로치를 채용하기 시작하였다.

드라크(E.Drake)와 밀러(I.Millar)에 의하면 마케팅조사가 조사에 많은 비용과 시간을 소비함에 따라 1차조사(primary research)와 2차조사(secondary research)가 행하여 진다고 하였다. 그러나 1차조사는 가끔 불충분한 샘플링을 기초로 연구가 행하여

4) L.C.Lockly, "Notes on the Wistory of Marketing Research," Journal of Marketing, April. 1950, pp.733~36.

졌다. 즉 랜덤하게 추출된 샘플이라기 보다는 유의추출법(judgement sample)에 의해 샘플이 결정되는 경우가 많았다. 1930년대에 통계학자는 임의추출법(random sampling)을 이용하도록 조사자에게 권유하기 시작하였다. 통계학자는 랜덤 또는 확률표본추출법(probability sampling)이 채택되어지면 조사결과는 표본오차(standard error)로 평가가 가능하게 되고 모수(parameter)는 통계추론을 통해 추정할 수 있다. 통계학적인 지식은 마케팅조사의 안정성을 높이고 이에 따른 보증을 하는 등 마케팅조사자에게 많은 영향을 미치게 되었다.

1920년대와 1930년대에 있어 심리학자는 보다 뛰어난 질문지의 설계와 개발을 강조하였다. 심리학자는 또한 what, when 및 how, much와 왜(why) 사람들이 그 제품을 구입하였는가에 대한 이유의 중요성을 강조하였다. 이런 종류의 정보는 모티베이션리서치(motivation research)에 의해 더욱 심도 있는 조사가 행하여졌다.

④ 1940년~1950년

통계기법이 한층 진보되고 행동과학의 기법이나 결과에 주목하게 되었다. 1940년대에 있어서도 특수기능으로써 시장정보나 마케팅조사에 관해 적극적인 회사는 극소수였다. 초기에 있어 마케팅조사활동은 아주 좁은 영역에 한정되어져 있었고 마케팅 조사는 시장 및 판매기능에 관해서 정보수집에 더욱 치중했다.

⑤ 1950년~1960년

모티베이션리서치나 행동과학에서 전개되어진 그 이외의 컨셉에 관심이 높아지게 되었다. 1950년대에 들어서부터 전문화된 마케팅조사부서를 설치하는 회사가 늘어났고 마케팅조사의 실무자들의 수도 늘어났으며 그들의 관심이나 활동의 범위도 더욱 넓어지고 다양화되었다. 초기 단계는 마케팅조사가 시장특성이나 판매노력에 한정되었던 것에 비해 이 시대에는 판매정책, 운송비용이나 방법, 재고관리, 위험관리, 신용관리, 제품개발이나 원가 및 그 외 마케팅의 전반적인 활동에 관련되어졌다.

⑥ 1970년~

1970년대에 들어 컨슈머리즘의 대두와 함께 기업의 사회적 책임문제가 등장하게 되었고 조사활동에 있어서도 새로운 영역으로서 회사책임조사가 등장하게 되었다.

이와 같은 발전단계를 거쳐 오늘날에 이르게 되었지만 1960년대에 들어 고객지향의 마케팅이 도입되고 마케팅조사 활동의 범위가 넓어짐에 따라 조사방법, 기법 및 자료의 원천에도 이들이 영향을 미치게 되었다.

첫째로 기업이 마케팅문제를 해결하기 위해 활용 가능한 사내정보의 처리에 눈을 뜨게 되었고, 둘째로 제 3자가 작성하는 유익한 외부정보를 충분히 활용해야 한다는 인식과 셋째로 초기 마케팅조사에 공헌한 조잡한 실태조사방법의 많은 부분이 사회과학 이외의 영역으로부터 도입되어 보다 진전되고 정교화되고 있다. 넷째는 수량분석에서도 수량모델의 채용이 늘어나고 다른 방법으로는 처리 해낼 수 없는 많은 양의 정보를 처리기 위해 정보처리에 관한 방법론적인 연구가 활발하게 진행되어지고 있다.

이와 같은 진전 속에서 마케팅조사는 장기계획을 세우기 위한 유력한 도구로써 인정되어지게 된 것이다. 어떤 상품이나 서비스가 장래 회사의 표적시장에서 요구되어지고 있는 것인가? 회사는 현재 취급하고 있는 상품과는 완전히 다른 상품을 개발해야 하는가? 장래 유력한 판매망의 개발을 필요로 하는가? 등에 관한 정보를 수집 · 분석하기 위하여 이용되고 있으며 환경의 변화를 파악하기 위해서도 이용되고 있다. 이와 같이 마케팅조사는 경우에 따라 계획수립만을 위해서가 아니고, 피드백기능을 가진 계속적 프로세스로써 컨트롤기능과 깊이 관계되어져 있다. 마케팅조사자는 경영의 제반활동 모두를 통합하는데 도움이 되는 정보시스템의 중심에 마케팅조사가 있다고 생각하고 있다.

이상과 같이 마케팅조사는 과거지향적이고 진단적인 것으로부터 더욱 발전되어 미래지향적이고 의사결정 및 문제해결을 위한 조사의 발전을 거듭하고 있으며 점점 더 경영에서 중요한 부분을 차지해 가고 있다.

특히 소비자의 라이프스타일의 변화, 정보화의 급속한 진전에 의해 소비자의 생활양식의 다양화에 따른 풍부하고 다양한 상품을 기대하고 있다.

[표 1-2] 마케팅조사학파분류

	대상학문영역
통계학파	정통적 어프로치를 대표하며 가치를 추정하고 예측하며 인과관계를 확립하기 위한 통계를 강조
행동학파	행동과학 특히 심리학, 사회학을 강조하며 경우에 따라 통계학을 이용한다. 주로 행동과학에서 동기조사가 중심이 되어 있다.
수량학파	변수간의 관계를 정량화하여 데이터를 분석하기 위한 수학이나 통계학을 이용한다. 기본적 도구는 미분, 선형이론, 게임이론 및 확률론 등이며 원인이나 예측조사에 주로 적용된다.

따라서 마케팅조사는 마케팅에 관련된 정보를 수집·분석·조직 체계화하여 통합적인 결론을 토대로 경영의사를 결정해야 할 필요성이 있다. 이를 위해 POS(판매시점 정보관리) 및 VAN(부가가치 통신망)등의 정보시스템을 도입해서 소비자의 욕구 및 니즈를 파악 할 필요가 있다. 또한 MIS(Management Information System)의 중요성도 한층 증가 될 것이다.

마케팅조사는 조사의 대상이 주로 인간의 심리행동이고 나아가 그러한 조사는 과학적 방법에 의해 이루어져야 한다.

2) 마케팅조사의 범위

마케팅조사의 조사범위는 학자에 따라 주장하는 바가 각자 다르지만 여기서는 4개의 영역을 대상으로 각 항목의 조사내용을 세분하였다. 그것은 제품·서비스에 관한 조사, 판매계획에 관한 조사, 시장에 관한 조사 및 가격에 관한 조사이다.

(1) 제품 · 서비스에 관한 조사

주로 제품과 서비스에 관한 것으로 기존 및 신제품의 품질, 성능, 포장, 라벨 및 상표 등에 대한 소비자의 욕구 및 판매점의 의향, 경쟁품 등을 평가해서 시장에 어떻게 활용할 것인가를 연구하는 것이다.

① 신제품의 개발
② 제품의 개량
③ 제품의 신용도개발
④ 경쟁상품과의 비교
⑤ 경쟁상품발전의 평가
⑥ 소비자의 필요와 욕구에 의한 제품의 특성
⑦ 포장연구
⑧ 상표의 품질 및 라벨
⑨ 제품라인의 단순화

(2) 판매계획에 관한 조사

판매계획에 관한 조사는 수요예측, 판매액의 예측, 시장의 성격, 시장점유율, 판매지역의 잠재구매력측정, 판매방법, 판매촉진 및 광고의 효과측정 등을 연구하는 것이다.

① 판매예측
② 신제품의 수요예측
③ 시장지역의 잠재력분석
④ 판매구역의 설정
⑤ 판매할당 제도의 설정
⑥ 판매방법 · 판매정책
⑦ 판매촉진방법
⑧ 판매원의 보수설정
⑨ 광고효과
⑩ 광고매체의 연구
⑪ 경쟁회사의 광고나 판매촉진 방법연구
⑫ 판매경로조사
⑬ 재고관리 · 재고감사

(3) 시장에 관한 조사

시장에 관한 조사는 시장의 성격, 시장규모의 분석, 시장추세의 연구 및 시장구조 등에 관해 조사한다.

① 소비자들의 의견청취에 의한 시장분석－현재의 제품, 가격, 사용방법, 구매방법
② 시장의 경쟁상태 분석－가격, 판매방법
③ 시장별 판매액의 예측
④ 시장특성의 결정(시장의 정량 · 정성적인 분석)
⑤ 지역별 시장가능성분석
⑥ 시장규모의 분석
⑦ 시장점유율조사
⑧ 시장구조추이의 분석

(4) 가격에 관한 조사

가격에 관한 조사는 신제품의 판매가격결정, 이미 설정된 가격의 변경 등에 관해 조사되어진다.

① 고객대상의 조사
② 판매업계대상의 조사
③ 세일즈맨대상의 조사
④ 사내 각 부문대상의 조사
⑤ 그 외 대상의 조사 등이다.

이것을 그림으로 나타내면 [표 1-3]과 같다.

[표 1-3] 조사대상에 의한 조사분류

- ① 고객대상의 조사
  - 현재의 고객
  - 잠재적 고객
    - 개인을 대상으로 한 조사
    - 집단(세대 회사등)을 대상으로 한 조사
- ② 판매업계대상의 조사
  - 소매시장을 대상
  - 도매시장을 대상
- ③ 세일즈맨대상의 조사
  - 세일즈맨 자체를 대상
  - 세일즈맨을 통해 그 외의 정보를 입수한다.
- ④ 사내 각 부문대상의 조사
  - 판매부 · 영업부등의 내부조사
  - 사내재고
- ⑤ 그외 대상의 조사
  - 주위환경
    - 원재료시장 등의 조사
    - 광고매체 등의 조사
  - 시장에서의 경쟁자 – 동업종의 조사, 경쟁제품의 조사
  - 국내 · 해외의 시장자료의 분석
  - 경기예측

또한 기업의 형태에 의해 분류하면 다음과 같다.

- ① 메이커에 있어서의 조사
  - 생산자메이커
  - 소비자메이커
- ② 비메이커에 있어서의 조사(도매상, 중간 도매상에 의한조사)

이와 같이 그 목적에 따라 시장조사는 다양한 분류방법이 있지만 대개 [표 1-4]와 같은 분류방법을 사용한다.

[표 1-4] 시장조사의 목적에 따른 분류

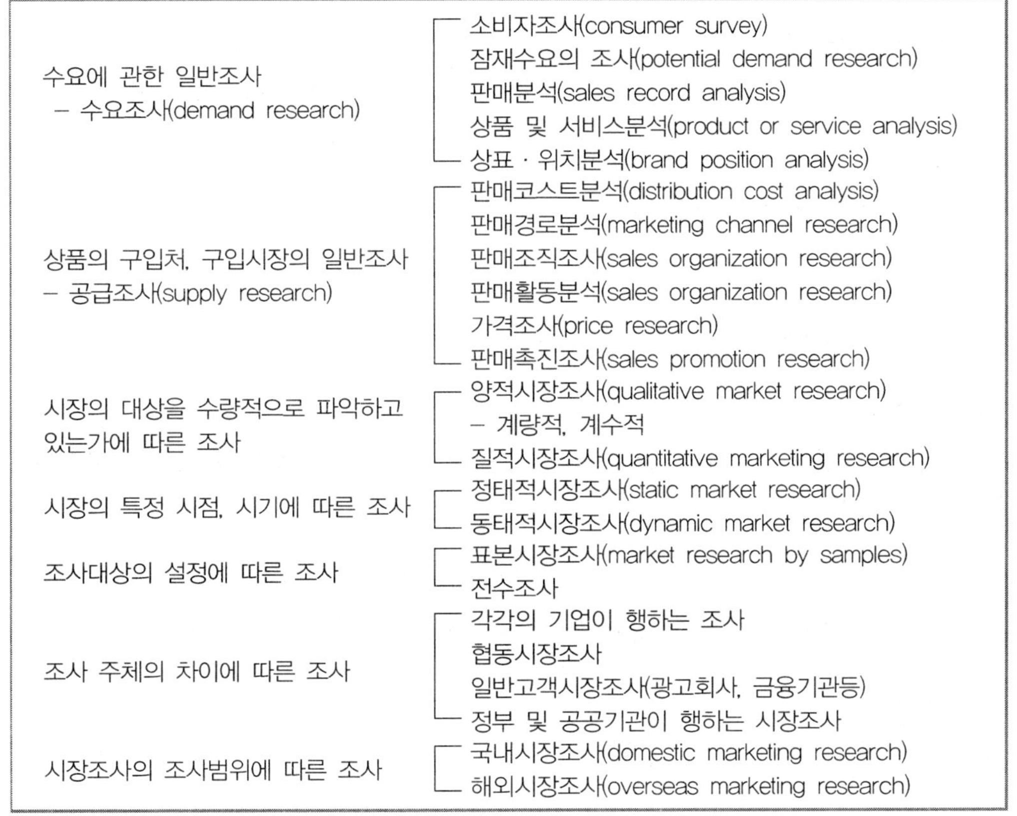

수요에 관한 일반조사 – 수요조사(demand research)	소비자조사(consumer survey) 잠재수요의 조사(potential demand research) 판매분석(sales record analysis) 상품 및 서비스분석(product or service analysis) 상표 · 위치분석(brand position analysis)
상품의 구입처, 구입시장의 일반조사 – 공급조사(supply research)	판매코스트분석(distribution cost analysis) 판매경로분석(marketing channel research) 판매조직조사(sales organization research) 판매활동분석(sales organization research) 가격조사(price research) 판매촉진조사(sales promotion research)
시장의 대상을 수량적으로 파악하고 있는가에 따른 조사	양적시장조사(qualitative market research) – 계량적, 계수적 질적시장조사(quantitative marketing research)
시장의 특정 시점, 시기에 따른 조사	정태적시장조사(static market research) 동태적시장조사(dynamic market research)
조사대상의 설정에 따른 조사	표본시장조사(market research by samples) 전수조사
조사 주체의 차이에 따른 조사	각각의 기업이 행하는 조사 협동시장조사 일반고객시장조사(광고회사, 금융기관등) 정부 및 공공기관이 행하는 시장조사
시장조사의 조사범위에 따른 조사	국내시장조사(domestic marketing research) 해외시장조사(overseas marketing research)

3) 마케팅조사의 기능

마케팅조사의 목적은 마케팅기회나 문제발견을 위해 도움이 되는 정보를 얻고자 하는 활동이며 그러한 활동을 위해 문제가 되는 영역의 한계나 차원을 결정하고 여러 가지 대처방안을 수립·평가하여 타당한 행동을 선택하고자 하는데 있다.

더욱이 마케팅조사에 선행되는 기본적인 목적은 마케팅문제의 해결과 입증에 필요한 자료를 제공하는 것이다. 또한 기업목적을 달성하기 위해 수행되는 마케팅활동에서 바탕이 되는 마케팅의사결정이 보다 합리적으로 이루어질 수 있도록 보다 정확하고 심도 있는 정보의 창출이 필요하며 이러한 것은 기업에게 최대이익을 안겨 줄 수 있는 것이어야 한다.

마케팅조사에서 특히 기업에게 최대한의 이익을 창출해 내기 위해서는 다음과 같은 기능을 고려해야 한다.

첫째는 의사결정과 관련된 여러 요소에 관해 조사결정되어야 한다.

① 대안적 행동지침

여러 가지 상황발생을 예견하여 취할 수 있는 행동 대안이 마련되어야 한다.

② 특 성

특수한 상황과 관련된 행동대안

③ 이 익

어느 행동을 취했을 경우 발생되는 기업의 결과

④ 확 률

각 상황이 발생되어질 수 있는 경우를 확률적으로 설명 가능해야 하며 대체안에 대한 것도 동일하다.

⑤ 이익분석표

각 결과와 관련하여 발생할 확률과 이익을 행렬식의 표로 작성해야 한다.

⑥ 기대치

이익과 확률을 조합시켜 각 상황에서의 이익 및 확률에 대한 바람직한 행동에 관한 것이 설명되어야 한다.

둘째는 새로운 알고리즘 및 어프로치의 개발이다. 예를 들어 각기 다른 상황에서의 주의, 흥미, 욕구 및 구매와 같은 광고효과에 대하여 TV의 영향이 어떠한 것인지 조사를 통하여 밝혀내고자 하는 것이다. 이러한 조사에서는 가설이 설정되어져 있어야 하며 이러한 가설을 검증하기 위해서 또 다른 집단을 대상으로 한번 더 조사를 실시 할 수도 있고, 광고효과의 차이를 발견해 내기 위해서 성인을 대상으로 한 조사가 이루어 질 수도 있다. 이러한 것은 가설이 적절하게 설정되어 있다고 한다면 이들 가설을 연결시킴으로써 하나의 이론적인 기초가 성립되는 것이다.

이와 같은 새로운 이론적 기초를 발견·개발하는 과제가 주로 조사기관에 의해서 이루어지지만 이는 문제의 즉각적인 해답을 필요로 하는 기업에 의해 실시되고 있기 때문에 이를 보완하는 영역이 학문적 연구의 역할이라 하겠다. 측정이론, 척도이론, 수리적 모델설정, 사회계층과 준거집단이론, 수요조사방법 및 시장세분화와 같은 것들은 학술적 연구가 선행되고 상업적조사에 응용되어 왔다. 따라서 상업적인 조사와 학술적 연구는 상호보완을 통해 발전시켜 나가는 것이 더욱 바람직하다.

4) 마케팅조사의 효과

마케팅조사를 통해서 기대되는 효과는 크게 나누어 기업을 경영하는 데에 보다 과학적이고 합리적인 의사결정수단으로써 사용되어 질 수 있으며, 소비자의 생활수준 향상과 직접 관련하여 유통경제상의 이익을 가져다 줄 수 있다. 또한 이러한 상업적인 조사를 통해서 마케팅기법이나 지식의 발전을 도모 할 수도 있다.

(1) 종합 관리상의 효과

기업 경영자에게 중요한 문제의 하나는 당면한 문제에 어떻게 대처해야 할 것인가가 커다란 문제이다. 마케팅조사는 의사결정자에게 과학적이고 합리적인 의사결정을 할 수 있도록 도움을 주어야 하며 잘못된 선택을 회피할 수 있는 기회를 제공해야한다. 그러나 마케팅조사는 마케팅조사자의 의견에 전적으로 따르라는 것은 결코 아니다. 왜냐하면 조사 그 자체에 내재되어 있는 오류가 완전히 제거되었다고 할 수 없기 때문이며 조사가 수행된 후 시장 상황도 변화했을지도 모르기 때문에 경영자는 이러한 환경변수를 고려한다면 보다 적절한 판단으로 성공의 확률은 더욱 높아지게 된다.

(2) 마케팅상의 효과

마케팅조사를 통해 마케터에게 유익한 효과로써는

① 제품의 수요에 부응한 제품, 가격, 촉진 및 유통경로전략의 구사가 가능하며 특정 시장에서의 판매를 용이하게 한다.

② 제품의 가장 큰 특징을 발견 잠재구매자에게 최적도달방법을 선택할 수 있으며 판매시기 및 촉진지역, 최대이익창출을 위한 경로, 촉진방법 및 시장 지역을 사전에 결정할 수 있으므로 마케팅제반 활동의 효율을 극대화할 수 있다.

③ 마케팅활동의 능률 향상과 동시에 낭비요인 등을 사전 제거함으로써 판매 비용을 절감할 수 있다.

④ 진취적이고 자율적인 행동지침을 부여받게 된다. 이는 회사의 마케팅상황을 이

해하고 합리적으로 선택된 목표를 인식하게 됨으로 사원에게 자극을 부여함과 동시에 판매될 제품에 대한 신뢰도 증가의 효과를 거두게 된다.

이 외에도 마케팅조사를 통해서 현재의 체재에서 이익을 극대화 할 수 있는 유통경로의 발견 및 개선, 소비자의 의사전달체계의 정립 등 많은 부수적인 효과를 거둘 수 있다.

Chapter

02 마케팅정보시스템

1) 마케팅계획에서의 정보

현재 기업이 처해있는 사회적 · 경제적 환경의 변화는 우리의 상상을 뛰어 넘어 빠른 속도로 진행되고 있다. 따라서 거기에 대응하기 위해 마케팅계획의 수행은 더욱 복잡하고 다면적인 검토를 하지 않으면 안 된다. 경영에 있어서의 제반 결정과 관련된 리스크의 부담 또한 한층 커지고 있다. 기업은 이전에 비해 훨씬 다양화 된 시장에 대응하여 다양화 된 제품, 조직구조 등을 통해 거기에 대처하기 위한 노력들을 하고 있다. 그러나 스턴(M.E.Stern)[1]은 마케팅계획의 필요성을 다음과 같이 역설하고 있다. "계획은 경영에서 달성하고자 노력하는 목표와 달성을 기대하는 수단의 설명서이다. 보다 정확하게 말하자면 계획은 계통적으로 경영결정을 행하고 또한 미래에 관해 가능한 정확하고 많은 지식을 습득하고 이들 결정을 위해 필요한 제반노력을 계통적으로 조직하며, 나아가 조직적 · 계통적 피드백을 통해서 기대에 대한 결정의 결과를 측정하기 위한 계속적인 과정이라고 할 수 있다" 바꾸어 말하자면 계획은 회사의 목적을 달성하기 위해 보다 상세하게 마케팅계획을 설계 할 것, 마케팅계획에 각 프로그램을 통합할 것과 환경의 변화에 계획을 조정함으로써 경영목표나 부문목표를 설정하고 시장기회를 평가하고 가능한 제반전략을 탐색하는 것을 포함한 기

1) M.E.Stern, *Marketing Planning*, McGraw Hill, 1966, p.1.

업가적이고 전문적 제반활동을 포함하는 것이라고 할 수 있다.

효과적 마케팅계획수립을 위한 건전한 기초를 제공하기 위해 마케팅간부는 소비자의 욕구나 니즈 및 그러한 것에 영향을 미치는 환경요인의 이해, 경쟁자와 비교해서 자사의 자원에 대하여 냉정하고 현실적인 평가를 하지 않으면 안 된다. 이러한 제반요소들을 기초로 마케팅간부는 행동의 대체안들 중에서 선택이나 결정을 해야 한다. 결정을 위해서는 적절한 정보의 계속적 수집과 분석을 행해야 함은 물론이다. 가공되어진 정보(information)는 경우에 따라 마케팅인텔리젼스(marketing intelligence)라는 프로모션(promotion) 및 물적유통(physical distribution)에 관한 의사결정을 행하는데 이용된다.

우리가 직면하고 있는 현실적인 문제는 현재의 정보시스템(information system)이나 전통적인 마케팅조사에서 변화하고 있는 환경에 신속하고 적절하게 대응하기 위한 마케팅 및 그 외 사내부서에 필요한 정보를 공급하고 분석하는데 충분한가를 검토하는 것이다. 현재 이에 대한 대답은 부정적이다. 코틀러(P.Kotler)[2]는 "마케팅조사부는 일반적으로 모든 마케팅간부가 정보 무장을 하는 그 자체가 결여되어 있다"고 지적하고 있다.

계획을 세우기 위해 현재에 쓰이고 있지 않는 정보에 대해서는 충분한 정보의 분석·검토가 행하여지지 않았다. 그러나 오늘날과 같이 복잡한 사회·경제적 환경 속에서는 계획의 중요성이 충분히 인식되어지고 계획을 위한 충분한 시간과 노력을 투자해야 하며 또한 그렇게 하기 위해 필요한 정보수집의 필요성이 한층 깊어지고 있다.

(1) 마케팅정보의 분류

일반적으로 마케팅조사는 '상품 및 서비스의 마케팅에 관한 제반 문제의 데이터를 체계적으로 수집, 기록해서 분석하는 것이며 공급자로부터 수요자에게까지 상품 및 서비스를 전달하고 사용, 소비되어 질 때까지의 전 과정을 조사의 대상으로 하며 그 질적 측면과 양적 측면에 관한 조사연구임과 동시에 그 변화를 연구하는 것이다' 그렇기 때문에 필요한 제반정보를 경영 내외로부터 수집·기록·분석하지 않으면 안된다. 이러한 정보를 분류하기 위한 기준은 많지만 여기서는 그 중 몇 가지를 소개한다.

① 제1차정보와 제2차정보

제1차정보는 필요에 따라 직접 수집하는 것이고 제2차정보는 다른 목적을 위해 작

---

2) P.Kotler, "Apesign for the Firm's Marketing Nerve Center", *Business Horizons*, fall, 1966, p.64.

성되어진 공표되어져 있는 정보이다.

② 사내정보와 사외정보

사내정보는 경영내부의 기록이나 의견등과 같은 것으로 예를 들면 판매기록이나 비용에 관한 기록 또는 종업원의 의견과 같은 것으로 사내정보는 관공서라든지 업계, 신문사, 잡지사, 금융기관 및 그 외의 외부기관에서 작성한 정보이다.

③ 질적정보와 양적정보

질적정보는 소비자의 구입동기와 같이 수량화가 되어있지 않거나 문장이나 언어로 표현되어 있는 정보이고 양적정보는 수량적으로 표현되어진 정보이다.

④ 계속적 정보와 단속적 정보

계속적 정보는 계속적으로 정보의 추구를 기초로 한 정보이고 단속적 정보는 필요에 따라 어느 시점에서 특정한 문제를 해결하기 위해 수집된 정보이다.

⑤ 사전정보와 사후정보

사전정보는 전략계획수립을 위한 정보이고 사후정보는 통계평가 확인을 위한 정보이다.

⑥ 미래정보와 과거정보

미래정보는 5년 후, 10년 후의 예상이나 계획에 관한 정보이고 과거정보는 과거의 사실에 관한 정보이다. 미래정보에는 예측(추정)정보와 계획정보가 있다.

⑦ 다목적 정보와 단일목적 정보

다목적 사용정보는 각종 문제해결에 공통적으로 이용할 수 있는 정보이고 단일목적 사용정보는 어느 특정문제해결을 위해 사용되어지는 정보이다.

⑧ 공개정보와 비밀정보

공개정보는 누구라도 열람 이용가능 한 정보이고 비밀정보는 일반에게 공개되지 않은 정보로 개인과 개인을 통해 입수되어 지는 정보이다.

이상과 같이 마케팅정보는 여러 관점에서 분류할 수 있지만 정보의 원천으로써 경영외부원천과 경영내부원천이 있고 기존의 정보이외에 독자적으로 계획한 정보수집이 필요하다. 각각의 정보원에는 장·단점이 있다. 따라서 정보를 수집·분석·해석하는 데에는 획득한 정보의 중요성을 고려함과 동시에 정보를 평가할 필요가 있다.

(2) 마케팅정보시스템의 필요성

현재 우리가 처해 있는 경제체재는 대량의 데이터를 발생시키고 있다. 또한 정보의 발생원은 지수적으로도 증가경향을 보이고 있다. 그럼에도 불구하고 각종 의사결정을 행하는 기초자료로써 인용되기에는 아직 불충분하고 부적절 하거나 시간적으로 적합하지 않은 정보가 너무 많다.

도너흐(M.Donough)[3]는 "우리나라의 경제를 운영하는 코스트의 반은 정보와 관련된 코스트이다"라고 하였다. 우리도 정보와 관련된 코스트는 매년 증가경향에 있다. 브리엔(H.Brien)과 스탯포드(F.Statford)[4]는 "오늘날 효율적 정보관리에 대한 필요성은 그 성격이 다이나믹한 시장에 팔리기 위한 상품을 만들기 위한 것이므로 마케팅 매니지먼트상 정보의 필요성은 증대되어져 왔다"라고 정보관리의 필요성을 역설하고 있고 또한 케시(F.Casey)[5]는 "근대기업은 이미 정보를 소화한다라는 단계를 지나 버렸다. 대량의 사실을 바로 결정하기 위해 긴급한 문제에 어떻게 즉각적으로 대처하기 위한 정보관리를 할 것인가"라고 정보과다현상을 지적하고 있다. 또한 칸터(Kanter)[6]는 "유효하게 이용 가능한 정도 이상의 정보를 입수하는 조사의 혼란을 피하기 위해서는 상당한 노력을 하지 않으면 안된다"라고 하였다. 마케팅은 '커뮤니케이션혁명(communication revolution)'으로부터 벗어나기 어렵다. 새로운 시대 즉 '정보의 시대(age of information)'는 조직의 정보수집 및 정보처리기구의 중요도가 더욱 높아질 것은 말할 것도 없다. 마케팅을 위한 적절한 의사결정정보(decion information)를 확보하는 문제는 데이터에 관한 새로운 시각을 확보하는 것과 같은 것으로 새로운 조건에서 문제를 발생시켜 해결할 경우에 많은 정보가 내포되어 있는 경우가 많다. 마케팅매니지먼트에 대한 적절한 의사결정테이터를 시기적절하게 전개하는 과정은 마케팅리서치라기 보다는 오히려 마케팅정보시스템(marketing information system)의 기능이 가진 특징과 유사하다.

---

3) A.MoDonough, "Todays Office-Room for Improvement", *Dun's Review and Modern Industry*, vol.73, (september 1958), p.50.

4) R.H.Brien and James E.Stafford, "Marketing Information system:a new dimension for marketing research", *Jurnal of Marketing*, vol.32, (july, 1968), p.19.

5) I.G.Lazarus, "information Crisis in Gales Research", Chicag Daily News.29 December. 1964, p.23.

6) I.G.George, *Ibid.*, 1964, p.23.

마케팅리서치라는 용어를 대신하여 MIS(Marketing Information System, Management Information System)라는 단어가 자주 사용되게 되었다. 켈리(T.Kelley)7)에 의하면 켈리가 최초로 대학의 커리큘럼개정과 관련하여 마케팅인텔리젼스(marketing intelligence)라는 단어를 제안한 1961년 이후 미국의 몇 회사에서 정보서비스부(formation service department)가 설치되어지기 시작하였다. 또한 옥센펠트(R.Oxenfeldt)8)는 1961년 마케팅간부를 위한 가격결정(pricing for marketing executives)이라는 저서에서 마케팅에서 의사결정의 주요 영역으로서 물적유통(physical distribution), 판매활동(selling activities) 및 마케팅인텔리젼스(marketing intelligence)를 들고 있다. 이러한 것들을 보면 마케팅정보에 관해 연구하게 되었던 것은 1961년~1964년이후라고 할 수 있다. 이와 같이 정보의 문제가 경영에서 중요시 되게 되었던 것은 하퍼쥬니어(M. Horper.Jr)9) 가 1960년 겨울에 있었던 파린기념강연(charles collidge parlin memorial lecture)이고 그 후 요약해서 Journal of Marketing지에 발표되었는데 다음과 같다. "조사는 사실 발견 활동의 보조적 수단에서 정책 전개에 참가하기에까지 이르렀다. 그러나 오늘 우리들은 조사전문가의 부족이라는 현실에 부딪히고 있다. 조사의 중요성의 증대는 정책 참가의 자격을 가진 조사자의 수를 증가시키지는 못한 것 같다. 여기서 말하는 조사란 광고조사나 마케팅조사와 같은 좁은 하위개념을 의미하는 것이 아니고 일반적인 사회과학조사를 의미한다. 이러한 부족을 완화시키기 위한 하나의 방법은 새로운 직업 즉 '정보서비스의 지도자'(director of intelligence service)로서 임명된 전문가를 통해서이다"라고 하였다. 약간의 예외를 제외하면 종래의 마케팅리서치가 과거와 관계되어져 있던 것에 비해 미래지향의 입장에서 마케팅정보의 필요성을 역설하였다.

이 미래지향의 중요성에 관해 하퍼쥬니어10)는 "경영을 적절하게 관리하는 것은 그 미래를 관리하는 것이고 미래를 관리하는 것은 정보를 관리하는 것이다(to manage a business well is to manage Its future : and to manage the future is to manage information)"라고 하였다. 그와 같이 정보관리의 필요성이 증대됨에 따라서 마케팅정보의 중요성 및 필요성이 요구되어지게 되었다고 할 수 있다.

---

7) W.T.Kelley, "Marketing Intelligence for top Management", *Journal of Marketing*, vol.29, no.4(october 1965), p.19.

8) A.R.Oxenfeldt, *Pricing for Marketing Executives*, 1961, p.1.

9) M.Harper.jr, "A new Profession Toaid Management", *Journal of Marketing*, vol.25, no.3(january 1961), p.1.

10) M.Harper.jr, *op.cit.*, 1961, p.1.

역사적으로도 경영자의 문제는 풍부한 정보를 어떻게 처리할 것인가가 아니라 어떻게 최선의 결정을 내리기 위한 필요한 최소한의 자료를 확보할 것인가 이다. 광범위한 마케팅조사는 이러한 정보결핍을 보충하기 위해 높은 비용이 들어감에도 불구하고 1930년대와 1940년대에 중요한 스탭의 기능으로 인정받게 된 것이다.

오늘날은 역으로 경영간부는 가끔 그의 책상위에 산더미처럼 쌓여 있는 사실, 숫자, 실사, 센서스, 논문 및 그 외 다른 정보의 홍수에 압도당하고 있다. 게다가 실제 사용하고자 할 경우에는 경영의사결정자 자신이 검토할 수 없을 정도로 많은 영역에서 발생한 사실, 숫자, 보고서 및 스탭의 연구 등 많은 정보를 가지고 있다.

실제 그 많은 정보들을 경영의사결정자가 전부 검토할 수도 없고 정말 중요한 보고서 또는 연구를 그냥 버려두고 있지는 않은지 생각 해 봐야 할 것이다.

이러한 정보 과다의 문제와 함께 조사자와 경영자 사이의 커뮤니케이션결핍의 문제를 들 수 있다. 경영자는 조사자의 발언의 의도를 정확히 이해 할 수 없고 조사자는 경영자가 의사결정에 필요한 정보를 알려주지 않는다고 한다. 뉴먼(J.W.Newman)[11]은 경영자와 조사자 사이의 커뮤니케이션의 단결을 위한 중요한 요인으로써 다음과 같은 사항을 들고 있다.

① 경영간부의 입장을 약화시키지는 않을까 하는 염려
(threat to the position the executive)

경영간부는 어떤 불확실한 상황에 관해 자신 나름대로의 추론을 하고 추론의 근거가 된 사실이 아니라 그 추론 자체를 확실하다고 타인에게 전달한다. 한편 조사의 주요 목적은 어떠한 불확실성을 제거시키는데 있다. 그것은 경영간부의 힘을 약화시키는 것을 의미한다.

② 조직상의 결함(organization defects)

많은 조사간부는 경영상층부로부터 정보수집의 목적이나 지침이 정확히 전달되지 않는 경우가 많다. 많은 회사에는 체계적인 시장조사를 담당하는 부서가 없다. 그렇기 때문에 계획은 바쁜 간부들이 마케팅정보수집계획을 하나하나 결정할 수 없게 되고 또한 그러한 것은 하나하나 각 부서에 전달하고 지시할 여유가 없다.

---

11) J.W.NewMan, "put Research into Marketing Decision", *Harvard Business Review*, vol.40, n.2, (March-April.1962), pp.105~112.

③ 넓은 시야를 가진 유능한 조사 담당자가 드물다
(inability to attract broader research personal)

많은 조직에서 조사스텝의 지위가 낮고 같은 지위와 책임을 가진 다른 간부보다 급료나 책임이 낮게 책정되는 경우가 많다. 이러한 조사 부분의 지위의 상대적 저하는 질적인 조사나 전략적 계획에 필요한 넓은 시야를 가진 유능한 인재가 조사전문부서로 가기를 꺼려할 수도 있다.

④ 조사부문이 경영의 상층부와 거리가 있다(isolation from management)

마케팅조사부문이 조직에서 상대적으로 지위가 낮아지면 장기계획에 필요한 넓은 시야를 가질 수 없다. 그것은 맡겨진 임무를 수행하기만 하는 수동적인 부서로 전략해 버리고 만다. 따라서 회사에서 다른 부서의 책임자로부터 부여받은 임무만을 처리하게 되고 다른 부서의 책임자는 단기적인 전술적 문제만 임무 부여를 하게 되며 지위 또한 낮기 때문에 마케팅조사책임자는 상층부에 진언하기가 어렵다.

이상의 문제를 해결하기 위해 회사의 상층부와 좁은 시야에 가쳐 버린 조사부서와의 간격을 없애기 위해 조사부장 또는 정보부장(manager of research or manager of information)을 임명할 필요가 있다. 정보부장은 부사장급이 담당해야 하고 또한 사장에 직접보고가 가능해야 한다. 만약 보고과정에서 중간단계를 거치게 되면 어떤 중요한 정보가 사장에게 전달되지 않거나 나쁜 사실이나 불리한 정보를 빠뜨리거나 왜곡될 수도 있기 때문이다.

마케팅정보에 대한 개념이 회사내에 도입되고 또한 정보기능이 점점 중요해 짐에 따라 회사의 조직구조에도 변화가 필요하다. 켈리(T.Kelley)는 정보조직을 [그림 2-1]과 같이 나타 내었다.

부문상의 지위는 다른 부문과 같은 지위에 두고 그 하위부문으로써 마케팅조사, 경제조사, 시장데이터, 관리데이터, 내부정보, 레포트부문 또는 문헌부가 더해지게 된다. 더욱이 특별 프로젝트부가 설치되는 경우도 있다. 이것은 경영 내외의 정보원을 이용한 특별조사나 정밀조사를 위한 정보의 수집 및 기획 실시를 행하기 위한 부문이다.

마케팅조사는 마케팅정보시스템에서 아주 중요한 부분을 차지하고 있지만 거기에는 상당한 차이점이 있다. 마케팅조사는 일반적으로 특정 문제에 집중한다. 마케팅조사프로젝트는 시작과 중간과 끝을 가지고 있다. 한편 마케팅정보시스템은 특정문제에 초점을 맞추기보다는 회사에서 매일의 정책, 월별 정책 등을 조정하는 계속적인 시장감시역할을 하고 있다. 마케팅정보는 문제를 진단하기보다는 발생되는 문제들을 사전에 방지하는데 초점이 맞추어져 있다. 따라서 마케팅정보는 진단으로써의 역할을 수행함과 동시에 미래의 예측에 도움이 되는 계속적 성격이 짙다고 할 수 있다. 즉 마케팅에 대한 치료약이 됨과 동시에 예방약으로써의 역할을 하고 있는 것이다.

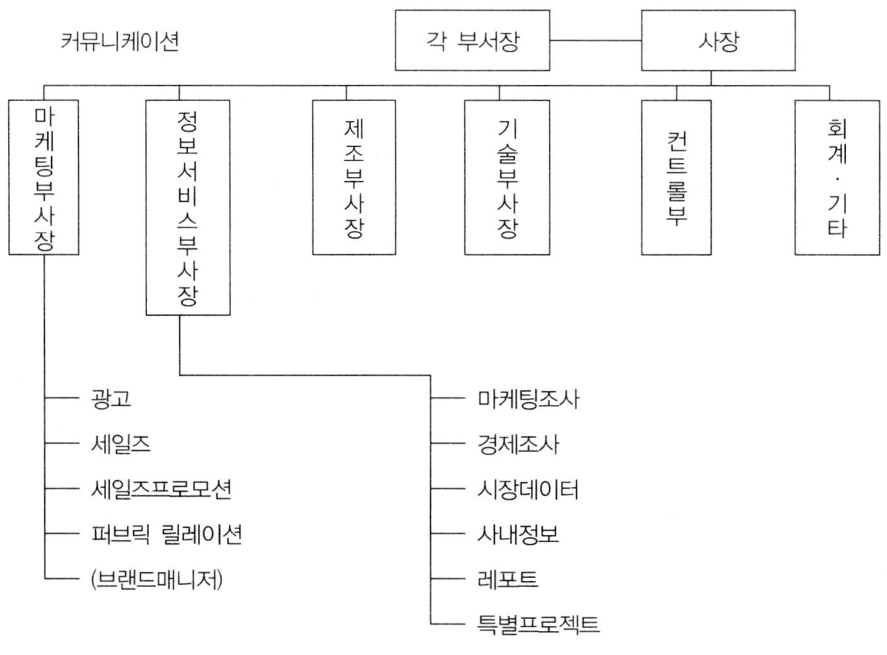

[그림 2-1] 정보서비스부분의 조직

(자료원) W.T.Kelley, Marketing-Intelligence for Top Management, *Journal of Marketing vol.29*, No.4, October.1965.9.21

(3) 정보의 흐름

마케팅정보시스템에 있어서 정보의 흐름은 크게 내부정보의 흐름과 외부정보의 흐름으로 나눌 수 있다. 외부정보의 흐름(external information flow)은 경영조직으로부터 외부환경으로의 흐름과 또 외부환경으로부터 조직으로의 흐름으로 나눌 수 있다. 내부정보의 흐름(internal information flow)은 조직내에서의 정보의 흐름이다. 이와 같이 생각하면 대략 마케팅정보를 3가지 흐름으로 요약할 수 있다. 제1의 흐름은 환경으로부터 조직으로의 정보의 흐름으로 판매업자, 경쟁자, 고객, 마케팅과 관련된 정부 행동, 가격이나 광고 효과 등을 들 수 있다. 제2의 흐름은 사내의 중계점간의 흐름이다. 이에는 사내적으로 발생한 마케팅과 밀접한 관계를 가진 보고 등이 포함된다. 제3의 흐름은 마케팅커뮤니케이션(또는 프로모션)으로 회사로부터 환경으로 외부로 흘러가는 정보의 흐름이다. 이것은 직접적인 정보나 상품 및 광고나 판매촉진등과 같은 요소들이다.

① 환경으로부터 사내로의 정보의 흐름(inward flow)

환경으로부터 사내로 흐르는 외부정보에는 원재료, 간단한 통계, 정성적 추정, 전문가 의견, 이미지 및 소비자 평가 등을 포함하고 코틀러(Kotler)는 회사가 외부정보에서 검토하는 환경 중에서 중요한 것으로 9가지를 들고 있다. 구체적 내용은 경제, 법률, 문화, 기술, 경쟁자, 공급자, 관련상품, 시장 및 경로와 같은 것이 있으며 그 내용은 [그림 2-2]와 같다.

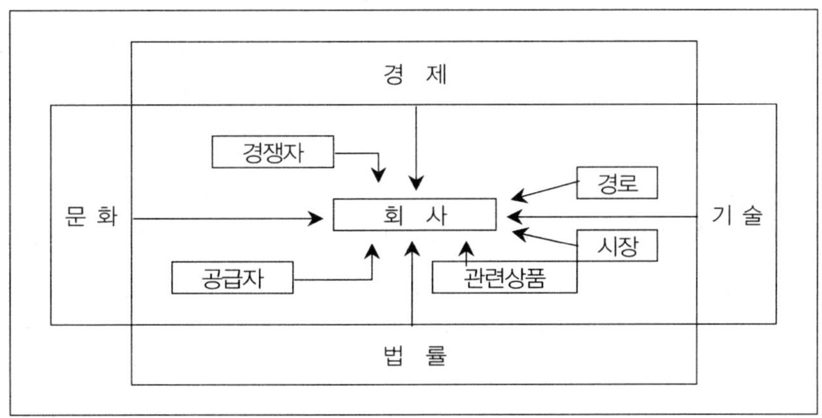

[그림 2-2] 외부정보의 주요원천

(자료원) P.Kotler "A design for firm's marketing never center", in Smith, Brien, Stafford(eds.), *Reading in Marketing Information System*, Houghton Mifflim, 1968.9.19.

마케팅인텔리전스의 생각은 군대와도 같다. 고수준의 의사결정자는 통상 전쟁 현장과는 떨어진 곳에 위치하고 있으며 전쟁을 지휘하기 위해서는 각 참모들로부터 들어온 간접정보에 의존하고 있다. 의사결정자는 군대의 현재 상황에 관한 신속하고 정확한 정보를 필요로 하고 긴급 사태 발생과 그 결과 및 적의 동향에 관한 데이터를 필요로 한다. 의사결정자는 정확한 사실과 함께 자신의 전투적인 성향이나 군의 사기는 필요한 정보이다.

마케팅간부도 그와 같은 상황에 있다고 할 수 있다. 간부는 지역(시장)에서 분전한다. 그는 전쟁 현장에서는 떨어진 곳에 있기 때문에 세일즈맨의 입장이나 효과, 세일즈맨이 겪는 저항 및 경쟁자의 활동에 관한 보고를 필요로 한다. 그는 시장에서의 평가와 같은 것도 정확한 사실과 함께 정보로 입수하게 된다.

코틀러(p.kotler)[12]는 “마케팅정보는 그 채용 가치에 따라 변화한다. 시장에 관한 일반적 특성에 관한 정보(구매자수나 지리적 분포)는 쉽게 얻을 수 있다. 정보는 제2차 원천(관공서나 업계)으로부터 정기적으로 얻을 수 있다. 기존 고객이나 잠재 고객의 선호도나 태도에 관한 정보는 얻기 어렵다. 일반적으로 그러한 것들은 인쇄물로써 존재하지 않으므로 제1차 정보로써 수집된다. 그 가치는 그 원가를 생각해서 충분히 고려하지 않으면 안된다. 수집하기가 더욱 어려운 것은 마케팅지출내역이나 경쟁자의 계획에 관한 정보이다. 관련된 사실은 방어적인 이유로 엄격하게 관리되어지고 있다. 그것을 파악하기 위한 수단으로 산업스파이와 같은 존재가 있기는 하지만 이것은 경영윤리에 있어 근본적인 문제를 불러 일으킨다”고 하였다. 또한 켈리(William T.Kelley)[13]는 내부로의 정보를 크게 시장정보(market information)와 경제정보(economic information)로 나누고 다음과 같이 설명하고 있다.

시장정보(market information)는 회사의 상품이나 서비스에 영향을 미치는 시장요인에 관한 정보이다. 정보의 하나는 시장욕구이고, 발표원(제2차정보 : 관공서, 상업조사기관, 신문사, 잡지사 등)으로부터 수집된다. 제1차정보의 수집은 제2차정보가 표준크기나 색과 같이 모든 사람에게 적용되는 기성 제품과 같은데 반해서 자신의 기호나 체격에 맞추어 만든 주문복이라고 할 수 있다.

경제조사(economic research)는 전략적 정보의 수집이다. 즉 회사의 입장에서 장기적 중요성을 가진 정보의 수집이다. 그것은 장기계획과 관계되어져 있으므로 그 시간적 범위를 확장함으로써 회사에 유용한 매크로경제환경(소비자소득경향, 국민총생산, 고용, 국제수지 등)에 관한 자료를 수집한다.

대기업은 정보수집이 본사에 집중되고 회사의 다른 어느 부서에서 신속하게 접근이용할 수 있는 중심부에 보관한다. 현재의 통계, 보고서, 일반적 연구 및 과거의 자료는 장래의 수정이나 협의를 위해 준비하거나 신중하게 분류하고 또한 상호관련성

---

12) P.Kotler, “A Design for the Firm’s Marketing Neve Center”, in Smith, Brien, and stafford(eds.), reading in *Marketing Information System ; A New Era in Marketing Research*, Houghton Mifflim, 1968, p.20.

13) W.T.Kelly, “Marketing Intergence for Top Management”, *Jaunar of Marketing*, vol.29, no.4 (october 1965), p.20.

을 분석한다. 이 자료는 데이터로써 보관되어져야 한다.

② 사내에서의 정보의 흐름

내부 정보는 사내에서의 정보의 흐름이다. 그 흐름에는 하부로의 흐름, 상부로의 흐름, 수평적 흐름의 대략 3가지 패턴으로 나눌수 있다. 코틀러(Kotler)는 이들 3가지 흐름을 피라미드형태의 조직을 생각하여 [그림 2-3]과 같이 나타내었다.

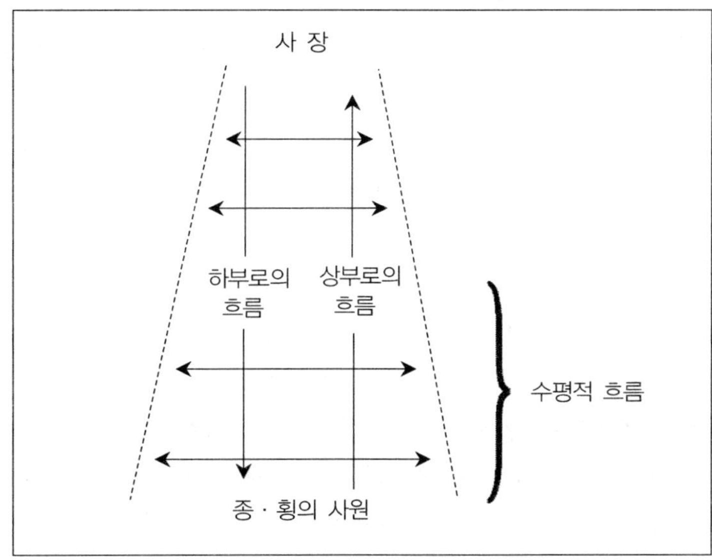

[그림 2-3] 내부에서의 주요한 3가지 흐름

(자료원) P.Kotler, *op. cit.* 1968, p.19.

하부로의 흐름은 간부로부터 사원으로 흐르는 것으로 일반적인 경영조직도(organization chart)에 표시되어 있는 것과 같은 공식조직경로(formal organization channels)와 같다. 임명이나 조직의사 전달과 같은 흐름은 상층 간부로부터 그 하위 간부로 전달 되어져 마지막으로 현장으로 전달되어진다.

그래서 거기에는 상위로 피드백되는 즉, 하부로 전달된 정보가 다시 상부로 되돌아가는 정보가 존재 할 수도 있는 것이다. 어떻게 적절하게 계획이나 명령을 실행하게 할 것인가, 어느 정도의 수량을 생산하고 판매할 것이가, 비용은 어느 정도인가, 조직의 사기를 높이기 위한 방법은 무엇인가와 같은 각종 질문은 회사실적의 효과나 자원의 투입(인풋 아웃풋 관계)을 평가하기 위해 경영자가 이용할 수 있는 사내의 관리자료회계(administrative data-accounting), 재무, 판매, 광고 및 생산자료와 같은 것들이 상부로 정리되어 보고되어야 할 필요성이 증대되고 있다.

상부로의 흐름 중 또 다른 종류는 비공식적인 채널이라고 할 수 있다. 공식적인 피드백(관리자료 등)은 신중하게 정리되어져 있다(회계보고, 판매보고 등). 비공식적인 피드백은 조직에서는 파악되기 어려운 제반 요소의 평가와 관계되어져 있다. 이러한 정보는 파악되기 어려움으로 조직에서 가끔 무시되는 경향이 있다. 그러나 관련 정보는 사원의 사기와 같은 중요 내용을 포함하고 있으므로 그들의 업무 태도, 상사나 동료간의 태도와 같은 정보 또한 경영자에게는 중요한 자료이다.

이런 종류의 내부 정보를 수집한다는 것은 어려운 일이다. 또한 어떠한 조직이든 상부로 흐르는 정보에는 보이지 않는 벽이 있다.

그럼에도 불구하고 태도조사(attitude surveys), 그룹토론(group discussion) 및 제안제도(suggestion system)는 비공식적이지만 상부로의 정보흐름을 원활히 하기 위해 채용하고 있는 회사가 증가하고 있다.

정보의 수평적 흐름(horizontal flow of information)은 같은 수준에 있는 사람들이 타인과 커뮤니케이션을 할 때에 생성된다. 공식커뮤니케이션은 회사의 조직도에 따라서 커뮤니케이션이 생성될 경우 발생되는 정보의 흐름을 말한다. 예를 들면 마케팅담당 부사장은 판매계획에 관해 제조담당부사장과 얘기하는 것과 같은 것이다.

비공식경로(informal channel)는 공식적인 커뮤니케이션이 아닌 유사한 지위의 사람들 간의 커뮤니케이션이다. 예를 들면 오랫동안 같이 근무한 광고디렉터와 비서사이의 비공식적인 얘기와 같은 것이다.

공식적 수평적 커뮤니케이션내용은 회의의 시간보고서나 의사록등과 같이 문서나 음성 등으로 기록되어지므로 수집이 용이하다. 그러나 비공식적 커뮤니케이션도 기록되는 경우도 가끔 있다.

이러한 정보의 원천들은 정리되어져 조직에서의 누군가에게 집중되어짐으로 해서 정보의 대홍수에 보고 받는 자신도 놀라고 말 것이다. 이럴 경우 스탭은 경로를 정리하고 정보 수입체로부터 예를 들면 경제조사, 마케팅조사, 시장수요, 관리자료 및 내부정보를 수집하고 사실을 확인하여 증명하지 않으면 안된다.

2) 정보수집계획

(1) 메니지먼트프로세스와 정보

마케팅에서 뿐만이 아니고 경영 전체가 고객을 중심으로 움직이고 있는 현재에 있어 우선 고객에 대해서 적절히 파악하고 그것을 기초로 적절한 활동을 필요로 한다. 그렇기 때문에 각종 방법으로 정보를 수집하고 분석하여 경영에 활용해 나가지 않으면 안된다.

탁월한 결정을 내리기 위한 비결은 90%의 정보와 10%의 영감이다 라든지 '조사는 훌륭한 경영보험이다'란 말은 특히 마케팅매니지먼트분야에 적합할 것이다. 마케팅은 기업경영과 환경사이의 가장 중요한 접점이다. 그와 같은 마케팅결정에 의해서 회사는 회사의 필요나 요구와 상품 및 서비스를 조정한다. 이러한 조정 효과는 정보의 계속적인 피드백에 크게 의존하고 있다.

마케팅연구분야에서는 일반적으로 경영관리의 광범위한 분야의 하나로 보고 있지만 마케팅은 이들의 영역을 넘어서 있다고 할 수 있다. 마케팅결정은 회사의 외부환경에 맞추고 또한 조건을 부여하게 된다. 그 위에 마케팅은 그에 따른 경영기법에 초점을 맞추어 사회적, 법률적, 국제적 및 정치적인 차원을 고려하지 않으면 안 된다. 마케팅에서 발생되는 문제의 해결은 회사 및 고객에 관한 환경변화를 인식하고 인정할 때만이 실현할 수 있다. 소비자행동과 경영행동에 영향을 미치는 이들 외부 요인은 마케팅정책, 계획 및 프로그램 등에 있어 고려되어져야 한다. 그렇기 때문에 마케팅을 위해 적절한 의사결정정보의 필요성이 점점 인식되어지고 있다.

웨스팅하우스사의 마케팅믹스 · 컨셉을 어떻게 결합시키고 있는가를 나타내는 예가 [그림 2-4]이다. 이 그림으로부터 알 수 있는 바와 같이 과거지향사실 확인보다도 미래지향적인데에 도움이 되는 마케팅정보를 관리하고 있다. 이와 같이 현재는 풍부한 정보를 어떻게 처리할 것인가의 문제이기 보다 최선의 결정을 하기 위한 최소한의 자료를 어떻게 관리하고 어떻게 활용할 것인가의 시대라 할 수 있다.

브루커(A.Brooker)는 마르티아노(W.Martiano)의 모델을 예로 들어 [그림 2-5]각종 정보를 매니지먼트가 무엇을 해야 할 것인가를 나타내고 있다. 이와 같이 의사결정을 위한 정보수집 · 분석 · 검토를 행하기 위해 모든 정보원천들로부터 정보를 탐색해야 한다. 케인(G.KeaNe)은 마케팅리서치의 요구는 사내의 어느 부문에서도 발생하지만 조사결과가 최고경영자에게까지 어떻게 흘러가는지를 [그림 2-6]과 같이 나타내었다.

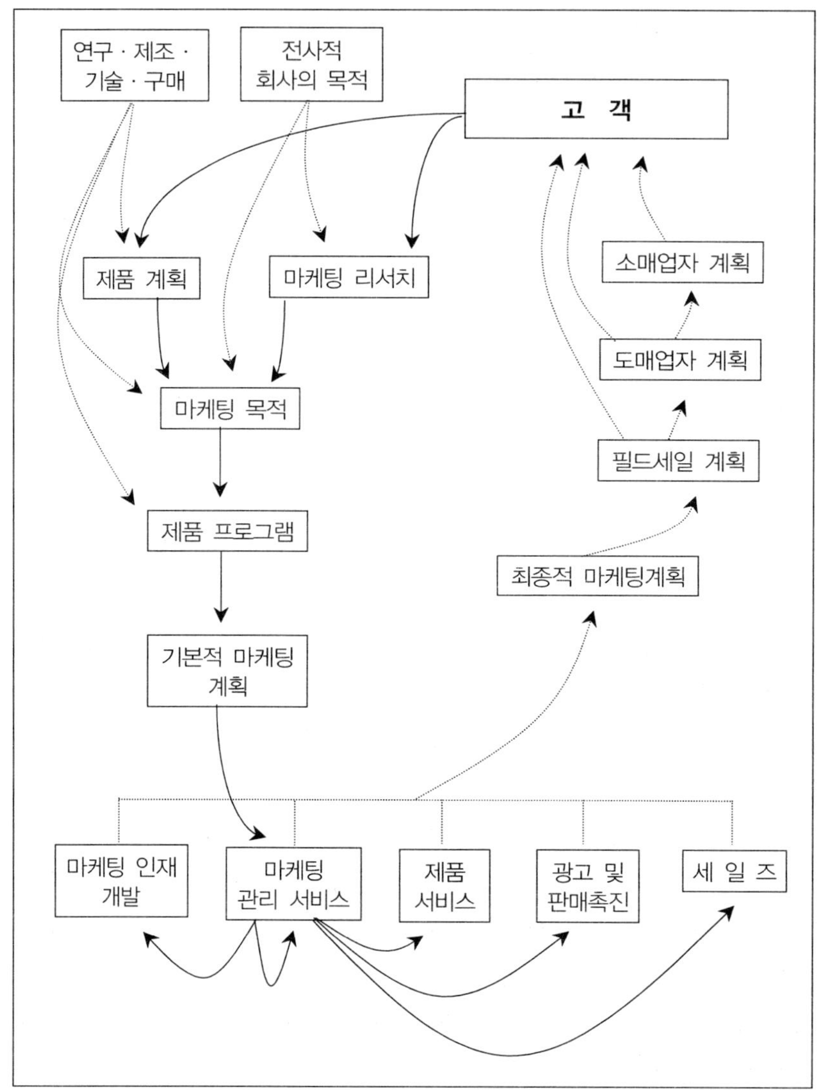

[그림 2-4] 마케팅믹스 · 컨셉을 전개하는데 있어 정보의 순환적 흐름

(자료원) J.Jewell, "Westinghouse Adapt New Marketing Concept", *Advertising Age*, January 26, 1959, p.81.

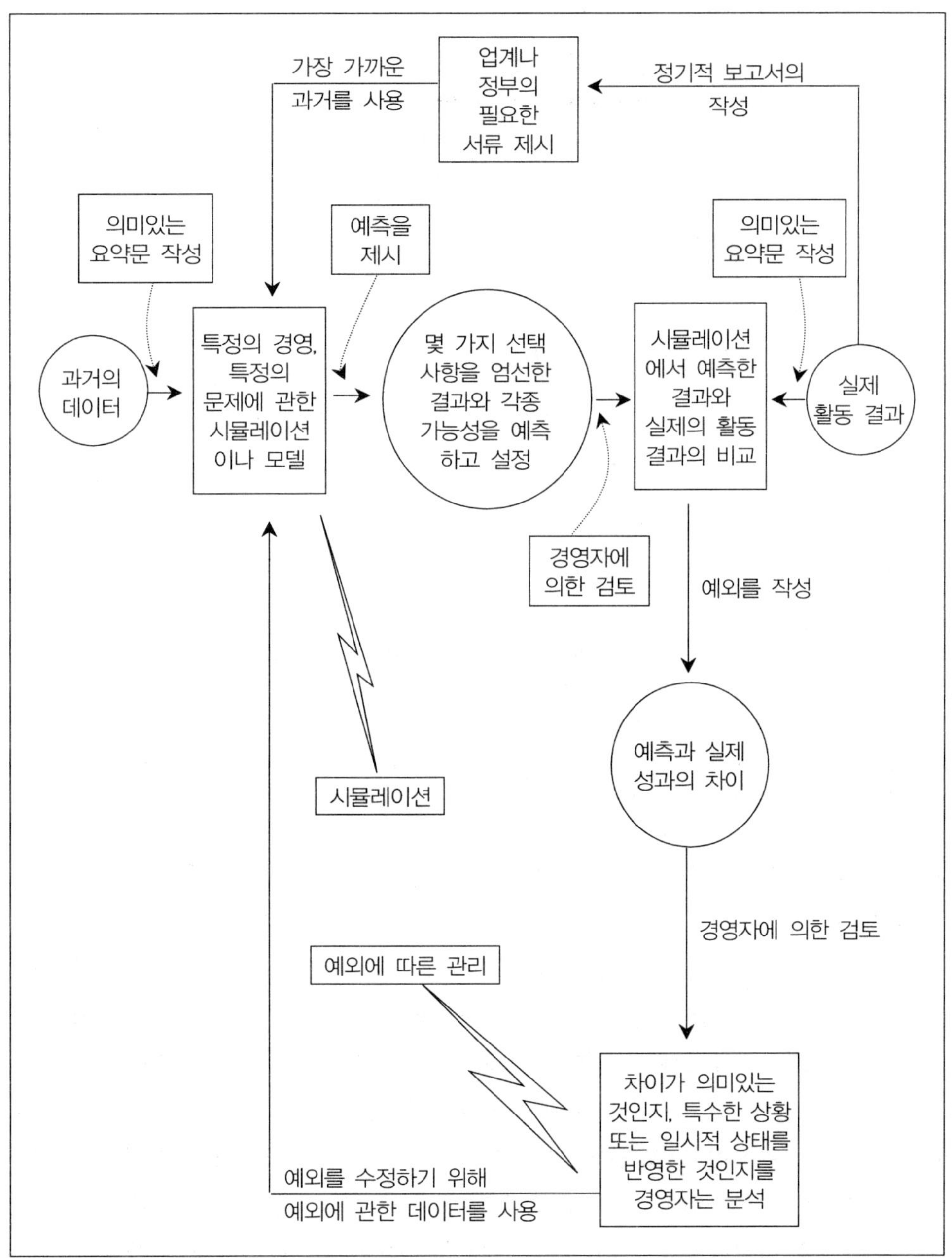

[그림 2-5] 각종 정보들에서 경영자는 무엇을 처리할 것인가

(자료원) W.M.A.Brooker, "The Total System MYTH", in smith, Brien, and Stafford(eds.), *Reading in Maketing Information System, A New Era in Marketing Research*, Houghton Mifflin, 1968, p.337.

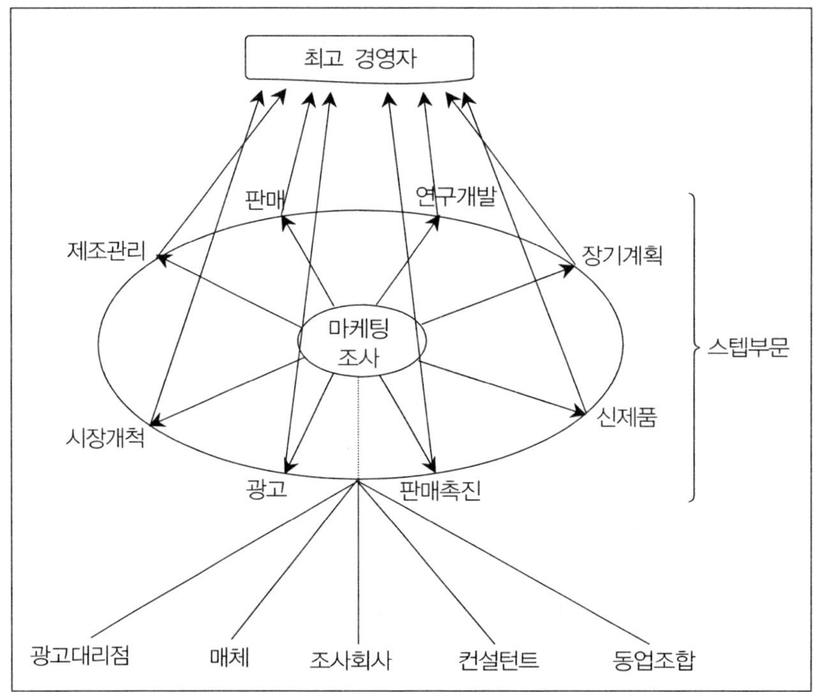

[그림 2-6] 최고 경영자로의 마케팅조사의 흐름

(자료원) J.G.Keane, "Some Observations on Marketing Research in Top management Decision Marketing". *Journal of marketing, vol.33*(October,1961), p.11.

특히 제1차 데이터의 수집 · 분석을 통해 환경변화에 대한 대응책을 생각하지 않으면 안된다. 매니지먼트에 의해 필요한 마케팅정보의 종류와 그것을 필요로 하는 긴급성의 정도 등 어느 시점에 있어 취급하고자 하는 문제에 따라 달라질 것이다. 브라운(C.Brown)은 의사결정의 계속적 프로세스에 따른 일련의 단계에 따라 필요로 하는 정보가 다르다고 설명하고 있고 그것을 [그림 2-7]과 같이 나타내었다.

[그림 2-7]과 같이 어떠한 경영문제나 마케팅문제에 있어서도 제1단계는 거기에 문제가 있다라는 인식이고 그러한 제반 문제들의 중요성을 평가하는 것이다. 대부분의 경우 모든 문제를 한번에 처리할 수 없는 정도로 많은 문제들이 내재되어있지만 대부분 문제성을 인식하지 않거나 또는 문제점의 중요성을 파악하지 못한 채 기각되어 버리는 경우가 많다.

문제가 존재한다라는 제1의 지적은 통상 회사의 실적이 어느 표준점 또는 기대치에 도달해 있지 않다는 사실이다. 이 단계에서 가장 중요한 정보의 종류는 일련의 실적 측정이다. 이러한 것들은 단순하게는 매출액, 코스트 및 이익 등의 회계기록이

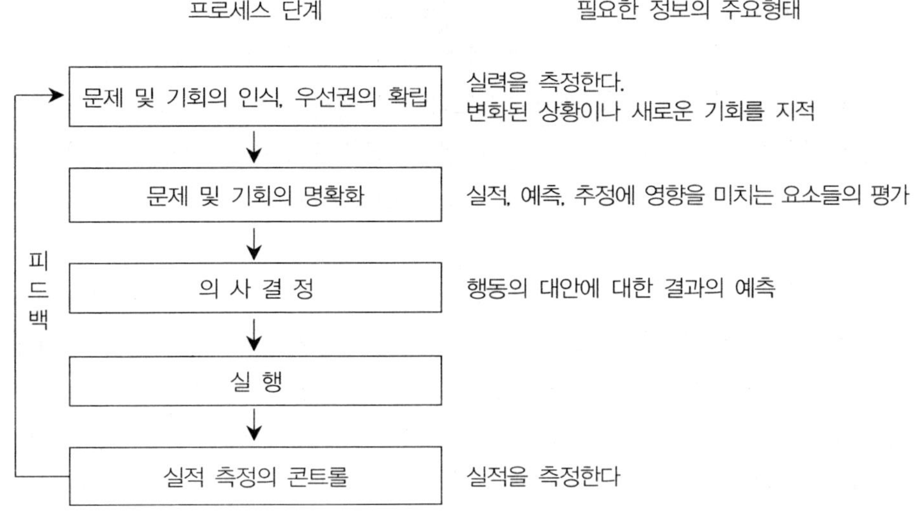

[그림 2-7] 필요한 정보와 매니지먼트 프로세스

(자료원) R.D.Buzzell, D.F.Cox, R.V.Brown, *Marketing Research and Information System*, McGraw-Hill, 1969, p.5.

고 마케팅성과에 관해 다방면으로부터 제출된 보고서이다. 그러나 경우에 따라서는 표준치와 직접적으로 비교할 수 없는 경우도 있고 수치로 표현할 수 없는 경우도 있다.

[그림 2-7]에서 우선 문제(problem)와 기회(opportunity)로 나누어 생각해보면, 예를 들어 문제는 회사의 현재에 있어 제안활동에서의 실적과 계획 사이의 불일치이고 기회는 전반적 실적의 개선의 기회를 제공하는 신제품의 개발이나 신시장 영역과 같은 개척 가능한 새로운 활동이다. 만약 회사가 전통적인 상품이나 고객만을 관계의 대상으로 한다면 경영파괴라는 위험으로부터 벗어나기 어렵다. 레비트(T.Levitt)[14]는 "머리를 숨기고 꼬리만 드러내는 행동을 근시인적 경영(Marketing Myopia)이라 하여 경영의 유지 발전을 위한 기술적 발달이나 생활습관의 변화 및 마케팅계획에서 고려하는 그 외의 잠재적 영향력을 받아들이지 않으면 안된다"고 하였다. 이것은 기업의 정보시스템이 현재의 사실이나 기술 및 사회의 장래상태의 예측을 제공하기 위해 설계되지 않으면 안된다는 것을 말하는 것이다.

문제 또는 기회를 인식하게 되면 관리자가 그것을 이해할 수 있도록 명확화되지 않으면 안된다. 예를 들어 판매수량이 특정지역에서 예상 이하수준이라면 프로모션 정책이 적절하지 않았던 것인지, 경쟁상황이 변화한 것인지, 기본적 수요를 감소시키

14) T.Levitt, "Marketing Myopia", *Harvard Business Review*, vol.38, July-August, 1960, pp.45~46.

는 어떤 요인이 있었는지 등 가능한 모든 원인을 검토해야 한다.

각종 정보가 문제나 기회를 명확하게 하기 위해 이용되지만 특정상황을 상정하여 거기에 따른 돌발적인 요소들의 체크리스트를 작성해서 이용하는 것도 좋을 것이다. 또한 시장점유율이 저하되고 있는 경우 우선 이 분야에 초점을 맞추고 만약 그러한 문제가 광고에는 없다고 한다면 조사의 초점은 상품이나 그 외의 다른 분야로 향할 것이다.

문제 또는 기회가 명확화되면 의사결정을 하게 된다. 문제가 주로 가격에 있다고 결정되어지면 가격대안을 설정 선택해야한다. 이를 위해 과거 및 현재의 상태에 관한 각종 정보가 하나의 가격을 선택하는데 자료로 이용될 것이다.

문제는 이러한 행동코스에서 멈추는 것이 아니고 한번 정책이 결정되어졌다면 당연히 이러한 결정이 수행되고 통제되어야할 필요가 있다. 결국 결과의 피드백은 새로운 문제의 존재를 나타내게 되고 다시 원점에서 새로운 접근을 시도하게 되는 것이다.

(2) 정보프로세스

계획적이고 지속적으로 정보수집을 하는 제도와 특수한 문제를 해결하기 위한 정보수집프로젝트는 적절한 종류의 정보를 획득하기 위해 필요불가결하다. 정보수집계획은 [그림 2-8]과 같은 일련의 단계로 볼 수 있을 것이다. 이러한 프로세스는 특정한 현재의 문제에 관계되어져 있거나 계속적 요구에 의한 것이든 어느 것이든 어떤 종류의 정보 필요성으로부터 시작된다.

정보의 필요성을 인식하게 되면 다음 단계는 필요한 정보의 종류를 밝히는 것이다. 이 작업은 비교적 용이하다. 그러나 어떤 경우에는 어느 종류의 정보가 유용한지를 결정하기 어려운 경우도 있다.

더욱이 발견된 문제점에서 더욱 구체적으로 유용한 정보를 입수 분석하기 위한 방법을 선택하고 전개해 나가지 않으면 안된다. 즉 바람직한 정보의 수집, 분석을 위한 정보설계(일반적으로 조사설계라는 용어가 보편화 되어 사용되고 있지만 같은 문제가 실태조사를 통해서 얻어진 것만이 아니고 모든 종류의 정보와 관계되어 생각해야 한다는 것을 강조하기 위해서 '정보설계'라는 용어를 사용했다)이다.

특정문제를 만족시키기 위해 채용된 정보설계는 마케팅정보의 제작을 초래한다. 정보의 제작은 원재료, 종업원 보고서 그 외 경영이외의 제안 정보를 병용함으로써 이루어진다. 일정 정보가 제작되어졌다면 그것을 필요로 하는 각 부문에 전달해야

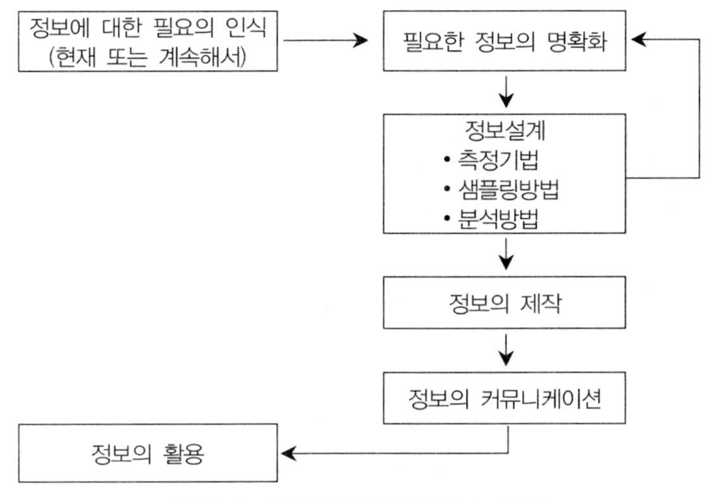

[그림 2-8] 정보계획 프로세스 단계

(자료원) R.D.Bazzel, D.F.Cox, Rex V. Brown, *Marketing Research and Information*, Mc.Graw-Hill, 1969, p.21.

한다. 정보계획의 과정에 있어 최종 단계는 활용이다. 정보가 의사결정을 위해 이용되는 경우 그 목적에 적합한 정보인지를 판단해야 한다.

루크(J.Luck), 와레스(G.Wales) 및 테일러(A.Taylor)는 결정모델에 대한 조사연구의 관계를 각각의 결정단계에서 제공되어지는 조사의 인풋과 그 종류를 [그림 2-9]와 같이 설명하고 있다.

[그림 2-9]에서 각 단계에서의 필요한 정보의 종류와 조사방법이 결정되지고 조사에서 4가지 종류는 각각 다른 요구를 해결하기 위한 것이다. 적절한 조사설계를 선택하는 것과 이를 위해 조사결과가 사용되어지는 주요 결정의 제반국면을 명백히 하는 것이 조사자에게는 가장 중요하다.

[그림 2-9]에서와 같이 4가지 조사의 형태는 마케팅결정과 관련되어 반드시 실시되어진다고는 할 수 없다. 본조사와 같은 것은 결정을 명확히 하기 위해 실시되어지는 것이 보통이지만 만약 그 이전에 문제가 어느 정도 파악되어지면 반은 해결되어진 것으로 생각되어 경우에 따라 예비조사만으로는 문제점이나 환경을 파악할 수 있고, 따라서 본조사를 생략할 수도 있는 것이다.

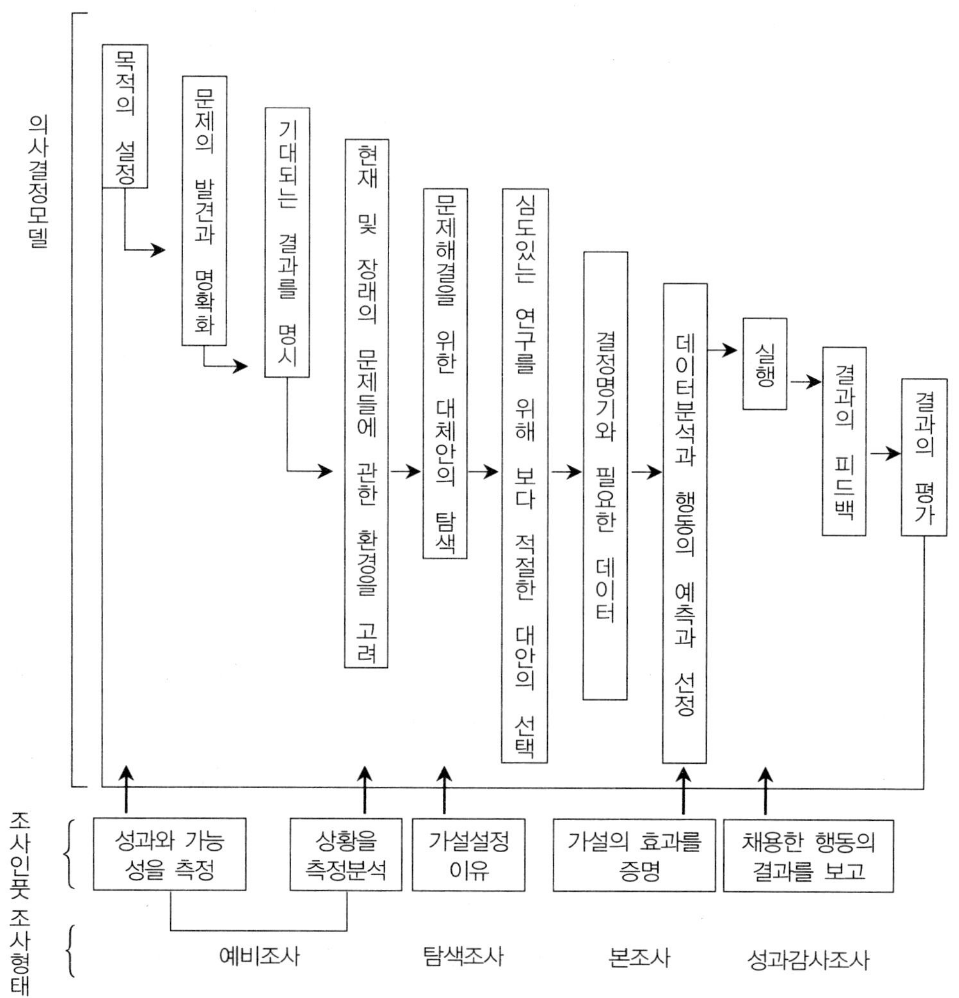

[그림 2-9] 각 단계에 있어 결정을 위한 조사인풋

(자료원) D.J.Vuck, H.G.Wals, D.A.Taylor, *Marketing Research, Prentice Hall,* 1970, p.43.

[표 2-1] 예비조사 및 탐색조사의 스텝

당면한 경영계획	해결하기 위한 조사스텝
1. 우리가 직면하고 있는 문제는 무엇인가? (목적을 만족시키기 위한 기회 또는 방해요소는 무엇인가)	1. 성과 피드백정보를 입수하여 분석한다. 새로운 문제 또는 미해결 문제를 지적하는 정보의 소재와 성질을 밝히기 위해 다른 문제에서 행하여진 조사를 검토한다.
2. 문제요소의 현재 환경은?	2. 문제 및 해결에 영향을 미치는 각종요소에 관한 정보의 입수
3. 환경에 있어서 어떤 중요한 변화가 보이는가 (해결에 영향을 미치는 환경의 변화)	3. 스텝1과 2에서 획득된 정보로 과거의 경향과 함께 장래의 상황을 예측할 것
4. 어떠한 행동을 통해서 어떤 문제를 해결할 수 있는가? 그리고 그것에 의해 최종 목표는 달성되어지는가?	4. 다음과 같은 연구가 행해져야한다. 과거의 조사나 경험에서 밝혀진 유망한 정보나 아이디어를 찾아내어 보고한다. 유망한 정보를 기초로 새로운 아이디어를 제공한다.
5. 어떠한 행동을 취하는 것이 최종적으로 가장 가치있는 것인가?	5. 얻게되는 이익과 위험 삭감요인에 대한 조사결과의 가치와 코스트에 대해 평가하여 의사결정자와 협의한다.
6. 만약 정식조사가 실시되면 가설적 해결의 최종선택에서 어떤 불확실성을 제거할 수 있는가? 조사는 바르게 실시되어지고 있는가?	6. 최종적 조사는 확률 추정으로 실시 여부 및 타당성을 검증해야한다.

(3) 예비조사와 탐색조사

예비조사와 탐색조사를 행하는 목적은 첫째로 문제를 발견하고 구체화하는 것과 둘째는 그것과 관련되어져 있는 상황이나 환경을 밝히는 것으로 이 두 가지 목적은 서로 관련되어져 있다. 예비조사(preliminary research)는 부분적으로라도 이 두 가지의 목적을 달성하는 데에 유용하다. [표 2-1]은 이러한 단계 및 다음 단계에서의사결정자가 직면하게 될 문제들에 관해 살펴보았다.

또한 문제를 명확히 하기위한 정보로써는

① 비공식 경로가 문제를 식별하는데 유용한 정보를 제공하여 준다.

② 사내 기록분석, 예를 들면 상품별이라든지 지역별 판로분석, 시장점유율분석, 원가분석, 판매원의 성과분석 등을 들 수 있다.

③ 가장 최근에 이루어진 실태조사보고서 또한 환경에 관한 조사를 몇종류 살펴보면 [표 2-2]와 같다.

[표 2-2] 마케팅환경과 관련된 조사내용

1. 업계 ① 각 기업 및 주요상품, 매출액 ② 각 기업의 규모, 재정 및 경향 ③ 각 기업의 지리적분포와 동향	4. 시장 ① 상품의 용도 ② 상품을 소비하는자와 구매하는자 ③ 주요시장의 위치 ④ 주요시장 및 구매자 특성 ⑤ 수요의 성질 (탄력, 비탄력, 계절적, 순환적)
2. 상품 ① 개량제품 ② 신제품	5. 경쟁자와 비교한 상품의 매출액
3. 가격 ① 자사 및 경쟁사의 과거 · 현재의 경쟁상품가격 ② 계절성 또는 촉진요인에 의한 가격인하 ③ 이익	6. 프로모션 ① 인적판매의 원가와 기능 ② 광고매체와 비용 ③ 판매나 광고캠페인에서의 소구점 ④ 캠페인의 시기 및 규모 ⑤ 퍼브리시티활동과 마케팅노력의 조정

탐색조사는 의사결정자에 의해 가설의 해결과 행동을 취하기 위해 실시되어진다. 이를 위해 또 다른 조사가 행하여지거나 새로운 정보를 구하기 위한 특별한 활동을 전개한다.

이 단계에서는 특히 제2차정보가 이용되어지고 경우에 따라 소비자라든지 그 외의 정보의 원천으로부터 독자적으로 정보를 수집하고 획득된 정보에 의해

① 가설을 어느 정도 구체화시키고

② 각각의 가설에 대해 어떤 정보가 문제의 설명에 보다 적절하고 유효한 해결책인지를 결정하는데 도움이 되는가를 결정한다.

③ ②에서 획득된 정보종류 중에서 가장 유익한 정보의 원천이 무엇인지 또는 누구인지를 결정한다.

④ 정보의 원천을 선택하여 각 정보의 원천으로부터 구체적인 사실에 관해 수집한다.

⑤ 시간계획표를 작성해서 정보수집계획에 따른 역할의 분담과 시간 및 원가 등을 결정한다.

(4) 본조사

본조사는 결정조사(conclusive research)라고도 하며 의사결정자가 채용해야할 행동코스를 결정할 수 있는데 결정적인 도움을 줄 수 있는 자료의 제공을 의미한다. 그리고 이 조사는 신중히 이루어져야 하며 많은 노력과 비용이 드는 조사이다.

많은 조사들에 있어 공통적인 점은 본조사를 염두에 두고 행하여진다. 그렇기 때문에 대량의 정보와 집약적인 정보가 수집되어진다.

정보설계의 주요 특성은 예견(auticipation)과 설계명세(specification)로 요약할 수 있다. 조사자는 제안한 연구의 필요와 환경에 관해 예견한다. 또한 무엇을 얻을 것인가를 기대하고 어떤 것을 이룰 것을 이룰 것인가를 미리 예견한다.

정보설계에 있어 상세한 정보의 예견은 수행하고자하는 기능으로부터 결론을 내려볼 수 있다. 이러한 것에는

① 문제를 해결하기 위해 입수 해야하는 근거 및 응답이 그것에 의해 명백하고 유효할 것이라는 기본적 안건의 설명
② 근거의 설계명과 어디로부터 입수하고 어느 정도 정확한지
③ 문제에 대한 응답을 도출하기 위해 어떠한 정보를 처리할 것인가를 검토
④ 실행 가능성의 예상과 승인에 따른 지침
⑤ 결과로 일어나는 일들을 처리하기 위한 계획의 준비이다.

본 조사 계획의 흐름을 나타내기 위해 [표 2-3]에 정리해 보았다.

[표 2-3] 정보설계를 계획하는데 필요한 8단계

직면하는 문제	선택되어져야할 스텝
① 대체적 해결안의 성과를 측정하기 위해 무엇이 필요한가	① 정보가 필요로 하는 문제를 결정한다. ② 조사결과를 예견한다. ③ 시간과 코스트를 배려하여 검토한다.
② 어떤 어프로치를 채용할 것인가	④ 실험, 역사적, 또는 추론적 어프로치인지를 선택한다.
③ 어떤 특수한 정보가 그 어프로치를 위해 필요한가	⑤ 필요로 하는 데이터의 정확한 설명을 쓴다.

직면하는 문제	선택되어져야할 스텝
④ 구하고자 하는 정보를 어디에서 입수할 것인가	⑥ 관련있는 2차정보를 찾아서 음미해 본다. ⑦ 수집 불가능한 정보에 관해 명백히 한다.
⑤ 제1차정보를 어디에서 입수할 것인가. 가. 정보의 종류는? 나. 어떤 일반적 수집방법을 채용할 것인가 다. 어떻게 정보의 원천을 결정할 것인가 라. 정보의 원천으로부터 어떻게 정보를 확보할 것인가 마. 어떻게 인구 및 그로부터 추출하는 샘플을 완전하게 계산할 것인가 바. 어떻게 조사를 진행할 것인가	⑧ 1차정보를 구할 인구에 관해 명백히 한다. ⑨ 필요한 사실, 의견, 및 동기의 구분을 확실히 한다. ⑩ 질문법, 관찰법 또는 기계적 측정법 등에 의해 정보를 입수하기 위한 계획 ⑪ 질문법을 이용한다면 전화법, 우송법, 면접법 등 어떤 방법을 채택할 것인지를 결정 ⑫ 정보를 찾아내고 기록하기 위해 필요한 질문이나 형식을 생각한다. ⑬ 모집단을 결정한다. 가. 샘플링방법을 결정한다. 나. 표본층을 세분화하여 결정한다. ⑭ 필드웍(field work)을 상세하게 계획한다. ⑮ 필드웍진행요원에 대한 교육과 자격을 부여한다.
⑥ 어떻게 정보를 이용하고 제시할 것인가	⑯ 정보를 편집 · 수정 · 가공한다. ⑰ 정보의 결과를 도출위한 방법을 연구 ⑱ 조사결과를 도출
⑦ 어떻게 조사의 승인을 얻을 것인가	⑲ 예산을 정하여 예산화하고 조사제안서를 제출한다.
⑧ 과연 실행가능한 설계인지 또는 문제 해결을 위한 방향설정은 정확한가	⑳ 설계를 프리테스트한다.

본조사에 있어 우선 채용되는 정보의 종류와 정보원은 결정해야할 필요가 있다. 사용되는 정보는 제1차정보나 제2차정보 또는 양자모두를 사용하게 된다.

(5) 성과조사

성과조사는 어떤 현상이 발생하고 있는지를 밝히기 위해 채용되어진 행동을 추적하는 것이다. 이에는

① 행동의 원인이라고 생각되어지는 활동성과에 따는 변화를 보고할 것

② 행동을 취했을 경우의 상태가 행동을 선택하였을 경우와 일치하는지를 확인할 것 등 2가지를 들 수 있다.

성과조사(performance monitoring research)는 정식조사가 행하여지는 경우, 의사

결정이 진행중인 초기에 실시되어진 예비조사와 본조사의 반복일 경우 한층 유익한 것이 된다. 그것은 예상과 실행과의 사이에 직접 비교가 가능하기 때문이다. 그러나 이것은 회사가 성과조사에 많은 비용을 투자하는 것이 가치있는 것으로 판단하고 있지 않거나 시간적으로 결과가 늦어지기 때문에 일반적으로는 그다지 행하여지고 있지 않다. 미리 결정한 성과를 추구하는 조사는 다음의 결정을 위한 예비조사로써도 활용이 되거나 가설을 찾거나 대체안을 평가하는데 도움이 된다.

어떠한 경우에도 회사가 상태에 대하여 조금이나마 알 수 있다라는 것은 결정이 어떠한 결과를 초래할 것인가를 파악하는데 아주 도움이 되는 것이다. 마케팅정보시스템을 통해서 제공되어지는 정기적인 정보는 이것을 만족시켜 주게 될 것이다. 또한 대부분의 경우 본조사와 같이 상세하게 조사되어지지는 않지만 정식조사를 행하는 것이 바람직하다. 성과조사는 많은 중요한 문제들의 밝혀내거나 시사점을 부여해 줄 것이다. 우선 성과조사에서 문제점이 드러날 경우 보다 상세한 조사가 수행되어지게 된다.

성과조사에는 판매분석, 시장점유율분석, 판매력분석 및 코스트분석이나 수익분석 등을 들 수 있다. 광고의 효과측정도 이러한 범위내에서 이루어지게 된다.

3) 실태조사의 종류와 방법

마케팅조사의 경우 실태조사와 동일한 의미로 사용되어질 정도로 마케팅조사에서 가장 빈번하게 사용되는 것이 실태조사이다. 그러나 실태조사에는 다양한 종류 및 방법이 있지만 그 모든 종류와 방법이 모두 자주 사용되어 지는 것은 아니며 또한 조사의 목적에 따라서 적용해야하는 종류와 방법이 달라져야 한다.

정해진 질문지를 기초로 해서 각 항목에 관해 순차적으로 질문해 가는 질문법(survey method), 실험적으로 조사사항을 연구하여 자료를 수집하는 실험법(experimental method) 등이 있다. 또한 질문법, 관찰법, 실험법 등 어디에 속하지는 않지만 특정의 대상자에게 정기적·계속적으로 동일 조사사항을 질문하고 그 움직임을 조사하는 패널조사(panel techique)와 심리학의 기법을 이용한 동기조사(motivation research) 등이 있다.

이들 방법은 기술적으로도 다르고 조사의 결과와 정확성 또한 달라지게 되므로 조사의 목적, 시간, 비용 및 능력 등을 고려하여 어느 방법을 채택할 것인가를 결정해야 한다.

(1) 실험법

실험법은 관찰법과 질문법을 병용한 것이라고들 하지만 그 이름으로부터 알 수 있는 것처럼 어떤 문제를 실험에 의해서 확인하고자 하는 방법이다.

시장실험(market experimentation)은 종속변수(통상 매출액)와 다양한 전술에 의해 통계 또는 조작 가능한 독립변수 사이의 관계를 결정하기 위해서 이용된다. 통제된 실험(controlled experiment) 즉, 특정변수를 선택하여 그 외 모든 변수가 일정하게 통제 가능한 실험이라면 화학이나 물리학에서의 실험과 같다고 할 수 있을 것이다. 그러나 많은 시장변수는 그렇게 하기가 불가능하다고 생각지는 않지만 적어도 그렇게 되기는 어렵고 그 효과는 신중하게 검토되어져야 한다. 가끔 경쟁자는 단기적인 가격변경, 프로모션활동, 또는 특별한 계획을 통해서 실험의 효과가 없다는 것을 의식적으로 시행해 보기도 한다.

시장실험은 소비자용품에 가장 자주 이용되어지고 마케팅연구는 통상적으로 프로모션과 관계가 있다. 실험은 소규모로 실시 가능한 경우가 가장 바람직하다고 할 수 있다. 예를 들면 새로운 포장지의 효과를 테스트하기 위해 지역 시장에서 시험해 볼 수도 있고 상품의 색이 소비자 선호를 결정하기 때문에 색을 바꾸어 볼 수도 있으며 신제품에 관한 소비자수용을 테스트하기 위해 소규모로 시행되기도 한다.

실험은 전체 시장 또는 특정 시장에서 지역적으로 실시될 것이다. 지역적인 테스트시장은 몇가지 장점을 가지고 있다. 변수를 분리해 내어 측정하는 것이 용이하고 통계그룹을 만듦으로 해서 원가를 절감할 수 가 있다. 다음은 실험법의 사례를 몇가지 들어본다.

① 스프리트 런 테스트

실험법의 전제 조건의 하나로 조건을 동일하게 해야 한다는 것을 들 수 있다. 이 테스트는 동일 상품을 같은 크기로 같은 장소에서 같은 날 같은 내용 또는 다른 내용의 몇가지 광고를 동일한 매체에 게재 하고 그 효과를 측정하는 것이다. 예를 들면 본문은 동일하게 하고 제목만을 바꾸어 게재한 2가지의 광고에서 이 제목의 차이에 의해 각각의 광고의 상대적 흡인력을 조사하고자 하는 경우, 같은 신문의 같은 날 같은 장소에 같은 크기의 A와 B라는 광고를 게재하여 그 효과를 조사하는 것이다.

② 소비자사용 테스트

이는 '맹목 테스트' '눈가림 테스트' 또는 '브라인드 테스트'라고도 불린다. 아마 신제품의 실험법으로 가장 일반적으로 사용되는 방법의 하나로써 소비자에게 상품을 제공하고 그것을 실제 사용하게하여 그 상품의 사용 중이나 사용 후에 있어 상품에 관한 각종 의견이나 감상을 기록하는 것이다. 이 방법을 테스트상품으로써 첫째 한 가지 상품만을 한정하여 그 상품을 사용하도록 하여 그 결과를 보고하도록 하거나 경쟁상품의 사용 경험을 비교·검토하도록 하는 단일상품테스트와 둘째 두 가지 상품 이상을 선택하여 그것들을 실험적으로 사용하도록 하여 제품을 비교·검토한 결과를 보고하도록 하는 상품비교테스트가 있다.

③ 소비자구매테스트

이 방법은 다양한 시행 방법이 있다. 예를 들면 여러 스타일, 색 및 디자인이나 가격의 상품에 대한 소비자의 반응을 파악하기 위해 일정기간 판매한 다음에 그 결과에 의해 채용해야할 색, 디자인 등을 결정하는 것이다. 또한 특정 상품이 가장 잘 팔리는 진열대의 높이 등을 조사하여 상품을 어디에 둘 것인가를 파악하기 위해 동일 상품을 진열대의 맨 밑에서부터 맨위에까지 진열해 둔 다음에 일정 기간 판매하여 그 매출액을 조사함으로써 가장 좋은 장소를 선택하는 것이다.

(2) 관찰법(observational method)

관찰법은 사실을 관찰함으로써 정보를 수집하고자 하는 것으로 마케팅환경에 따른 소비자의 행동이나 반응들을 직접관찰하여 그 기록을 작성하는 것이다. 관찰법 중에서 일반적으로 이용되고 있는 방법은 다음과 같다.

① 점포 내외에 있어 디스플레이 등을 '보는 사람' 그것을 '보고 사는 사람'등의 행동이나 명수를 관찰하거나 점포에 있어 통행량과 매출액과의 관계를 검토하기도 한다.

② 자동차의 흐름, 사람들의 흐름을 관찰하고 측정일 특정 시간의 교통량이나 흐름의 방향 등을 조사한다.

③ 점포내에서의 사람들의 움직임과 같은 소비자의 구매행동을 카메라로 기록한다.

④ 동업종 중 타점포의 동향을 조사한다.

(3) 질문법(survey method)

질문법이란 그 이름과 같이 질문지(또는 설문지)가 사용된다. 조사원이 어떤 조사목적을 가지고 일정한 질문형식에 따라 피조사자에 대하여 직접면접을 행하거나 우편, 전화 인터넷 등을 이용해서 여러가지 질문을 행함으로써 응답을 구하고 필요한 정보를 수집하는 것이다. 이 방법은 가장 일반적으로 사용되고 있기 때문에 마케팅 조사라고 하면 질문법을 가리키는 경우가 많다.

① 기본적 방법

질문법의 기본적 방법으로써 사실조사, 의견조사 및 해석조사 등 3가지 방법을 들 수 있다. 3가지 방법의 공통점은 질문에 대한 해답을 구하는 것이지만 차이는 기술상의 문제만이 아니고 그 결과의 정확성에 커다란 차이가 있다는 것이다.

가. 사실조사

사실조사는 단지 사실에 관한 경우의 조사이고 예를 들면 '당신은 카메라를 가지고 있습니까?'와 같이 객관적 사실에 관한 질문을 하고 그것에 대하여 응답자는 단지 사실만을 보고하는 보고자이다. 이 방법은 조사하기가 쉽고 특별한 기술도 필요로 하지 않는다.

나. 해석조사

이 조사는 응답자가 보고자이고 해석을 하는 사람이다. 예를 들면 '왜 이 상품을 구매 하셨습니까?'와 같은 질문을 함으로써 응답자에게 사용하는 이유, 구매한 이유 등에 관해 구체적인 언급을 요구하는 것이다. 이 방법은 응답자가 자신의 기분에 따라 동기를 정확히 표현하지 않는다는 단점이 있다.

다. 의견조사

이 조사는 어떤 것에 관한 의견, 평가, 및 판단을 응답자에게 구하는 방법이다. 예를 들면 모양이나 색이 다른 상품을 소비자에게 보이고 '당신은 어느 모양을 선호하십니까?' '당신은 어느 색을 선호하십니까?'와 같은 질문을 하여 그것에 대해 응답자가 의견을 표현하고 평가하고 판단하는 것이다. 의견조사는 마케팅조사분야에 상당히 폭넓게 사용되고 있고 일반적으로 말해 상품의 품질이나 판매정책 등에 관해서 소비자나 거래처의 의견을 구하는 경우에 이용된다. 단 이 경우 응답자는 자신이 질문당하고 있다라고 생각하지 않을지도 모르기 때문에 조사원은 반드시 무엇을 질문하고 있는지를 정확하게 전달하지 않으면 안 된다. 또한 질문의 형식에도 주의를 기울일 필요가 있다.

② 조사기술

실제로 조사를 행하는 경우에는 질문지를 우송하는 우송법, 전화로 질문하는 전화법 및 조사원이 피조사자를 방문하는 면접법 등이 있다.

가. 전화법

전화법은 전화에 의해 질문을 행하고 응답을 얻고 조사자료를 수집하는 방법으로 저렴한 비용으로 동일 시간에 각 대상자에게 질문하여 신속히 정보가 수집하다는 것이 방법이 장점이며 특히 TV나 라디오프로그램 등의 효과 측정에 자주 사용되고 있다. 또한 미국의 경우에는 대략적인 판매예측을 행하기 위해 이용되어지고 있다.

이 방법에는 전화번호부를 준비해 두어야 한다. 이 경우 직접 그 자리에서 상대방에게 응답을 요구하는 방법과 질문 내용을 알려주고 몇 일 뒤 다시 전화하겠다는 것을 사전에 알려 주어 대답을 받는 경우가 있다. 현재에 주로 사용되고 있는 방법은 전자이지만 전자의 경우 그 자리에서 대답할 수 없는 경우는 아주 부정확한 대답이 되어버리고 만다. 후자의 경우에는 그 자리에서 대답할 수 없는 경우에도 시간적 여유를 가지고 조사하기 때문에 확답을 얻을 수 있는 가능성이 높아진다.

나. 우송법

우송법은 질문지를 특정응답자에게 우송하여 이에 응답자가 응답을 기입한 후 재우송하여 자료를 수집하는 방법으로 특히 개인이나 가족의 특성을 파악하기 위한 조사나 응답자를 식별하는 것이 그다지 중요하지 않을 경우 간단하고 짧은 질문으로 확실한 응답을 얻고자 하는 경우에는 효과적이지만 연령, 소득, 가족의 소유물 및 가족구성 등과 같은 소비자특성이 분석상 의미있는 경우에는 그다지 바람직한 방법이라고는 할 수 없다.

이 방법은 오늘날 일반적으로 사용되고 있기는 하지만 마케팅조사에 이용되는 경우 여러 가지 제약이 있고, 또한 정확한 정보를 수집하는데 필요한 조사대상자의 선정이 곤란하다는 약점을 가지고 있다.

우송법에서 우선 문제가 되는 것은 어떻게 회수률을 높일 것인가 하는 것이고 이에 대한 해결책은 아직 미해결인 채로 남아 있다. 회수율을 상승시키기 위해 여러 방법론이 연구되어지고 그 중 몇 가지는 채용되어져 사용되고 있지만 아직 완전한 것이지는 않다. 현재 통상적으로 회수율 상승을 위해 사용되는 방법의 예를 들면 다음과 같다.

㉮ 평판이 좋은 조사기관을 선정하여 조사기관의 신뢰도를 이용한다.
㉯ 대상자명부를 선정하고 정비한다.
㉰ 설문지와 함께 동봉하는 의뢰장에 협력요청서를 첨부한다.
㉱ 질문지를 변화시킨다.
㉲ 증정품

㉳ 우송요금을 조사자가 부담한다.

㉴ 재우송하여 재부탁을 의뢰한다.

다. 면접법

면접법은 조사원이 설문지를 기초로 피조사자에게 여러가지 질문을 하여보고, 조사자료를 수집하는 방법으로

㉮ 조사원이 설문지를 기초로 여러가지 질문을 하고 그에 대한 응답을 얻고 조사원이 직접 응답을 기입해 가는 방법으로 이 방법에 의하면 설문지에 기입하는 것 이외의 정보를 획득할 수도 있다.

㉯ 응답자에게 설문지를 작성하게 하는 방법으로 이 방법에는 그 자리에서 응답을 기입하게 하는 경우와 몇일 뒤 설문지를 회수하러가는 방법이 있다.

㉰ 피조사자에게 설문지에 관해 직접 묻는 것이 아니고 일상적인 얘기로부터 시작하여 점차 문제에 관해 언급해 나가는 방법 등이 있다.

면접법을 채용하는데 있어 각 조사원은 항상 동일형식·표현에 의해 질문을 하고 응답자에게 애매한 질문을 하여 응답의 오차가 발생하지 않도록 주의를 기울여야 한다. 왜냐하면 조사원의 개인적 태도가 피조사자의 응답에 영향을 미치기 때문이다. 면담은 자연스러운 분위기에서 진행되어야 하고 상대방의 복장, 표정 및 동작 등으로부터 편견을 가지고 판단에 영향을 미쳐서는 안된다. 그러나 응답자의 첫 인상에 대한 정보는 결코 가치없는 것은 아니고 이는 비고란이나 설문지 이외의 곳에 기록해 둘 필요가 있다.

라. 3가지 방법의 장점

이상으로 전화법, 우송법 및 면접법에 관해 개략적으로 설명하였고 [표 2-4]에 설명한바와 같이 각각의 방법에는 장·단점이 있다. 따라서 각각의 장·단점을 고려하고 또한 조사목적에 일치하는가를 생각하여 어느 방법을 채용할 것인가를 결정해야 한다.

[표 2-4] 우송법, 전화법, 면접법의 비교

항목	우편법	전화법	면접법
회수율	낮다	우편법 보다 높다	높다
회수속도	제일 늦다	빠르다	전화법보다 늦다

항목	우편법	전화법	면접법
비용총액 및 응답자선정	현금지출이 적다. 다른 방법에서는 접근할 수 없는 사람에게도 접근가능하다. 정확한 리스트의 확보가 어렵다.	우편법보다 많다. 전화소유자만이 조사된다. 전체를 대표하지 않을 수도 있다. 리스트의 확보가 어렵다.	가장 비용이 많이든다. 특정계층에서의 응답이 적을 수도 있다.
응답의 오차	면접법에서의 선입관은 제거할 수 있지만 대상자 이외의 사람이 응답할 수도 있다.	조사자는 2명이상의 사람들로부터 응답을 얻을 수 있다.	개인면접에서 일련의 질문을 면접자가 최대한 통제가 능하다.
필요한 질문의 형식	질문은 간단 명료하게 해야 한다.	한정된 시간내에(일반적으로 15분내외)질문하게 되므로 질문의 수가 적다.	면접자는 소정의 질문 이외의 문제에 관해서도 질문 가능하고 관찰할 수도 있다.
그 외	면접자가 개입하지 않아도 되므로 면접자의 채용 · 훈련 · 감독의 필요가 없고 또한 면접자의 편견 등에 의해 응답의 오차가 발생할 위험이 없다.	동시조사의 경우에는 한정된 시간 내에 상당수의 대상자에게 여러 가지 질문을 하기가 어렵다. 간단히 거부당할 가능성도 있다.	다른 방법보다도 조사기술이 요구되고 조사원의 채용, 훈련 및 관리 등의 제반 문제가 있다.

마. 인터넷을 이용한 조사(internet Survey)

여기서 말하는 인터넷 조사는 2차 자료를 수집하기 위한 정보검색 조사가 아니라 조사자가 인터넷을 이용해서 직접 1차 자료를 만들어 내기 위한 조사를 말한다. 인터넷 조사는 비교적 적은 예산으로 신속하게(경우에 따라서는 real time으로) 조사와 결과분석이 가능하다. 가장 큰 문제점은 인터넷에 접속한 고객만이 조사대상이 될 수 있다는 점이다. 이하에서는 최근에 증가하고 있는 인터넷을 이용한 다양한 조사기법과 인터넷 조사의 문제점과 해결방법에 대해 알아보기로 한다.

㉮ 인터넷을 이용한 조사 기법

❶ 전자우편 조사(e-mail survey)

우편 대신에 전자메일을 이용하여 설문지를 보내고 응답자가 스스로 기록하여 전자 메일로 회신하도록 하는 조사방식이다. 우편조사에서 불가능한 동영상이나 3차원 이미지, 사운드 등을 포함시킬 수 있으며 어느 정도 개인적인 질문을 하기가 용이하다는 장점이 있다.

대량의 우편 발송법(mass mail-box questionnaire)에 의해 인터넷 사용자에게 광범위하게 설문을 보낼 수 있으나 인터넷을 이용한 이러한 무차별적 우편발송(spamming)에 대해 부정적인 태도가 형성되어 있음에 유의해야 한다. 스패밍은 인터넷 사용자의 개인정보 노출에 대한 우려와 인터넷의 상업화에 대한 사용자들의 감정을 고려할 때, 응답율이 매우 낮을 수도 있고, 네티즌의 분노를 야기할 수도 있으며, 심지어 해커의 공격을 받을 수도 있다.

전자우편을 이용한 조사방법은 응답자의 감정 상태에 따라 응답률이 크게 달라지는 약점을 지니고 있다. 그러므로 조사목적이 무엇이며, 전송하는 전자우편 파일의 크기는 얼마나 되며, 어떻게 응답자의 주소를 알게 되었는지에 대한 간략한 정보와 함께 응답 요청을 해야 한다. 가능한 한 응답에 거부감이 없는 표본을 잘 선정하여 실시하는 것이 바람직하며 응답에 대한 인센티브를 제공해 주는 것이 좋다.

인터넷 조사의 장점과 단점

장점	단점
• 표본규모가 커져도 추가되는 비용이 적음. • 원격지, 특수층, 전문가에 대한 접근이 용이함. • 양방향 커뮤니케이션이 가능함. • 설문의 빠른 회수와 실시간 분석이 가능함. • 24시간 조사를 수행할 수 있음. • 다양한 멀티미디어 기술을 활용할 수 있음.	• 인터넷 사용자로 표본이 편중됨. • 조사에 능동적으로 응하는 사람만 조사가 가능하여 대표성이 상실될 수 있음. • 응답자를 정확하게 통제, 확인할 수 없음. • 설문응답자에게 인센티브를 제공하기 위해 별도의 수단을 강구해야함. • 설문조사 시스템 설치와 관리를 위한 투자가 필요함. • 허락 없이 SPAM 메일을 보내는 경우 프라이버시를 침해할 가능성이 있음.

❷ 무작위 웹사이트 조사(random website survey)

이 조사방법은 자기회사 또는 조사전문 사이트에 접속한 방문객들이 사이트에 마련된 질문지에 답변하는 방법이다. 특정회사에서 실시할 때는 현재 고객들 또는 해당 제품이나 서비스에 대해 관심을 가지고 있는 사람들의 의견을 얻는데 적합한 방법이다.

최근에는 인터넷 조사 전문사이트를 개설하고 일정한 특성을 갖는 응답자만 방문하여 응답할 수 있도록 하거나, 패널을 회원으로 모집하여 수시로 인터넷 조사회사 사이트를 방문하여 조사에 응답하고 그에 상응하는 대가(points)를 누적하여 응답자의 계좌로 송금해 주는 방식을 취하는 경우도 있다. 그러나 응답자를 통제하기 어려워 자격이 안 되는 사람이 응답을 할 수 있다는 문제점이 있다.

무작위 웹사이트 조사의 예를 들면 미국 오레곤의 시장조사 회사인 Information Tek Research Group이 자사의 인터넷 사이트 접속절차를 개선하기 위해 인터넷 사이트를 방문하는 사람들을 대상으로 인터넷 사용에 대한 조사를 실시한 경우를 들 수 있다.

❸ 패널 웹사이트 조사(panel website survey)

패널조사와 같이 고정패널 또는 옴니버스패널을 구성하여 조사하는 방식과 동일하나 단지 의사소통의 수단으로 전자메일을 이용한다는 점에만 차이가 있다. 패널구성도 인터넷을 통해서 인적 특성을 입력하게 하고 조사목적에 따라 인적 특성을 기준으로 조사대상을 표출하고 이들에 대해서만 전자메일을 발송한다. 전자메일에 설문을 첨부해서 발송하는 경우도 있으나 대부분 조사에 적합한 대상자에 대해 자사의 웹사이트를 방문해서 해당 조사항목을 클릭하고 정해진 패스워드를 입력하고 들어와 질문에 응답하라는 전자우편을 보내게 된다. 이를 통해 상당한 수준으로 응답자를 통제할 수 있으나 완전한 통제가 되는 것은 아니다.

❹ 인터넷 초점집단 면접(on-line focus group interview)

인터넷 대화방에서 채팅을 통해 특정 주제와 질문에 대해 토의하는 방식으로 조사를 하는 방법으로서 정성적 조사에 해당된다. 초점집단 면접을 인터넷 대화방에서 실시하는 것으로 보면 된다. FGI에 속하므로 서베이가 아니라 정성적 조사기법에 해당된다.

개방방식으로 하는 경우 많은 사람들이 참여할 수 있으며 폐쇄식으로 하는 경우는 일정한 자격 요건을 갖춘 사람 또는 사전에 약속한 사람만이 참여할 수 있다. 얼굴을 보지 않고 하기 때문에 일반 초점집단 면접보다 의견을 솔직하게 표현할 수 있으며 초점집단 면접에 비해 시간과 비용을 크게 줄일 수 있다. 그러나 직접 대면하여 대화하는 방식보다는 토론자들과 진행자간의 상호작용이 원활하게 이루어지지 못하는 단점이 있다.

❺ 인터넷 제품 테스트

인터넷 제품 테스트(product test)는 새로 개발된 소프트웨어를 대상으로 하고 있다. 이는 서베이라기보다는 인터넷을 이용한 실험에 가깝다. 소프트웨어 제품이 주된 조사대상이 되는 이유는 인터넷을 이용하여 전송하기 쉽고, 인터넷 사용자들에게 친숙한 제품이기 때문이다.

소프트웨어의 테스트를 위한 제품을 베타버전(beta version: 테스트용 버전)이라고

부르며 일정기간 무료로 사용할 수 있도록 전송해 주거나 자사의 웹사이트에서 내려받을 수 있도록 한다. 일정 기간 사용해 보고 회사에서 알고 싶은 질문내용에 대해 이메일 또는 방문해서 응답하게 하거나 사용 소견을 이메일로 보내도록 한다. Product Testing Services사는 패널을 이용한 제품 테스트를 전문으로 하고 있는데, 이 회사에서 실시하는 조사의 평균 응답률은 94%를 기록하고 있다.

㉯ 인터넷 조사의 문제점

인터넷 조사가 시간과 비용 그리고 편리성 면에서 장점이 있지만 인터넷이 갖는 특성으로 인해 제기되고 있는 문제점과 대처방법에 대해 알아보자.

❶ 표본의 편중

인터넷 사용자의 편중으로 인해 일반 소비자를 대표할 수 있는 표본을 선정하는데 제약이 있다. 인터넷 사용자가 전 인구로 확산되고 인터넷 사용자들의 평균 프로화일이 점차로 전체 인구를 대표할 만한 방향으로 나아가고 있다. 그러나 인터넷의 주 사용자와 사용량은 특정한 인구통계적 계층에 집중되어 있어서 인터넷 주사용자 들이 인터넷 조사의 표본으로 추출될 확률이 높아져 여전히 전체 시장을 대표하는 데 문제가 있다.

따라서 특정한 인터넷 사용자 집단을 모집단으로 조사를 할 때는 문제가 없다.

IntelliQuest Information Group은 이와 같은 점을 고려하여 테크놀로지 패널(기술적 영역에 대한 시장조사만을 실시하기 위한 응답자 패널)을 구축하여 이들에 대해서 인터넷을 통한 조사를 실시하였다. 이처럼 이미 패널이 구축되어 있는 경우에는 패널 구성원 중 적격 응답자를 선택하여 조사를 실시할 수도 있다.

개인면접, 전화, 우편 등으로 접촉하기 어려웠던 집단들을 인터넷을 통해 보다 쉽게 접근할 수 있다는 점에서 오히려 인터넷 조사를 통해 조사대상의 대표성을 더 향상시킬 것이라는 주장도 있다. 신분을 드러내지 않으려 하며 사회경제적으로 상층에 있는 사람들, 지리적으로 멀리 있는 사람들, 교대 근무자(심야근무자), 너무 바빠서 잠깐 여유가 날 때야 겨우 질문지를 메울 수 있는 사람들에 대해서도 쉽게 접근 할 수 있다는 점이 인터넷 조사가 표본의 대표성을 높일 수 있다는 주장에 대한 근거가 된다.

❷ 부정직한 응답

어떤 인터넷 사용자들은 인터넷 상에서 자신을 다른 사람으로 위장하기도 하며, 어떤 이들은 단지 재미를 위한 거짓말을 하기도 하는데, 이는 인터넷 조사에서 공공

연하게 일어나는 현상이다. 그러므로 응답자가 정말로 진실을 말하고 있는지 아닌지를 구분하기가 매우 어렵다.

그러나 인터넷이 갖고 있는 익명성이 응답의 정직성을 오히려 높인다고 주장하는 사람들도 있다. 예를 들어 건강에 대한 태도와 행위에 대한 연구에서 Kiesler와 Sproull은 대학 전자우편 사용자 중에서 표본을 추출한 후 그들을 무작위로 각기 두 집단으로 나눠 한 쪽에는 종이(설문지)를, 다른 한쪽에는 전자우편을 통한 조사를 실시하였다. 전자우편을 받은 응답자들은 펜을 사용해 답하는 설문지를 받은 사람들보다 사회적으로 바람직한 응답(socially desirable response)을 하는 경향이 작게 나타났다는 것이다 또한 민감한 사안이나 사적인 질문에 대해서는 인터넷을 통해 조사하는 것이 더 솔직하고 완벽한 대답을 얻는 것으로 알려지고 있다.

❸ 중복 응답

응답에 대한 인센티브를 받기 위해서 또는 자신의 의견을 더욱 많이 반영하기 위해 여러번 응답을 할 수 있다는 점이다. 응답자를 확인할 수 없는 조사의 경우 특히 문제가 될 수 있다. 패널조사에서는 ID나 이메일 주소를 이용해서 중복 응답을 찾아낼 수 있으며, 설문등록과 동시에 쿠키 체크 및 전자우편 주소의 검색을 통하여 중복 응답이 되지 않도록 하거나 조사에서 제외시킬 수도 있다.

❹ 응답의 지연

전자우편을 보내도 정해진 기한 내에 열어 보지 않거나 응답을 늦게 하면 기한이 정해져 있는 조사의 경우에는 문제가 된다. 이러한 문제를 해결하기 위해서 패널을 이용하거나 응답 기한을 정해주고 기간 내에 응답한 경우 인센티브를 제공함으로써 신속한 응답을 유도할 수 있다.

❺ 자기 선택 편향(self selection bias)

응답자의 대부분은 조사 주제에 대해 개인적으로 관심이 많은 사람들만이 응답을 하게 되는 경향이다. 조사 주제에 대해 아주 만족해하거나 또는 아주 불만을 갖고 있는 사람들이 많이 참여하기 때문에 극단적으로 편중된 결과를 보일 수 있다. 질문의 성향과 응답의 분포를 분석하고 중립적인 의견을 보이는 응답자의 빈도가 낮은 경우 중립적인 의견에 대한 가중치를 더 부여하거나 판별분석을 통해 추가적인 분석이 필요하다.

그러나 인터넷 조사가 응답하고 회신하기 쉽다는 점에서 설문지 방식보다 오히려 다양한 응답자로부터 참여도가 높아질 수 있다는 견해도 있다.

❻ 이메일 주소의 불명확성

또 다른 중요한 문제는 전자우편 주소가 정확하지 않거나, 사용하지 않은 이메일 또는 이메일 주소의 변경이 자주 나타난다는 점이다. 예를 들어 앞서 언급했던 Research Solution Internet사의 조사에서 이용되었던 주소는 실제로 응답 대상자가 직접 제공했던 것임에도 불구하고 400개중에서 50개가 배달되지 않았다. 다른 한 예는 영국에서 실시한 한 조사에서는 인터넷 잡지를 통해 1,221개의 주소를 얻었다. 하지만 인터넷 서비스 공급자의 변경, 가짜 주소 등으로 인해 35%는 사용할 수 없는 것이었다.

따라서 정확한 이메일 주소의 확보와 이메일의 사용여부가 확인된 이메일 주소를 확보하는 것이 필요하다.

이상과 같은 문제점을 극복할 수 있는 방안이 마련된다면 인터넷은 사용인구가 전체 연령으로 확산되고 있으며 인터넷 조사의 경제성(경제적인 인터넷 이용), 신속성(대량 실시간 발송), 편리성(시간과 장소의 제약이 없이 컴퓨터 통신망 연결), 표현성(그림, 동영상 등), 익명성(응답자의 신분 노출 방지) 인해 마케팅 조사의 이용이 증가할 것이다. 그러나 민감한 질문도 할 수 있다는 장점인 인터넷의 익명성으로 인해 응답자에 대한 정확한 통제가 어려우며, 전적으로 응답자의 능동적이 참여에 의존한다는 점은 쉽게 해결하기 어려운 과제이다.

(4) 패널조사

패널(panel)이라는 말은 벽, 천장 및 창 등의 한 단면 및 구획 또는 창틀을 생각하게 되지만 마케팅분야에서 패널이라는 말을 사용하는 경우에는 통상 토론회나 좌담회등과 같이 예정된 멤버가 만나는 것을 의미한다. 따라서 패널디스커션이라고 하면 미리 정해진 멤버에 의한 토론회나 좌담회를 말한다.

이로부터 알 수 있는 것처럼 패널은 소비자, 판매업자, 경영자, 학식과 경험이 있는 그 외의 개인 내지는 그룹의 단위를 말한다. 따라서 패널조사는 미리 정해진 멤버를 대상으로 행하는 조사라고 할 수 있다. 여기서 문제가 되는 것을 미리 정해진 멤버를 대상으로 조사하게 되면 모두가 패널조사라고 할 수 있는가 하는 것이다. 예를 들면 미리 정해진 멤버에 대해 한번만을 조사하고 계속적으로 조사하지 않더라도 패널조사라 할 수 있는가 하는 것과 동일 대상자에게 계속적으로 조사하고 있지만 조사내용은 조사목적에 따라 바뀌는 것도 패널조사라고 할 수 있는 것인가 하는 것이다.

패널조사는 계속적으로 문제를 파악해 나가고자 하는 것이다. 따라서 1회성 조사는 패널조사라 할 수 없고, 또한 계속적으로 조사가 실시되었다고 하더라도 전후의 비교가 될 수 없는 조사는 다방면에 걸쳐 조사는 이루어졌지만 엄밀하게 패널조사라고 할 수 없다.

패널조사는 통상적으로 동일 대상자에게 특정 소비항목을 정기적이고 계속적으로 반복 실시 하는 것으로 그것에 의해 소비관습이라든지, 소비경향이라든지 인과관계나 상품의 동향 등을 파악할 수 있게 되는 것이다. 패널조사는 반복해서 특정 조사대상자에게 정기조사를 행하는 것이므로 모집단으로부터 모집단을 대표할 만한 표본을 선정해 둘 필요가 있다.

패널조사에 의한 자료의 수집방법에는 여러가지가 있지만 예를 들면 다음과 같다.

① 조사원에 의한 면접 질문
② 정기적으로 우송하는 질문지에 기입하도록 하는 우송 질문
③ 소비자에게 하루의 구입기록을 하도록 하는 일기 형식
④ 라디오나 TV의 시청률을 기록하기 위한 기계장치
⑤ 점포감사

일반적으로 실시되는 소비자패널조사는 다음과 같은 순서로 이루어진다.

① 조사대상자를 선정하여 조사의 협력을 요청한다.
② 대상자는 조사기관으로부터 건네받은 질문지나 상품구입기록에 필요사항을 기입한다.
③ 회수는 회수원이 정기적으로 각 대상자를 방문하여 질문지를 회수하거나 우편을 이용한다.

이와 같은 패널조사 중에서도 소비자의 상품구입의 동향을 파악하기 위해서 일기형식이 자주 채용되어진다. 일기형식이란 생각보다 기입이 간단하고 편리하다. 이 조사에 의해 신제품의 침투상황, 사용상품명, 상표변경이나 지명도의 유무, 상품의 구입빈도 및 1회당구입수량, 특정 상품에 지불하는 월지출액 또는 구입경로 등 그 외의 문제들에 관해 상세히 파악할 수 있다. 물론 질문내용은 조사목적에 따라 달라지지만 동향을 파악하고자하는 경우 패널조사는 유효한 방법이라고 할 수 있다.

(5) 동기조사

이상 설명한 방법에서는 인간행동의 표면상의 것, 의식되어지고 있는 것에 관해서

는 조사가 가능하지만 인간행동의 내면적인 것, 다시말해 명확하게 의식되고 있지 않은 것이나 의식하고 있더라도 그것을 어떻게 표현하면 좋은가를 알지 못하는 것이나 표현하기 어려운 것에 관해서는 파악하기가 곤란하다. 그래서 이와 같이 내면적이고 명확하게 의식되어 있지 않은 인간행동을 결정하는 근본적 동기, 의식의 깊은 곳에 숨겨져 있는 동기를 파악하는 방법을 동기조사라고 한다.

동기나 이유의 문제는 어떠한 마케팅활동에 있어서도 가장 중요한 것으로 인정해야 한다. 특정의 상품을 사람들의 몇%가 사용하고 있는지, 또한 이 사용자들은 어떠한 사람들인지를 아는 것만으로는 충분하지 않다. 이런 종류의 정보는 출발점으로서의 가치를 가지는 것에 지나지 않는다. 사람들이 특히 그 상품을 사용하고 특히 그 점포를 선택하고 또한 그 상표를 선택하는 동기는 무엇인가에 관해 심도 있게 파악하지 않으면 안된다. 그리고 사람들의 동기에 영향을 미치는 여러 가지 사항들의 유효성을 측정하는 것도 절대적으로 필요하다. 이러한 지식은 현재의 구입 및 사용패턴의 기초에 있는 제반 이유를 연구함으로써 얻을 수 있다.

소비자행동의 바탕이 되는 이유를 밝히기 위해 여러가지 방법이 채용되고 있지만 대표적인 방법으로써

① 심층면접법(depth interviews)

② 집단면접법(group interviews)

③ 투영기법(projective technique)

- 어구연상법(word association tests)
- 문장완성법(setence completion tests)
- 그림응답법(picture techniques)

④ 태도스케일(attitude scales)

- S.D.법(Semantic Differential test)
- 거트만 스캐로그램(guttman scalogram)
- 리커트법(Likert Summated Scales)

등을 들 수 있다. 여기서는 심층면접법, 집단면접법, 투영기법에 관해서만 언급하기로 한다. 이들 방법의 각각에 있어 동기조사는 주로 행위의 특정 양식을 위한 심리적 장애, 동기부여 또는 이유를 시사하는 유효한 응답, 태도, 반응을 구하는 것이다.

[표 2-5]는 웬즈(W.B.Wentz)와 아이리치(G.I.Eyrich)에 의해 정리된 행동데이터 수집 방법이다. 실제 구입행동에 관한 데이터는 전통적인 조사방법에 의해 수집되어지

고 있지만 동기조사의 방법은 행동을 가능한 여러 방법을 통해 다면적으로 설명하고자 하는 것이다.

① 심층면접법

이 방법은 조사자와 피조사자가 1:1로 면담하고 회화 형식으로 얘기를 진행해 나가면서 응답자의 태도 또는 의견으로부터 원인을 찾고자 하는 것이므로 조사자는 특별히 훈련을 받고 일정한 시간 특히, 고정적인 것은 아니지만 일정한 순서에 따라 피조사자와 자유롭게 얘기하면서 상황에 맞추어 적절히 질문을 해 나가고 피조사자의 응답을 구하는 것과 함께 피조사자의 그때 반응을 상세히 관찰하고 피조사자의 동기를 찾아내는 것이다.

심층면접은 인터뷰의 일종으로 응답자는 설문지에 따라 대답하는 것이 아니라 특정의 문제에 관해 자유롭게 얘기할 수 있다. 조사원은 응답자의 얘기를 충분히 들어주어야 하며 얘기가 문제를 벗어나더라도 중요한 점을 놓쳐서는 안된다. 그렇기 때문에 질문지 이외에 면접순서를 기록한 카드를 준비해야 한다. 피조사자와 자유롭게 얘기하면서 상황에 맞춰 적절히 질문을 해야 하며 피조사의 응답을 구함과 동시에 피조사자의 반응을 관찰하고 피조사자의 동기를 알아내야 한다.

면접내용
가. 제품의 용도는?
나. 항상 같은 용도로 사용하고 있는가?
다. 몇 가지 용도로 사용하고 있는 경우 최초로 사용한 용도는?
라. 어떤 상표가 다른 상표보다 뛰어난 제품이라고 생각하고 있는가? 그 이유는?
마. 특수한 용도로 사용하기 위해 구입했는가? 그 목적은 무엇이며 만족도는 어떠한가?
바. 사용한 적이 없는가? 좋은 제품으로 판단되는 것은 있는가? 어떤 점이 그렇게 생각되는가?

[표 2-5] 행동데이터 입수 방법

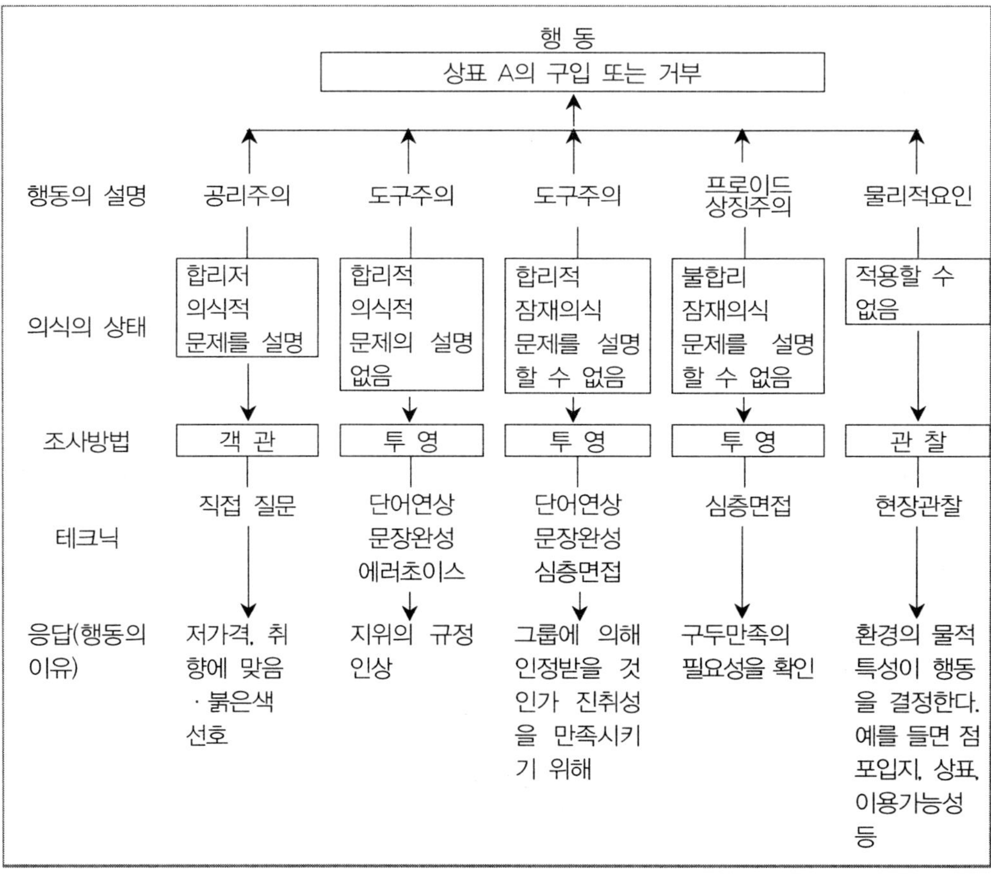

(자료원) W.B.Wentz and G.I.Eyrich, *Marketing Theory and Application*, Harcourt, Brace and World, 1970, p.546.

② 집단면접법

이 방법은 피조사자를 한명씩 면접하는 것이 아니고 4~8명 정도의 피조사자를 그룹으로 한 장소에 모아서 면접하고 주어진 문제를 중심으로 피조사자에게 자유로이 의견을 발표하도록 하는 방법이다. 이 방법은 토론이 계속적으로 연결되서 개인면접에서 얻을 수 없는 응답을 구하는 경우가 많다. 그러나 이 경우 조사자가 충분하게 인간심리라든지 사회성에 전문가라는 조건이 필요하다. 또한 토론의 내용이 복잡하게 되는 경우가 많으므로 가능한 한 기록을 확실하게 하기위해 속기라든지 테이프에 녹음하거나 비디오로 촬영해 둘 필요가 있다.

③ 투영기법

가. 단어연상법

단어연상법은 상표, 상품, 슬로건 또는 회사 등의 지명도나 인상의 강약, 지지의 강약 또는 이미지 등을 측정하는데 이용된다.

이 방법은 예를 들면 향수, 캔디, 치약 및 껌 등 일련의 단어를 읽고 응답자가 그 단어를 듣고 떠오르는 최초의 단어를 응답하게 하거나 이것과 관련된 단어를 가능한 한 이어서 대답하도록 하는 것으로 일련의 단어는 무의식적인 태도나 반응의 패턴을 파악하기 위한 것이므로 신중하게 선택할 필요가 있다.

나. 문장완성법

이 테스트는 단어연상법과 같은 방법으로 적용되어져 해석하는 것으로 불완전한 아이디어에 의해서 자극받은 표현은 숨겨진 동기를 확실하게 해 준다는 점을 이용한 것이다.

<u>문장 완성테스트</u>

아래의 문장을 읽고 완전한 문장으로 만들어 주시기 바랍니다.

① 당신의 자동차는(   )
② 자동차를 구입하기 위해서는(   )
③ 신차의 많은 부분은(   )
④ 내가 스피드를 내어 드라이브를 하고 있을 때(   )
⑤ 자동차에 가장 적합한 색은(   )
⑥ 사람들은 지금(   )
⑦ 나는 자동차보다 오히려(   )
⑧ 나는 자동차의 이름은(   )로 짓겠다. 그 이유는(   )
⑨ 오픈카를 타는 사람은(   )
⑩ 자동차를 사고 난 후 가장 곤란한 점은(   )
⑪ 자동차를 가지고 있어서 가장 좋은 점은(   )
⑫ 나는 (   )보다도 자동차를 산다.
⑬ 나의 아버지의 자동차는(   )
⑭ 클러치 없는 자동차를 운전하면(   )

이 방법에서는 응답자가 몇 가지 문장의 최초의 부분 또는 최초의 단어 등이 주어지고 그 문장을 완성하게 하는 것이다. 주어지는 단어나 문장은 자신이 대답함으로써 어떠한 결과를 초래한다라는 분위기를 전혀 알 수 없도록 하는 것이 좋다. 응답하는 사람이 응답하는 데에 전념하여 실제 자신이 응답한 결과에 신경을 쓸 여유가 없어져 응답자의 본심을 무의식중에 표현하도록 하는 것이 중요하다.

다. 그림응답법

이 방법은 문장이나 단어 대신에 그림이나 사진을 이용하고 그림이나 사진에 관해 여러 가지 질문을 하고 얘기를 만들어 내도록 하는 것이다. 이 방법의 하나인 T.A.T(Thematic Apperception Test)는 피조사자가 각각 그림의 장면이나 상황이 무엇이고 어떻게 그렇게 되었는지, 지금 피조사자는 무엇을 생각하고 갔는지 등을 설명하는 것이다. 이렇게 함으로써 무의식중에 피조사자의 의식의 근원을 하나씩 밝혀 나가는 것이다.

이 방법보다도 더욱 간단한 그림으로 두 사람의 대화 내용을 그려놓고 한 사람은 대화 내용을 기입해둔 후 한 사람의 내용은 공백으로 하여 그 속에 대답을 기입하도록 하는 만화법(cartoon method)이 있다.

같은 그림이라도 의상, 주위의 환경 및 사람에 표정에 의해 등장인물의 생활수준이 드러나지 않도록 하여 생활수준 등을 시사하여 초래되는 편견을 감소시키기 위해 아주 간단한 직선으로 그리기도 한다.

라. 동기조사의 문제점

이상과 같이 동기조사는 심리적 요소라든지 그 변화 등에 착안한 질적 마케팅조사로써 인간행동의 심층을 밝히고자 했다는 점에 주목해야 될 필요가 있지만 비용이라든가 순서, 시간적인 면에 있어서 결정적인 문제점은 질적 파악은 가능하지만 그것을 수량화하기가 어렵다는 것을 들 수 있다. 즉 동기조사의 결과는 얻어진 자료를 통계적으로 처리하기가 곤란하거나 불가능하다는 문제점이 남게 된다. 따라서 최초부터 수량화를 염두에 두고 얻어진 결과를 어떻게 처리하여 어디에 활용할 것인가 그리고 통계적으로 유의한지를 면밀히 검토하여 실행해야 한다.

Chapter

03 데이터의 수집

1. 데이터의 종류

데이터는 성격에 따라 양적데이터 질적데이터 등 여러 가지로 분류될 수 있으나 여기서는 1차데이터, 2차데이터로 구분하여 알아보기로 한다.

1) 1차데이터

1차데이터란 조사자가 조사의 목적을 달성하기 위하여 직접 작성하는 데이터를 말한다. 예를 들어 가전제품을 생산하여 판매하는 회사에서 냉장고의 크기에 따른 구매계층을 알아보기 위해 구매자들의 인구통계적 특성, 교육수준, 가족수 등에 관한 정보를 표본추출을 통해 데이터를 수집한다면 이것은 1차데이터에 속한다. 한편 2차데이터란 조사자가 조사를 목적으로 직접 데이터를 수집한 것이 아니라 다른 사람이 자신의 목적을 위해 수집한 데이터를 가리킨다. 물론 판매기록이나 다른 기관에서 발행한 통계자료를 통해 수집하였다고 하면 이것은 직접조사한 것이 아니므로 2차데이터에 속하게 된다.

2) 2차데이터

초보의 조사자들은 2차데이터의 소재와 가치를 잘 모르거나 경시하는 경향이 많다. 그러나 2차데이터는 1차데이터보다 더욱 가치가 있거나 유용한 경우가 많으므로 이를 경시해서는 안된다.

(1) 2차데이터의 장점

2차데이터 이용의 가장 큰 장점은 데이터 수집을 위한 시간과 비용이 절약될 수 있다는 점이다. 필요한 데이터가 2차데이터라도 가능하다면 도서관이나 자기회사의 판매기록과 같은 적절한 정보원을 찾아내어 필요한 데이터를 수집할 수 있기 때문에 시간이나 비용이란 측면에서 많은 절약이 될 수 있다. 그러나 표본조사를 하는 경우에는 사정이 다르다. 데이터를 수집하는 양식을 설계하고 사전테스트를 행하며 현장에서 면접을 행할 조사원을 교육하며, 표본추출계획을 세우고, 데이터를 수집하여 정확성이나 오류를 검토하고, 집계 및 분류하는 것 등은 상당한 시간과 비용을 요구하게 된다. 2차데이터를 이용하는 경우에는 위에서 열거한 모든 절차와 비용은 불필요한 것이다.

2차데이터를 이용하는 것이 앞에서 설명한 바와 같이 여러가지 장점을 지니고 있기 때문에 마케팅조사를 행하기 위해서는 우선 2차데이터의 이용을 시도해 보고 이것이 부적절한 경우에 1차데이터를 이용하는 것이 현명하다.

(2) 2차데이터의 단점

2차데이터는 조사자의 조사목적과는 다른 목적으로 수집·작성된 것이므로 조사자가 설정한 문제의 해결을 위해 적합하지 않은 것이 보통이다.

대부분의 2차데이터는 그 정확성이 문제시 될 수 있다. 왜냐하면 데이터를 수집·분석·작성하는 과정에서 수많은 오류가 발생할 수 있기 때문이다. 수집된 데이터를 토대로 하여 수요예측활동과 관련된 의사결정을 행하는 경우, 데이터에 포함된 오류를 어느 정도 허용해야 할 것인가가 문제되는데 2차데이터를 이용할 경우 그 정확성을 평가할 방법이 없게 된다. 물론 이 때에는 데이터의 원천, 데이터 작성의 목적, 그리고 데이터에 관한 전반적인 증거를 파악하는 노력에 의해 어느 정도 정확성을 판단하는데 도움을 얻을 수 있다.

3) 1차데이터의 수집 방법

앞에서 본 바와 같이 2차데이터의 입수가 시간과 비용면에서 보다 유리한 것이지만 2차데이터는 몇 가지의 단점을 지니고 있다. 즉 데이터의 측정단위나 분류가 현재 조사하려고 하는 내용과 맞지 않거나 부적합 또는 필요한 부분이 없는 경우, 데이터가 낡은 경우 등으로 부적절하다고 판정될 경우는 부득이 1차데이터를 수집할 수밖에 없다.

여기에서는 1차데이터의 유형과 이를 수집하는 수단 및 장·단점에 대해 설명하기로 한다.

(1) 1차데이터의 일반적 유형

① 인구통계 및 사회경제적특성

커다란 흥미의 대상이 되는 1차데이터의 유형 중의 하나는 조사대상자들의 연령, 교육수준, 직업, 결혼여부, 성별, 소득 및 사회경제적 특성이다. 이러한 특성에 관한 분포를 집계하는 것은 커다란 의미를 내포하고 있다. 예를 들면 공해문제에 대한 태도는 교육수준에 따라 달리 반응된다. 혹은 승용차의 구입은 소득수준에 따라 전혀 다른 반응에 나타날 것이기 때문이다. 흔히 마케팅조사자들은 인구통계 및 사회경제적 특성을 중시하게 되는데 이는 앞의 예에서 보는 바와 같이 시장세분화를 위해서는 인구통계 및 경제적 특성이 이용되기 때문이다.

인구통계 및 사회경제적 특성 가운데 응답자의 연령, 성별, 교육수준 등과 같은 특성은 쉽사리 파악될 수 있으나 사회적 신분이나 계급은 그 구분의 기준이 절대적인 것이 아니기 때문에 구분이 용이하지 않다. 왜냐하면 조사대상이 된 개인이 자신의 소득을 정확하게 밝히기를 거부하는 경우가 많기 때문이다.

② 태도 및 의견

학자들간에는 태도와 의견이 동일한 의미를 갖는 것으로 간주 하기도 하고 다른 의미를 지닌 것으로 인정하여 구분하기도 한 다. 여기서는 우선 두 단어가 모두 특정한 대상물이나 사상에 대해 개인이 가지고 있는 신념, 기능 또는 아이디어를 뜻하는 것으로 해석하기로 한다.

태도가 마케팅에 있어 중요한 의미를 갖고 있다고 보는 이유 는 한 개인의 태도는 그의 행동과 밀접한 관련을 맺고 있기 때문이다. 예를 들면 어떤 개인이 특정한 제품을 좋아한다면 그가 그 제품을 좋아하지 않는 경우보다는 그 제품을 구입할 가능성이 높다고 할 수 있다.

또는 한 사람이 특정한 상품을 다른 것보다 더 선호한다면 그 는 그 선호하는 상표를 구매할 가능성이 높은 것이다. 이에서 보는 바와 같이 소비자 혹은 고객이 어떤 태도를 갖는다는 것은 그의 구매행위와 밀접한 관련을 갖는다고 이야기할 수 있다. 따라서 고객이나 소비자가 어떤 제품에 대해 지니고 있는 그의 태도를 알아본다는 것은 제품의 구매, 바꾸어 말하여 수요의 예측을 위해 필요한 정보가 됨을 알 수 있다.

③ 인지 및 지식

마케팅조사에서 흔히 인용하고 있는 인지 및 지식이란 소비자 들의 특정한 대상물이나 현상에 대해 어느 정도 알고 있는가를 가리키는 것이다. 예를 들면 잡지광고의 효과를 측정하는 방법 중의 하나는 잡지에 게재된 광고에 대해 독자들의 인지도가 어느 정도인가를 측정하면 되는 것이다.

제품에 대한 소비자들의 인지도를 다음과 같은 점에 초점을 맞춘다.

가. 제품에 대한 인지도
나. 제품 특징에 대한 인지도
다. 구매 장소에 대한 인지도
라. 가격에 대한 인지도
마. 제품 생산기업에 대한 인지도
바. 생산지에 대한 인지도
사. 제품 용도에 대한 인지도
아. 제품 특성에 대한 인지도

이상의 여러가지 점에 대해 소비자들의 인지도를 파악할 필요가 있는데 이것은 결국 제품에 대한 소비자들의 지식이 어느 정도인가를 측정하는데 그 목적이 있다.

④ 의도

한 개인의 의도라 함은 그가 예상하고 있거나 계획하고 있는 미래의 행동을 말한다. 물론 이 책에서는 소비자의 구매 행동과 관련된 소비자들의 의도에 관심을 가지고 있다.

소비자들의 구매의도를 조사하는 대표적 기관인 미시건대학의 서베이리서치센터(survey reseavch center)에서는 연방준비은행의 의뢰를 받아 소비자들의 전반적 자금

현황과 단기적 경제 전망을 추정하기 위해 조사를 행하고 있다. 이 센터에서는 소비자들에게 주요 가전 제품과 자동차 및 주택 등의 구매의도를 물어 그 응답 결과를 분석하고 있는데, 구매의도는 대개 다음과 같은 4가지 중 하나를 선택하게 된다.

가. 구매의도가 확실하다.
나. 아마도 구매할 것이다.
다. 결정하지 않았다.
라. 구매할 의도가 전혀 없다.

마케팅조사를 위해서는 이러한 구매의도를 1차데이터로 수집하는 경우는 별로 없다. 왜냐하면 사람들의 말하는 것과 실제 행동하는 것과는 상당한 차이가 있기 때문이다. 특히 구매행동의 경우는 더욱 그렇다. 구매의도 조사는 많은 지출을 필요로 하는 자동차나 주택과 같은 내구성 제품에 흔히 이용되고 있는데 그 이유는 지출 금액이 클수록 소비자들은 사전 계획이 필요하고 따라서 예상되는 행동과 실제 행동과의 차이가 비교적 적기 때문이다. 그렇다 하더라도 구매의도를 정확하게 예측한다는 것은 쉬운 일이 아니다.

⑤ 동기유발

동기유발의 개념은 행동과학의 핵심적인 내용이 되고 있지만 아직도 그 이론이 확실하게 정의되지 못하고 있다. 연구자에 따라서는 동기(motives)와 동인(drives)을 구분하여 후자는 인간의 기본적 욕구인 생리적 욕구, 즉 배고픔, 갈증, 성욕 등을 주로 나타내기 위해 사용되어야 한다고 주장하는가 하면, 다른 학자들은 욕구(needs)와 욕망(wants)을 구분하여, 전자는 기본적인 동기유발요인으로서 당장의 욕망으로 전환되며 이것에 대해 욕구가 충족된다고 주장한다.

그러나 이 책에서는 동기란 욕구, 욕망, 충동 및 소망 등 무엇으로 표현하든간에 목표 달성을 위해 행동을 자극시키거나 활성화시킴으로서 그러한 행동으로 연결시켜주는 내재적 상태를 나타내는 것으로 사용하기로 한다.

마케팅조사자가 이러한 동기에 대해 관심을 갖게 되는 이유는 사람들의 행동 뒤에는 이를 유발시키는 동기가 있기 마련이고, 또 인간의 미래행동(예를 들어 제품의 구매)을 예측하기 위해서는 동기가 핵심적 요인이 된다고 보기 때문이다. 뿐만 아니라 인간의 행동 배후에 있는 동기를 이해할 수 있다면 그 인간의 행동을 보다 잘 이해할 수 있을 뿐만 아니라 미래의 행동을 예견할 수 있기 때문이다. 인간이 제품의 구매와 관련된 욕구를 충족시키려는 동기로는 다음과 같은 것이 있다.

가. 신체적 또는 생리적 욕구를 충족시키려는 동기
나. 기분이나 심적인 욕구를 만족시키려는 동기
다. 자아 실현의 욕구를 충족시키려는 동기
라. 사교적 욕구를 충족시키려는 동기
마. 심미적인 욕구를 충족시키려는 동기
바. 지식적인 욕구를 충족시키려는 동기
사. 안전의 욕구를 충족시키려는 동기
아. 자기 존경의 욕구를 충족시키려는 동기 등이 있다.
자. 행동(여기서 행동이란 인간들이 지금까지 하여온 것 또는 현재하고 있는 것을 가리킨다)

물론 이 책에서는 구매행위를 뜻하는 것으로 이용될 것이다. 이러한 행동은 실제적인 활동으로서 특정된 시간에 특정한 상황 하에서 1인 또는 그 이상의 행위자가 취하는 행동에 초점을 맞춘다.

소비자들의 구매행위 또는 사용행위에 관한 데이터는 어떠한 행동을, 어느 정도로, 어떻게, 어디서, 언제, 어떠한 상황 하에서, 누가 행동하는가를 중심으로 수집하게 된다.

(2) 1차데이터수집 수단

1차데이터는 수집에는 여러 가지 수단을 이용할 수 있다. [표 3-1]은 이들 수단을 나타낸 것이다 조사자가 조사 수단을 선택하고 할 때 먼저 고려하여야 할 것은 의사소통의 수단을 쓸 것인가, 아니면 관찰이라는 수단을 쓸 것인가를 결정하는 일이다. 의사소통수단이란 설문지라는 데이터수집 수단을 통해 필요한 정보를 응답자에게서 받는 것을 말한다. 질문이나 응답은 구두로 전달하거나 서류로 전달될 수 있다. 그러나 관찰이라는 수단을 이용할 때는 질문을 사용하지 않고 관심의 대상이 되는 상황을 점검하여 적절하다고 판단되는 사실, 행위 또는 행동을 관찰하여 기록하는 것이다.

1차데이터 수집을 택할 경우 여러가지 부차적인 결정을 내리 지 않으면 안된다. 질문지를 우송, 전화 및 직접 접촉 등의 어느 방식을 선택할 것인가, 응답형식은 선다형으로 할 것인가 자유형으로 할 것인가, 체계의 정도, 데이터의 수집 방법 등이 모두 결정돼야 할 내용이 된다.

[표 3-1] 1차데이터 수집의 수단

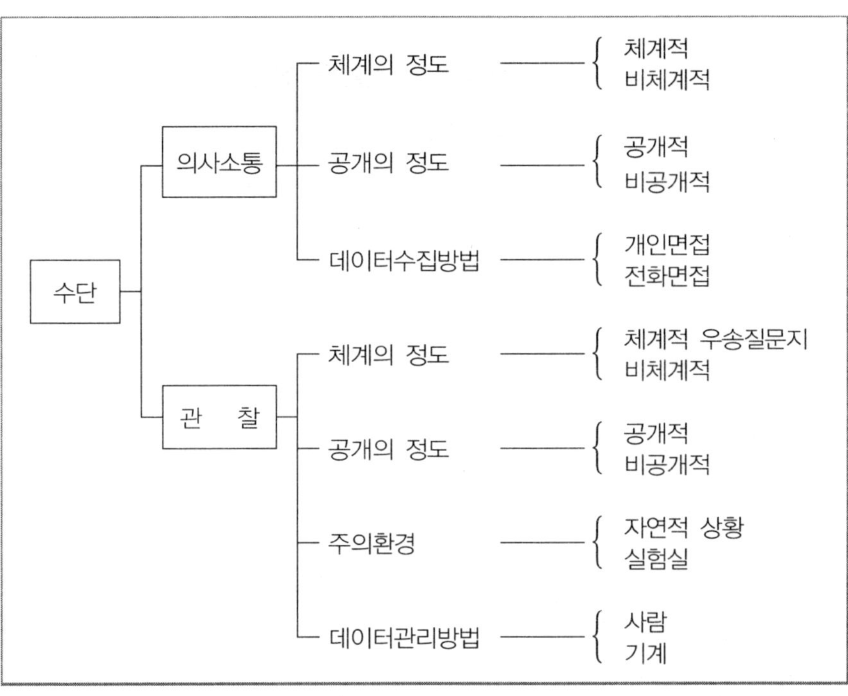

의사소통 수단이나 관찰 수단은 각각 장·단점을 지니고 있고 의사소통 수단이 지니고 있는 장점은 다양화, 신속성 및 비용절감을 들 수 있는 반면 관찰 수단에 의한 경우는 객관적이며 정확성을 지니고 있다는 점이다.

2. 질문지 작성

질문지를 이용하여 데이터를 수집하는 경우에 질문지 작성이 대단히 중요하다.

질문지 작성은 질문지 설계에서 시작된다. 질문의 설계는 하나의 기법이지만 학문적 성격을 띠고 있다고 볼 수는 없다. 질문지 설계에서 흔히 특정한 목적 달성을 위해 응답자를 유도하려는 원칙이 있기는 하지만 실제 적용에 있어서는 그리 용이한 일이 아니다.

질문지 작성을 위한 절차는 대개 [표 3-2]의 순서를 따르는 것이 일반적이다.

[표 3-2]는 질문지 작성의 절차를 단계적으로 열거하고 있으나 이러한 단계의 어느

단계를 생략할 수 있을 것이다.

[표 3-2] 설문서 작성의 일반적 절차

① 입수하고자 하는 정보를 결정한다.
↓
② 질문지의 유형과 데이터관리방법을 결정한다.
↓
③ 개별문항의 내용을 결정한다.
↓
④ 각문항에 대한 응답형태를 결정한다.
↓
⑤ 문항수와 순서를 결정한다.
↓
⑥ 질문지를 사전에 실험하고 필요하면 이를 수정한다.
↓
⑦ ①에서 ⑤단계까지를 재검토하고 필요하면 수정한다.

실제로는 여러 단계를 반복적으로 되살펴 보아야 할 경우가 많다. 예를 들어 질문지에 사용된 용어가 조사자가 의도한 내용을 적절하게 표현하지 못한다는 것이 사전실험의 반응에서 알았다고 하면 그 용어를 다른 것으로 바꾸어 다시 실험을 해야 한다. [표 3-2]는 어디까지나 질문지 작성 절차의 한 지침에 지나지 않으므로 맹목적으로 이 절차를 따를 필요는 없다. 이들 절차를 단계별로 알아보기로 한다.

1) 정보의 입수

조사자가 사전에 치밀한 조사계획을 세운다고 하면 입수하고자 하는 정보가 무엇인지를 결정하는 것은 그리 어려운 일이 아니다. 그러나 조사자가 면밀한 계획을 수립하지 않는다면 입수하고자 하는 정보가 어떠한 것인지 확실히 알려지지 않게 된다.

기술조사와 인과조사에서는 구체적인 가설이 조사의 지침이 되기 때문에 가설의 설정이 중시된다. 왜냐하면 설정된 가설에 따라 질문지의 내용이 결정되며 또 가설 자체에 어떠한 관계가 존재하고 있는가를 명시하고 있기 때문에 입수할 정보의 내용이 그 속에 제시되고 있기 때문이다.

조사자가 조사과정에서 새로운 가설을 발견하고 그것이 조사 결과에 중대한 영향을 미친 것으로 판단되면 그러한 가설을 입증할 수 있는 질문을 추가로 작성하여 조사하여야 한다, 그러나 큰 영향을 미치기 않을 것으로 판단되면 그 가설은 잊어버리는 것이 좋다. 그러한 가설을 입증하기 위해 질문을 추가로 삽입하게 되면 질문지의 문항이 많아지고 따라서 데이터의 관리와 처리에 문제가 발생할 수 있을 뿐만 아니라 응답자가 응답을 하지 않거나 회피할 가능성이 많아지기 때문이다.

탐색조사는 하나의 아이디어이나 객관적인 특성을 밝히려는 조사이기 때문에 설문지의 작성이 그렇게 체계적일 필요는 없다.

2) 질문지 유형

입수하고자 하는 정보의 유형이 결정되면 그러한 정보를 수집할 방법을 구체적으로 결정하여야 한다. 이를 위해서는 질문지의 체계와 조사목적의 공개 여부, 우송설문이나 전화, 또는 개인면접 등의 데이터관리 방법 중의 어느 하나를 택하여야 한다.

수집하려는 데이터가 어떤 유형인가에 따라 질문의 형태가 달라진다. 조사가 소비자들의 구매행동과 일련의 인구통계상의 특성과의 관계를 조사하는 경우에는 우송질문지나 전화면접 또는 개별면접 중 어느 하나를 선택할 수 있다. 그러나 비용이나 기타의 여러 요소를 감안한다면 어느 방법이나 똑 같이 바람직한 방법이 아닐 것이다, 이와는 달리 조사자가 태도를 측정하는데 관심을 갖고 있다면 세 가지 방법을 모두 이용할 수 없다. 이용 가능여부는 조사자가 사전에 체계성과 조사목적의 공개 여부에 대한 결정에 따라 커다란 영향을 받게 된다.

3) 개별 질문의 내용

조사자가 필요한 정보의 유형을 결정하고 질문지의 체계성과 조사목적의 공개 여부를 결정하고 질문지의 관리 방식을 확정하고 난 다음에는 개별 문항을 구체적으로 검토하게 된다. 개별 검토에서는 다음과 같은 문제들이 검토되어야 한다.

① 특정한 문항이 반드시 필요한가.

② 한 가지의 질문을 여러 개의 질문으로 나누어 작성할 필요가 있는가.

③ 응답자들이 질문 응답에 필요한 정보를 알고 있는가.

④ 응답자들이 데이터를 제공할 의사를 갖고 있는가.

⑤ 응답형식

개별 문항이 확정되면 어떠한 양식으로 응답을 얻을 것인가를 결정하여야 한다. 자유응답형식으로 할 것인가 또는 고정응답형으로 할 것인가, 만약 고정응답형식으로 한다면 양자택일형, 선다형 또는 평가등급형 중에서 어느 것을 이용할 것인가를 결정하여야 한다.

(1) 자유응답형

선다형의 질문과는 달리 응답자가 자신의 생각대로 자유롭게 표현할 수 있는 질문 형태로서 예를 들면 다음과 같다.

1. 귀하의 연령은?
2. 귀하는 소비자들에게 기업의 금융비용을 전가하는 것을 제한하는 법률이 필요하다고 생각하십니까?
3. 귀하는 금년도에 자동차를 구입할 계획이 있습니까?
4. 귀하는 왜 OO회사의 TV를 구입하셨습니까?
5. 당신은 MP3를 갖고 계십니까?

자유응답형 질문은 응답자의 인구통계상의 특성, 태도 및 구매의도, 행동 등에 이르기까지 다양한 유형의 데이터를 수집할 수 있는 장점이 있다. 또 구체적인 질문에 들어가기 전에 전반적인 느낌이나 인상을 알아보기 위해 필요하다. 자유응답형 질문은 추가로 세밀한 정보를 입수하기 위한 방안으로 사용되기도 한다. 예를 들면 '이유는 무엇입니까?' '왜 그렇습니까?'와 같은 것이다.

(2) 선다형 질문

선다형 질문은 고정응답형 질문법의 하나로서 특정한 주제에 대한 몇가지 대체 방안을 제시하고 그 중에서 어느 하나를 선택하도록 하는 방식이다.

다음은 선다형질문의 예를 나타내고 있다.

- 귀하는 연령은 현재 몇입니까?

1. 20세미만 (　)　　2. 20세~29세 (　)
3. 30세~39세 (　)　　3. 40세~49세 (　)
5. 50세~59세 (　)　　4. 60세 이상 (　)

- 귀하는 소비자들에게 기업의 금융비용을 전가하는 것을 제한하는 법률의 제정이 필요하다고 생각하십니까?

1. 절대로 필요하다. ( ) 2. 어느 정도 필요하다. ( )
3. 필요하지 않다. ( ) 4. 절대로 필요하지 않다. ( )
5. 모르겠다. ( )

- 귀하는 왜 00회사TV를 구입하셨습니까?

1. 다른 TV보다 값이 싸기 때문에 ( )
2. 품질과 성능이 제일 우수하다고 생각하기 때문에 ( )
3. 애프터서비스가 우수하기 때문에 ( )
4. 영상이 다른 TV보다 선명하기 때문에 ( )
5. 품질보증을 잘 하고 있기 때문에 ( )
6. 기타 ( )

위의 질문에서 보는 바와 같이 선다형 질문을 이용할 경우 몇 가지 제시된 답 중 어느 것도 응답자가 느끼고 있는 답이 아닌 경우가 있다는 점이다. 예를 들어 위의 질문의 답중에서 응답자에 따라서는 기업이 소비자 금융의 규모를 줄이지 않거나 상환기간을 단축치 않을 것이라는 가정하에서만 법률의 제안이 필요하다고 느낄 수 있으므로 위의 질문에서 제시된 어느 답에 대해서도 응답할 수가 없게 된다. 이 때는 응답자 자신이 느끼고 있는 것과는 반대되는 응답을 할 수도 있게 된다.

또 한 가지는 선다형 질문에서는 응답자가 실제로 생각하는 바를 상세하게 표현할 수 없고 응답자의 복잡한 태도를 단 하나의 간결한 문장 표시하여야 한다는 단점을 지니고 있다. 또한 응답자가 응답하리라고 예상되는 모든 경우를 전부 답으로 제시할 경우 질문지는 상당히 길어지는 단점을 지니고 있다

(3) 양자 택일형 질문

이것도 고정응답형 질문의 하나로서 두 가지의 응답항목만을 제시하고 그 중 하나를 선택하게 하는 방식의 질문이다. 다음은 몇 가지 예를 들고 있다.

- 귀하는 소비자들에게 기업의 금융비용을 전가시키는 것을 제한하는 법을 제정할 필요가 있다고 생각하십니까?

1. 예 ( ) 2. 아니오 ( )

• 귀하는 금년에 자동차를 구입할 계획이 있습니까?

1. 예 ( ) 2. 아니오 ( )

이러한 질문들은 물론 선다형으로도 작성될 수 있다. 예를 들어 두 번째 질문의 경우 그 응답은 ① 반드시 사겠다 ② 살 것이라 생각한다 ③ 절대로 사지 않겠다 ④ 아직 결정하지 않았다는 몇 개의 항목으로 그 답을 제시할 수 있을 것이다. 이러한 양자택일형이나 선다형 질문은 그 장단점이 거의 유사하다.

양자택일형 질문의 장점은 기호화하여 집계하기가 대단히 용이하다는 점이다. 그런데 이러한 형태의 질문은 그 질문 방식에 따라 응답에 큰 영향을 미친다. 다음의 예를 살펴보자

• 당신은 내년의 석유 사정이 금년보다 호전되리라 생각하십니까? 아니면 악화되리라 생각하십니까?

1. 호전될 것이다 ( ) 2. 악화될 것이다 ( )

• 당신은 내년의 석유사정이 금년보다 악화되리라고 생각하십니까? 아니면 호전되리라 생각하십니까?

1. 악화될 것이다 ( ) 2. 호전될 것이다. ( )

위의 두 질문은 얼른 보아 동일한 것으로 보인다. 물론 답의 항목에 모르겠다, 똑같을 것이다라는 답을 추가할 수도 있을 것이다. 그러나 문제는 '악화될 것이다'와 '호전될 것이다.'라는 두 문장의 순서를 달리하였기 때문에 그 응답이 영향을 받을 수 있다는 점이다. 이 단점을 제거하기 위해서 '호전될 것이다'와 '악화될 것이다'라는 표현을 분리하여 두 개의 질문으로 나누는 방법이 좋으리라 생각된다.

(4) 평가등급

고정응답형의 또 다른 한 가지는 평가 등급을 이용하여 응답자의 반응을 측정하는 것이다. 예를 들어 다음의 경우를 생각하자.

- 귀하는 TV를 얼마나 자주 시청하십니까?
  1. 시청하는 일이 없다. (   ) 2. 가끔 시청한다. (   )
  3. 자주 시청한다. (   ) 4. 매일 시청한다. (   )

위의 질문 양식은 선다형에 속하지만 내용은 시청하는 빈도 또는 등급을 나타내고 있다. 응답의 내용이 평가 등급의 성격을 띠고 있는 질문의 경우에는 다음과 같은 방식으로 응답하도록 하면 그 성격이 보다 명확하게 된다.

시청하는 일이 없다.	가끔 시청 한다.	자주 시청 한다.	매일 시청 한다.

이러한 형식의 응답 항목을 등급순으로 설정하면 여러 가지 TV프로그램들의 시청 습관을 동시에 측정할 수 있는 장점이 있다. 즉 TV프로그램의 항목을 왼쪽에 나열하기 만하면 되는 것이다.

3. 태도측정

1) 태도측정의 의의

태도는 행동에 결정적인 영향을 미치고 있기 때문에 마케팅조사에서는 극히 중요시되고 있다. 소비자가 특정한 제품에 대해 어떤 태도를 갖게 되면 그 태도는 구매행동에 직접적인 영향을 미치며 그가 선택한 제품이나 서비스의 구매 후에 그것을 이용한 경험이 반대로 구매결정을 내릴 때에는 그가 평소에 지니고 있던 태도에 따르게 된다고 볼 수 있다. 따라서 학자들은 소비자행동의 모델을 설정할 때는 태도를 극히 중요한 변수로 다루게 된다.

소비자의 태도를 중시할 수밖에 없는 몇 가지 예를 들어 보기로 한다.

① 가전제품을 생산하여 판매하는 회사에서 현재의 품질 보증 정책에 대한 대리점들의 태도에 관심을 갖게 된다면 대리점들이 현재의 회사 정책을 지지하는 태도를 갖고 있다면 이들에게 보다 적절한 서비스를 제공할 수 있고 따라서 이를

통해 고객들에게 만족을 줄 수 있을 것이라고 판단한다.

② 화장품회사에서 새로운 샴푸를 개발하여 판매하고자 할 경우 시험판매를 통해 소비자들의 태도를 평가하고 이들의 태도가 호감을 가지고 있지 않은 것으로 판명된다면 마케팅전략을 변경하게 된다.

③ 고도의 훈련을 받은 판매원들이 자신의 업무에 대해 만족하는 정도 즉, 태도를 알아보고자 한다.

이상의 예에서 보는 바와 같이 소비자 집단의 성향 또는 태도 등이 기업의 성패에 커다란 영향 을 미치는 중요한 결정요인이 되므로 이를 측정하는 방법을 이해하여야 한다. 여기에는 특정 문제에 대해 사람들이 지니고 있는 태도를 평가하는 몇 가지 방법을 설명하기로 한다.

그런데 태도에 대한 정의는 학자에 따라 달리 정의되고 있는데 이는 태도가 발생하는 생리적 동기, 인간이 입수하는 정보의 유 형, 집단에 귀속되려는 성향, 개성 및 경험 등의 수많은 요인에 의해 태도가 형성되고 변화하기 때문이며 따라서 태도의 측정이 곤란하다는 부분적 이유가 된다.

태도에 대한 공통적 특성을 요약하면 태도란 특정 대상물이나 아이디어에 대해 개인이 지니고 있는 신념·기호·선호 또는 사고를 가리킨다.

2) 척도법

태도측정은 측정방법 뿐만 아니라 어떠한 유형의 평가척도를 이 용할 것인가가 중시된다. 측정한다는 것은 속성의 크기를 나타내기 위하여 목적 대상물에 수치를 부여하는 것을 말한다. 이때 유의해야 할 점은

① 목적대상물 자체를 측정하는 것이 아니라 그 대상물의 속성을 측정한다는 것이다. 예를 들어 사람을 측정한다고 할 때 사람 자체를 측정하는 것이 아니라 그의 소득, 사회계급, 교육수준, 키 및 태도 등의 속성을 측정하는 것이다.

② 수치를 부여한다고 하였는데 구체적으로 어떠한 방법으로 부여할 것인지 결정하지 않으면 부여된 수치가 실제로 의미하는 것 이상으로 잘못 확대 해석될 가능성이 많아진다.

평가척도를 위해 수치를 부여하는 경우 그것이 어떠한 특성을 지니고 있는가 예를

들면 1이라는 수치는 목적 대상물이 하나임을 나타낸다고 하면 이 경우의 평가척도인 수치는 몇 가지 의미로 해석할 수 있다. 예를 들어 2는 1보다 크며, 2는 3보다 작다는 뜻을 지니고 있는 반면에 1과 2의 간격이나 2와 3의 간격은 모두 동일하다는 뜻이 된다. 한걸음 더 나아가 2는 1의 2배이고 4는 3의 4/3배임을 의미한다.

그러나 목적 대상물의 속성에 수치를 부여한 경우는 반드시 위와 같은 의미를 가지는 것은 아니다. 다시 말하면 부여된 수치들이 어떠한 속성을 반영하고 있는지 검토하지 않으면 안된다. 속성을 추정할 수 있는 평가척도로

① 명목척도(名目尺度)

② 서열척도(序列尺度)

③ 등간척도(等間尺度)

④ 비율척도(比率尺度) 등이 있다.

가. 명목척도

목적 대상물의 평가에서 가장 간단한 척도로서 단순히 목적 대상물의 속성에다 숫자를 부여함으로서 소속을 밝히는 척도이다. 주민등록번호가 그 예에 속한다. 이들 숫자들은 단지 그가 누구인가를 밝히는 데에만 그 목적이 있다. 이와 마찬가지로 특정한 조사를 시행하기 위해 응답자가 남자이면 1을 여자이면 2의 숫자를 부여한다면 이는 명목척도가 된다, 이 숫자는 단지 남녀를 구분하는 데만 그 목적이 있는 것이다. 100명의 표본에서 남자가 60명이고 여자가 40명이라면 이를 평균하여 1.4라고 계산하는 것은 전혀 의미가 없고 오히려 넌센스에 속할 뿐이다.

나. 서열척도

순위척도라고도 하며 이는 목적대상물에 숫자를 부여하여 그 순위를 밝히는 것이다. 따라서 2라는 숫자가 1이라는 숫자보다 크다는 뜻만을 지니게 한 것이다. 이러한 순위척도는 목적 대상물의 소속도 밝힐 수 있는 경우도 있다. 예를 들어 1학년을 1, 2학년을 2, 3학년을 3자로 표시한다고 하면 이들 숫자 1, 2, 3은 하나의 순위를 나타내면서 동시에 학년을 표시하게 된다. 물론 1학년을 10, 2학년을 20, 3학년을 30으로 표시하더라도 그 의미는 동일하다. 그러나 숫자와 숫자의 차이가 절대적인 학업진도의 차이를 의미하는 것은 아니다. 예를 들어 2학년과 3학년의 학업 차이는 1학년과 2학년의 학업 차이와 같을 수 없는 것이다.

순위를 표시하여 숫자를 이용할 수 있는 가능성은 어디까지나 목적 대상물의 속성에 달려 있다. 속성 그 자체가 순위를 나타낼 수 있는 성격을 지니고 있어야 한다.

서열척도에서는 중앙집중도를 측정하기 위해 최빈수와 중위수(中位數)를 모두 이용할 수 있다. 예를 들어 35명의 응답자 가운데서 A, B, C 3제품 중에 20명이 A가 가장 좋다고 응답하고, 10명이 A 가 좋다고 응답하고, 5명은 A가 세 번째로 좋다고 하였다면 이 때의 A제품에 대한 선호도는 중위수(35명의 응답자 중 A제품에 대해 지니고 있는 선호도를 순서에 따라 나열했을 때 18번째의 사람이 지니고 있는 선호도)는 1이 되며, 또 최빈수(가장 좋다고 사람이 20명으로 가장 많은 선호도) 또한 1이 된다.

다. 등간척도

등간척도는 목적 대상물에 부여한 수치를 이용하여 목적대상물이 지니고 있는 속성이 어느 정도 차이가 있는가를 비교할 수 있는 척도이다. 비교할 수 있다는 것은 1과 2의 차는 2와 3의 차와 같고, 2와 4의 차는 1과 3의 차와 같으며 2는 1의 2배와 같다는 뜻으로 이해될 수 있는 척도이다.

하나의 속성을 등간척도로 측정할 경우에 절대적으로 비교할 수 없는 대표적인 예로서 온도계의 눈금을 둘 수 있다. 80°F가 40°F 2배이기 때문에 날씨가 2배 덥다고 할 수는 없다. 왜냐하면 이를 섭씨로 고치면 각각 26.6℃와 4.4℃가 되기 때문에 이것은 2배가 되지 않는다.

이와 같이 등간척도로는 측정된 숫자의 절대적인 크기를 비교할 수 없다는 것을 기억할 필요가 있다. 그 이유는 등간척도 에서는 기준이 되는 0을 임의로 정할 수 있기 때문이다. 그러므로 등간척도는 언제나 양의 일차함수관계인

$$y=ax+b \text{ (b는 임의의 양수)}$$

로 환산할 수 있다는 것을 의미한다. 그렇다면 등간척도가 의미 하고 있는 것은 무엇인가. 그것은 크기의 비교가 가능하다는 것을 의미한다. 예를 들어 화씨80°가 화씨40°보다 더 따뜻하다는 의미를 지닌다. 또 간격 또는 차이를 비교할 수 있다는 의미이다. 예를 들면 80°F와 120°F와의 차이는 40°F와 80°F의 차이와 같으면 40°F와 60°F차이의 2배와 같다는 것을 의미한다.

이러한 성격을 지니고 있는 등간척도를 이용하여 중앙집중도를 측정하고자 하는 경우에는 산술평균, 중위수 및 최빈수 등을 모두 사용할 수 있다.

라. 비율척도

비율척도가 자연적인 혹은 절대적인 기준인 0을 갖고 있다는 점에서 등간척도와

다르다. 인간의 키나 체중이 대표적인 예에 속한다. 이러한 비율척도를 이용한 경우에 숫자의 절대적인 크기의 비교가 가능하게 된다. 따라서 체중이 80kg인 사람이 40kg인 사람보다 체중이 2배 무겁다고 할 수 있으며 120kg인 사람은 3배 무겁다고 할 수 있다.

비율척도는 차이를 비교할 수 있고, 크기에 따라 순위를 결정할 수 있으며, 목적 대상물의 소속을 확인할 수 있기 때문에 앞의 3가지 척도가 지닌 기능을 모두 갖추고 있다는 점에서 가장 강력한 평가척도로 인정된다. 목적 대상물의 속성을 비율척도로 측정할 경우에는 산술평균, 중위수, 최빈수는 물론 기하평균을 사용해서 중앙집중도를 측정할 수 있다.

3) 심리적 속성의 측정상의 문제점

측정하려는 속성이 어떠한 성격을 지니고 있는가에 따라 평가척도가 달라진다. 성격상 특정한 평가척도만을 이용하는 속성을 또 다른 평가척도로 측정하는 것은 불가능하다. 따라서 조사자는 목적대상물에 수치를 부여하기 전에 그것이 지니고 있는 속성의 성질을 보다 잘 이해하여야 한다.

평가척도를 선정할 때는 속성이 어떤 기본적 성격을 지니고 있는가, 또 우리가 현재 이용하고 있는 측정 절차에 따라서 그러한 기본적 성격을 찾아낼 수 있는가를 고려하여야 한다.

그런데 인간의 심리적 특성은 자연적으로 절대적인 기준치인 0의 값을 가지고 있다고 가정하기가 대단히 곤란하다. 물론 사람들의 태도나 느낌의 중립적인 위치를 기준점인 0으로 평가하여 측정할 수 있다 하더라도 이 0이라는 평가척도가 어떤 절대적인 기준이 될 수 없다는 것이다.

따라서 심리학이나 사회학에서는 비율척도나 등간척도 보다 강력하지 못한 척도를 이용하게 된다. 인간의 심리적인 특성을 측정할 때 당면하는 문제 중의 또 다른 하나는 개념화된 특성을 포착하기 위하여 이용된 측정값이 과연 적절한가 하는 점이다. 예를 들어 논리적으로 보아 절대적 기준인 0이 존재한다하더라도 측정값이 과연 그것을 대표할 수 있는가. 이 문제점은 대개의 경우 어떠한 이용 절차를 사용하였는가에 따라 달라진다.

만일 응답자가 5개의 측정 대상물을 그가 원하는 순서로 번호를 매기도록 요청받았다고 하면 다른 가정이 없는 한 순위척도만으로 측정되어야 한다.

4) 심리적 속성의 평가척도

척도는 여러 가지가 있으나 여기서는 심리적 평가척도 방법을 중심으로 설명하기로 한다.

(1) 더스톤평가척도

흔히 등간격법(equal appearing interval)이라고 불리우는 더스톤평가척도(Thursy-one scale)를 예를 들어 설명한다. A은행에서 자신의 이미지와 경쟁 은행들의 이미지를 비교하기 위해 각 은행들의 성격을 묘사한 문항들을 작성하였다고 하자. 질문지를 응답자들에게 배부하고 응답된 결과를 수집한 결과 어느 응답자가 A은행은 영업시간과 위치는 편리하지만 은행원들의 서비스가 부족하고 지나친 수수료를 부과하고 있다고 응답하였다고 하자. 이 응답자는 A은행에 대해 호의적인 태도를 지니고 있는가 또는 비호의적인 태도를 지니고 있는가. 또 이 응답자가 B은행에 대해서 A은행에 비해 상반된 내용의 답을 하였다고 하면 이 응답자는 어느 은행에 대해 더 호의적인 태도를 지니고 있다고 말할 수 있는가. 은행들에 대한 전반적인 태도를 알지 못하고는 무엇이라고 답할 수 없을 것이다. 더스톤평가척도로 모든 문항(속성)들의 값어치를 설정하여 응답자들이 각 은행에 대해 응답한 문항들은 분석함으로써 A은행에 대한 응답자들의 태도를 분석하도록 하는 방법을 택하고 있다. 이에 관해 구체적으로 설명하기로 한다.

① 평가척도의 설정

더스톤평가척도를 설정하는 일반적 절차는 먼저 조사자가 관심을 가지고 있는 대상물이 심리적으로 표현된 항목들을 찾아 작성하는 것으로 부터 시작한다. 작성된 항목들 가운데 애매하거나 적절하지 못한 것은 물론 의견이라기 보다 평범한 사실을 묘사하는 항목들은 모두 제거하거나 수정하여 체계적으로 편집한다. 다음에는 비교적 다수의 심사원들을 표본으로 추출하여 그들이 느끼는 호감의 빈도수에 따라 심사한다. 즉 평가척도와 심사원들이 표시한 판단의 분산도를 기준으로 심사한다. 최종적인 평가 기준은 일정한 범위 내에 속하는 등가평가치와 심사원들간의 판단에 따른 신뢰성이 비교적 높음을 보여주는 항목에서 결정된다.

이상의 내용을 은행을 예로 하여 그 절차를 설명하기로 한다. 전술한 바와 같이 먼저 모든 항목을 찾아내어 작성한다. 이러한 항목들은 문헌이나 전문가의 의견 또는 조사자 개인의 경험 등을 이용하여 그 사항에 대한 이해도를 높여서 작성한다. 이 단계에서 무엇보다 중요한 것은 특정한 대상물에 찾아내어 나열하는 것이다. 다시 말하면 특정한 대상물에 관련된 항목들에서 태도의 형성에 대한 모든 속성을 반영하여야 한다. 예를 들어 은행이 제공하는 서비스의 수준, 편의성, 예금이자율 및 대출이자율 등 고객의 태도에 영향을 미칠 수 있는 항목들을 모두 문항으로 작성한다. 동일한 속성을 나타내는 항목들이 여러 개 있을 때는 표현을 달리하는 것이 매우 유익하다. 다음의 예를 살펴보자.

가. 그 은행에서는 친절한 서비스를 제공하고 있다.
나. 그 은행은 편리한 위치에 있다.
다. 그 은행은 편리한 시간에 영업을 한다.
라. 그 은행은 대출 이자율이 낮다.
마. 그 은행은 예금 이자율이 낮다.
바. 그 은행의 서비스는 친절하다.

[그림 3-1] 더스톤평가척도의 연속체

은행의 태도와 관련된 모든 항목을 모두 다 작성하는 것이 이상적이다. 각 항목들은 별개의 카드에 한 가지씩 기재한다. 각 항목이 애매하거나 적절치 못한 것이 확실한 경우에는 이를 제거하여 편집을 마친 후에는 비교적 다수의 심사원들을 표본으로 선정하여 각 항목에 대해 심사원들이 느끼는 호감의 정도를 분류하여 [그림 3-1]과 같은 표에 그 위치를 표시하도록 한다. 여기에서 유의하여야할 점은 심사원들에게 항목에 대한 동의 여부를 묻는 것이 아니라 항목의 장점을 평가하도록 요청한다는 것이다. 호감이 가장 가지 않으면(비호의적) A에, 가장 호감이 있으면(호의적) K에 표시하게 한다. 이와 같이 호감의 정도를 표시한 카드를 집계하여 분류하게 된다. 조사자는 심사원들이 상기한 바와 같이 판단하여 기재한 모든 항목카드를 집계하고 각 항목들의 평가척도치와 분산도를 계산하여 이를 기준으로 적당한 항목을 최종적으로 선발하게 된다.

[표 3-3] 더스통평가척도의 분류와 집계

	항목 문항	A 1	B 2	C 3	D 4	E 5	F 6	G 7	H 8	I 9	J 10	K 11	평 가 척도치	분산도
1	f	0	8	10	30	60	60	14	12	6	0	0	5.4	1.7
	p	0.00	0.04	0.05	0.15	0.30	0.30	0.07	0.06	0.03	0.00	0.00		
	cp	0.00	0.04	0.09	0.24	0.54	0.84	0.91	0.97	1.00	1.00	1.00		
2	f	0	0	0	0	0	6	16	28	44	66	40	9.6	1.8
	p	0.00	0.00	0.00	0.00	0.00	0.03	0.08	0.14	0.22	0.33	0.20		
	cp	0.00	0.00	0.00	0.00	0.00	0.03	9.11	0.25	0.47	0.80	1.00		
3	f	0	0	0	0	10	10	14	32	84	34	16	8.9	1.5
	p	0.00	0.00	0.00	0.00	0.05	0.05	0.07	0.16	0.42	0.17	0.08		
	cp	0.00	0.00	0.00	0.00	0.05	0.10	0.17	0.33	0.75	0.92	1.00		
4	f	0	0	8	16	36	58	48	24	10	0	0	6.2	2.0
	p	0.00	0.00	0.04	0.08	0.18	0.29	0.24	0.12	0.05	0.00	0.00		
	cp	0.00	0.00	0.04	0.12	0.30	0.59	0.83	0.95	1.00	1.00	1.00		

[표 3-3]은 200명의 심사원들이 평가한 항목들 중에서 첫 4개의 항목에 대한 응답 결과를 집계하여 등급평가치와 심사원들의 판단 분산도를 계산한 것을 보여주고 있다. 평가척도치와 분산도를 계산하는 방법을 살펴보기로 한다.

표에서 각 문항의 첫 번째 줄 f는 그 항목에 대한 호감도의 빈도를 나타내며 두 번째 줄 p는 비율을 나타낸 것으로서 빈도를 전체 심사원수 200으로 나누어 계산된 것이다. 한편 세 번째줄 cp는 누적 비율을 나타내고 있다. 이 누적 비율 cp를 이용하면 중위수나 사분위수(四分位數)를 계산하기 쉽고 이를 이용하여 평가척도치와 분산도를 쉽게 구할 수 있다.

구간별로 집계된 데이터의 분위수는 다음 공식에 의해 계산된다.

$$V_c = \ell + [\frac{C - \sum P_b}{P_w}] i$$

$$\begin{cases} V_c \; : c\text{분위에 속하는 값} \\ \ell : \text{백분위수 중에서의 하한치} \\ \sum Pb \; : \text{특정한 분위 이하에 속하는 비율의 합} \\ P_w \; : \text{특정한 분위에 속하는 구간의 비율} \\ i : \text{구간의 간격으로서 } 1.0\text{으로 한다.} \end{cases}$$

위의 공식을 이용하여 제1항목의 50분위수인 V_{50}을 구하기로 한다. 50분위수는 E

범주에 속한다. 왜냐하면 E범주의 cp값이 0.54이기 때문이다. 그런데 E항목의 수치는 5에 속하므로 이는 4.5~5.5에 속한다고 볼수 있고 따라서 하한치 $\ell = 4.5$이다. 따라서 c=50,

$$\sum Po = 0.24,\ P_w = 0.30$$

$$V_{50} = 4.5 + [\frac{0.50 - 0.24}{0.30}] \times 1$$

$$= 5.4$$

이다. 따라서 중위수인 50분위수는 V_{50}=5.4이다. 나머지 3문항에 대한 중위수도 동일한 방식으로 계산할 수 있고 그 결과는 [표 3-3]의 평가척도치 난에 기록되어 있다.

한편 더스톤평가척도에서는 심사원들의 판단이 어느 정도 분산되어 있는가를 측정하기 위해 분산도를 이용하는 것이 보통이다. 4분위 범위는 75분위수와 25분위수를 구하여 그 차이를 구하면 된다. 즉

4분위 범위 $Q = V_{75} - V_{25}$ 제1문항에 대한 4분위수는

$$V_{75} = 5.5 + [\frac{0.75 - 0.54}{0.30}] \times 1 = 6.2$$

$$V_{25} = 4.5 + [\frac{0.25 - 0.24}{0.30}] \times 1 = 4.5$$

$$\therefore Q = V_{75} - V_{25} = 1.7$$

위의 방식에 따라 분산도인 4분위 범위를 다른 문항에 대해서도 계산 한 결과가 [표 3-3]에 표시되어 있다. 참고로 Q값(사분위값)이 클수록 해당 문항에 대한 호감도가 심사원에 따라 큰 차이를 갖고 있음을 뜻하게 된다. 따라서 그러한 문항은 애매한 문항으로 간주할 수 있고 비슷한 문항이 여러 개 있을 경우는 애매한 문항을 제외시키는 것이 좋다.

② 평가척도의 이용

이상에서와 같은 방법으로 n개의 문항에서 적당한 수의 문항을 정하였다고 하자. 이 선정된 문항에서 적당한 수의 문항을 선정하였다고 하자. 이 선정된 문항들은 평

가척도치의 크기와 관계없이 무작위로 순서를 정하여 표본으로 선정된 응답자를 대상으로 태도를 측정하게 된다.

우송, 전화 또는 개인면접 등의 방법으로 응답자들의 태도를 측정하는 경우에 그들이 동의하거나 동의하지 않는 문항들을 지적하여 달라고 요청한다. 예를 들어 모든 문항 중에서 A은행에 대한 응답자의 느낌을 반영하고 있는 문항을 선정하여 달라고 요청한다. 이 때 응답자가 동의하고 있는 문항들의 평가척도치들을 산술평균하여 응답자의 태도 점수로 간주하게 된다. 따라서 응답자가 8.2, 8.7, 9.8인 3가지의 문항에 대해 동의하였다면 그의 태도점수는 8.9가 된다. [표 3-2]에서 중립적인 태도를 표시하는 점수는 6이므로 그가 A은행에 대해 지니고 있는 태도는 호의적이라는 결론을 내릴 수 있다.

그런데 더스톤평가척도는 점수화에 몇 가지 문제점을 가지고 있다. 즉 응답자가 동의하는 문항만을 선정해 달라고 요청할 뿐, 모든 항목에 대한 응답은 요구하지 않고 있다. 따라서 문항마다 실제로 응답을 달리한 두 응답자가 동일한 태도점수를 가진 것으로 판정될 가능성이 있는 것이다. 예를 들어 평가척도 값이 4, 6, 8인 3문항에 동의하는 응답자의 태도가 6의 평가 척도값을 지닌 단 한 개의 문항에만 동의하는 응답자의 태도와 동일하다고 결론을 내리기에는 미흡하다고 생각된다는 점이다.

더스톤평가척도가 지니고 있는 또 다른 문제점은 응답자 자신의 느낌에 대한 강도를 표현하는 것이 허용되지 않는다는 점이다. 예를 들어 어떤 응답자는 은행의 영업시간이 매우 편리하다고 강하게 느낄 수 있고, 영업시간이 편리하기는 하지만 개점과 폐점의 시간을 조정하기를 원하는 사람도 있을 것이다 . 어떠한 경우에도 응답자는 영업시간의 편리성을 묻는 문항에 대해서는 동의 여부만을 표시하도록 되어 있으므로 두 사람은 동일한 태도를 지니고 있는 것으로 판단되게 된다.

(2) 리커트평가척도(Likert's scale)

총합평가척도(summated scale)라고도 불리우는 리커트평가척도는 앞에서 설명한 더스톤평가척도를 점수화 하거나 응답자가 느끼는 감정의 강도를 표현하는데 따르는 제약을 극복하기 위해 창안된 척도이다. 이 평가척도를 설정하고 이용하는 방법은 더스톤평가법과 약간의 차이가 있다.

① 평가등급의 설정

리커트평가척도를 설정하여 이용하는 형식은 기본적으로 더스톤평가척도와 같다.

즉 응답자에게 모든 문항에 대한 동의여부의 정도를 [표 3-4]와 같은 양식에 표시하도록 한다. 더스톤평가척도에서와 같이 조사자는 특정한 대상물에 대한 태도를 형성하는 모든 항목들을 가능한 한 많이 발굴하여 작성한다. 이러한 점에서는 더스톤평가법에서와 같다.

[표 3-4] 리커트평가척도양식의 예

문항 / 정도	절대 그렇지 않다	그렇지 않다	그저 그렇다	동의한다	적극 동의한다
1. 은행은 친절한 서비스를 제공하고 있다.	—	—	—	—	—
2. 은행의 위치가 편리하다	—	—	—	—	—
3. 은행의 영업시간이 편리하다	—	—	—	—	—
4. 은행의 대출 이자율이 낮다	—	—	—	—	—

그러나 심사원들의 표본선정방식과 그들에게 하는 질문내용은 다르다. 리커트평가척도에서는 심사원들에게 부여할 과업이 각기 다르고 모든 항목들을 간추려 일관성 있는 항목만을 선정하는 방법도 다르기 때문에 모집단을 대표할 수 있는 심사원들을 표본으로 선정하여야 한다. 그러나 일반적으로 리커트평가척도를 이용할 때는 그와 같은 모집단을 대표할 수 있는 심사원을 선정하지 않기 때문에 조사 결과나 조사 수단이 애매하거나 신뢰성이 결여되거나 타당성이 결여될 우려가 있다.

200명의 심사원을 표본으로 선정하였다고 하고 우선 각 항목에 대해 긍정적인 내용의 항목으로 사전 분류한다. 그 다음에는 심사원들에게 각 항목에 대한 동의 여부의 정도를 지적해 달라고 요청하고 동의 여부의 정도에 따라 수치를 부여하게 되는데 어떤 조사자는 −2, −1, 0, 1, 2의 수치를 부여하기도하고 다른 조사자는 1, 2, 3, 4, 5 등의 수치를 부여하기도 한다. 어떤 방식이든 결론은 동일하다. 여기서는 1부터 5까지의 수치를 부여했다고 하자

어떤 심사위원이 긍정적인 항목에 동의하거나 부정적인 항목에 동의하지 않는다면 그는 긍정적인 것으로 간주하게 된다. 이러한 경우 부정적인 항목에는 내용의 항목에 대한 동의 여부의 정도를 수치로 나타낼 때 역순으로 한다.

이렇게 해서 얻어진 심사원들의 점수를 합계하여 총점수의 분포를 작성하여 원래 n개의 항목을 수정하는데 이용한다. 이 수정 방법 중의 하나가 항목분석법이다. 이 분석 방법은 응답자들의 응답패턴에 어떤 일관성이 있어야 한다는 점을 그 전제로 하고 있다.

예를 들어 어떤 사람이 특정한 대상물에 대하여 매우 긍정적인 태도를 갖고 있다면 그는 긍정적인 내용의 항목에 대해서는 동의하고 부정적인 항목에 대해서는 동의하지 않는 것이 원칙일 것이다. 그런데 응답자들의 반응이 엇갈린 항목을 발견하게 된다면 그러한 항목은 애매하거나 또는 최소한 사람들의 태도의 차이를 구분하는데 부적합한 것으로 해석할 수 있다.

n개의 모든 항목들에 대한 응답 결과를 집계한 총점수를 응답자가 진실로 지니고 있는 태도라고 간주한다. 따라서 어떤 항목이 태도에 차이를 보여 주지 않는다는 것을 확인하기 위해서는 각 항목을 총점수와 비교하면 된다.

각 항목의 점수가 총점수와 어떠한 관련을 갖고 있는가를 추정하는 방법에는 여러 가지가 있으나 이론상으로는 각 항목의 적률상관관계(product moment correlation)를 구하는 것이다. 총점수와 비교하여 상관관계가 0인 항목은 부적합하므로 이를 제거한다. 이러한 상관관계를 통해 총점수와 상관관계가 높은 항목들을 문항으로 선택할 수 있다.

항목분석의 또 다른 분석법 중 하나는 심사원들을 몇 개의 집단으로 분류한다. 예를 들어 총점수가 상위 25%내에 들어가는 심사위원들은 가장 긍정적인 태도를 지닌 사람으로 간주하고 하위 25%내에 들어가는 사람들은 가장 부정적인 태도를 지닌 사람으로 간주한다. 따라서 특정한 항목이 적정하다면 해당항목에 대해 긍정적인 태도를 지닌 집단의 평균점수가 부정적인 태도를 지닌 집단의 평균점수 보다 높을 것이라고 추정할 수 있다. 따라서 이러한 방법으로 모든 항목들에 대해 평균 점수의 차이를 구하고 그 차이가 큰 항목들부터 차례로 순위를 정할 수가 있다. 물론 평균점수의 차이가 0에 가까우면 그 항목은 적절하지 못한 것이라 판정되므로 이는 제거하여야 한다. 한 걸음 더 나아가 두 집단의 평균 점수의 차이가 통계적으로 유의한 것만을 선택할 수도 있을 것이다.

② 평가척도의 이용

리커트평가척도가 지닌 장점 중의 하나는 항목들을 심사하기 위해 점수를 계산하는 방법을 그대로 실제조사에 적용할 수 있다는 점이다. 원래의 모든 항목 중에서 적절하다고 판단하여 선정된 문항들을 평가척도양식에 무작위로 순서를 정하여 기재함으로서 긍정적인 내용 문항과 부정적 내용의 문항이 혼합된다. 이 질문지에 대해 응답자들은 동의 여부의 정도를 표시하도록 한다. 느낌의 강도를 나타낼 수 있도록 응답 범위를 분류하고 있기 때문에 응답하기가 편리하다. 각 문항에 표시된 수치를 점수화 하여 합계하면 총점수가 된다.

리커트평가척도에서는 해석상의 문제점이 존재한다. 예를 들어 20개의 문항점수가 78점이라고 하면 (이 때의 최대점수는 20×5 = 100점) 이 점수는 은행에 대해 긍정적(혹은 우호적)인 태도를 나타낸다고 할 수 있을 것인가. 물론 특별한 기준이 없는 한 그렇게 말할 수 없다. 심리적 특성을 척도로 평가하는 경우에는 그 기준을 구체적으로 명시함으로써 판단이 가능하게 된다.

예를 들어 모든 심사원들이 평가한 점수를 평균하여 이를 기준으로 삼는다고 하면 특정한 사람이 특정한 대상물에 대해 긍정적인 태도를 지니고 있는가 부정적인 태도를 지니고 있는가를 판단하기가 용이하게 된다. 물론 누가 더 긍정적인 태도를 갖고 있는가를 알기 위해서는 그러한 기준이 불필요하다. 왜냐하면 단지 그들의 점수를 서로 비교하면 되기 때문이다.

③ 어의차이법(語義差異法, semantic differential technique)

이 방법은 원래 미국의 일리노이대학에서 단어의 배경 구조를 조사할 목적으로 개발되었으나 현재는 태도측정을 위해 널리 이용되고 있다.

처음에는 문제의 대상물에 대한 사람들의 반응을 조사하기 위하여 다수의 상반되는 형용사를 평가척도로 이용하는 데서 부터 시작하였다. 상반되는 평가척도에 대한 사람들의 반응에 상관관계가 있는 경향이 존재함을 발견하고 평가에서 차이가 발생하는 대부분의 이유는 기본적으로 서로 관련이 없는 세 가지 유형의 형용사가 작용하고 있기 때문이라는 것이 밝혀졌다. 이 세 가지 유형의 형용사란

가. 평가의 의미를 내포하고 있는 형용사로서 예를 들어 좋다-나쁘다, 달다-쓰다, 유익하다-무익하다는 것과 같은 표현을 말하며

나. 효능의 의미를 나타내는 형용사로서 강력하다-무력하다, 강하다-약하다, 깊다-얕다와 같은 표현을 말하고

다. 활용을 의미하는 형용사로써 빠르다-느리다, 생생하다-시들다, 시끄럽다-조용하다 와 같은 표현 등을 말한다.

그런데 어떠한 대상물을 평가하든 간에 이러한 3가지 유형의 형용사가 동일하게 나타나는 경향이 있다. 따라서 어의차이법을 이용하여 평가등급을 설정하려면 평가, 효능 및 활동 등을 나타내는 적절한 형용사를 찾아내어 대상물에 대한 평가 점수를 계산할 수 있어야 한다. 다수의 형용사를 발견하였다 하더라도 이것을 3가지 유형의 기본적인 형용사로 축소시켜야 하는데 이를 위해서는 요인분석(factor analysis)을 이용하고 있다. 이 방법으로 산출된 점수들을 이용하여 특정한 대상물과 다른 대상물들을 비교할 때 다음 몇 가지의 비교가 가능하다.

가. 요인점수에 의해 대상물을 비교할 수 있다.

나. 원점에서 대상물이 위치한 지점까지의 거리를 계산하여 평가할 수 있다.

다. 두 대상물간의 차이는 유클리드기하학을 이용하여 평가할 수 있다.

그런데 시장조사 혹은 수요예측의 간접적인 측정을 위해서는 어의차이법을 조금 달리하여 이용한다.

가. 관심의 대상물을 묘사하는 형용사를 상기한 3가지 유형으로 국한시킬 필요가 없다. 반드시 상반되는 형용사만을 선택하거나 간단한 단일 어휘의 형용사만을 이용하지 않는다. 단어로 표시된 형용사 보다는 제품의 특성을 묘사하는 문구 등을 이용하는 경우가 더 많다.

나. 조사자는 평가, 효능 및 활동을 표현하는 형용사의 점수에 관심을 두지 않고 상표, 제품, 점포 및 기업 등 어떠한 대상물을 비교하든 간에 그 대상물의 윤곽을 표현하는 것이면 무엇이든 찾아내어 그 표현들을 점수화 하고 이들을 집계하여 대상물을 비교하는데 관심을 기울인다.

원칙적으로 말하면 표본으로 선정된 응답자들에게 대상물에 대한 태도를 평가하도록 하고 리커트평가척도에서와 같이 응답자의 총점수를 계산하여 총점수에 대한 각 항목의 상관계수를 구하거나, 긍정적인 태도를 지니고 있는 응답자들의 평균점수와 부정적인 태도를 지니고 있는 응답자들의 평균점수의 차이를 구함으로써 애매하거나 태도의 차이를 구분하기 어려운 문항들은 제거함이 타당하다. 그러나 어의차이법에서는 일반적으로 이러한 작업을 행하는 일이 거의 없기 때문에 척도가 원래 의도와 동일하게 측정될 수 있는가가 문제점으로 대두된다.

이제 어의차이법을 실제로 이용한 예를 전술한 은행의 경우에 적용하기로 한다.

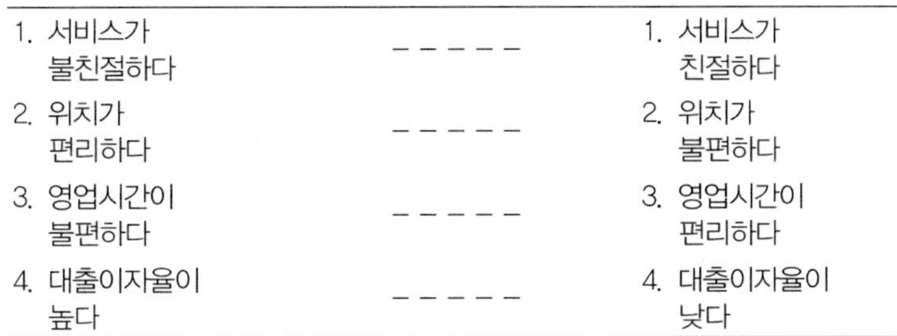

[그림 3-2] 어의차이법에 의한 평가척도의 예

우선 조사자는 은행을 묘사하는 형용사 가능한 많이 찾아낸다. [그림 3-2]는 [표 3-4]와 동일한 내용으로서 은행 특성 혹은 속성을 보이고 있다.

그림에서 보는 바와 같이 은행에 대한 태도가 형성될 것으로 생각되는 1조의 상반되는 표현을 양쪽에 표시하고 있다. 그림을 보면 왼쪽과 오른쪽에 부정적인 내용의 문구가 서로 섞여 있음을 알 수 있다. 이것은 긍정적이거나 부정적인 내용의 항목이 어느 한 쪽에만 표현되는 경우 응답자가 방심하지 못하도록 하기 위한 것이다. 어느 한 쪽에서는 긍정적인 항목만이 나열되고 반대쪽에는 부정적인 항목만이 나열되면 응답자가 주의 없이 성의 없이 응답할 우려가 있기 때문이다.

[그림 3-2]와 같은 양식에 따라 응답자가 대상물(여기서는 은행)에 대해 느끼고 있는 바를 표시하게 된다. 예를 들어 응답자가 A은행의 서비스가 친절하다고 느끼지만 보통정도에 불과하다고 느낀다면 그는 아마도 넷째 칸에 표시하게 될 것이다. 이러한 방식으로 다른 은행에 대한 느낌을 평가하도록 하면 느낌의 윤곽이 [그림 3-3]과 같은 형식에 의해 서로 비교가 시각적으로 가능하게 된다.

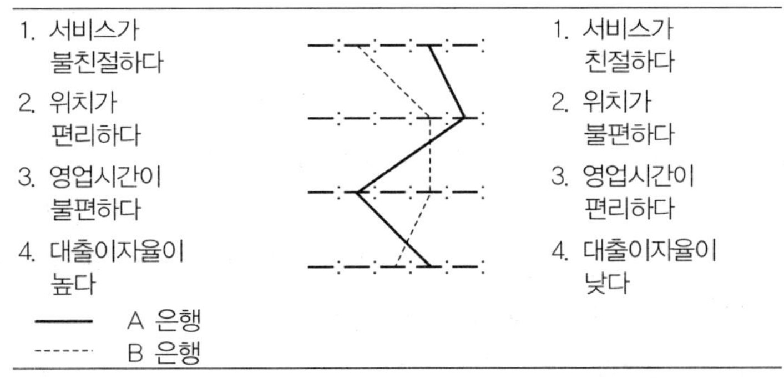

[그림 3-3] A은행과 B은행에 대한 느낌의 비교

그런데 [그림 3-3]에서 보는 바와 같이 긍정적인 내용을 표시하는 문구는 오른쪽에, 부정적인 내용문구는 왼쪽에 표시하는 것이 관행이다. 각 항목에 표시된 느낌의 위치는 모든 응답자들의 평가점수를 평균한 것이다. 대상물을 비교하기 위해 총점수가 필요한 경우에는 개별문항의 점수를 집계하면 된다. 개별항목에 대한 느낌의 정도는 −2, −1, 0, 1, 2로 하거나, 1, 2, 3, 4, 5 등으로 표시하여 집계할 수 있다. 어떠한 방법으로 집계하든 간에 0의 기준은 자의적인 성격을 지니고 있기 때문에 큰 문제가 없고 다만 표시된 점수만을 집계하기만 하면 된다.

어의차이법이 많이 이용되는 이유는 어의차이법에 대한 평가척도가 쉽게 설명할 수 있고, 또 그 결과를 쉽게 판단할 수 있으며, 평가척도값에 대한 경험을 축적할 수 있기 때문이다. 이 기법은 기업, 제품, 포장, 광고 등 무엇이든 간에 이에 대해 응답자들이 지니고 있는 느낌의 정도를 표시할 수 있다는 장점을 갖고 있다. 따라서 적절한 문항 분석을 부수적으로 행한다면 대단히 유용한 분석수단이 된다.

4. 표본추출

1) 표본과 추출

(1) 전수조사와 표본조사

조사를 실시하기 위해 문제의 범위를 명확히 설정하고 적절한 조사설계와 데이터를 수집할 대상물을 선정하게 된다. 조사 대상물을 구성하는 전체를 모집단(population)이라 하는데 모집단에 속한 대상물을 모두 조사하는 것을 전수조사 또는 센서스(census)라 하고 이와는 달리 모집단을 구성하는 대상물의 일부를 표본(sample)으로 추출하여 조사하는 것을 표본조사라 한다.

표본을 추출하여 모집단의 특성을 추정하려면 표본 대상물을 어떻게 선정할 것인지를 결정하여야 하며 여기서는 표본추출의 의의와 방법을 설명하고자 한다.

모집단은 조사자가 관심을 기울이고 있는 목표집단과 관심의 대상에서 제외되는 비목표집단으로 구분할 수 있다. 예를 들어 설명하면 맥주를 마시는 사람들을 대상으로 한 인구통계상의 특성을 파악하려고 하는 경우, 먼저 누가 맥주를 마시는 사람인가를 결정하여야 한다. 맥주를 단 한번이라도 마신 적이 있는 사람도 조사대상자에 포함시킬 것인가 아니면 한 달에 한번 이상 마시는 사람을 대상으로 할 것인가 아니면 1주일에 한번 이상 마시는 사람을 대상으로 할 것인가 또는 일정한 양을 기준으로 하여 그 이상 마시는 사람을 대상으로 할 것인가를 명확히 설정하여야 한다.

모집단 전부를 조사하는 센서스보다는 표본추출에 의한 조사를 실시하여 모집단의 특성을 추정하는 이유는 다음 몇 가지로 나누어 설명할 수 있다.

① 비용의 절감

모집단을 전부 조사하려면 엄청난 비용이 소요되는 경우가 많다.

② 시간의 절감

모집단의 전부 조사할 경우 막대한 시간이 소요될 것이므로 조사가 완료될 시점에 이르러는 수집된 데이터가 벌써 진부한 것으로 변할 가능성이 있다.

③ 센서스의 불가능

경우에 따라서는 센서스가 불가능 할 때가 있다. 예를 들어 전구의 수명을 시험하는 경우가 이에 해당된다. 만일 생산된 전구의 수명을 조사하기 위해 모든 전구의 수명을 실제로 시험하게 된다면 판매할 전구가 하나도 남지 않게 될 것이다.

④ 데이터의 정확성

센서스보다 표본에 의한 데이터가 더 정확할 수 있다. 왜냐하면 센서스에서는 많은 조사원이 동원되어야 하므로 이로 인한 비표본오차가 발생할 가능성이 있기 때문이다. 비표본오차에 대해서는 다음에 자세히 설명하기로 한다.

(2) 표본추출의 절차

센서스보다 표본추출에 의한 조사가 여러 면에서 장점을 지니고 있음을 설명하였다. 그러면 표본추출은 어떠한 절차를 밟는가를 설명하기로 한다. 표본추출의 절차는 다음과 같은 단계로 나타낼 수 있다.

① 모집단의 결정

② 표본의 얼개(sampling frame)

③ 표본단위

④ 표본추출의 방법

⑤ 표본규모

⑥ 표본계획

⑦ 표본추출

이제 이들에 대해 설명하기로 한다.

① 모집단의 결정

판매 혹은 수요예측과 관련된 모집단은 '모든 회사의 구매기관 그리고 지난 3년간 우리 제품을 구입한 정부기관' 등으로 규정할 수 있다. 가격조사를 위한 모집단은 '7월 10부터 8월 5일까지 A지역의 슈퍼마켓내의 모든 경쟁상표의 가격'으로 정의될 수 있다.

완전한 모집단은 요소(element), 표본단위, 범위 및 시기 등을 정해야 한다. 앞의 구매기관에 대한 모집단의 정의에 따르게 되면

- 요소 : 구매기관
- 표본단위 : 당사제품을 구매하는 회사 및 정부기관
- 범위 : 당사 제품의 구매
- 시기 : 과거 3년

이와 같이 가격조사를 위한 모집단의 설정은

- 요소 : 각 경쟁상표의 가격
- 표본단위 : 슈퍼마켓
- 범위 : A지역
- 시기 : 7월 10일~8월 5일

위의 4요소 중 어느 하나만 빠져도 완전한 모집단이 될 수 없다. 모집단의 확정방법은 그 정보가 얼마나 유용한가를 결정하는데 중요한 역할을 담당한다. 예를 들어 A지역의 국회의원 후보자 중 한사람이 상대방 후보자와 맞서 여론조사를 한다고 하자. 이 때의 모집단은

- 요소 : 등록된 전유권자
- 표본단위 : 가구
- 범위 : A지역
- 시기 : 5월 23일~27일

와 같이 정해진다. 그런데 이 모집단의 정의에서는 중요한 요인이 누락되어 있다. 5

월 27일에서 다음 해 선거가 실시 될 일자 사이의 모든 유권자에 대한 관심이 소홀히 취급되고 있다. 이 기간 동안에 A지역으로 이주해 와서 새로이 유권자가 될 인구가 제외되고 있다. 선거 요인 중 이 두 가지는 다른 부분보다 정치적 견지에서는 다를 것이다. 유권자에게 양후보에 대한 동일한 캠페인이 있다면 이것은 특히 옳다. 뿐만 아니라 표본단위를 가구로 한정하게 되면 학생들의 표를 빠뜨리는 결과가 생긴다. 특히 A지역 학생 중 그 때에는 외지로 유학하는 비율이 크기 때문이다.

어떤 경우에는 모집단을 정확하게 정하는 일이 대단히 어렵다. 우유, 아파트 분양, 자동차, 또는 냉동 음식 등에 대한 조사를 시행하려면 모집단을 어떻게 정해야 하나. 이러한 특성에 대해서 모집단을 확정할 때 알아야 할 것은 그 제품에 대한 구매와 소비에서 가족원이 행하는 역할, 그리고 어떤 형태의 가족이 일차적인 시장을 구성하는지를 알아야 한다. 가끔 조사계획은 조사하기 전에 모집단의 확정을 요한다.

② 표본얼개(sampling frame)

표본의 얼개란 모집단의 요소를 나타내는 수단이다. 전화번호부, 방명록, 주민등록부, 학생명부 등이 이에 속한다. 만일 어떤 사람이 상장회사의 표본을 얻고자 한다면 표본얼개는 얻을 수 있을 것이다.

인간이라는 모집단에서 표본을 추출할 때 널리 이용되는 표본얼개는 미국의 경우 전화번호부일 것이다. 우리 나라의 경우도 전화번호부, 사업자등록부 등에서는 표본얼개가 되는 데이터를 얻을 수 있을 것이다.

③ 표본단위

표본단위란 표본을 추출할 모집단의 요소를 갖고 있는 기본단위를 가리킨다. 물론 요소 그 자체가 표본단위일 수도 있고 요소를 포함하고 있는 것을 표본단위로 할 수 있다. 예를 들면 18세 이상의 남자를 표본으로 추출하려고 할 때는 그들 중에서 표본을 추출할 수 있다. 이것은 표본요소자체가 표본단위가 되는 것이다. 그러나 가구를 표본으로 정하고 그 가구내에서 18세 이상의 남자를 추출하는 것이 편리할 때도 있다. 이 경우는 표본요소를 포함한 가구가 표본단위가 되는 것이다.

표본단위의 선정은 전체 계획에 의해 결정된다. 만일 전화를 통한 조사를 실시할 경우 표본단위는 전화번호가 되는 것이지만 우편을 통한 조사에서는 주소가 그 표본단위가 된다. 한편 면접조사의 경우는 표본단위의 선정이 유동적일 수밖에 없게 된다.

④ 표본추출법

표본추출법이란 표본단위를 선출하는 방법을 가리킨다. 표본단위의 선출방법은 여러 가지가 있는데 이를 다음과 같이 분류하기로 한다.

가. 확률표본추출

- 단순무작위 표본추출
- 층별무작위 표본추출
- 집락무작위 표본추출

나. 비확률적 표본추출

- 편의적 표본추출
- 판단표본추출
- 할당표본추출

다. 혼합 표본추출

그런데 이 내용은 다음과 같이 분류되기도 한다.

- 확률표본과 비확률표본
- 단일단위와 집락단위
- 층화표본과 비층화표본
- 동일확률과 비동일확률
- 일단계표본과 다단계표본

이들에 관한 설명은 다음에서 하기로 한다.

⑤ 표본의 크기

적정한 표본의 크기는 얼마이어야 할 것인가 하는 내용은 통계학에서 널리 설명되고 있으나 실제로는 그대로 적용하지 못하는 경우도 많다. 왜냐하면 표본으로 얻게 되는 정보의 가치와 비용의 개념이 포함되어 있기 때문이다. 이 표본의 크기를 결정하는 문제는 추후 설명하기로 한다.

⑥ 표본계획

표본계획은 지금까지 결정된 표본에 관한 결정을 어떻게 보완하여야 할 것인가에 관한 상세한 내용이 된다. 가구는 요소가 되고 구획은 표본단위로 결정되었다 하더라도 요소인 가구는 실제로 어떻게 결정되는가 두 가족과 그 중의 한 사람이 좀 먼

친척으로서 아파트를 같이 사용하고 있다면 가족과 가구의 구분은 어떻게 구분 짓는가 표본으로 선발된 가구가 외출중이면 어떻게 할 것인가 가구의 누구와 면접을 할 것인가 하는 등의 문제가 이 표본계획에 포함되어야 한다.

⑦ 표본추출

표본절차의 최종단계는 표본요소를 실제로 선발하는 것이다. 이것은 특히 대인면접을 필요로 할 때는 실제적인 사무와 일선실무가 필요하다. 이 단계에서는 많은 어려움과 직면하게 된다. 따라서 이 때에는 판단을 필요로 하게 된다. 물론 객관적인 기준이 마련되어 있다 하더라도 최종적인 결정은 이를 담당하는 사람의 판단에 의존하게 된다.

2) 표본추출법

(1) 확률표본

표본추출법은 크게 확률표본과 비확률표본으로 구분할 수 있다. 확률표본의 특성은 모집단을 구성하고 있는 요소가 표본으로 선정될 확률이 이미 알려져 있고 그 확률은 0이 아니라는 것이다. 선정될 확률이 반드시 동일할 필요는 없으나 모집단을 구성하는 요소가 표본에 포함될 확률이 구체적으로 명시될 수 있다. 그러나 비확률표본에서는 모집단의 구성요소가 표본에 포함 될 확률을 추정할 수 없고 따라서 표본이 모집단을 대표할 수 있는가의 여부를 확신할 수 없다. 비확률표본은 모두 조사자의 주관적 판단에 의해 선정된다. 이러한 방식으로 선정하게 되면 표본의 적절성을 평가하려면 이미 알려져 있는 확률에 따라 모집단의 구성요소는 선정하는 것이 바람직하다.

(2) 비확률표본

비확률표본이란 앞에서 설명한 바와 같이 조사의 개인적 판단에 의해 표본을 선정하는 방법을 말한다. 그러나 조사원이나 면담자가 그 판단에 따라 표본을 선정하기도 한다. 그런데 모집단의 구성요소들은 확률적으로 선정하지 않는다는 것은 결국 표본추출오류(sampling error)를 올바르게 평가할 수 없다는 것을 의미하게 되고 따라서 조사자가 어느 정도의 정확성을 갖고 추정치를 산정 하는가를 알 수 없게 된다.

다음에서 몇 가지의 비확률표본 추출법을 설명한다.

① 편의적표본추출법(convenience sampling)

조사목적을 위해 정보를 입수하는 현장에서 임의로 표본을 선정하는 방식이다. 이 방법은 흔히 볼 수 있는 것으로서 예를 들어 몇 명의 친구들이 우연히 이야기를 나누는 중에 친구들의 반응을 통하여 현재의 정치 상황에 대한 여론을 추정할 수 있는데 이것이 그 예에 속한다. 방송국에서 특정한 사회문제에 관한 여론을 알아보기 위해 소수의 사람을 선택하여 전화로 그들의 반응을 알아본다고 하면 이것도 이 방법에 해당된다. 또한 특정한 조사를 자발적으로 도와줄 사람을 구하는 경우도 편의적 표본추출법에 해당된다.

그런데 이러한 방식에 의해 선정된 표본들이 과연 모집단을 대표할 수 있는가, 표본의 크기를 확대한다고 하더라도 표본의 대표성 문제는 그대로 남아 있게 된다. 응답자들이 자발적으로 조사에 협조하거나 단순히 선정하기가 편리하다는 점 때문에 이를 이용하게 된다면 모집단을 대표할 수 있는 표본의 선정은 불가능한 것이 된다. 따라서 기술조사나 인과관계조사에서 편의적 표본추출법은 권장할만한 것이 못된다. 그러나 어떤 문제에 대한 이해를 돕거나 하나의 아이디어를 얻는 탐색조사에서는 이 방식이 유용하게 이용될 수 있다.

② 판단적 표본추출법(judgement sampling)

모집단의 구성요소가 조사자의 목적에 도움이 될 것으로 간주되기 때문에 표본으로 선정하는 방식이다. 특히 그러한 요소가 문제의 모집단을 대표할 수 있는 것으로 보여지기 때문에 표본으로 선정된다. 예를 들어 대통령후보자의 당락을 예측하기 위해서는 특정 지역의 여론을 조사하는 경우가 있는데 이것은 과거의 경험에 의해 그 지역이 당락 여부를 판정하는데 어느 정도 정확성을 지니고 있다는 것을 알고 있기 때문이다.

이러한 주관에 의한 표본추출법은 모집단의 구성요소를 의도적으로 추출한다는데 그 특징이 있다. 표본추출의 기준도 표본이 모집단을 대표한다는데 있는 것이 아니라 조사자가 원하는 목적에 기여할 수 있다는 것이다. 판사가 판결을 내리기 전에 전문가의 증언을 청취한다고 하면 이것도 어떤 의미에서는 판단에 의한 표본을 추출한 것으로 볼 수 있다. 탐색조사의 경우도 이와 마찬가지이다. 조사자가 탐색조사를 행하는 경우에는 전적으로 대표가 되는 표본을 선출하는 것이 아니라 조사목적에 기여할 수 있다고 생각되는 것을 표본으로 선정하기 때문이다.

③ 할당표본추출법(quota sampling)

일정한 특성을 지니고 있는 표본요소들의 구성 비율이 동일한 특성을 지니고 있는 모집단의 구성 비율과 유사하게 되도록 표본을 추출하는 방식이다. 예를 들어 어느 대학의 대학생들을 대표할 수 있는 500명의 표본을 선정하였다고 하자. 그런데 이 중에는 4학년학생이 전혀 포함되지 않고 있다고 하면 이 표본은 모집단의 대표성이라는 측면에서 문제점을 지니고 있다. 따라서 4학년학생들이 전체 학생에서 차지하는 학생수의 비율을 고려하여 표본을 선정하는 것이 합리적일 것이다.

인간을 모집단으로 하는 할당표본추출은 관계되는 인구통계적인 특성이 모집단 내에서와 동일한 비율로 표본이 구성되도록 하는 방법이다. 예를 들어 만일 어떤 조사자가 특정 상품의 사용 빈도를 알기 위해서 할당표본을 이용한다면 연령별, 소득별 및 지역별로 할당하는 것이 합리적일 것이다. 즉 표본은 각 소득층, 연령층 및 지역별로 전문 집단의 비율에 따라서 표본을 추출하는 것이다. 할당표본은 소비자패널에서 널리 이용되고 있다.

인간 모집단의 할당표본에서는 그 할당이 최근의 것으로 구해질 수 있어야 하고 면접원의 분류가 용이하여야 하며 조사에서 측정되는 변수와 밀접한 관련을 지니고 있어야 하며 너무 많은 분류는 좋지 않으므로 적당한 수로 분류되어야 한다. 각 할당은 할당표본추출에서 별도의 분류가 되고 응답자의 선정이 5개의 소득층, 4개의 연령층, 16개의 지역으로 분리된다면 5×4×6=120종의 표본분류가 된다. 따라서 면접은 이 많은 각 분류된 셀(cell)에 할당을 하려면 많은 노력과 비용이 증가하게 될 것이다.

할당표본추출은 표본이 추출된 후에라야 일반적으로 적격 판정이 된다. 적격 판정 과정은 표본과 모집단을 비교하는 것이다. 예를 들어 소득, 교육, 연령 등이 통계 변수로 사용되는 소비자패널을 형성하기 위해서 취한 할당표본추출에서는 패널과 모집단의 비교가 가령 어린이의 수, 가장의 직업 또는 가족수 등으로 행해질 수 있다. 그런데 만일 패널과 모집단 사이에 이 중의 어느 한 요소라도 현저한 차이를 보이게 되면 이것은 표본추출절차에서 어떤 편견을 가지는 것이 된다.

(3) 단순무작위 표본추출

단순무작위 표본추출 (simple random sampling)은 흔히 초보적인 조사자들이 이용하는 확률표본추출법으로서 기초통계학을 배운 사람이면 누구나 할 수 있다. 이 방법의 특징은 모집단을 구성하고 있는 요소들이 표본으로 선정될 확률이 이미 알려져 있을 뿐만 아니라 선정될 확률이 모두 같다는 점이다. 또한 모집단에서 n개의 표본을 선정한다면 어떤 표본집단이라도 선정될 확률은 모두 동일하다는 가정을 갖고 있다.

① 모집단의 특성

표본추출 오류를 객관적으로 평가하기 위해서는 먼저 표본분포의 개념을 이해할 필요가 있다. 어떤 모집단이 가지고 있는 특성은 여러 가지로 표현될 수 있는데 그 중의 하나가 모수(parameter)이다. 모수란 측정이 가능한 평균값이나 분산 또는 표준편차와 같은 특성치를 말한다. 예를 들어 사람들의 평균소득을 계산하거나 교육수준의 분산을 계산하거나 또는 각 일간지를 구독하는 사람들의 비율을 구한다고 하면 그 계산된 값은 다 모수가 된다. 그런데 모집을 대상으로 하여 이들 값을 구하기보다는 표본을 이용하여 구함이 더 편리하다 함은 이미 설명한 바와 같다.

② 파생모집단

표본을 이용하여 평균치나 표준편차 또는 분산을 구하게 되면 이러한 값들은 표본의 특성을 표현하게 되는데 이를 통계량(statistic)이라 부른다. 그런데 표본의 통계량을 구하는 이유는 모 집단의 모수를 구하기 위한 것임은 두 말할 필요가 없다. 그러나 이러한 통계량의 값은 모집단에서 표본을 추출하는 방법에 따라 달라진다.

예를 들어 단순무작위 표본추출법에 의해 20개로 구성된 모집단에서 2개의 표본 즉 n=2를 추출하는 경우를 생각해 보자 20명을 나타내는 카드를 20장을 작성하여 이를 바구니에 넣고 잘 흔들어 2개를 뽑는다고 하면 이것은 순열·조합의 문제가 되어 ${}_{20}C_2=190$으로써 190종류의 표본이 추출될 수 있다는 것을 보여주고 있다. 이 190개의 표본을 우리는 파생모집단(derived population)이라고 부른다.

일반적으로 표본평균치는 다음 공식으로 구해진다.

$$\overline{X} = \sum \frac{\overline{x}}{n} \tag{3.1}$$

여기서 n은 표본의 수이다.

파생모집단의 성격을 잠깐 설명하기로 한다.

가. 실제로 모든 파생모집단을 나열하는 일은 거의 없다. 그러한 작업은 시간과 노력의 낭비를 가져올 뿐이다. 일반적으로는 필요한 크기의 모집단을 단 1회만 추출하게 된다. 그러나 작업은 시간과 노력의 낭비를 가져올 뿐이다. 그러나 통계량을 통해 모수를 추정하고자 할 경우에는 이러한 파생모집단의 개념과 표본분포의 개념을 이해할 필요가 있다. 이에 대해서는 후술하기로 한다.

나. 파생모집단은 특정한 표본추출계획에 따라 선정될 수 있는 모든 종류의 표본을 말하는 것으로 표본추출계획을 조금이라도 달리하면 파생모집단도 달라지게 된다.

다. 특정 모집단에서 일정한 크기의 표본을 추출한다는 것은 190개의 파생모집단에서 단 한개의 표본조를 추출한다는 것과 동일한 의미를 지닌다.

(4) 층별표본추출법

층별표본추출법(stratified sampling)이란 모집단을 상호 배타적인 2차 집단으로 세분하고 각 2차집단에서 표본의 구성요소들을 단순무작위로 독자적으로 선정하는 추출법을 말한다. 예를 들어 어떤 모집단에서 교육수준을 기준으로 하여 2개의 2차모집단으로 세분하기로 하자. 고졸 이상과 그 이하로 구분한다고 하면 이는 2차모집단이 되는데, 대졸이상, 고졸, 중졸, 그 이하와 같이 4개의 집단으로 구분하여도 2차모집단이 된다.

분류된 2차모집단에서 단순무작위로 서로 독자적으로 표본을 선정하기로 하자. 물론 2차 모집단의 각각의 크기는 같을 필요가 없다.

① 대표성을 확실히 한다. 이것은 결국 표본오차를 감소시키기 위한 것이라 하더라도 층별 표본의 경우는 크기가 일반적으로 작아진다. 이는 바꾸어 말하면 비층별 단순무작위 표본추출법보다 더 정확하거나 오차가 적은 표본통계량을 가질 수 있다.

② 세분화된 2차모집단이 지니고 있는 특성을 파악 할 수 있다. 예를 들어 고졸이상과 그 미만의 층 사이에 어떠한 특성을 지니고 있는가를 보다 알기 쉽다. 특히 희소한 시장부문을 형성하고 있는 집단의 표본선정에서 중요한 의미를 지니고 있다. 예를 들어 다이아몬드 반지를 생산하여 판매하는 회사에서 사회계층별로 판매량을 조사하려는 경우 특별히 주의를 기울이지 않는 한 상류층이 표본에 포함되지 않을 우려가 있다. 왜냐하면 상류층은 전체 인 에 비해 그 수가 극히 적기 때문이다. 그러나 다이아몬드 판매 회사에게는 대단히 중요한 시장 부문이다. 이 소수의 소비층이 큰 다른 층보다 더 많은 다이아몬드를 소비하고 있기 때문에 이 부 문이 표본에서 선정되지 않는다고 한다면 치명적인 오류가 발생 할 수 있는 것이다.

(5) 집락무작위 표본추출법

집락무작위 표본추출(cluster sampling)은 모집단을 상호배타적인 2차집단으로 분류하고 이 세분된 2차집단 중에서 무작위로 표본을 선정한다. 이 때 표본을 선정하기 위해 세분된 2차집단 자체를 대상으로 하는 추출법이다.

집락무작위 추출법과 층별무작위 추출법은 대단히 유사하다는 것을 알 수 있다. 그러나 양 추출법이 모두 모집단을 2차집단으로 세분화하는 점에서는 유사하지만 세분하는 기준이 다르다. 즉 층별무작위 표본추출에서는 각 2차집단에서 구성분자들의 표본을 선정하지만 집락무작위 추출법에서는 2차집단 자체를 대상으로 표본을 선정한다는 점이다.

집략표본추출법은 2차집단 자체를 표본대상으로 하기 때문에 각 2차집단이 가능한 한 모집단을 대표할 수 있는 소규모의 모델이 되어야만 이상적이다. 단적으로 말하면 각 2차집단이 지니고 있는 특성의 분포가 모집단이 지니고 있는 특성의 분포와 정확하게 일치한다면 여러 개로 세분화된 2차 집단의 어느 하나만 선정하여도 모든 것을 알 수 있다는 의미가 된다. 따라서 집락표본추출에서는 2차 집단들이 가능한 한 상호간에 이질적인 집단으로 형성되는 것이 이상적이다.

예를 들어 X신문을 구독하는 사람과 Y신문을 구독하는 사람을 구분하여 2차 집단으로 세분하였다고 하자. 이 때 모집단의 평균소득을 추정하려면 양 집단 중에서 어느 하나를 무작위로 선정하여도 비교적 무리가 없을 것이다. 물론 각 2차집단 내에서의 소득분포가 동일하지는 않겠지만 모집단의 평균소득과 소득의 분산정도를 추정하기 위해서는 양 집단 중 어느 하나를 선택하여 표본의 평균소득과 분산으로 모집단을 추정하여도 오류가 적을 것이라고 판단된다.

층별표본추출에서는 모집단의 구성요소들을 동질적인 2차집단으로 세분하고 있으나 2차집단 자체를 표본대상으로 하여 무작위로 표본을 선정하면 이것을 집락표출법으로 선정된 2차집단은 동질적이기보다는 이질적이어야만 이상적이다.

여기서 통계적 효율성(statistical efficiency)이란 표본추출방법을 비교할 때 사용되는 상대적 개념으로서, 표본규모가 일정할 때 추정치의 표준오차가 다른 것에 비해 작은 것을 통계적으로 효율적이라고 말한다.

집락무작위 표본추출법은 통계적 효율이 낮음에도 불구하고 대규모의 표본조사에서 널리 이용되고 있다. 그 이유는 표본당 비용이 저렴하다는 점에서 경제적 능률성을 지니고 있기 때문이다. 다시 말하면 표본당 비용이 적으므로 대규모의 표본을 선정할 수 있기 때문이다. 그러므로 비용이 일정한 경우 집락무작위표본추출법을 이용하여 다수의 표본을 확보하는 것이 동일한 비용으로 소수의 표본을 선정하여야 하는 층별표본추출법의 경우보다 오차가 적을 가능성이 많기 때문이다.

3) 표본의 크기 결정

표본추출에서 부딪히는 문제 중의 하나는 표본의 크기를 얼마로 할 것인가를 결정하는 것이다. 표본의 크기를 결정하는 일이 쉽지 않는 까닭은 추가적 정보와 추가적 비용과의 상반되는 관계 때문이다. 표본이론을 상세하게 설명하기에는 너무나 광범위한 주제에 속하기 때문에 이 책에서는 표본크기를 결정하는데 일반적으로 적용되는 통계적인 원리만을 다루기로 한다. 특히 단순무작위표본추출법을 이용하는 경우에 고려해야 할 사항만을 설명하고 층별 표본추출이나 집락별 표본추출을 이용하는 경우에서의 표본의 크기를 결정하는 방법을 간단히 설명하기로 한다.

(1) 기본적인 고려사항

표본크기의 결정을 이해하기 위해서는 먼저 통계량의 표본분포의 개념을 이해하여야 한다. 통계량의 표본분포는 선정될 표본에 따라 표본의 추정치가 어떻게 변동하는가를 보여준다. 따라서 표분분포가 분산되어 있다는 것은 조사자가 추정하려는 추정치가 어느 정도의 오차를 포함하고 있다는 것을 나타내는 것이다. 예를 들어 모집단의 평균치를 표본에서 구한 평균치에 의해 추정하고자 한다면 이때의 오차는 모집단의 분산을 알고 있을 때는 $\sigma\bar{x}=\sigma/\sqrt{n}$의 관계에 의해 구할 수 있으며, 분산을 모를 때에는 $S\bar{x}=\hat{S}/\sqrt{n}$이라는 공식에 의해 구 할 수 있다. 그러므로 표본규모를 추정하고자 할 때는 먼저 통계량의 표본 분포를 알고 난 뒤에 추정치의 표본분포를 구하여야 한다.

두 번째 고려해야 할 사항은 그러한 추정치가 어느 정도의 정확성을 지녀야 하는가를 결정하는 것이다. 정확도란 모수를 추정하려는 경우에 추정 구조의 크기를 말한다. 예를 들어 평균소득을 조사하고자 하는 경우에 표본추정치가 모집단의 실제평균치 ±₩10,000의 범위내에 있기를 원한다면 이 수치가 바로 정확도인 것이다. 만일 실제 평균의 ₩50,000 범위에 있기를 원한다면 이것은 앞의 ±₩10,000보다 정확도가 낮다고 말할 수 있다.

세 번째 고려하여야 할 사항은 추정치와 관련되고 있는 신뢰도는 어느 정도이어야 할 것인가를 결정하는 것이다. 표본의 크기가 일정한 경우에는 신뢰도와 정확도는 서로 상반되는 관계에 있다. 즉 신뢰도와 정확도는 동시에 달성할 수 없기 때문에 조사자가 원하는 신뢰도와 정확도의 두 가지 요소를 어느 정도로 균형을 유지할 것인가 결정하여야 한다.

신뢰도와 정확도 사이에는 어떠한 차이점이 있는 가를 예로 설명하기로 한다. 조사자가 모수,특히 모집단의 평균소득을 추정하려고 한다고 가정하자. 점추정(point estimate)은 오차의 범위가 없다는 의미에서 정확한 추정치이다. 예를 들어 표본의 평균소득을 구하여 이것이 곧 모집단의 평균소득 ₩900,000을 가리킨다고 하자. 말할 것도 없이 이러한 점추정치는 부정확하며 따라서 신뢰할 수 없을 것이다. 그러나 이와는 달리 모집단의 평균소득이 0원에서 1억원 사이에 있다고 한다면 이것은 완전히 신뢰 가능한 것이다. 그러나 이것은 100%의 정확성을 가지고 있다고 하더라도 아무런 도움이 되지 못하는 이야기이다. 평균소득에 대하여는 아무 것도 알 수 없기 때문이다

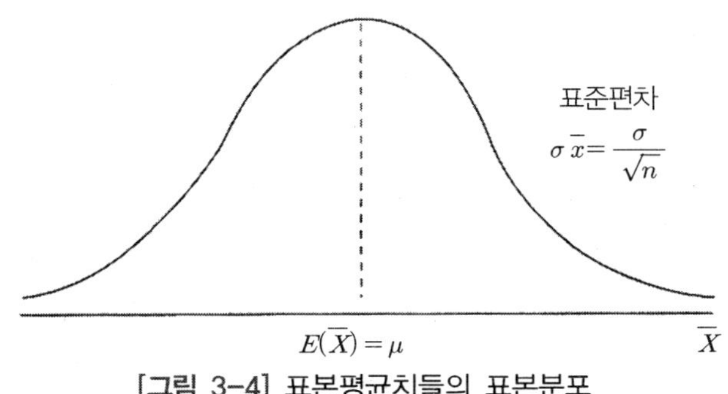

[그림 3-4] 표본평균치들의 표본분포

(2) 평균치 추정을 위한 표본크기

중심극한정리에 의하면 표본평균 등의 분포는 모집단의 실제 분포와는 관계없이 표본의 크기가 일정 크기 이상되기만 하면 정규분포를 이루게 된다. 따라서 [그림 3-4]에서 예시된 바와 같이 표본평균치들의 표본분포를 작성하였다고 가정하고 모집단의 분산을 아는 경우와 모르는 경우로 나누어 표본의 크기를 결정하는 문제를 설명하기로 한다.

① 모집단의 분산을 알고 있는 경우

분포의 분산정도를 나타내는 $\sigma \bar{x}$ 의 값은 [그림 3-4]에서 표시된것과 같이 표본의 크기가 일정하면 변동이 없다. 왜냐하면 $\sigma \bar{x} = \sigma / \sqrt{n}$ 의 관계가 있기 때문이다. 따라

서 표본의 크기를 결정하려 할 때 먼저 고려해야 할 요소는 추정치의 표준오차이다.

예를 들어 조사자가 모집단의 실제값과±₩25,000범위내의 차이가 있는 추정치를 구하려고 한다고 하면 총정확도는

₩50,000(₩25,000*2)이고

그 1/2은 (이것을 간단히 H로 표시하자) ₩25,000이다. 정확도의 전체구간 대신에 그 절반인 H값을 이용하는 이유는 정규분포는 평균치를 축으로 하여 대칭이 되기 때문에 정규분포는 한쪽만을 이용하는 것이 계산상 편리하기 때문이다.

조사자가 하여야 할 두 번째의 일은 조사결과의 신뢰도를 정하는 것이다. 조사자가 설정하는 구간이 모집단의 실제 평균치를 포함한 확률이 95%이라고 하면 이 95%를 신뢰도 혹은 신뢰수준이라고 한다. 이 신뢰수준은 Z값으로 표시되는데 95% 신뢰수준의 경우 Z값은 약 2에 해당한다(정확히 말하면 Z=1.96이다).

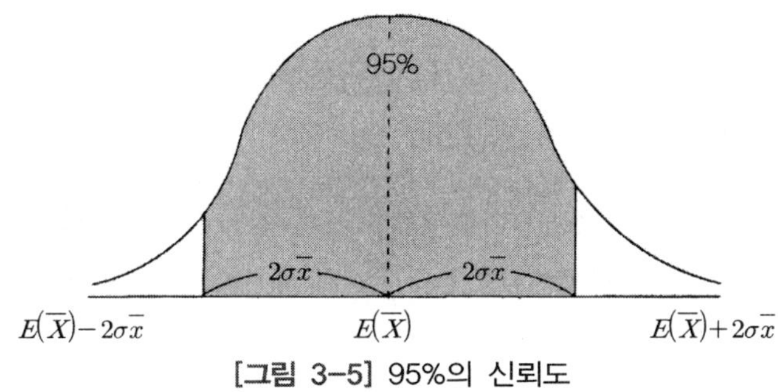

[그림 3-5] 95%의 신뢰도

이제 정규분포에서는 평균치$E(\overline{X})$을 중심으로 한 양측의 표준편차의 값, 특히 표준편차의 값이 2배가 되면 모든 표본의 95%가 이 범위에 포함된다는 사실을 바탕으로 표본의 크기를 결정할 수 있게 된다. [그림 3-5]는 95%의 신뢰도를 나타내고 있다. 일반적으로 다음과 같은 식으로 H를 나타낼 수 있다

$$H = Z\sigma\overline{x}$$
$$= Z \cdot \frac{\sigma}{\sqrt{n}} \qquad (3.2)$$

여기서 H와 Z값은 사전에 결정되어 있고 과거의 자료를 바탕으로 σ가 이미 알려져 있다고 가정하고 있기 때문에 위의 식에서 n을 쉽게 구할 수 있다. 즉 어떤 모집

단의σ가 ₩100,000이라고 하고 정확도를 ₩50,000이라고 하면 H=₩25,000이므로 위의 식에서

$$H = Z \cdot \frac{\sigma}{\sqrt{n}}$$

$$25,000 = Z \cdot \frac{100,000}{\sqrt{n}}$$

$$\therefore n = 64$$

물론 위의 식에서 Z=2라 두었음으로 95%의 신뢰수준을 가상하고 있다. 따라서 모집단의 평균지출비용을 추출하기 위해서는 표본의 크기가 64면 된다는 것을 알 수 있다.

그러나 추정치의 정확도를 2배로 높이기 위해서는 H=₩25,000/2이어야 하므로 위의 식에 대입하면

$$12,500 = 2 \times \frac{100,000}{\sqrt{n}}$$

$$\therefore n = 256$$

따라서 정확성을 ₩50,000에서 ₩25,000으로 2배 높이기 위해서는 표본의 수가 64개에서 256으로 4배 증가해야 한다는 것을 알 수 있다. 이와 같이 정확도와 표본의 크기는 상반되는 관계를 갖고 있다.

[표 3-5] 신뢰수준과 Z값

신뢰수준	99%	98%	95.45%	95%	90%	80%	68.25%
Z	2.58	2.33	2.00	1.96	1.65	1.28	1.00

한편 신뢰도를 향상시키는 것도 상당한 댓가를 지불해야만 가능하다. 예를 들어 조사자가 추정치에 대해 99%의 신뢰도를 원한다고 하면 이에 대응한 Z의 값은 약 3이므로 (참고로 신뢰수준과 Z값과의 관계는 [표 3-5]와 같다)앞에서와 같이 H=25,000이고 σ=100,000이라면

$$25,000 = 3 \times \frac{100,000}{\sqrt{n}}$$

$$\therefore n = 144$$

따라서 Z=3 일 때(99%)는 표본의 크기가 144개로 증가되어야 함을 볼 수 있다.

결국 정확도와 신뢰도를 높이기 위해서는 표본을 증가시켜야만하며 이것은 상당한 댓가를 치루어야 함을 알 수 있다. 조사자가 허용할 수 있는 정확도와 신뢰도의 결여 정도는 조사결과에 따른 의사결정의 중요성과 관계가 있다. 의사결정이 중요할수록 조사결과는 더 정확하고 신뢰할 수 있는 것이어야 하며 따라서 표본의 수는 증가해야 한다.

② 모집단의 분산을 모를 경우

위의 예에서 모집단의 분산을 모르는 경우에 표본의 크기를 결정하는 방법에 관해 설명하기로 한다.

우리가 모집단의 분산 혹은 표준편차를 모르는 경우에는 이를 대신할 σ의 값의 추정치를 사용하면 된다.

σ 값을 추정할 만한 데이터가 없을 때 모집단의 표준오차를 구하는 한 가지 방식은 예비조사를 실시하는 것이다. 일반적으로 정규분포의 형태를 지닌 변수들의 범위는 대개 ±3표준편차의 범위 내에 있는 것으로 가정할 수 있으므로 분산의 범위를 추정하려면 분산의 범위를 6으로 나누면 표준편차가 된다고 추정할 수 있다. 만일 이러한 추정치에 오류가 있다면 조사자가 원하는 신뢰도에 차이가 있을 뿐인 것으로 볼 수 있다.

원양어업에 종사하고 있는 어부들이 특정 어장에서 조업을 하는 동안 평균 얼마의 비용을 지출하고 있는가를 생각하자. 어부들이 조업기간 중에 1일 동안 만 출어함으로써 비용을 전혀 지출하지 않는 경우도 있지만 1년 동안에 1주일간의 어업을 몇 회하는 경우도 있을 것이다. 그러나 1년에 15일간 출어하는 것이 상한선이고 일당 ₩30,000을 평균적으로 지출한다고 하면 최대비용은 ₩450,000이 될 것이므로 비용지출의 범위도 ₩450,000내 일 것이다. 따라서 표본오차는 450,000/6=75,000으로 추정된다. 조사자가 원하는 정확도가 ±₩25,000이고 95%의 신뢰구간을 원한다면 표본의 규모는

$$H = Z \cdot \frac{\hat{\sigma}}{\sqrt{n}} \quad (\hat{\sigma}: \text{추정 표준오차}) \qquad (3.3)$$

$$25,000 = 2 \times \frac{75,000}{\sqrt{n}}$$

$$\therefore n = 36$$

따라서 36개의 표본을 선정하여 필요한 데이터를 추출하여 표본평균 $\overline{X} = 35,000$, $\hat{S} = 60,000$의 값을 얻었다고 하면 이 때의 신뢰구간은 다음과 같이 계산된다.

$$\mu = \overline{X} \pm ZS\overline{x} \qquad (3.4)$$

$$= 35,000 \pm 2 \times \frac{\hat{S}}{\sqrt{n}}$$

$$= 35,000 \pm 2 \times \frac{60,000}{\sqrt{36}}$$

$$= 35,000 \pm 20,000$$

즉 $15,000 \leqq \mu \leqq 55,000$

이 내용을 다시 한번 보면, 우선 조사자가 원하는 정확도는 ±₩25,000이었으나 상기한 바와 같이 이번에는 ±₩20,000이다.

이것은 원하는 정확도보다 더 나은 것이지만 모집단의 표준오차를 표본의 표준오차로 대신 계산하였기 때문에 모집단의 표준편차를 그만큼 과대하게 추정하였다는 것이 된다. 만일 모집단의 표준편차를 과소추정하였다면 사정은 반대가 되었을 것이다.

③ 상대적인 정확도

위의 설명에서는 모두 절대적인 정확도를 이용하여 표본의 크기를 결정하였다. 그러나 상대적인 정확도를 이용하여 표본규모를 정할 수도 있다. 상대적인 정확도란 일정한 수준의 값을 상대적인 범위로 표현한다는 뜻이다. 다시 말하면 일정한 수준의 수치를 평균치로 추정한다면 그 추정치가 모집단의 실제 평균치의 몇 %이내에 있다는 것을 의미한다. 예를 들어 모집단의 평균치를 추정할 때 표본의 평균치를 추정할 때 표본의 평균 50에서 ±10%의 범위에 있다고 한다면 모집단은 결국 45에서 55까지의 범위에 있다는 뜻이 된다.

상대적 정확도의 개념을 이용하여 표본의 크기를 구하기는 그리 어렵지 않다. 앞의 식

$$H = Z\frac{\sigma}{\sqrt{n}} \qquad (3.5)$$

에서 H를 $r\mu$로 바꾼다면

$$r\mu = Z \cdot \frac{\sigma}{\sqrt{n}} \quad (3.6)$$

이고 이 식에서 n을 구하면 된다, 이 때 r은 상대적 정확도를 가리키는 데 앞의 예에서는 r=±10%이다.

(3) 비율추정을 위한 표본의 크기

앞에서는 모집단의 모수인 평균의 추정을 위한 표본의 크기를 결정하기 위해서는 3요소, 즉 신뢰도의 범위, 정확도 및 통계량의 표본분포에 관한 지식을 필요로 한다. 신뢰도와 정확도는 조사자가 원하는 바에 따라 결정될 수 있다. 그런데 이 모집단의 비율을 추정하기 위한 표본의 비율이 어떠한 분포를 취할 것인가를 알아내는 일이 중요하다. 이를 설명하기 위해 절대적인 정확도와 상대적인 정확도로 나누어 설명하기로 한다.

① 절대적인 정확도

표본의 크기가 모집단의 크기에 비해 상대적으로 작다면 표본구성요소들을 독자적으로 선정하는 경우 표본의 비율분포는 이론상 이항분포의 형태를 나타낼 것이다. 그러나 표본의 크기가 상당히 크거나 모집단의 비율이 1/2에 가까우면 이 이항분포는 정규분포와 비슷한 형태를 취하게 되고 따라서 이항분포 대신 정규분포를 사용함이 편리하다.

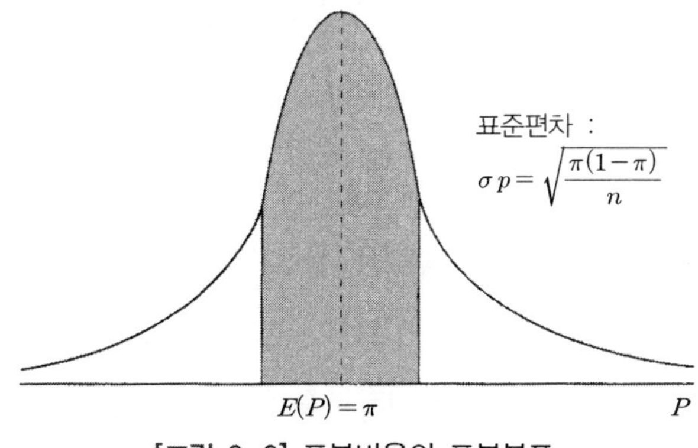

[그림 3-6] 표본비율의 표본분포

표본비율의 분포는 모집단의 평균비율 E(p)를 중심으로 [그림 3-6]처럼 밀집되어 있다. 표본비율의 표준편차는 다음과 같은 식으로 구할 수 있다.

$$\sigma_P = \sqrt{\frac{\pi(1-\pi)}{n}} \tag{3.7}$$

그런데 표본비율의 분포는 정규분포를 이룬다고 가정하고 있으므로 정확도의 수준은 표준편차의 크기로 그 관계를 표시할 수 있다. 따라서 그 관계를 평균치의 추정에서와 같이

$$H = Z \cdot \sigma_P$$
$$Z \cdot \sqrt{\frac{\pi(1-\pi)}{n}} \tag{3.8}$$

의 형태가 된다. 예를 들어 과거에 최소한 하루 이상 출어한 경험이 있는 어부들의 비율을 추정하고자 할 때 추정치가 ±2%(이것은 절대 정확도이다) 범위 내에 있고 조사결과에 95%의 신뢰수준을 갖도록 하려면 위의 공식에서 H=0.02, Z=2가 되므로

$$0.02 = 2\sigma p$$
$$= 2\sqrt{\frac{\pi(1-\pi)}{n}}$$

여기서 n을 구하면 되지만 π의 값을 모르기 때문에 바로 n을 구하기 힘들다. 모집단 비율에 대한 추정치는 과거의 조사경험이나 예비조사를 통해서 구할 수 있다. 그러나 이것이 불가능할 경우에는 조사자의 주관에 의존할 수밖에 없다. 이제 위의 문제에서 π가 20%라고 가정한다면

$$0.02 = 2\sqrt{\frac{0.2(1-0.2)}{n}}$$
$$\therefore n = 1{,}600$$

따라서 표본으로 추출될 어부의 수는 1,600명이라는 것을 알 수 있다. 그런데 앞에서 20% 는 임의적이거나 주관적인 것으로 추출된 1,600명을 대상으로 하여 비율을 구해서 p=0.40이라는 것을 알았다고 하면 σ_p 대신에 S_p를 구하면

$$S_P = \sqrt{\frac{P(1-P)}{n}} \tag{3.9}$$

$$= \sqrt{\frac{0.40(0.60)}{1,600}} = 0.012$$

따라서 모집단의 신뢰구간은

$$\pi = {}_P \pm ZS_P = 0.40 \pm 2(0.012)$$
$$= 0.40 \pm 0.024$$
즉, $0.376 \leqq \pi \leqq 0.424$이다.

② 상대적인 정확도

모집단의 비율을 추정하는데 필요한 크기는 추정치의 상대적 정확도를 어떻게 정하느냐에 따라 달리 결정된다. 상대적 정확도란 신뢰구간의 크기가 추정하려는 비율의 크기와 관계없이 일정한 비율 내에 있음을 의미한다. 예를 들어 상대적인 정확도를 ±10%으로 정하였다면 표본의 비율이 0.20일 때는 신뢰구간은 0.18에서 0.22까지이며 만약 표본의 비율이 0.30이라고 하면 이 때의 신뢰구간은 0.27에서 0.33까지 된다. 상대적 정확도를 구하는 공식은

$$\gamma\pi = Z\sigma_P \tag{3.10}$$

이고 이 때의 γ은 상대적 정확도를 나타낸다. 위의 식을 풀어 쓰면

$$\gamma\pi = Z \cdot \sqrt{\frac{\pi(1-\pi)}{n}} \tag{3.11}$$

이로부터

$$n = \frac{Z^2}{\gamma^2}\frac{1-\pi}{\pi}(3.12)$$

를 얻는다. 물론 n은 표본의 크기이다. 예를 들어 모집단의 비율이 0.2로 수정되었다면 95%의 신뢰수준에서는 Z=2이고 또 상대적 정확도를 0.10(즉 $\gamma = 0.10$)으로 했다면 이 때의 표본의 수는

$$n = \frac{2^2}{(0.10)^2} \cdot \frac{0.8}{(0.2)} = 1,600$$

이 된다. 신뢰구간을 추정하기 위해서는 앞에서 설명한 바와 같이

$$S_P = \sqrt{P(1-P)/n}$$

의 공식으로 S_P를 구하고

$$\pi = {}_P \pm ZS_P \quad (3.13)$$

에 의해 신뢰구간을 추정한다.

(4) 기타 확률표본추출에서의 표본의 크기

지금까지는 표본의 크기를 구할 때 모두 단순무작위표본추출법을 가정하고 설명하였다. 그러나 이와 다른 표본추출에서는 표본의 크기를 구하는 공식은 다르게 유도된다, 이러한 공식들은 대단히 복잡하지만 기본적 원리 모두 동일하다. 즉 정확도와 신뢰도의 수준, 그리고 통계량의 표본분포에 관한 지식이 필요한 것이다.

층별표본추출이나 집략표본추출에서는 다수의 2차집단이 존재하므로 표본의 크기는 대단히 복잡한 과정을 거쳐서 결정된다. 즉, 각 2차집단에 존재하는 분산과 2차집단간에 존재하는 분산을 각각 나누어 다루어야 한다.

층별표본추출이나 집락표본추출에서는 표본의 크기를 결정함에 있어서 비용이 직접적인 영향을 미치게 된다. 2차집단별로 단위 표본당 비용이 다른 것이 일반적이고 이러한 비용은 처음부터 고려되지 않으면 안된다. 따라서 조사자가 하여야 할 일은 분산의 허용범위와 비용을 적절하게 조정함으로써 균형을 유지하도록 하는 것이다.

2차집단마다 표본의 단위당 비용과 분산이 각각 다를 것이므로 각 집단에서 일정한 비율로 추출한 결과가 어느 정도 정확한가를 고려하여 표본의 크기를 결정하여야 한다. 이러한 문제를 고려하여 표본의 크기를 계산하는 공식이 나와 있으나 이에 관한 설명은 이 책에서는 생략하기로 하고, 여하튼 층별표본추출법이나 집락표본추출법에서는 2차집단별 표본단위당비용이 표본의 크기를 결정하는데 직접적인 영향을 미친다는 점을 기억하여야 할 것이다.

5. 수집데이터의 정리

수집된 데이터는 데이터처리를 위해 정리되어야 한다. 이것은 편집, 기호화 및 집계표의 작성으로 이루어진다.

1) 데이터의 편집

데이터를 편집하는 기본적인 목적은 원래 데이터의 질에 대한 기준을 설정하는 것이다. 필요하다면 질문지의 각 항목이나 관찰항목을 검사하거나 수정하여야 한다.

데이터의 편집은 보통 2단계로 나누어 실시한다. 즉 조사현장에서의 편집과 조사센터에서의 편집이 그것이다.

(1) 조사현장에서의 편집

조사요원들은 조사현장에서 데이터를 수집하면서 미완성 부분과 부정확한 부분을 찾기 위해 예비적인 편집절차를 취할 필요가 있다. 이것은 조사요원들의 통제를 위해서 또는 질문지의 각 문항내용과 작성절차에 대한 조사요원들의 오해나 의문을 해소하기 위해서 실시된다. 조사요원들이 조사현장에서 데이터에 대해 검토할 사항은 다음과 같다.

① 응답여부의 검토

응답자가 데이터의 각 양식에 대해 빠짐없이 응답하였는가 검사한다. 만약 빠진 부분이 있다고 한다면 이것은 응답자가 응답을 거부한 것으로 간주 할 수 있지만 응답자가 해답 부분을 모르고 빠뜨렸거나 응답하는 방법을 몰랐기 때문일 수도 있다. 따라서 어떠한 이유로 응답이 누락되었는가를 파악하고 적절한 조치를 취하도록 한다.

② 응답자의 질문에 대한 응답

자유응답형의 질문과 같은 경우 응답자가 용어나 약어의 의미를 파악하지 못하고 있는 경우 이들의 질문에 적절하게 응답함으로써 올바른 반응을 할 수 있게 한다.

③ 일관성 있는 면접이나 관찰

응답자의 답변에 일관성이 결여되어 있는지의 여부를 검토하고 일관성이 결여된 경우는 이를 시정하여 편집하도록 한다.

④ 동일단위의 사용

응답들이 동일한 단위로 기록되도록 하는 일은 대단히 중요하다.

예를 들어 응답자가 주당구입 잡지수를 조사하려는 경우 월간잡지를 구독하는 응답자가 월간잡지수로 응답한다면 단위가 일치하지 않음으로 분석에 혼동이 발생하게 된다. 조사단위의 불일치로 발생하는 오류는 조사현장에서 즉시 시정되도록 조치하여야 한다.

(2) 조사센터에서의 편집

조사현장에서의 편집이 완료되면 곧 조사센터에 모든 데이터를 집계하여 편집하게 된다. 수집된 모든 데이터를 완전하게 검토하고 수정하려면 조사의 목적과 절차를 명확하게 한 후 그에 따라 능력 있는 사람이 편집을 하는 것이 좋다. 데이터처리에 일관성을 유지하려면 한 사람이 모든 데이터를 관리하는 것이 이상적이다. 그러나 많은 시간과 노력이 소요되는 경우에는 이를 분담하여 편집할 수 밖에 없다. 조사센터에서의 편집분담은 응답자별로 분담하기보다는 질문지의 문항별로 분담하는 것이 좋다.

조사센터에서의 편집은 조사현장에서의 편집과는 달리 데이터의 정확성이 아니라 수집된 데이터의 처리방법에 더 비중을 두게 된다. 이 단계에서는 이에 상당한 시간이 경과하였기 때문에 데이터를 정확하게 추정할 수 없고 따라서 응답이 불안정하거나 정확하지 않은 경우는 이를 보완하거나 처리방침을 결정하는 일이 더 중요하다.

2) 응답의 기호화와 집계표 작성

(1) 응답의 기호화

기호화(coding)란 원데이터를 집계하고 용이하게 계산할 수 있도록 기호나 번호로 응답 내용을 바꾸는 기술적 절차를 말한다.

기호화의 첫 단계는 응답을 분류할 범주 및 종류의 수를 결정하는 것이다. 이를 위한 일정한 공식이 있는 것이 아니고 다만 문제의 범위란 특정한 정보를 수입하기 위한 질문의 수에 따라 범주나 종류의 수가 결정된다. 그러나 이 때 다음과 같은 몇 가지점에 주의하여야 할 필요가 있다. 즉 어떤 응답들도 반드시 어느 한 범주에 속하여야 한다. 고정응답형의 경우는 표시된 질문들이 기호화되어 있기 때문에 큰 문제가 없으나 자유응답형의 질문의 경우는 그리 간단하지 않다. 응답유형을 일관성 있게 분류하기 위해서는 한 자유응답형의 질문을 한 사람이 담당하는 것이 효과적이다.

기호화의 두번째 단계는 분류된 범주에 대하여 번호나 기호를 부여하는 일이다. 예를 들어 남성인 경우에는 M, 여성인 경우에는 F의 기호를 부여하게 된다. 또한 이 단계에서는 데이터에 표시되어 있는 번호를 등간척도나 비율척도로 인위적으로 분류하기보다는 있는 그대로 이용하는 것이 좋다. 예를 들어 연령을 기호화할 때 (20세 이하)=1, (20세~24세)=2, (30세~39세)=3등으로 기호화하는 방법은 지나치게 인위적이다. 이와 같은 방식의 기호화는 무용할 뿐이다. 왜냐하면 분석의 마지막 단계에서도 이와 같은 분류는 용이하게 될 수 있기 때문이다.

(2) 집계표의 작성

데이터의 기호화가 완료되면 집계를 하는 과정이다. 데이터를 집계하는 방식에는 단순집계표(one-way tabulation)와 교차 집계표(cross tabulation) 방식의 두 가지로 분류 할 수 있다.

단순집계표란 단일 변수를 기준으로 자료를 집계한 표이다. 동일 조사에서 특정한 항목이 여러 변수와 관계한 표이다. 동일 조사에서 특정한 항목이 여러 변수와 관련을 갖고 있을 수 있기 때문에 각 변수별로 반복적으로 집계할 수 있다. 특정한 변수에 대한 집계표는 다른 변수를 기준으로 한 집계표와 아무런 관계 없이 작성된다.

그러나 교차집계표는 2개 또는 그 이상의 변수를 동시에 기호화하여 집계한 표이다. 예를 들어 특정한 제품을 특정한 점포에서 구매한 사람의 수를 집계한다면 이는 교차 집계표 방식에 해당한다. 이 집계표에서는 특정한 제품과 특정한 점포라는 두 가지 특성을 공통적으로 지니고 있는 사람의 수가 집계되는 것이다.

물론 집계의 수단은 수작업이나 컴퓨터와 같은 기계를 이용할 수 있다. 어느 방법이 더 효과적인가는 집계표의 수와 데이터의 수에 달려있다. 집계표의 수와 데이터의 수가 적을 때는 오히려 수작업이 편리하지만 이들의 수가 많으면 많을수록 기계를 이용하는 것이 편리하다. 특히 교차집계의 경우에는 수작업으로 집계하기가 대단히 복잡하다.

[표 3-6] 단순집계표의 예

가구당 C/D수	가구수	가구당 C/D수	가구수
1	23	3	2
2	74	4	1
		계	100

[표 3-6]은 단순집계표의 예를 나타낸 것으로서 이 표에서는 가구당 크레딧카드(C/D)의 보유수가 하나의 변수가 되어 집계되고 있다.

한편 [표 3-7]은 가족수와 보유하고 있는 C/D의 수라는 두 개의 변수를 기준으로 작성한 교차집계표이다.

수집되어 정리된 데이터는 결국 분석이라는 가장 중요한 단계를 거치게 된다. 이 분석에서는 여러 가지 통계적 기법이 응용되어 적용되므로 분석기법의 선택이 중시된다.

[표 3-7] 가족수와 C/D 보유수의 교차집계표의 예

		보유 C/D의 수					계
		0	1	2	3	4이상	
가족수	1~2	5	10	14	15	10	54
	3~4	3	15	20	19	17	74
	4~5	4	20	21	23	19	87
	6~7	5	8	13	12	7	45
	8이상	3	7	9	10	8	37
계		20	60	77	79	61	297

3) 분석기법 선택의 고려

분석기법의 선택에서 고려하여야 할 사항은 다음 몇 가지이다.

① 데이터의 유형

② 조사설계

③ 통계량의 검정

이러한 요소들은 반드시 독립되어 있는 것이 아니라 상호 밀접한 관련을 지니고 있다. 예를 들어 조사자가 적용할 수 있는 강력한 통계검정은 자료평가척도의 성격과 직접적인 관계를 갖고 있다.

(1) 데이터의 유형

데이터는 여러 가지 평가척도 즉 명목척도, 서열척도, 등간척도, 비율척도 등이 있

다. 이러한 데이터의 유형에 따라 분석방법이 달라진다. 이제 그 차이점을 살펴보기로 한다.

우선 명목척도는 측정대상물을 분류할 때 이용하는 평가 척도이다. 각 분류항목에 번호나 문자를 부여함으로써 측정대상물이 어느 범주에 속하는가를 확인하기 위해 사용된다. 예를 들어 성별을 구분하기 위해 남자는 1이나 M을, 여자는 2나 F의 숫자나 기호를 부여했다 하면 이는 명목척도에 속한다. 여기서 주의하여야 할 것은 명목척도를 산술적으로 계산하는 것은 아무런 의미가 없다는 점이다. 예를 들어 중앙집중도를 측정하기 위하여 산술평균이나 중위수를 구하는 것은 적절하지 못하다. 그러므로 조사결과 여성의 수가 남성의 수보다 더 많다면 명목척도를 1이나 2또는 F나 M등 어떠한 기호로 표시하든 간에 여성범주를 설명하여 주고 있는 것은 최빈수 뿐이다.

서열척도는 명목척도 보다 높은 수준의 측정값을 나타낸다. 명목척도와 같이 부여된 숫자가 측정대상물의 소속을 확인할 수 있을 뿐 아니라 순위도 나타내는 역할을 한다. 예를 들어 학생들의 성적을 우수함, 보통, 열등함의 3 가지로 분류한다고 할 때 학생들을 성적에 따라 A, B, C로 분류할 수 있고 1, 2, 3 또는 3, 2,1로 표시할 수 있을 것이다.

서열척도에서는 등급간의 차이는 아무런 의미가 없고 다만 순위에만 관심이 있다. 이러한 척도에서는 자료의 중앙집중도를 측정하기 위해 중위수와 최빈수를 이용할 수 있다.

등간척도를 이용하여 측정대상물에 번호를 부여하는 경우에는 측정 대상물들간의 차이의 크기를 알 수 있다. 따라서 특정한 범주에 속하는 측정 대상물이 다른 범주에 속하는 대상물 보다 어느 정도 더 큰 것인가를 확인할 수 있다. 그러나 측정대상물의 절대적인 크기를 비율로 비교할 수는 없다. 예를 들어 A가 B보다 5배 크다고 하자. 측정 대상물을 비교하려면 측정 대상물간의 차이를 모두 구해야 한다. 그 이유는 등간척도에서는 0을 임의로 정하고 있기 때문이다. 등간척도를 이용한 산술평균이 가능하다. 따라서 중앙집중도를 측정하고자 하는 경우에는 중위수, 최빈수 및 산술평균 등의 이용이 가능하다.

비율척도에서는 0의 값이 절대적이라는 점을 제외하고는 등간척도의 경우와 유사하다. 따라서 A가 B보다 2배 무겁다거나 2배 크다는 등의 이야기를 할 수 있다. 왜냐하면 양자가 모두 0의 값을 지고 있기 때문이다. 비율척도에서는 등간척도에서 이용할 수 있는 모든 통계량, 예를 들어 산술평균, 중위수, 최빈수 등이 비율척도에서 이용 가능하다.

이상에서 본 바와 같이 조사자는 특정한 평가척도를 이용한 통계기법을 선택할 때 데이터의 유형에 상당한 주의를 기울여야한다.

(2) 조사설계방법

데이터의 분석기법을 선택함에 있어서 고려하여야 할 두 번째의 요소는 조사설계방법이다. 조사설계 중에서도 표본대상물의 상호독립성 여부, 표본대상물의 관찰횟수, 분석할 표본집단의 수, 그리고 문제의 변수에 대한 통제여부 등이 고려되어야 한다.

① 표본의 독립성

표본대상물이 상호독립적인가 아니면 상호의존적인가의 문제를 다음의 예로써 설명하자.

광고효과의 측정치가 제품에 대한 소비자들의 태도를 반영하는 것으로 보고 태도를 측정하기 위하여 등간척도를 이용했다고 하자. 특히 조사설계의 유형은 다음과 같다고 하자.

X O_1 (광고를 본 사람의 태도)
O_2 (광고를 보지 않은 사람의 태도)
*X는 실험변수 O_1, O_2는 결과변수를 관찰한 측정치

이러한 경우에는 표본들의 상호독립적이라 할 수 있다. 측정치 O_2는 O_1의 측정치에 의해 영양을 받지 않기 때문이다. 이와 같은 표본들이 상호독립적인 경우에만 유의수준을 검정할 수 있기 때문에 이 경우에 두 평균치의 차이를 검정하려면 t -분포를 이용하는 것이 적절하다.

한 편 조사설계의 유형이 다음과 같은 경우를 살펴보자.

O_1 X O_2

이러한 경우에도 표본집단은 2개가 있으나 앞의 경우와는 달리 동일한 사람들이 광고를 보고 전과 본 후의 태도를 측정한 것이다. 따라서 O_2와 O_1은 상호독립적이 아니며 그러므로 두 평균치의 차이를 검정하기 위하여 t-분포를 이용하는 것은 적절치 않다. 이러한 경우에는 짝을 지어 분석하여야 한다.

② 표본 집단의 수

예를 들어 조사자가 두 개의 광고물 중 어느 것이 상대적으로 더 효과적인가를 알아내기 위해 통제하에서 실험을 했다고 하자. 응답자의 일부는 X_1이라는 광고물을 보고, 다른 응답자들은 X_2라는 광고물을 보았으며, 제 3의 집단은 어느 광고물도 보지 않았다고 하자. 따라서 이 때의 조사설계는 다음과 같이 나타낼 수 있다.

X_1	O_1
X_2	O_2
	O_3

이러한 조사설계방법은 전술한 첫번째의 조사설계에서 X_2라는 또 다른 하나의 광고를 추가한 것을 제외하고는 첫 번째의 설계와 유사하다. 그러나 첫 번째의 경우는 한 개의 실험집단과 한 개의 통제집단으로 구성되어 있으나, 이번에는 두 개의 실험집단과 한 개의 통제집단으로 구성되어 있다. 따라서 두 집단의 평균치의 차이가 통계적으로 유의한가를 검정하기 위해서는 t-분포를 이용할 수 없고 다만 분산분석을 이용하여야 한다.

③ 변수의 수

앞에서 설명한 첫 번째의 조사설계를 예로 하여 표본 대상물의 측정횟수가 분석에 어떠한 영향을 미치는가를 살펴보자. 이미 언급한 바와 같이 광고를 통해 응답자들이 제품에 대해 가지고 있는 태도가 곧 광고의 효과를 나타내는 것으로 볼 수 있다. 즉 광고를 본 사람들의 태도와 보지 않은 사람들의 태도를 비교함으로써 광고의 효과를 측정할 수 있다. 응답자들의 태도가 광고 효과를 정당하게 반영하고 있다고 보여지지만 광고가 판매에 미치는 영향도 고려할 필요가 있다고 하자. 바꾸어 말하면 광고를 본 집단과 보지 않은 집단과의 차이를 비교 분석할 뿐만 아니라 각 집단에 대한 제품판매량도 비교할 필요를 느끼고 있다고 하자. 이러한 경우 조사설계에는 변동이 없기 때문에 다음과 같이 표시될 수 있다.

X	O_1
	O_2

그러나 이번에는 O_1와 O_2가 태도가 구매량을 동시에 나타내고 있는 추정치를 의미하게 된다.

이를 분석하는 한 가지 방법은 두 집단간의 태도의 차이와 구매량의 차이를 각기 구분하여 검정하는 것이다. 그러나 만일 두 집단이 태도와 구매량에 있어 각각 근소한 차이를 보이고 따라서 단일 변수의 분석만으로는 뚜렷한 차이를 발견할 수 없는 경우는 어떻게 해야 하나. 실험 집단의 태도와 구매량의 평균치가 통제집단의 평균치보다 훨씬 높은데도 불구하고 광고의 효과가 없다는 결론을 내릴 수 있을 것인가. 혹은 태도와 구매량을 동시에 고려한 차이가 근소하더라도 사실상 차이가 있다고 결론을 내릴 수 있는가. 이와는 달리 한 가지 결과는 통제집단에 유리하다 다른 결과는 실험집단에 유리한 것으로 나타났다면 유리한 결과와 불리한 결과를 그대로 받아들일 것인가 아니면 어느 하나가 제 1종의 오류(귀무가설이 맞는데 틀리다고 판정하는 오류)에 속하기 때문이다. 이와 같이 다수의 특성을 동시에 반영한 그러한 집단의 차이분석은 대단히 어렵고 더욱이 표본대상물의 측정 횟수가 증가할수록 문제는 더욱 복잡해진다. 이러한 경우에는 다변량분석을 이용하여 해결하여야 한다.

④ 변수의 통제

데이터 분석에서 고려하여야 할 또 다른 하나의 중요한 요소는 조사결과에 영향을 미칠 수 있는 변수의 통제방식이다. 전술한 첫 번째의 조사설계를 다시 살펴보자.

X	O_1
	O_2

이 예에서는 두 집단 간의 태도 차이에 역점을 두고 있다. 태도가 형성되는데 영향을 미칠 것이라 생각되는 변수 중의 하나는 X라는 광고물이 나오기 전에 사람들이 이 제품을 사용하고 있었던 비율이다. 만일 X라는 자극(광고)을 주기 전에 사람들의 제품 사용량이 중요한 변수로 간주되는 경우에는 자극을 주기전의 제품 사용량이 미치는 영향을 극소화하기 위하여 이를 통제 할 필요가 있는 것이다. 그 한 가지 방법은 실험집단과 통제집단의 사전 사용량을 같게 일치시키거나 두 집단을 무작위로 선정하는 방법을 통하여 두 집단이 동일한 태도를 지니도록 조정하는 것이다. 이러한 통제 방법을 이용하면 두 집단간의 평균치 차이를 검정하기 위하여 t 검정을 이용하게 된다. 만일 그러한 통제 방법이 효과를 발휘하지 못하고 집단의 태도가 광고를 하기 전의 제품사용 여부에 따라 영향을 받는다고 하면, t검정 방법을 이용하여 나온 결론은 광고 전 두 집단간의 제품 사용의 차이가 클수록 오류가 발생할 것이다. 이러한 차이를 조정하는 한 가지 방법은 회귀방정식을 이용하여 사전에 두 집단의 제품

사용에 대해 지니고 있는 태도 점수를 수정하는 것이다.

(3) 통계량검정에서의 가정

통계적인 분석방법의 선정에서 고려해야 할 다른 하나의 요소는 표본자료의 통계량의 검정에 필요한 가정의 이해이다. 특정한 통계검정법을 선택하기 위해서는 그러한 검정법이 지니고 있는 가정들을 충분히 이해하여야 한다. 왜냐하면 그러한 가정들이 맞지 않는다고 하면 그 방법의 적용은 무의미한 것이기 때문이다. 만일 가정이 맞지 않는다고 하면 별도의 가정을 설정하여 별도의 통계량을 검정하여야 할지도 모른다.

Chapter 04

통계기법의 개괄적 검토

본 장에서는 통계기법에 대해 개괄적인 설명을 하고자 한다. 여기서는 통계적 기법의 유형과 특성만을 간략히 설명하기로 하는데 독자들은 이러한 기법들이 어떠한 경우에 이용되고 있는지를 유의하여야 할 것이다.

[그림 4-1]과 [그림 4-2]는 조사자가 적절한 통계기법을 선택하기 위하여 어떠한 순서로 문제점들을 고려하여야 할 것인가를 나타내고 있다.

통계기법의 선택에서 먼저 고려하여야 할 가장 중요한 요소는 조사하려는 문제가 단일변량의 성격을 지니고 있는가 아니면 다변량의 성격을 지니고 있는가를 구분하는 일이다. 3개의 표본 대상물을 각기 한 개의 변수를 기준으로 1회에 걸쳐 측정한다고 하면 이는 단일변량의 성격을 지닌 것이며, 각각의 표본 대상물을 다수의 변수를 토대로 하여 측정한 다음 각각의 변수를 분리하여 분석하는 경우에는 다변량의 성격을 띠게 된다. 다변량의 성격을 띤 문제에서는 각 표본 대상물이 지니고 있는 특성의 값이 2개이상 존재하며 또 그들 변수들이 동시에 분석된다는 특징을 지니고 있다. 한 개의 표본에 여러 종류의 측정값이 존재하는 경우에는 표본 집단간의 차이와 변수들간의 상관관계라는 두 가지 측면을 분석할 필요가 있다. 다변량의 성격을 지니고 있는 문제를 다룰 때 집단간의 차이를 분석하는 문제는 단일변량분석의 연장으로 생각할 수 있다.

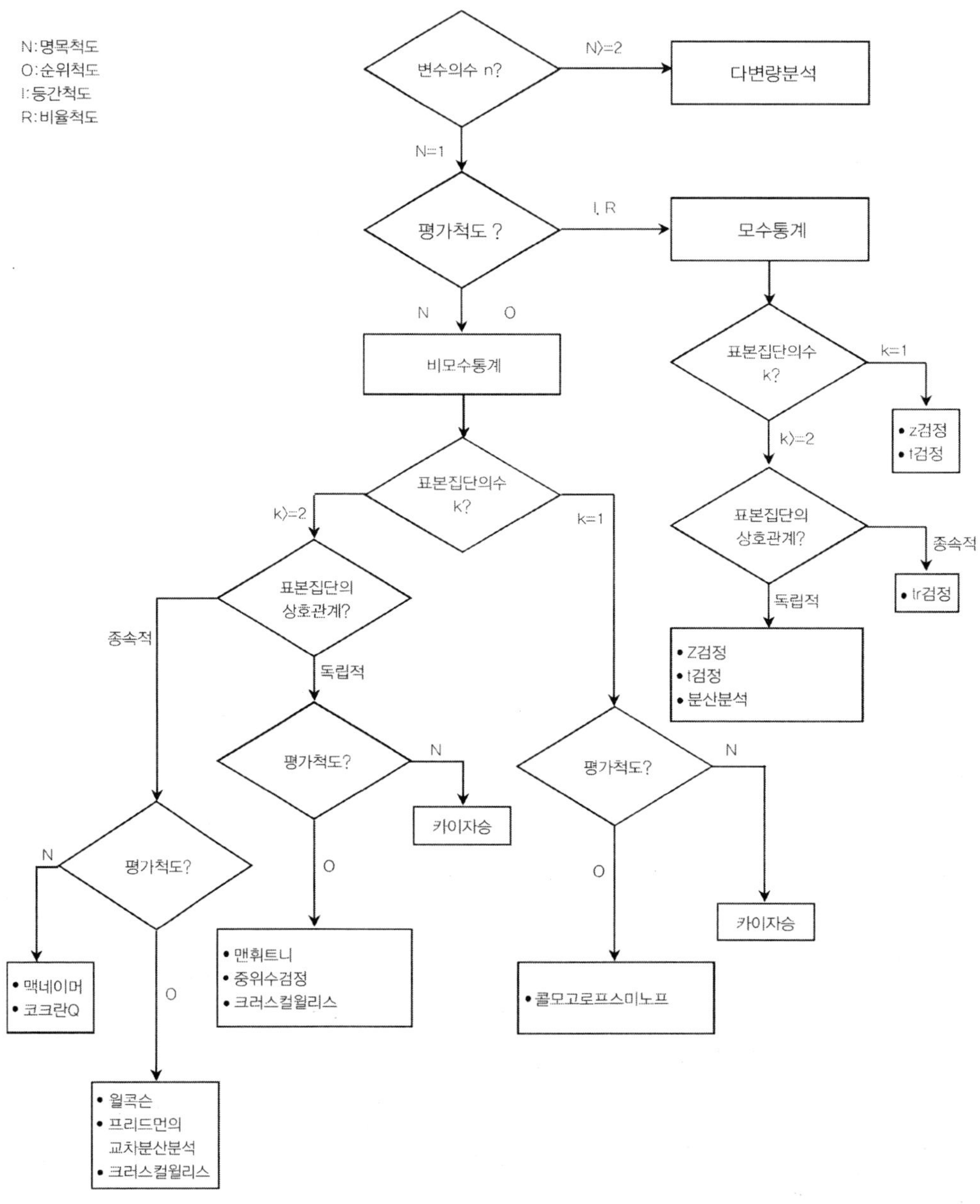

[그림 4-1] 단일변량의 통계검정의 기법선택

1. 단일변량분석과 다변량분석

1) 단일변량분석

단일변량분석(univariate analysis)에서 분석기법의 선택과정을 나타낸 것이 [그림 4-1]이었다.

먼저 생각하여야 할 문제는 수집된 데이터가 어떤 유형의 척도를 사용하여 수집된 것인가를 파악하는 것이다. 만일 명목척도나 순위척도를 사용한 것이면 비모수(nonparametric)통계검정을 실시하는 것이 적합하고 수집된 자료가 등간척도나 비율척도인 경우에는 모수(parametric)검정기법을 실시하여야 한다.

다음의 문제는 표본집단이 단일표본집단인가 또는 복수표본집단인가를 구분하는 것이다. A시 주민의 평균소득을 추정하기 위해서는 단일의 표본집단을 추출하여 검정하여도 충분하다. 그러나 A시와 B시의 주민평균소득을 비교하기 위해서 두 시에 거주하는 주민들 중에서 각각 일정한 크기의 표본을 추출한다고 하면 이 때는 2개의 복수표본집단이고 또 상호독립적인 관계에 있다고 할 수 있다. 그러나 A시의 주민을 대상으로 5년전의 평균소득과 현재의 평균소득을 비교하려고 한다면 5년전과 현재라는 2개의 복수표본집단이 필요하므로 복수의 표본집단이 되고 이 때의 두 표본집단은 상호종속적인 관계에 있게 된다.

한편 A시 시민과 B시 시민의 평균소득과 평균교육수준을 함께 비교한다고 하면 2개의 상호독립적인 표본집단을 대상으로 소득과 교육수준이라는 복수의 측정치를 동시에 비교하여야 하기 때문에 다변량분석기법을 사용하게 된다.

2) 다변량분석

다변량분석(multivariate analysis)에서는 표본당 p개의 상이한 변수값이 존재하는 것이 특징이다. 이 분석에서는 동일 표본을 복수의 변수로 특정하게 되므로 몇가지 사항을 고려하여야 한다. 즉 표본집단간의 차이를 분석하거나 변수들 간의 관련성을 분석하는 문제에 관한 것이다. 집단간의 차이분석은 대부분 단일변량분석의 범주에 속하므로 여기서는 변수간의 관련성에 관해서만 간단히 언급하기로 한다.

다변량분석에서 통계기법선정의 의사결정과정은 [그림 4-2]로 나타낼 수 있다. 다변량분석에서 고려하여야 할 두 가지의 기본사항은 수집된 데이터가 어떠한 유형의 평가척도를 사용하고 있는가 하는 것과 개별 변수들이 모델에서 어떤 역할을 하는가 즉 변수들이 서로 독립적인 관계인가 아니면 종속적인 관계인가를 구분하는 것이다. 변수의 수가 많은 경우에는 평가척도의 종류와 변수들 간의 관계가 더욱 복잡해진다.

다변량분석에서는 적절한 기법을 선택하기 위해 다음의 문제점이 고려되어야 한다.

① 종속변수로 간주될 수 있는 변수는 몇 개인가. 또 그러한 종속변수는 어떠한 유형의 평가척도를 사용하고 있는가.

② 독립변수는 몇 개이며 각 변수들은 어떤 유형의 평가척도로 표시되어 있는가.

종속변수의 여부	종속변수의 수	종속변수의 성질	독립변수의 성질	적용분석법
YES	하나	양적	양적	중회귀분석
			질적	수량화이론1
		질적	양적	판별분석
			질적	수량화이론2
	복수	양적	양적	정준상관분석
			질적	분산분석
		질적	양적	분산분석
NO	다수의 변수를 소수의 차원으로 축약하고자한다		양적	주성분분석
			질적	수량화이론3
	변수의 배후구조를 밝히고자한다		양적	인자분석
			질적	잠재구조분석
	변수나 피조사자들을 유사한 것끼리 분류하고자한다.		양적	클러스터분석
			질적	수량화이론4

[그림 4-2] 다변량 통계 검정방법의 기법선택

2. 가설검정

1) 가설검정 의의

가설검정(hypothesis testing)은 가설이라 불리는 하나의 가정에서 시작된다. 여기서 가설이란 모집단의(prameter)에 관한 설명을 말한다. 가설이 설정되면 그 다음은 표본데이터를 수집하고 이로부터 통계량(statistics)을 구해내고, 이 정보를 이용하여 가설화한 모집단의 모수가 옳은지의 여부를 결정하게 된다. 예를 들어 모집단의 평균이라는 모수에 대해 어떤 수치를 가정하고 있다고 하자. 그런데 이 모수에 대한 가정의 확실성을 검정하기 위하여 표본을 추출하고 가설화된 값과 표본평균의 실제 값의 차이가 하나의 가설이 된다. 그러면 이 가설은 어떻게 검정되어져야 하는가. 표본추출법을 이용하여 그 센터의 종업원의 표본을 추출하여 표본통계량을 계산한다. 그 결과 93%라는 표본통계량(여기서는 평균)이 산출되었다고 한다면 우리는 이 분석자의 가설을 채택해야 할 것이다. 그러나 표본통계량이 46%라고 한다면 우리는 그 가설을 쉽게 기각 할 수 있을 것이다. 이러한 경우에는 우리가 상식적으로도 쉽게 해결할 수 있다.

그러면 표본통계량이 81%의 값을 가진 것으로 나타났다고 가정해 보자. 이 값은 90%에 비교적 가까운 것이다. 그러나 분석자의 가설을 채택할 만큼 그렇게 가까운 것인가. 우리가 분석자의 가설을 채택할 것인가 아니면 기각할 것인가에 대한 결정에 절대적인 확신을 가질 수 없다. 차이를 구한 다음 이 차이가 유의한지의 여부를 결정하게 되는 것이다. 물론 그 차이가 적으면 적을수록 평균에 대한 가설이 맞을 가능성이 높아지는 것이다. 그러나 그 차이가 크면 클수록 그 가능성은 낮아지게 된다.

불행하게도 가설화된 모집단 모수와 실제의 표본통계량 사이의 차이는 너무 크기 때문에 자동적으로 가설을 기각하게 하거나 너무 작기 때문에 가설을 쉽게 채택할 수 있는 경우는 드물다. 그러므로 가설검정에서는 실제의 생활에서 부닥치는 의사결정에서과 같이 명백한 해가 존재하는 경우는 오히려 예외에 속하는 것이 된다.

예를 들면 어떤 쇼핑센터의 관리자가 말하기를 “우리센터에서 일하는 종업원들의 작업능률은 90%이다”고 말했다고 하면 이것은 그 센터종업원이라는 모집단의 모수(작업능률의 평균)에 대한 의사결정에 불확실성을 다루지 않으면 안되는 상황에 처하게 된다. 이 때는 단지 직관에 의해 하나의 모집단 모수에 대한 가설을 기각하거나 채택할 수 없다. 따라서 표본의 정보에 근거하여 가설을 채택할 것인지 기각할 것이지를 결정하는 방법을 배워야 한다.

2) 가설검정절차의 기본개념

공식적인 통계용어나 절차를 설명하기 전에 다음과 같은 예를 살펴보기로 하자. 어떤 알루미늄을 제조하는 회사에서 A형의 알루미늄판의 두께가 0.04인치라고 선전하고 만약 이보다 더 두껍거나 얇으면 보상을 해준다고 말하고 있다. 어떤 기관에서 이를 대량으로 구입하기 위하여 100장의 표본을 추출하여 그 두께를 측정하였던 바 0.0408인치이었다. 과거 경험에 근거하여 모집단의 표준편차가 0.004인치라는 것을 알고 있다.

① 가설의 설정

우리가 이 알루미늄판의 실제 두께가 0.04인치라고 가정하고 표준편차가 0.004인치라는 것을 알고 있다고 하면 표본에서 얻은 0.0408인치라는 두께는 모집단의 두께인 0.04인치보다 크다고 할 수 있을까. 바꾸어 말하면 참된 평균이 0.04인치이고 표준편차가 0.004인치이면 표본의 평균이 이것보다 0.0008인치 이상 차이가 날 확률은 얼마나 될 것인가.

이러한 질문들은 모집단의 평균이 실제로 0.04인치 인지를 결정하기 위해서 평균 μ가 0.04인치이고 표준편차 σ가 0.004인치인 모집단에서 0.0408인치의 평균을 가진

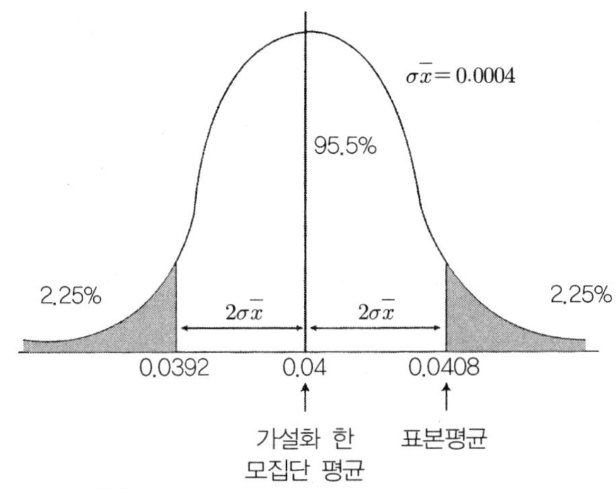

[그림 4-3] $\overline{X}$가 가설화된 μ와 2 표준편차 만큼 차이날 확률

표본이 뽑힐 확률을 계산해야 한다는 것을 말한다. 이 확률이 너무 낮으면 알루미늄 회사의 선전은 거짓이라고 결론을 내릴 수 있다. 즉 알루미늄판의 두께는 0.04인치가 아니며 이는 [그림 4-3]에서 설명된다.

만약 가설화된 모집단의 평균이 0.04인치이고 모집단의 표준편차가 0.004인치이라면 표본의 평균(0.0408인치)보다 0.0008인치 차이가 날 확률이 얼마일까. 이에 답하기 위해 먼저 모집단의 표준편차에서 표준오차(standard error)를 구한다.

② 표준오차의 계산

표준오차 $\sigma_{\bar{x}}$는 다음과 같이 구하여진다.

$$\sigma_{\bar{x}} = \frac{\sigma}{\sqrt{n}} = \frac{0.004}{\sqrt{100}} = 0.0004$$

③ 확률의 계산과 해석

다음은 표본의 평균(0.0408인치)이 가설화된 모집단의 평균 (0. 04)과 0.0008인치의 차이가 날 확률을 다음과 같이 구한다.

$$Z = \frac{\bar{x} - \mu}{\sigma_{\bar{x}}} = \frac{0.0408 - 0.04}{0.0004} = 2$$

Z의 값이 2(이것은 0.0408이 0.04와 그 표준오차 만큼의 차이를 갖고 있음을 뜻한다.)이므로 표본의 평균이 0.0408인치 이상 차이가 날 확률은 2.25%임을 보여주고 있다. 같은 방법으로 표본의 평균이 0.0392보다 적을 확률도 2.25%이다. 이것은 비교적 낮은 확률이므로 0.04인치라는 평균을 가진 모집단은 이와 같은 표본을 산출할 가능성이 적다는 것을 의미한다. 따라서 알루미늄회사에서 선전하는 알루미늄판의 두께는 거짓이라고 결론을 내릴 수 있다.

④ 의사결정자의 역할

이 경우 가설화된 모집단의 평균과 표본평균간에는 차이가 너무 크고 따라서 이의 확률은 대단히 낮게 나타난다. 그런데 이 낮다는 기준은 어디에 근거한 것인가. 어떤 상황에서는 4.5%의 확률을 낮다고 하지만 어떤 경우에는 높다고 판단할 수 있는 것이다. 이러한 판정기준은 잘못된 의사결정과 바람직하다고 받아들이는 위험수준에 의해 의사결정자가 결정하여야 된다.

⑤ 기각의 위험

앞의 예에서는 알루미늄회사가 모집단의 평균이 0.04인치라는 가설을 기각하였다. 그러나 모집단의 참된 평균이 0.04인치이었다고 한다면 이 가설의 기각은 잘못된 것이며 따라서 오류를 범할 확률은 4.5%만큼 존재한다고 보여진다. 이것은 결국 참된 가설을 잘못 기각하는 오류를 범할 수 있음을 말하는 것이 된다. 어떠한 의사결정에서도 위험없는 결정은 존재하지 않는다.

3) 가설검정

(1) 귀무가설과 대립가설

가설검정(hypothesis testing)에서는 표본추출전에 모집단의 모수에 대하여 가설화된 수치를 서술하여야 한다. 우리가 검정하고자 하는 가정 혹은 가설을 귀무가설(null hypothesis) 이라 하고 H_0로 표시한다.

예를 들어 '모집단평균이 500이다'라는 가설을 검정한다고 하자. 이것은 다음과 같이 표현된다. '귀무가설은 모집단의 평균이 500이다' 그리고 이것을 다음과 같이 기호로 표시한다.

$$H_0 \ : \ \mu \ = \ 500$$

원래 귀무가설이라는 것은 초기의 의학이나 농업의 통계에서 적용되던 것으로서 새로운 비료나 약품의 효과를 검정하기 위해서 '검정된 가설은 아무런 효과도 없었다' 즉 치료를 한 것이나 하지 않은 것에 아무런 차이가 없었다는 의미로 사용되었다.

만약 어떤 문제에서 모집단의 평균에 대한 가설을 기호 $\mu = H_0$로 표시하기로 한다면 이것은 '모집단의 가설화된 값' 이라고 읽는다.

표본에서 얻어진 결과가 귀무가설을 뒷받침하지 못한다면 이것은 다른 결론을 내려야 한다. 귀무가설을 기각할 때마다 우리가 채택해야 할 결론은 대립가설(alternative hypothesis)이라 불린다. 그리고 이것은 H_1 이라는 기호로 나타낸다.

귀무가설이 다음과 같을 때

$$H_0 : \mu = 200 \text{(모집단의 평균이200이다)}$$

우리는 다음 몇 가지의 대립가설을 생각할 수 있다.

$H_1 : \mu \neq 200$(대립가설은 모집단의 평균이 200이 아니다.)

$H_1 : \mu > 200$(대립가설은 모집단의 평균이 200보다 크다.)

$H_1 : \mu < 200$(대립가설은 모집단의 평균이 200보다 작다.)

(2) 유의수준의 의미

가설검정의 목적은 표본통계량의 계산된 값이 얼마인지를 묻는 것이 아니라 표본통계량과 가설화된 모집단의 모수와의 차이에 대한 판단을 내리는 것이다. 귀무가설과 대립가설이 무엇인가를 서술한 다음에는 그 귀무가설을 채택할 것인지 아니면 기각할 것인지에 대한 어떤 기준을 정하는 것이다.

앞에서 언급한 바가 있는 알루미늄판제조회사의 문제에서 표본평균치$\overline{X}$와 가설화된 모집단의 평균 μ의 차이가 0.0008인치일 확률은 4.5%이었다. 그러므로 우리는 모집단의 평균이 0.04인치라는 귀무가설(즉 $H_0 : \mu = 0.04$인치)을 기각했다. 통계적인 용어를 사용한다면 0.045라는 값은 유의수준(significance level)이다.

보통 유의수준을 5%로 하여 가설을 검정한다는 것은 표본통계량과 가설화된 모집단의 모수의 차이가 그 이상으로 크게 되는 경우는 평균적으로 100개의 표본들에 대해 5번 이하로 발생한다는 것을 의미한다. 가설이 옳다고 한다면 그때의 유의순준은 표본의 평균이 어떤 한계를 벗어날 백분율을 가리킨다. 여기서 참고로 언급하면 신뢰수준이라는 것은 표본의 평균이 정의된 신뢰구간 안에 있을 백분율을 가리켰다.

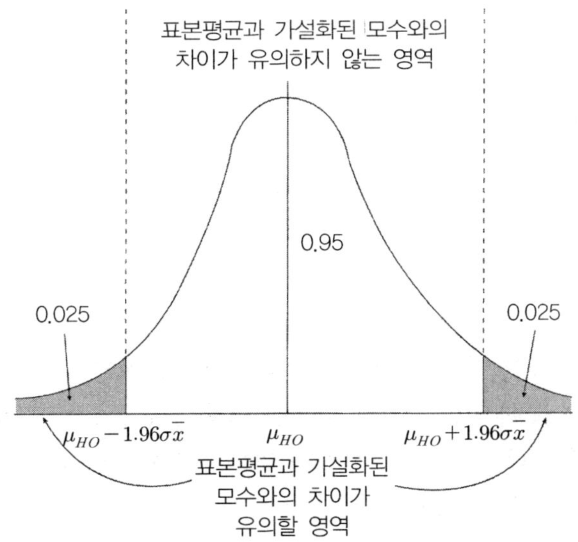

[그림 4-4] 유의적 차이의 영역과 무유의적 차이의 영역

[그림 4-4]는 5%의 유의수준의 의미를 나타낸 것이다. 그래프의 양 끝 부분에는 2.5%의 영역이 빗금으로 나타나 있다.

정규분포표에서 95%의 영역은 가설화된 평균에서 양쪽으로 $1.96\sigma_{\overline{X}}$ 내의 범위의 것이다. 이 영역에서는 표본통계량과 모집단 모수와의 차이가 유의하지 않지만 빗금친 부분인 5%에서는 차이가 존재한다. 즉 유의한 차이가 존재한다는 것을 보여 주고 있다.

[그림 4-5]에서는 동일한 내용을 다르게 설명하고 있다. 여기서는 0.95의 영역은 귀무가설이 채택되는 영역이 된다. 즉 표본통계량이 이 영역에 떨어지면 귀무가설을 채택하게 된다. 그러나 양 끝 빗금친 부분은 모두 5%인데 이것은 귀무가설을 기각하여야 할 영역이다. 여기서 한 가지 주의할 내용이 있다. 표본통계량이 [그림 4-5]의 빗금치지 않는 부분 즉 채택역에 떨어진다 하더라도 이것은 귀무가설 H_o가 참이라는 것을 증명하는 것이 아니다.

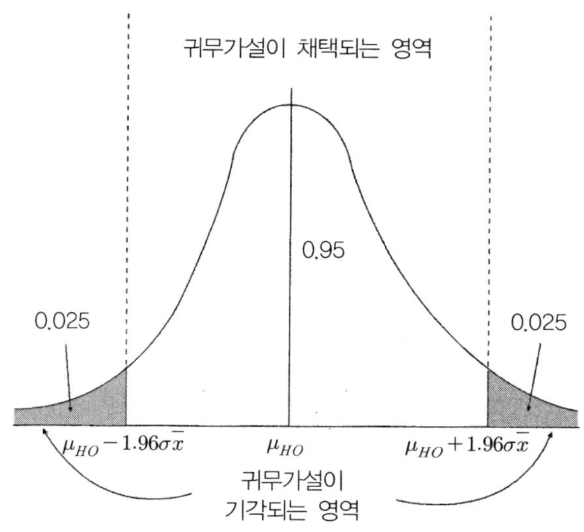

[그림 4-5] 5%유의수준에서의 채택역 · 기각역

단지 귀무가설을 기각할 아무런 증거를 갖고 있지 않다는 것을 의미할 뿐이다. 왜냐하면 가설이 확실하게 채택될 유일한 방법은 모집단의 모수를 알아내는 것인데 그것이 불가능하기 때문이다. 그러므로 우리가 귀무가설을 채택한다고 말하는 것은 이를 기각할 충분한 통계적 증거가 없다는 것을 뜻한다.

(3) 유의수준의 선택

가설검정을 위한 하나의 표준이나 보편적인 유의수준은 존재하지 않는다. 어떤 때는 5%의 유의수준이 사용되지만 공표된 연구결과에서는 1%의 유의수준이 사용되기도 한다. 어떠한 유의수준에서도 가설검정이 실시될 수 있다. 그러나 유의수준의 선택은 참인 귀무가설을 기각할 위험과 관련을 갖고 있다는 사실을 기억해야 한다. 하나의 가설을 검정하기 위해 유의수준을 높게 잡으면 잡을수록 참인 귀무가설이 기각될 확률이 높아진다는 점이다.

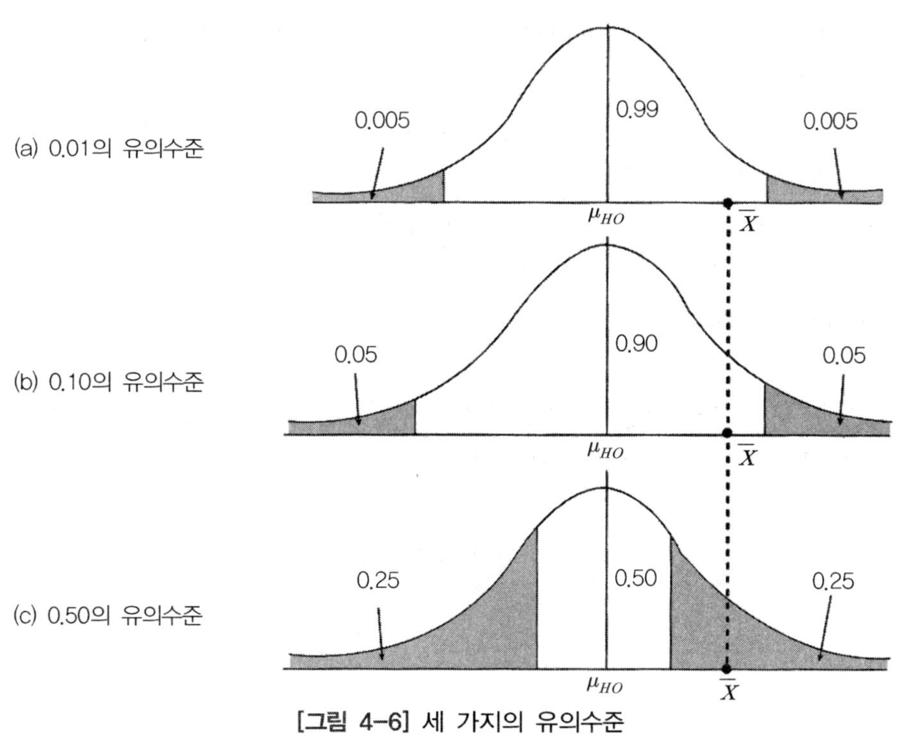

[그림 4-6] 세 가지의 유의수준

이 개념을 [그림 4-6]에서 살펴보자. 여기서는 0.01, 0.10 및 0.50이라는 세 가지의 다른 유의수준에서 가설을 검정하고 있다.

그림에는 표본평균 $\overline{X}$의 위치가 나타나 있다. a와 b에서는 $\overline{X}$가 채택역에 속해 있기 때문에 모집단의 평균의 가설화된 값과 같다는 귀무가설을 채택하게 된다. 그러나 ③에서는 $\overline{X}$가 기각역에 속하기 때문에 귀무가설을 기각할 수 밖에 없다. 왜냐하면 0.05이라는 유의수준은 너무 높기 때문에 그것이 참이 아닐 때 귀무가설을 채택하게 되는 경우는 거의 없지만 그것이 참일 때 이를 자주 기각하게 된다.

(4) 제1종오류와 제2종오류

통계학자들은 [그림 4-6]에서 설명한 개념에 대한 특정한 정의와 기호를 사용하고 있다. 참인 귀무가설을 잘못하여 기각하는 오류를 제1종오류(type Ⅰ error)라 부르고 이를 α로 표시한다. [그림 4-6]에서 빗금친 부분의 유의수준이 바로 제1종오류에 해당한다. 이와는 달리 거짓인 귀무가설을 채택함으로써 발생하는 오류를 제2종의오류(type Ⅱ error)라 부르고 이를 β로 표시한다. 즉 한 종류의 오류를 감소시키면 다른 종류의 오류가 증가한다. [그림 4-6]의 c에서 보면 채택영역이 대단히 좁기 때문에(0.50이다) 이것으로 귀무가설을 기각한다고 하면 이 때는 참된 가설이 기각될 제1종오류를 범할 확률이 커진다. 그러나 c의 경우에서는 채택영역이 넓기 때문에 틀린 귀무가설이 채택될 오류 즉 제2종오류가 발생 할 확률이 커진다. 바꾸어 말하면 α를 줄이면 β가 커지고, β를 줄이면 α가 커지게 된다.

(5) 양측검정과 단측검정

사용할 유의수준이 결정되고 나면 가설검정에서의 다음 단계는 적절한 확률분포를 결정하는 것이다. 일반적으로 널리 사용되는 정규분포와 t-분포 중 어느 하나를 택하기 위한 법칙은 [표 4-1]에 나타나 있다.

[표 4-1] 평균치 가설검정의 확률분포선택

		모집단의 표준편차	
		알 때	모를 때
표본의 크기	30보다 클 때	정규분포사용 (z값 이용)	정규분포사용 (z값 이용)
	30이하이고 정규분포가 생각 될 때	정규분포사용 (z값 이용)	t분포사용 (t값 이용)

그런데 가설화된 모집단의 평균치를 검정할 때는 양측검정이거나 단측검정의 어느 한 가지를 이용하게 된다.

양측검정(two-tailed test)은 귀무가설 $\mu=\mu_{Ho}$(μ_{Ho}는 어떤 특정한 값을 나타낸다)이고 대립가설이 $\mu \neq \mu_{Ho}$일 때 사용된다.

예를 들면 어떤 전구제조회사에서 평균수명이 $\mu=\mu_{Ho}$=1000인 전구를 생산하고자 한다고 하자. 만약 수명이 이보다 낮으면 고객을 잃게 될 것이고 , 만약 수명이 μ보다 길다고 하면 생산비용이 높아지게 된다. 생산공정이 적절하게 작동하면 즉 $H_0:\mu$=1,000이라는 가설이 만족되면 그는 만족해 할 것이다. 그러나 표본에서 얻는 평균에서 모집단의 평균이 이 1,000시간 보다 유의하게 크거나 적다면 그는 생산공정이 적절하게 작동되고 있지 않다고 판단하게 된다. 이 때 그는 대립가설 $H_1:\mu$ =1000을 사용하게 되고 따라서 이는 양측검정을 이용하고 있는 것이다. 바꾸어 말하면 [그림 4-7]의 양쪽 끝의 빗금친 어느 부분에 속하더라도 그는 귀무가설을 기각하게 된다.

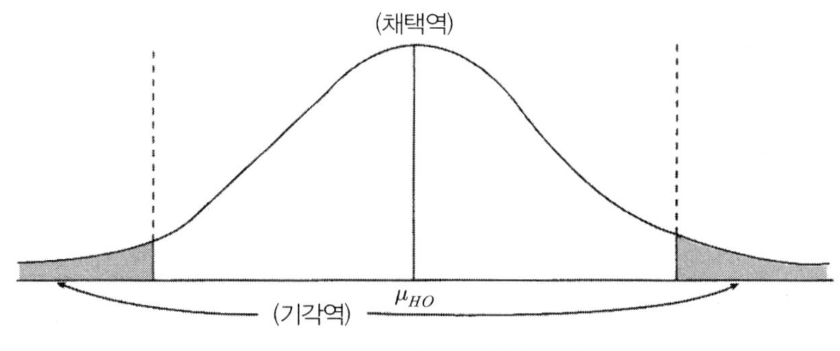

[그림 4-7] 가설의 양측검정

양측검정이 적절하지 않는 경우가 있다. 이 때는 단측검정을 이용해야 한다.

예를 들어 전구회사에서 전구를 구매하는 판매업자를 생각해 보자. 이 판매업자는 전구를 대량으로 구입할 때 수명이 1,000시간 미만인 것을 구입하기를 원하지 않을 것이다. 선적한 전구가 도착할 때마다 그는 표본을 추출하여 선적한 전구를 수락하거나 되돌려 보낸다. 그런데 되돌려 보내는 경우는 1,000시간 미만이라고 생각될 때에만 그러하다. 물론 1,000시간보다 더 긴 전구는 좋은 것이기 때문에 되돌려 보낼 하등의 이유가 없다.

그러므로 도매업자의 귀무가설은

$H_0:\mu$=1,000시간

이고 대립가설은

$H_1:\mu:<$1,000시간

이다. 따라서 그는 표본에서 얻은 전구의 수명이 1,000시간 보다 유의하게 적을 때에만 귀무가설을 기각하게 된다. 이를 나타낸 것이 [그림 4-8]이다.

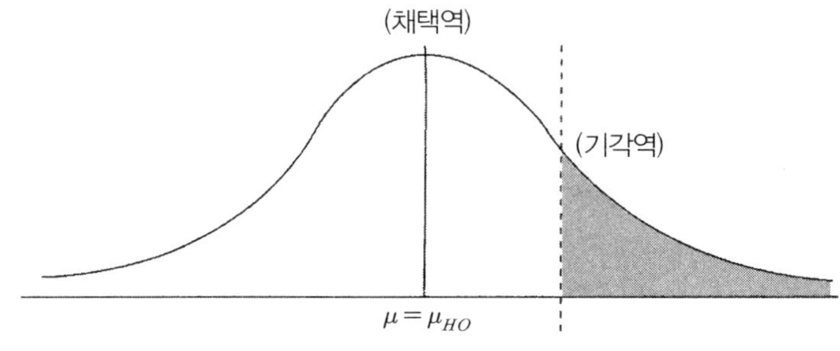

[그림 4-8] 좌측검정

일반적으로 좌측검정은 가설이

$$H_0 : \mu = \mu_{H}o$$
$$H_1 : \mu < \mu_{H}o$$

이다. 이러한 상황에서는 표본평균이 가설화된 모집단의 평균보다 유의하게 낮다는 증거를 갖게 된다면 귀무가설을 기각하고 대립가설을 채택하게 된다.

우측검정은 좌측검정과 유사하게 생각하면 해결될 것이다. 일반적으로 우측검정은 다음과 같이 가설을 갖는다.

$$H_0 : \mu = \mu_{H}o$$
$$H_1 : \mu > \mu_{H}o$$

이를 그림으로 나타낸 것이 [그림 4-9]이다.

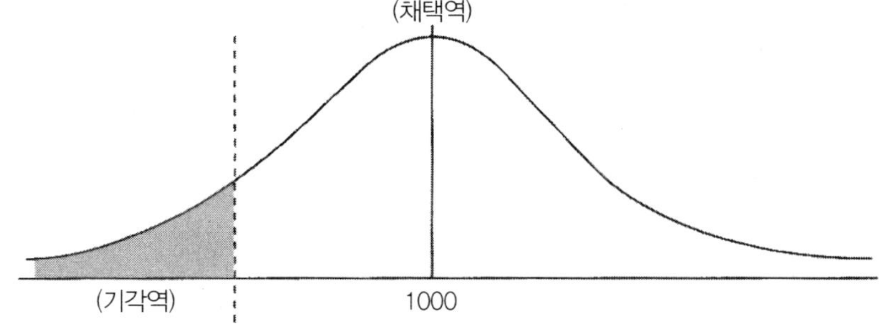

[그림 4-9] 우측검정

Chapter

05 모집단간의 차이분석

데이터를 분석할 때 제기되는 문제 중의 하나는 조사의 결과가 통계적으로 유의한가 하는 문제이다. 이 문제는 유의성의 검정에 의해 해결되어야 한다. 모든 통계적 검정에서는 특정한 가정을 토대로 모델을 설정하고 여러 가정들이 충족될 경우 문제의 모델과 통계검정은 타당성을 갖는 것으로 판정하다.

통계검정은 처음에는 모수를 검정하는 것으로 시작된다. Z검정, T검정 및 F검정에서는 여러가지 가정을 지니고 있는 모델을 토대로 하게 되는데 만일 그러한 가정들이 타당하다면 그러한 가정을 토대로 한 검정방법이 유용한 수단으로 이용될 수 있다.

모수검정에서 공통적으로 가정되고 있는 것 중의 하나는 문제의 변수를 최소한 등간척도로 측정한다는 점이다. 통계학은 농업분야에서 응용되기 시작하였는데 이 때에는 등간척도의 가정이라는 제약을 지니고 있었다. 그러나 행동과학의 발전에 따라 심리적 내지는 사회적 변수들이 등간척도의 가정으로는 문제를 해결할 수 없게 되었다.

데이터검정에서의 문제점은 평가척도에 있다. 소비자의 태도를 측정하는 척도는 이러한 등간척도를 이용할 수 없기 때문에 앞서 설명한 명목척도나 서열척도를 가진 변수를 어떻게 다루어 문제를 해결하는가 하는 점에 모아진다. 본 절에서는 모집단간의 차이에 대한 데이터분석법을 이러한 평가척도에 따라 설명하고자 한다.

1. 명목척도 데이터의 검정

1) 적합도 검정

소비자의 태도측정과 같은 문제에서는 특정한 상황을 관찰한 다음에 그 양상이 기대되는 양상과 같은가의 여부를 결정하는 경우가 많다.

예를 들면 어느 제과점에서 케이크를 소형, 중형 및 대형의 세 가지 크기로 포장하여 판매하려고 한다. 과거의 경험에 의해 소형 1개가 판매될 때 중형은 3개, 대형은 2개가 판매되었다고 하자. 이 제과점에서 새로 포장된 과자도 비슷한 비율로 판매될 것인지 알아보고자 한다. 만약 소비자들의 소비형태에 변화가 있다면 생산계획에 커다한 차질을 초래하게 되므로 각각의 판매빈도를 상대적으로 파악하기 위해 시험판매를 실시한 결과 1주일간의 판매결과 새로 포장된 케이크는 1,200상자이었는데 포장별 판매량은 다음과 같았다.

[표 5-1] 판매량

소형	중형	대형	합계
240	575	385	1,200

위와 같은 예비데이터로 미루어보아 이 제과점의 포장별 판매량에는 변화가 발생하였다고 볼 수 있는가. 이러한 유형의 문제를 적합도검정(goodness of fit test)라 하고 χ^2 통계량을 이용해서 해결한다. 이 방법에서는 문제의 변수를 k개의 상호배타적인 구간으로 구분되며(위의 제과점의 예에서는 크기라는 변수가 소, 중, 대의 3개구간 즉 k=3으로 나누어졌다) 각각의 관찰결과는 이들 k개의 구간 중의 어느 하나에 속하게 된다. 또한 각각의 시험(예에서는 소비자들의 구매)은 독립적이며 표본의 크기가 대규모일 필요가 있다.

χ^2의 값은 다음 공식에 의해 계산된다.

$$\chi^2 = \sum \frac{f_e}{(f_o - f_e)^2} \qquad \begin{cases} f_o \text{ : 관측된 도수} \\ f_e \text{ : 기대된 도수} \end{cases} \qquad (5.1)$$

기대도수 f_e란 위의 제과점의 예에서는 소형, 중형 및 대형이 1:3:2이었으므로 소형이 전체판매량의 $\frac{1}{6}$ 중형은 $\frac{3}{6}$, 대형은 $\frac{2}{6}$이다. 따라서 1,200개의 판매량에서는 소형, 중형 및 대형이 각각 200, 600, 400개이다. 그런데 관측 도수 f_o는 각각 240, 575,385이므로 위의 공식에서

$$x^2 = \frac{(240-200)^2}{200} + \frac{(575-600)^2}{600} + \frac{(385-400)^2}{400} = 9.60$$

을 얻는다. χ^2 분포는 자유도 v에 의해 결정되는 통계분포 중의 하나로서 자유도는 위의 경우 k-1이다.(χ^2 분포는 부록1에 수록되어 있다).

위의 데이터를 유의수준 α=0.05에서 검정하면 자유도가 2(왜냐하면 v=3-1)이므로 (부록 1)에서 χ^2=5.991을 얻는다. 그런데 앞의 계산에서 χ^2의 값 9.60은 이 값보다 크므로 표본조사의 결과는 우연에 의한 결과라고 생각되지 않는다고 결론을 내릴 수 있다. 즉 9.60은 기각역에 속하므로 차이가 없다는 귀무가설이 기각이되는 것이다. 이를 나타낸 것이 [그림 5-1]이다. 따라서 제과점에서의 케이크 판매양상은 과거와 다르다는 것을 알 수 있다.

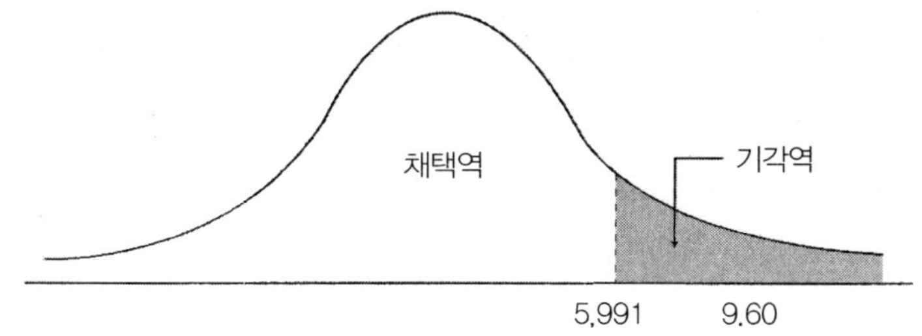

[그림 5-1] χ^2분포에 의한 적합도검정

2) 독립성의 검정

명목척도를 이용한 데이터를 분석할 때 흔히 부딪히는 문제 중의 하나는 분류된 변수들이 상호간에 독립성을 유지하고 있는가 하는 점이다.

예를 들면 크기가 다른 여러 유형의 세탁기에 대한 소비자들의 선호도를 조사하는 문제를 생각해 보자. 조사자는 그의 경험에 바탕을 두어 대가족은 대형세탁기를, 소가족은 소형세탁기를 선호할 것이라고 기대할 것이다. 300개의 표본을 무작위로 추출하여 가족규모와 세탁기규모에 따라 표본을 분류하여 [표 5-2]를 얻었다.

[표 5-2] 세탁기 유형과 가족규모

		가족규모			계
		1~2인	3~4인	5인 이상	
세탁기 유형	소형	25	37	8	70
	중형	10	62	53	125
	대형	5	41	59	105
	계	40	140	120	300

이 경우 문제가 되는 것은 가족규모가 세탁기유형에 영향을 미치는가의 여부이다. 이 때의 귀무가설은 '문제의 변수들이 상호 독립적이다'이고, 대립가설은 '문제의 변수들이 상호 독립적이 아니다'라는 것이다.

이러한 독립성검정은 앞에서 설명한 χ^2의 통계량을 이용한다.

위의 문제를 해결하기 위해 유의수준을 0.05로 하면 다음의 절차를 따라 검정을 실시하게 된다.

① 관측도수 f_o의 확정

[표 5-2]의 각 난에 기록된 숫자 즉 25, 37, 8, 10......... 등은 관측도수가 된다.

② 기대도수 f_e의 계산

기대도수는 일반적으로 다음의 공식에 의한다.

$$f_e = \frac{RT \times CT}{n} \tag{5.2}$$

$$\begin{cases} n: \text{관측치(표본)의 총수} \\ RT: \text{각 행의 합계} \\ CT: \text{각 열의 합계} \end{cases}$$

따라서 관측치 25, 37, 8, 10·········에 대응한 기대 도수는 다음과 같이 계산된다.

$$\frac{70 \times 40}{300} = 9.33 \quad \frac{70 \times 140}{300} = 32.67$$

$$\frac{70 \times 120}{300} = 28 \quad \frac{125 \times 40}{300} = 16.67$$

③ χ^2의 계산

χ^2의 공식에 대입하여 계산하면 다음과 같다.

$$\chi^2 = \frac{(25-9.33)^2}{9.33} + \frac{(37-32.67)^2}{32.67} + \frac{(8-28.00)^2}{28.00} + \cdots\cdots\cdots\cdots + \frac{(159-42.00)^2}{42.00} = 58.231$$

④ 자유도의 계산

[표 5-1]과 같은 분할표의 자유도는 다음의 공식에 따른다.

$$\text{자유도}\quad V = (r-1)(c-1) \tag{5.3}$$

$$\begin{cases} r: \text{행의 수} \\ c: \text{열의 수} \end{cases}$$

따라서 [표 5-1]의 자유도는 $V = (3-1)(3-1) = 4$

⑤ 임계치의 확인

유의수준을 0.05로 할 때의 임계치는 자유도 4일 때 13.277이다. 이를 그림으로 나타내면 [그림 5-2]와 같다.

⑥ 결론

따라서 χ^2통계량 58.231이 기각역(빗금 친 부분)에 속하므로 귀무가설 H_0는 기각된다. 그러므로 "문제의 변수들이 상호독립적이 아니다" 즉, 가족규모는 세탁기의 크기와 관계를 가진다.

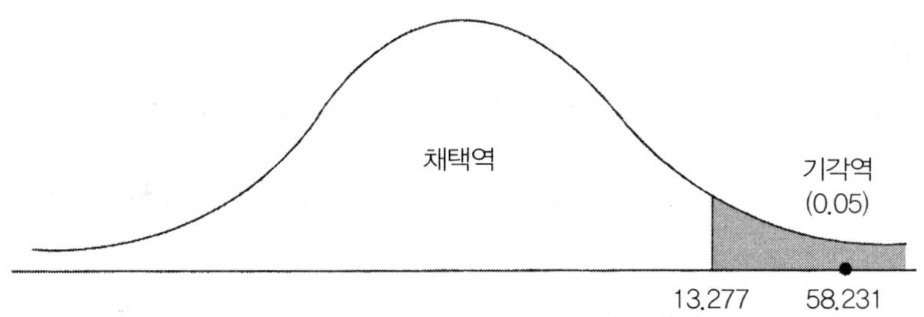

[그림 5-2] χ^2분포에 의한 독립성검정

χ^2을 이용하여 검정할 때 주의하여야 할 점은 각 구역간에서의 기대도수가 5이하인 구간이 많아서는 안되며(일반적으로 20% 이하) 어떤 구간도 도수가 1이하가 되어서는 안 된다.

3) 맥네머검정

맥네머검정(McNemar test)은 사전·사후 실험의 경우에 그 결과가 2×2의 분할표로 작성될 때 유용한 검정법이다. 이를 예로써 설명한다.

예를 들면 어느 화장품회사에서는 S라는 남성용로션을 사용하는 응답자로부터 정기적으로 데이터를 입수하고 있다. 그런데 특정한 기간에 할인판매를 함으로써 과연 판매가 증가되는가에 관하여 조사하려고 한다. 이를 위해 고정응답자에게 응답을 얻어 [표 5-3]과 같은 표를 작성하였다.

[표 46-3] 로션구매의 변화

		할인 판매후		계
		S로션	다른로션	
할인판매전	S로션	100(A)	25(B)	125
	다른로션	75(C)	800(D)	875
계		175	825	1,000

조사의 목적은 물론 할인판매가 효과가 있었는가의 여부를 판정하고자하는 것이다. 이 때가 가설은 다음과 같이 설정된다.

귀무가설 H_0: 할인판매 전과 후가 같다(즉 효과가 없다)
대립가설 H_1: 할인판매 전과 후가 다르다(즉 효과가 있다)

맥네머검정은 이러한 문제의 가설을 검정하기 위한 것으로써 χ^2의 통계량은 다음 공식에 의해 구해진다.

$$X^2 = \frac{(|C-B|-1)^2}{C+B} \tag{5.4}$$

이의 검정절차는 다음과 같다.

① 통계량의 계산

위의 공식에 따라 χ^2을 계산하면
B=25, C=75이므로

$$X^2 = \frac{(|75-25|-1)^2}{75+25} = 24.01$$

② 자유도의 계산

자유도 v는 다음과 같이 계산된다.

$$v = (r-1)(c-1) = (2-1)(2-1) = 1$$

③ 임계치의 확인 유의수준을 0.10으로 하면 부록1에서 자유도 1인 경우 2.706이므로 [그림 5-3]과 같이 된다.

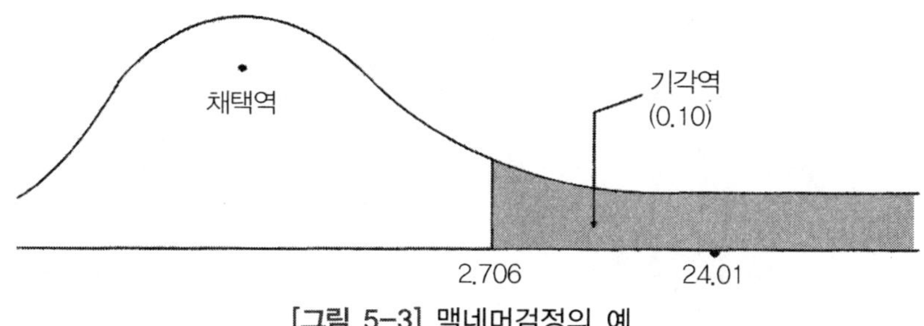

[그림 5-3] 맥네머검정의 예

④ 결론

χ^2의 통계량 24.01이 이 기각역에 속하므로 할부판매는 성과가 있었다고 결론을 내릴 수 있다. 즉 귀무가설이 기각되고 대립가설이 채택된다.

멕네머검정은 표본들을 짝지워 이를 분석하는데도 이용될 수 있다. 예를 들어 어느 도시를 대상으로 오랫동안 거주한 주민과 새로 전입한 주민들을 표본으로 추출하여 짝을 짓고 이들이 특정한 상표에 대한 인지도를 분석하는 경우 이 분석법을 이용할 수 있다. 맥네머검정의 필수조건은 두 개의 관련된 표본들이 서로 종속적이어야 한다는 점이다.

4) 코크랜의 Q검정

코크랜의 Q검정(Cochran Q test)은 2가지 이상의 변수에 관한 표본들을 분석할 때 사용되는 검정법이다. 예를 들어 이를 설명하기로 한다.

어느 지역의 여러 주유소들은 치열한 경쟁으로 인해 경품권을 다음과 같이 발행하고 있다.

그런데 이 경품권은 가격이 정상수준에 있는 안정기, 가격경쟁이 심한 저수준기 및 가격경쟁 후의 회복기에 따라 경품권을 달리 발행해야 할 것인지 에 대하여 알아보고자 한다.

연구기관에서 경쟁이 심한 15개의 주유소에 대해 각 기(期)에 대한 경품권 발행여부의 조사결과는 [표 5-4]와 같았다.

[표 5-4] 표본주유소들의 경품권발행실적 외부환경조건

주유소	외부환경 조건			계
	안정기	저수준기	회복기	
1	1	1	1	3
2	1	0	1	2
3	1	1	1	3
4	1	1	0	2
5	0	1	1	2
6	0	0	1	1
7	1	0	1	2
8	1	1	0	2
9	1	1	0	2
10	0	0	1	1
11	1	0	0	1
12	1	1	1	3
13	1	0	0	1
14	0	0	0	0
15	0	0	0	0
계	10	7	8	25

표에서 1은 경품권의 발행을, 0은 미발행을 뜻한다. 이 문제에서의 가설은 다음과 같다.

귀무가설 H_0:외부환경조건에 따라 경품권의 발행이 결정되는 것이 아니다.
대립가설 H_1:외부환경조건에 따라 경품권의 발행이 결정된다.

이 문제를 해결하기 위한 코크랜 Q통계량은 다음 공식에 따라 계산된다.

$$Q = \frac{(K-1)[K\sum_{j=1}^{k} C_j^2 - (\sum_{j=1}^{k} C_j)^2}{K\sum_{i=1}^{n} R_{i} - \sum_{i=1}^{n} R_i^2} \tag{5.5}$$

$$\begin{cases} C_j : j\text{째 열의 성공[1]의 수} \\ R_i : i\text{째 행의 성공[1]의 수} \\ k : \text{조건(예를들어 환경조건)의 수} \\ n : \text{표본의 수} \end{cases}$$

위의 예에서 Q통계량을 구하면

$$\begin{aligned} Q &= \frac{(3-1)[3(10^2+7^2+8^2)-(10+7+8)^2]}{3[3+2+\cdots+0]-[3^2+2^2+\cdots 0^2]} \\ &= \frac{2(639-625)}{3(25)-55} = \frac{28}{20} \\ &= 1.4 \end{aligned}$$

그런데 Q분포는 표본이 비교적 클 때는 k−1의 자유도를 가진 χ^2분포를 이용할 수 있다. 따라서 부록3에서 자유도 2(=3−1)이고 유의수준 $\alpha = 0.10$에서의 임계치를

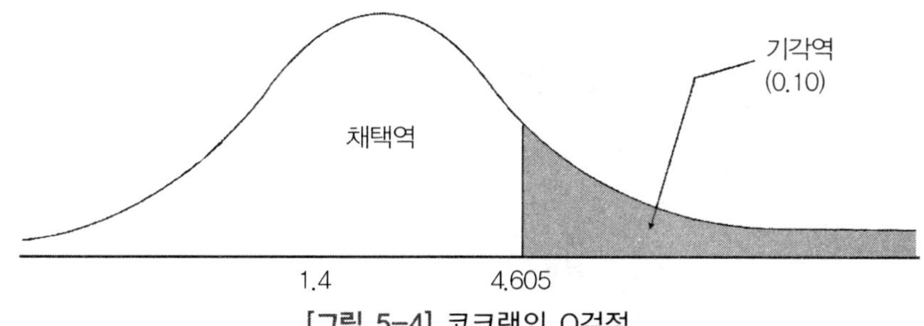

[그림 5-4] 코크랜의 Q검정

구하면 4.605이므로 통계량 1.4는 채택역에 속한다. 따라서 귀무가설을 채택한다. 이것은 결국 외부환경조건에 관계없이 경품권이 발행되고 있음을 의미한다[그림 5-4].

2. 서열척도 데이터의 검정

앞에서 설명한 명목척도에 의한 데이터의 검정방법은 서열척도에도 그대로 적용할 수 있으나 서열척도의 데이터를 검정하기 위해 개발된 방법보다는 효과적이라고 할 수 없다. 여기에서는 서열척도 혹은 순위척도로 불리우는 데이터의 처리에 관해 설명하기로 한다.

1) 콜모고로프 – 스미노프검정

콜모고로프 - 스미노프 검정(Kolmogrov - Sminov test)은 관찰 결과와 조사자가 가정하고 있는 귀무가설이 일치하고 있는가를 검정하는 방법으로서 관찰도수나 기대도수를 비교한다는 점에서는 χ^2의 적합도 검정과 유사하다. 그러나 데이터가 서열척도라는 점에서 다르다. 예를 들어 설명하기로 하자.

화장품회사에서 파운데이션의 농도를 달리 하였을 때 소비자 반응을 알아보기 위해 파운데이션의 농도를 매우 옅은 것, 옅은 것, 보통인 것, 짙은 것의 네 가지로 구분하였다. 조사의 목적은 이러한 특성에 소비자들이 다른 선호도를 나타내는가를 알아 보는데 있다.

만일 특정한 농도의 것만을 선호한다면 그 제품만을 생산하는 것이 바람직할 것이다. 100명의 여성을 표본으로 추출하여 조사한 결과는 다음과 같았다.

[표 5-5] 제품특성별 선호도수

제품특성	선호도수
매우 옅은 것	50
옅은 것	30
보통인 것	15
짙은 것	5
계	100

이 조사결과에 의해 소비자들은 어느 특정한 농도의 파운데이션을 선호하고 있다고 말할 수 있는가.

여기서 농도라는 특성은 자연스러운 순위 혹은 서열을 표시하고 있으므로 소비자들의 선호에 대한 가설을 검정하기 위해 콜모고로프 - 스미노프 검정법을 이용할 수 있다.

이 검정법은 우선 귀무가설 하에서의 누적분포표를 작성하고 그 다음은 실제로 관찰한 누적분포표를 비교하여 특정한 지점에서 두 누적분포의 값의 차이가 가장 큰 것을 검정통계량으로 한다. 가설은 다음과 같이 설정된다.

귀무가설 H_0: 농도에 따른 선호도에 차이가 없다.

대립가설 H_1: 특정한 농도의 파운데이션을 더 선호한다.

귀무가설을 채택한다면 그 때의 기대치는 각각 25%인 25의 도수를 가져야 할 것이다. [표 5-6]의 마지막 열은 이러한 가정하에서 계산된다.

[표 5-6] 파운데이션의 선호도에 대한 분포

농도	관찰			이론	
	관찰도수	비율	누적비율	기대비율	누적비율
매우 엷은 것	50	0.50	0.05	0.25	0.25
엷은 것	30	0.30	0.80	0.25	0.50
보통인 것	15	0.15	0.95	0.25	0.75
짙은 것	5	0.05	1.00	0.25	1.00

관찰된 누적비율과 기대된 누적비율의 차가 가장 큰것을 콜모고로프 - 스미노프 D라고 하는데 [표 5-7]의 임계치 D값에 따르면 표본의 크기가 35 이상이므로 유의수준 α=0.05에서의 임계치는

$$1.36/\sqrt{N} = 1.36/\sqrt{100} = 0.136$$

이다. 따라서 D값이 임계치보다 크므로 농도에 따른 선호도에는 차이가 없다는 귀무가설은 기각된다. 따라서 소비자는 엷은 파운데이션을 보다 선호하고 있다는 것을 의미한다.

선호도에 차이가 없다는 검정은 χ^2의 적합도 검정을 이용할 수 있으나 데이터가

서열척도이기 때문에 콜모고로프 - 스미노프 검정법이 더 우수하다는 것을 기억할 필요가 있다. 이 검정법은 두 가지의 상호독립적인 표본들이 동일한 모집단에서 선정되었는가를 검정하거나 동일한 분포를 지닌 모집단에서 표본이 선정되었는가를 검정할 때에도 이용될 수 있다.

2) 중위수검정

중위수검정(median test)은 무작위로 추출된 2개의 표본집단이 동일한 중위수를 가진 모집단에서 선정되었는가의 여부를 검정하는 것이다. 또한 표본집단이 독립적이고 평가척도가 최소한 서열척도인 경우에 이용될 수 있다.

[표 5-7] 콜모고로프 – 스미노프검정의 임계치 D값

표본크기 (n)	D의 유의수준=$\lvert f_o - f_e \rvert$의 최대차				
	.20	.15	.10	.05	.01
1.	.900	.925	.950	.975	.995
2	.684	.726	.776	.842	.929
3	.565	.597	.642	.708	.828
4	.494	.525	.564	.624	.733
5	.446	.474	.510	.565	.669
6	.410	.436	.470	.521	.618
7	.381	.405	.438	.486	.577
8	.358	.381	.411	.457	.543
9	.339	.360	.388	.432	.514
10	.322	.342	.368	.410	.490
11	.307	.326	.352	.391	.468
12	.295	.313	.338	.375	.450
13	.284	.302	.325	.361	.433
14	274	.292	.314	.349	.418
15	.266	.283	.304	.338	.404
16	.258	.274	.295	.328	.392
17	.250	.266	.286	.318	.381
18					
19					
20					

	.244	.259	.278	.309	.371
	.237	.252	.272	.301	.363
25	.231	.246	.264	.294	.356
30	.21	.22	.24	.27	.32
	.19	.20	.22	.24	.29
35이상	.18	.19	.21	.23	.27
	$\frac{1.07}{\sqrt{n}}$	$\frac{1.14}{\sqrt{n}}$	$\frac{1.22}{\sqrt{n}}$	$\frac{1.36}{\sqrt{n}}$	$\frac{1.63}{\sqrt{n}}$

귀무가설은 2개의 모집단이 동일한 중위수를 가지고 있다고 하는 것이다. 예를 들어 이를 설명하기로 하자.

[표 5-8] 품질보증정책에 대한 만족도

소비자		대리점	
평가점수	순위	평가점수	순위
69	10	82	3
76	6	32	30
30	31	44	24
54	17	49	21
85	1	73	7
28	33	20	37
77	5	24	35
63	12	52	18
51	19	29	32
38	28	39	27
18	38	22	36
83	2	42	25
50	20	17	39
62	13	71	8
48	22	58	14
80	4	41	26
65	11	56	15
25	34	15	40
70	9	36	29
46	23	55	16

어느 가전제품회사에서는 자사의 품질보증정책에 대한 만족도가 소비자들과 대리

점간에 차이가 있는가를 알고자 한다. 이를 위해 서비스와 품질보증에 관한 내용을 리커트(lickert)형 질문 항목으로 설문지를 작성하여 무작위로 설문지에 응답하게 하여 [표 5-8]과 같이 집계되었다.

이 표에서는 응답자들이 각 문항에 대한 느낌의 정도가 모두 동일한 간격을 이루고 있다고 볼 수 없기 때문에 수집된 데이터가 서열을 의미하는 것으로 보고 점수의 순위를 표시하였다. 표본의 수가 소비자와 대리점을 합하여 40개이므로 40개에 대한 평가점수를 대상으로 1부터 40까지의 순위를 정하였다.

중위수검정에서는 먼저 전체에 대한 총중위수를 구하여야 한다. 즉 상호독립적인 2개의 표본집단을 합하여 이에 대한 중위수를 구한다. 본 예에서는 표본의 수가 40이므로 중위수는 20.5번째에 해당하고 따라서 20위와 21위의 평가점수는 50점과 49점의 가운데인 49.5가 된다.

다음은 각 평가점수를 중위수와 비교하여 큰 것과 작은 것으로 구분하여 표본의 개수를 집계한다. 그 결과는 [표 5-9]와 같다.

[표 5-9] 총 중위수와 비교한 고객 및 대리점의 수

	소비자	대리점	계
총중위수보다 큰 것	13(a)	7(b)	20(a+b)
총중위수보다 적은 것	7(c)	13(d)	20(c+d)
계	20(a+c)	20(c+d)	40(n=a+b+c+d)

다음은χ^2의 통계량을 다음공식에 의해 구한다.

$$\chi^2 = \frac{n(|ad-bc| - \frac{n}{2})^2}{(a+b)(c+d)(a+c)(b+d)} \tag{6.6}$$

위의 공식에 따라 χ^2를 계산하면

$$\chi^2 = \frac{40[|(13)(13)-(7)(7)| - \frac{40}{2}]^2}{(20)(20)(20)(20)} = 2.5$$

자유도 $v=(r-1)(c-1)$이므로 1이 되고 $\alpha=0.05$에서의 임계치는 χ^2분포표에서 3.841을 얻는다. 따라서 통계량이 임계치보다 작으므로 귀무가설은 기각되지 않는다.

즉 회사의 품질정책에 대한 만족도는 소비자와 대리점간에 차이가 없는 것으로 보인다.

3) 맨 – 휘트니 U검정(Mann – Whitney U test)

맨 - 휘트니 U검정(Mann - Whitney U test)은 서열척도의 데이터로써 두 집단간의 평균치 차이를 검정하는 기법으로는 t검정법이 있으나 이 방법은 등간 또는 비율척도의 데이터를 다루는 검정법이므로 맨 - 휘트니 U검정과 다르다. 또 등간 또는 비율척도의 데이터로 되었다 하더라도 두 개의 모집단이 정규분포를 이루고 있다는 가정이 없을 때는 맨 - 휘트니 U검정법을 이용하게 된다.

이 검정법에서는 두 모집단이 동일한 분포를 하고 있다는 것을 귀무가설로 하고 있다.

예를 들면 앞의 [표 5-8]의 경우를 대상으로 설명하기로 한다.

맨-휘트니의 U통계량은 다음의 공식에서 제시된 U_1과 U_2의 최소치이다.

$$U_1 = n_1 n_2 + \frac{n_1(n_1+1)}{2} - R_1 \quad (5.7)$$

$$U_2 = n_1 n_2 + \frac{n_2(n_2+1)}{2} - R_2 (5.8)$$

$$\begin{cases} n_1 : 1\text{집단의 표본 크기} \\ n_2 : \text{집단의 표본 크기} \\ R_1 : \text{집단의 순위 합계} \\ R_2 : \text{집단의 순위 합계} \end{cases}$$

따라서 < 표5 − 9 > 의경우

$$n_1 = 20,\ n_2 = 20,\ R_1 = 338,\ R_2 = 482$$

$$U_1 = (20)(20) + \frac{20(21)}{2} - 338 = 272$$

$$U_2 = (20)(20)\frac{+20(21)}{2} - 482 = 128$$

이다. 따라서 U통계량은 272와 128 중 적은 128이 된다.

$\alpha = 0.05$에서의 맨 - 휫트니의 임계치를 찾으면 $U^* = 127$이므로 (부록에 수록하지 않았으므로 비모수 통계에 관한 저서를 이용) U통계량이 임계치보다 크고 따라서 [그림 5-5]에서 귀무가설이 채택된다. 이것은 품질보증에 관한 만족도에 있어서 대리

점과 소비자간에는 차이가 있다는 증거가 없다.

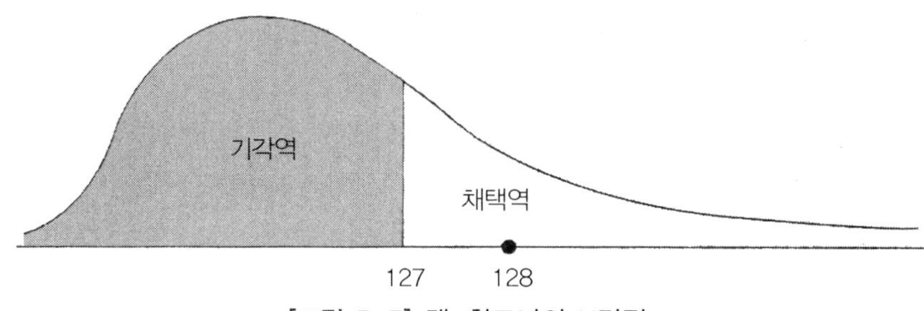

[그림 5-5] 맨-휘트니의 U검정

그런데 $\alpha = 0.01$의 수준에서는 맨 - 휘트니 U검정에서는 귀무가설이 기각되는데 반하여 중위수검정에서는 귀무가설이 채택된다. 그 이유는 U검정에서는 표본집단에 내재한 정보를 더 많이 활용하고 있기 때문이다. 만일 데이터의 성격이 사실상 서열척도이고 순위번호를 나타낼 수 있는 것이면 맨 - 휘트니의 U검정이 더 우월하지만 평가척도가 그 성격상 총중위수보다 크거나 작은것으로 구분하는 것이 의미가 있을 때는 중위수검정이 더 유리하다.

4) 크러스컬 - 월리스 검정

크러스컬 - 월리스 검정(Kruskal - Wallis test)은 맨 - 휘트니의 U검정을 확장한 것으로서 두 종류 이상의 상호독립적인 표본집단들을 비교하는데 이용된다. 크러스컬월리스의 통계량 H는 다음 공식에 이해 계산된다.

$$H = \frac{12}{n(n+1)}\left(\sum_{j=1}^{k}\frac{R_i^2}{n_i}\right) - 3(n+1) \qquad (5.9)$$

$$\begin{cases} n_j : j\text{번째 집단의 표본크기} \\ R_j : j\text{번째 집단의 순위의 합} \\ n : \text{모든 집단의 표본크기의 합} \end{cases}$$

그런데 H통계량은 K-1(K는 모집단의 수)의 자유도를 갖는 χ^2 분포에 유사하므로 이것을 이용하여 가설을 검정하게 된다.

5) 월콕슨 T검정

월콕슨 T검정(Wilcoxon T test)은 부호검정(signed rank test)이라고도 하는데 맨 - 휘트니 U검정과 유사하지만 두 표본집단이 상호 관련을 맺고 있거나 짝을 지어 시험한다는 점에서 두 집단의 독립성을 가정하고 있는 맨 - 휘트니 U검정과는 다르다. 따라서 사전 사후의 실험설계의 경우에 수집된 자료가 서열척도의 성격을 지니고 있거나, 비록 등간 또는 비율척도의 데이터라 하더라도 모수검정방법에서의 가정이 타당하지 않다고 생각될 때는 흔히 이 검정법을 이용할 수 있다. 이 검정법에 대한 자세한 설명은 생략하기로 한다.

6) 프리드먼의 분산분석

프리드먼의 순위분산분석법(Friedman analysis of variance by ranks)은 월콕슨의 검정법과 유사하지만 두 개 이상의 상호 관련된 표본집단을 다룬다는데 특징이 있다. 특히 표본집단을 짝지워 시험하거나 동일한 대상물을 반복적으로 관찰할 때 적절한 방법이다.

[표 5-8]의 품질보증에 관한 예를 중심으로 설명하기로 한다.

예를 들면 A회사에서는 대리점의 만족도에 변화가 있는가를 알아보기 위해 연 1회에 걸쳐 품질보증정책에 대한 공식적 평가를 3년간에 걸쳐 실시한 결과가 [표 5-10]과 같다.

가설검정에서의 귀무가설은 시간의 경과에 따라 평가점수에 차이가 없다는 것이다. 대립가설은 품질보증정책에 대한 대리점의 만족도에 변화가 있었다는 것을 뜻한다.

[표 5-10] 품질보증정책에 대한 연도별 만족도

대리점	연도별 평가점수			연도별 평가순위		
	1984	1985	1986	1984	1985	1986
1	82	76	83	2	3	1
2	32	39	42	3	2	1
3	44	48	46	3	1	2
4	49	50	55	3	2	1
5	73	64	60	1	2	3
6	20	25	31	3	2	1
7	24	30	36	3	2	1
8	52	50	53	2	3	1
9	29	32	38	3	2	1
10	39	35	40	2	3	1
11	22	33	27	3	1	1
12	42	48	40	2	1	2
13	17	25	26	3	2	3
14	71	66	62	1	2	1
15	58	60	64	3	2	3
16	41	47	53	3	2	1
17	56	59	67	3	2	1
18	15	27	36	3	2	1
19	36	40	42	3	2	1
20	55	58	60	3	2	1
계				52	40	28

프리드먼의 분산분석에서의 검정통계량 χ_{γ}^{2}은 다음 식에 의해 구한다.

$$X_{\gamma}^{2} = \frac{12}{nk(k+1)} \sum_{j=1}^{k} (R_j)^2 - 3n(k+1) \qquad (5.10)$$

n : 짝을 지은 대상물의 수(표본의수)
k : 관찰의수
R_j : j번째조건에 대한 순위의 합

[표 5-10]의 데이터를 사용한 χ^2_γ은

$$\chi^2_\gamma = \frac{12}{20(3)(3+1)}[(52)^2 + (40)^2 + (28)^2] - 3(20)(4) = 14.40$$

n과 k의 값이 클 때에는 검정통계량은 k-1의 자유도를 갖는 χ^2분포에 가까우므로, 앞의 예에서는 n=20, k=3이므로 유의수준 $\alpha = 0.05$ 자유도 $v = k-1 = 2$인 임계치를 부록1에서 얻는다(5.991). 따라서 통계량이 임계치보다 크므로 귀무가설이 기각되고 대립가설이 채택된다.

3. 등간 및 비율척도데이터의 검정

지금까지 설명한 검정법들은 명목척도나 서열척도의 데이터를 대상으로 한 분석법이었다. 여기에서는 등간 및 비율척도로 된 데이터의 분석절차를 설명하고자 한다. 물론 집단의 차이분석이라는 측면을 중심으로 설명하게 됨으로 평균과 비율의 검정을 그 내용으로 하게 될 것이다.

1) 두 모집단의 평균치차이

두 모집단의 평균치에 차이가 있는가를 검정하는 방법에 대해 설명하기로 한다. 두 모집단에서 선정된 표본들이 상호독립적일 때 다음의 세 가지 경우로 구분하여 설명한다.

① 두 모집단의 분산가 알려진 경우
② 두 모집단의 분산가 알려져 있지 않으나 동일하다고 가정되는 경우
③ 두 모집단의 분산이 알려져 있지 않으며 동일하다고 가정할 수 없는 경우

(1) 분산이 알려진 경우

일반적으로 모집단의 분산이 알려진 경우란 과거 데이터에 의한 분산이 현재 조사하고자 하는 모집단의 분산을 이용될 수 있다는 것을 뜻한다. 두 모집단의 차이를 예를 들어 설명하기로 한다. 새로운 청량음료를 개발하여 판매할 때 A시와 B시 간에

1인당 소비량에 차이가 있을 것인가에 대한 가설검정을 실시하고자 한다. 두 모집단인 A시와 B시의 분산은 다른 청량음료수에 대한 분산을 이용하기로 한다(A시와 B시의 표준편차는 각각 $\sigma_A = 10, \sigma_B = 14$이다).

A와 B시에서 각각 100명의 표본을 무작위로 선정하여 평균치를 구한 결과 $\overline{X_A} = 20g, \overline{X_B} = 25g$이었다. 두 도시간에는 평균치 차이가 있는가. 이는 다음의 절차에 따라 가설이 설정된다.

① 가설의 설정

설정가설은 다음과 같다.

귀무가설

$H_0 : \mu_A = \mu_B$(A, B두 도시간의 소비량에 차이가 없다).

대립가설

$H_1 : \mu_A \neq \mu_B$(A, B두 도시간의 소비량에 차이가 있다).

② 통계량의 계산

통계량은 다음의 공식에 의한다.

$$\frac{\overline{x_1} - \overline{x_2}}{\sigma \overline{X_1} - \overline{X_2}} \qquad (5.11)$$

$\overline{x_1}$: 첫번째 표본집단의 평균
$\overline{x_2}$: 두번째 표본집단의 평균
$\sigma \overline{X_1} - \overline{X_2}$: 두 평균치의 차이에 대한 추정치

그런데 추정치 $\sigma \overline{X_1} - \overline{X_2}$는 다음과 같이 구해진다.

$$\sigma \overline{X_1} - \overline{X_2} = \sqrt{\sigma \overline{X_1}^2 - \overline{X_2}^2} = \sqrt{\frac{\sigma_1^2}{n_1} + \frac{\sigma_2^2}{n_2}} \cdots\cdots\cdots\cdots (5.12)$$

위의 문제에서는 $\sigma \overline{X_1} - \overline{X_2} = \sqrt{\frac{10^2}{100} + \frac{4^2}{100}} = 1.720$

따라서 $Z = \frac{20 - 25}{1.702} = -2.906$

$\alpha = 0.05$의 유의수준에서의 임계치는 -1.96이므로 계산된 Z통계량이 이를 초과한다. 따라서 귀무가설이 기각되어 A시와 B시간에는 청량음료의 소비에 차이가 있다고 말할 수 있다.

(2) 분산이 알려져 있지 않는 경우

이 때는 통계추정량의 표준오차 $\sigma\overline{X1} - \sigma\overline{X2}$를 구할 수 없다. 왜냐하면 $\sigma\overline{X1}$과 $\sigma\overline{X2}$를 알지 못하기 때문이다. 이 때는

$$\widehat{a_1^2} = \frac{\sum(X - \overline{X_1})^2}{n_1 - 1},$$

$$\widehat{a_2^2} = \frac{\sum(X - \overline{X_2})^2}{n_2 - 1} \tag{5.13}$$

을 σ_1^2 및 σ_2^2 대신 사용한다.

따라서 표준오차(이를 $S\ \overline{X1} - \overline{X2}$로 표시)는 다음과 같이 계산한다.

$$S\overline{X_1} - \overline{X2} = \sqrt{S\overline{X_1^2} - S\overline{X_2^2}} = \sqrt{\frac{\widehat{S_1^2}}{n_1} + \frac{\widehat{S_2^2}}{n_2}} \tag{5.14}$$

그런데 두 모집단의 분산도가 알려져 있지 않으나 동일하다고 가정될 수 있으면 합동분산을 다음 식에 의해 구해 추정통계량을 구할 수 있다.

$$\hat{S}\ \overline{X1} - \overline{X2} = \hat{S}\sqrt{\frac{1}{n_1} + \frac{1}{n_2}} \tag{5.15}$$

여기서

$$\widehat{S^2} = \frac{\sum(X - \overline{x_1})^2 + \sum(X - \overline{x_2})^2}{n_1 + n_2 - 2}$$

그러나 표본의 수가 많아 정규분포로 간주할 수 있는 경우에는

$$t = \frac{\overline{x_1} - \overline{x_2}}{S\overline{X1} - \overline{X2}} \tag{5.16}$$

을 검정통계량으로 사용할 수 있고 이때는 자유도 v=$n_1 + n_2 - 2$인 t분포를 적용한다. 이제 예를 들어 설명하기로 한다. P회사에서는 내장용 왁스를 개발하여 시판하려고 한다. 왁스의 용기로 플라스틱을 사용할 것인가 금속을 사용할 것인가를 결정하기 위해 시험 판매를 실시하고 [표 5-11]과 같은 결과를 얻었다. 이를 바탕으로 용기를 결정하자.

[표 5-11] 용기별 왁스판매량

점 포	플라스틱 용기	금속용기	점 포	플라스틱 용기	금속용기
1	432	365	6	380	372
2	360	405	7	422	378
3	397	396	8	406	410
4	408	390	9	400	383
5	417	404	10	408	400

① 가설의 설정

$H_o: \mu_1 = \mu_2$(용기에 따른 판매량에 차이가 없다)

$H_1: \mu_1 \neq \mu_2$(용기에 따른 판매량에 차이가 있다)

② 통계량의 계산

먼저 각 집단인 플라스틱용기와 금속용기의 판매량에 관한 평균치와 분산을 구한다.

$$\overline{X} = \frac{4,030}{10} = 403, \quad \overline{X} = \frac{3,903}{10} = 390.3$$

$$\widehat{S_1^2} = \frac{3,879}{10-1} = 430.98 \quad \widehat{S_2^2} = \frac{2,098}{10-1} = 233.12$$

따라서

$$\hat{S}\overline{X1} - \overline{X2} = \sqrt{\frac{\widehat{S_1^2}}{n_1} + \frac{\widehat{S_2}}{n_2}} = \sqrt{\frac{430.98}{10} + \frac{233.12}{10}} = 8.15$$

$$\therefore t = \frac{\overline{X_1} - \overline{X_2}}{S\overline{X} - \overline{x_2}} = \frac{403.0 - 390.3}{8.15} = 1.56$$

이 값은 유의수준 $\alpha = 0.05$, 자유도 v=18(=10+10−2)인 t분포의 임계치 2.101보다 작으므로 귀무가설이 채택된다. 즉 플라스틱용기나 금속용기가 판매량에 차이를 미친다고 볼 수 없다.

2) 분산분석

앞에서는 두 모집단의 평균치 차이검정을 설명하였으나 2개 이상 모집단의 평균치를 분석하기 위해서는 분산분석(analysis of variance)법을 이용한다.

분산분석은 여기서는 간단히 개념을 중심으로 설명하고자 한다.

분산분석을 위해서 우리는 다음과 같은 가정을 세우고 있다. 즉 표본 집단들은 정규 모집단에서 추출되었으며 이들의 모집단들은 동일한 분산 σ^2을 갖고 있다. 그런데 표본의 수가 충분히 클 때는 언제나 그러하듯 정규분포라는 가정은 없어도 무방하다.

예를 들면 광고의 방식에 따라 소비자의 반응이 달라지는가를 알아보기 위해 3가지 광고방식에 대한 소비자의 반응을 조사한 결과 [표 5-12]와 같았다. 광고방식에 차이가 있는가.

[표 5-12] 광고방식에 따른 소비자의 반응

	방식 1	방식 2	방식 3
	15	22	18
	18	27	24
	19	18	19
	22	21	16
	11	17	22
			15
합	85	105	114
표본의 수	5	5	6
평균	17	21	19

분산분석은 전체 모집단에서 2개의 서로 다른 분산추정치를 비교한다는데 그 바탕을 두고 있다. 이 경우 3가지의 표본평균인 17, 21, 19 간의 분산을 검사함으로써 이

러한 추정치의 하나를 계산할 수 있고 모집단이 다른 분산은 3개의 표본 자체내의 변동 즉 (15, 18, 19, 22, 11), (22, 27, 18, 21, 17), (18, 24, 19, 16, 22, 15),의 변동에 의해 결정된다. 그 다음에는 이들 모집단의 분산의 추정치를 비교하게 된다. 이 두측정치는 모두 σ^2의 추정치이기 때문에 귀무가설이 참이라고 하면 그 값이 서로 같거나 유사해야 할 것이다. 귀무가설이 참이 아니라고 하면 두 추정치는 엄연히 다를 것이다. 따라서 분산분석의 3단계는 다음과 같이 요약될 수 있다.

① 표본평균간의 분산에서 모집단의 분산을 구한다.
② 표본집단내부에서의 분산에서 모집단분산을 추정한다.
③ 위에서 구한 두 추정치를 비교하여 그 값이 같거나 비슷하면 귀무가설이 채택된다.

그러면 이를 더욱 구체적으로 설명하기로 한다.

(1) 표본평균간의 분산계산

표본평균을 대상으로 하여 모집단의 분산을 다음 식으로 추정한다.

$$\hat{\sigma^2} = \frac{\sum nj(\overline{X_j} - \overline{X})^2}{k-1} \tag{5.17}$$

$$\begin{cases} n_j & : j\text{번째 표본 집단의 크기} \\ \overline{X_j} & : j\text{번째 표본 집단의 평균} \\ \overline{X} & : \text{전체평균} \\ k & : \text{표본 집단의 수} \end{cases}$$

앞의 예에서

$$\overline{X_1} = 17,\ \overline{X_2} = 231,\ \overline{X_3} = 19$$

$$n_1 = 5,\ n_2 = 5, n_3 = 6$$

$$k = 3, \overline{\overline{X}} = 19$$

이므로

$$\hat{\sigma^2} = \frac{40}{3-1} = 20$$

을 얻는다.

(2) 표본내에서의 분산계산

표본집단내에서의 분산으로 모집단의 분산을 추정하기 위해서는 다음 공식이 이용된다.

$$\widehat{\sigma^2} = \sum \left(\frac{n_j - 1}{n_T - k} \right) S_j^2 \qquad (5.18)$$

S_j^2 : j번째 표본집단의 분산
n_T : 전체 표본의 수

위의 예에 모집단의 두 번째 추정치 $\widehat{\sigma^2}$을 구하면

$$S_1^2 = \frac{70}{5-1} = 17.5,\ \ S_2^2 = \frac{62}{5-1} = 15.5,\ \ S_3^2 = \frac{60}{6-1} = 12.0$$

이므로

$$\widehat{\sigma^2} = \left(\frac{4}{13}\right)(17.5) + \left(\frac{4}{13}\right)(15.5) + \left(\frac{5}{13}\right) \cdot (12.0) = 14.769$$

(3) F통계량의 계산과 해석

앞에서 구한 두 가지 추정치를 비교하기 위해 다음과 같은 비율을 구한다. 이것을 F통계량이라 한다.

$$F = \frac{\text{첫번째 모집단 분산 추정치}}{\text{두번째 모집단 분산 추정치}}$$

위의 예의 경우

$$F = \frac{20}{14.769} = 1.354$$

이 통계량을 바탕으로 귀무가설을 채택하거나 기각하게 되는데 이 때 F-분포표를 이용하다. F-분포표는 분자와 분모의 자유도를 이용하게 되는데

분자의 자유도 = 표본집단의 수 − 1

분모의 자유도 = 전체표본집단의 수이다.

$\alpha = 0.05$의 유의수준에서는 분자의 자유도 = 2, 분모의 자유도 = 13이므로 F-분포의 임계치 3.18을 얻는다. 이것은 앞에서 계산된 통계량 1.357보다 크므로 귀무가설은 채택된다. 따라서 3가지 광고방식에는 아무런 차이가 없다고 결론을 내릴 수 있다.

Chapter

06 변수들간의 관련성분석

본 장에서는 2개 또는 그 이상의 변수들간의 관련성의 존재 여부를 조사하거나 이들 변수간의 함수관계가 어느 정도로 설정될 수 있는가를 분석하는 방법에 관하여 설명하고자 한다.

1. 관련성의 의미

관련성의 의미를 설명하기 위해 다음과 같은 문제를 살펴보기로 하자.

예를 들어 어느 주부가 집 근처에 위치한 과일 상점에서 포도의 구입 여부를 결정한다고 하자. 먼저 해야 할 일은 그 포도가 좋은 것인지 나쁜 것인지를 판별하는 일이다. 이 주부는 그 상점과 오랫동안 거래관계를 유지하여 왔기 때문에 주인과 매우 친숙한 관계에 있고 따라서 포도를 구입하기 위해 몇 알의 포도를 따서 맛을 볼 수 있다고 가정한다. 이 포도 몇 알을 따서 맛을 보고 포도의 구입 여부를 결정한다는 것은 통계적으로 말하면 그녀는 가게에 진열된 포도라는 모집단에서 몇 알이라는 표본을 추출하여 이를 바탕으로 모집단이 좋고 나쁨을 판정하고 이에 의해 포도 구입이라는 의사결정을 하게 되는 것이다.

그런데 포도가 아니라 참외를 구입한다고 생각해 보자. 물론 그녀는 단골 손님이지만 참외를 공짜로 맛볼 수는 없는 것이다. 따라서 그녀는 참외의 냄새를 맡아보거나 만져봄으로써 참외의 맛을 판정할 수밖에 없는 것이다.

이상의 예에서 알 수 있는 바와 같이 포도와 참외의 구입을 위한 의사결정의 수단이 다르다. 전자의 경우는 조사자가 관심이 있는 변수에 대해 직접 표본을 추출하고 이에 의해 어떤 결론을 내리는 방식이다. 그런데 후자의 경우 즉 참외를 구입하는 경우에서는 참외의 일부를 맛 볼 수 없기 때문에 그 맛을 직접 측정할 수가 없다.

바꾸어 말하면 참외의 맛과 관련된 어떤 특성을 통해서 결정을 내리는 것이다. 참외의 맛은 그와 관련된 냄새나 만져서 느껴지는 감촉과 관련성을 갖기 때문이다.

이와 같이 관련성을 바탕으로 어떤 결론을 내리려고 할 때는 한 개 또는 그 이상의 변수(예컨데 냄새나 감촉)를 토대로 특정한 변수(여기서는 참외의 맛)의 특성을 예측하게 된다. 이 때 예측하려는 변수를 종속변수(dependent variable) 또는 판정기준변수(crit-

erion variable) 라고 하며, 예측의 토대가 되는 변수를 독립변수 (independent variable) 또는 예측변수라 한다.

관련성의 분석에서도 이미 앞에서 설명한 바와 같이 수집된 데이터의 평가척도가 무엇이냐에 따라 그 분석방법이 달라진다.

등간척도나 비율척도의 경우에는

- 단순회귀분석
- 상관관계분석
- 다중회귀분석

등의 기법이 적용되는데 이에 대해서는 이미 자세히 설명하였으므로 여기에서는 명목척도와 서열척도로 측정된 데이터에 대한 관련성 분석에 관해 설명하고자 한다.

이들 분석으로는

① 분할계수

② 관련성 예측지수

③ 스피어만의 순위상관계수

④ 켄달의 타우

⑤ 일치계수

등이 적용될 수 있는 바 이제 이들에 대해 설명하고자 한다.

2. 명목척도 데이터의 관련성분석

1) 분할계수

분할계수(contingency coefficient)는 명목척도로 표시된 두변수간에 존재하는 관련성의 정도를 측정하는데 이용된다. 우리는 집단간의 차이 검정에서 r *C 분할표에서 명목척도로 표시된 변수들의 독립성을 검정하기 위해 χ^2의 통계량을 이용하였다. 그런데 지금 설명하고자 하는 분할계수는 χ^2검정과 직접적인 관계가 있음으로 이에 대한 이해를 바탕으로 다음과 같은 분할계수 C를 쉽게 구할 수 있을 것이다.

$$C = \sqrt{\frac{\chi^2}{n+\chi^2}} \quad n : \text{표본의 크기} \tag{6.1}$$

예를 들어 분할계수의 적용을 설명하기로 하자.

이 예는 앞에서 언급된 것이다. 가족 수와 사용하는 세탁기 규모와의 관계가 [표 6-1]과 같다. 가족 수와 세탁기 규모와의 관련성을 정하자. χ^2의 계산은 이미 앞에서 계산한 것처럼 그 계산은 다음과 같았다.

[표 6-1] 가족 수와 세탁기 크기의 분할표

	1~2인	3~4인	5인 이상	계
8파운드	25	47	8	70
10파운드	10	62	53	125
12파운드	5	41	59	105
계	40	140	120	300

$$\chi^2 = \frac{(25-9.33)^2}{9.33} + \frac{(37-32.67)^2}{32.67} + \frac{(8-28.00)^2}{28.00} + \frac{(10-16.67)^2}{16.67}$$
$$+ \frac{(62-58.33)^2}{58.33+} \frac{(53-50.00)^2}{50.00} + \frac{(5-14.00)^2}{14.00} + \frac{(41-49.00)^2}{49.00}$$
$$+ \frac{(59-42.00)^2}{42.00} = 58.213$$

이 값은 임계치보다 크므로 가족 수와 세탁기는 상호독립적이라는 귀무가설이 기각되었음을 알고 있다. 바꾸어 말하면 가족 수가 세탁기의 크기에 영향을 미치고 있음을 알았다. 그런데 이것으로 분석이 다 끝난 것은 아니다. 왜냐하면 두 변수 즉, 가족수와 세탁기 사이에는 상호의존성이 존재하지만 어느 정도의 관련성이 존재하는지에 대해서는 언급이 없었기 때문이다. 분할계수가 이 관련성의 정도에 관한 해답을 제공한다.

앞의 예에서의 분할계수는 다음과 같이 구해진다.

$$C = \sqrt{\frac{\chi^2}{n+\chi^2}} = \sqrt{\frac{58.23}{300+58.23}} = 0.403$$

이 값은 C가 취할 수 있는 최대의 값과 비교하면 그 정도가 확실해진다.

변수들간에 아무런 관련성이 존재하지 않으면 분할계수 C의 값은 σ가 될 것이다. 분할계수 C의 최대 값 즉, 상한 값은 분할표에서 분류항목의 수와 함수관계가 있기 때문에 이를 고려하여 결정되어야 한다. 즉 각 변수에 대한 분류항목이 모두 동일한 경우에는 (즉 항의 수 $\sqrt{\ }$ 와 열의 수 c가 동일할 때는 완전한 상관관계에 있는 두 변수의 분할계수의 상한 값은 다음과 같이 계산된다.

$$\sqrt{(r-1)/r} \tag{6.2}$$

위의 예에서는 $\gamma = c = 3$이므로 분할계수의 상한값은

$$\frac{\sqrt{(3-1)}}{3} = 0.816$$

따라서 앞에서 계산된 분할계수 0.403은 관련성이 전혀 없는 경우의 0과 완전한 관련성을 지닌 경우의 0.816의 중간에 위치하고 있으므로 보통 정도의 관련성을 지니고 있음을 알 수 있다.

2) 관련성 예측지수

관련성 예측지수(index of prectictive asociation)는 변수들간의 관련성을 보다 직접적으로 해석할 수 있는 수단이 된다. 앞에서 설명한 예에서 분할표상의 변수들이 보통 정도의 관련성을 지니고 있다고 말할 수 있었다. 그러나 만일 피어슨적률상관관계 r을 계산한다면 그러한 해석은 달라질 수 있다. 즉 분할계수는 조사자가 결과를 해석하는데 도움을 줄 수 있는 기준을 지니지 않고 있으나 여기서 설명하려고 하는 관련성 예측지수는 이러한 기준을 제시해 주기 때문에 도움이 되는 기법이다. 지수를 계산하여 분석하는 방법을 예로써 설명하기로 한다.

[표 6-2] 가족 수와 세탁기 규모의 관련성

		A(가족수)			계
		A_1(1~2인)	A_2(3~4인)	A_3(5인 이상)	
B (세탁기 규모)	B_1 (8파운드)	25	37	8	70
	B_2 (10파운드)	10	62	53	125
	B_3 (12파운드)	5	41	59	105
	계	40	140	120	300

앞에서 이미 언급한 가족수와 세탁기규모에 관한 데이터 [표 5-3]을 살펴보자. 가족수 A라는 분류항목은 A_1, A_2, A_3로 구분되었고 세탁기규모라는 B항목은 B_1, B_2, B_3로 구분되어 있다. 그런데 어떤 사람이 세탁기를 구매할 때 어떠한 세탁기를 구매할 것인가를 추정할 때 그 구매자의 가족 수에 대한 정보가 전혀 없다고 하면 그는 B_1(10파운드)의 세탁기를 선택할 것으로 추정된다. 왜냐하면 300가구 중 125가구 (41.7%)가 이 세탁기를 구매하고 있기 때문이다. 그런데 이 예측은 58.3%(=100%－41.7%)의 오류가 발생할 수 있다. 그러나 가족수가 A_1(1~2인)이라는 정보를 알고 있다고 한다면 우리는 그 구매자가 B_1(8파운드)의 세탁기를 구매할 것이라고 추정할 수 있다. 왜냐하면 가족수가 A_1인 사람 40명 중 25명 (62.5%)이 B_1의 세탁기를 구매할 것이기 때문이다.

관련성 예측지수 B는 A분류 항목을 예측할 경우 B분류항목을 모르고 있는 경우

보다 B분류 항목을 고려함으로써 오류가 감소될 항목을 나타내는데 이것은 0과 1사이의 값을 갖게 된다. 즉 B분류가 A분류를 예측하는데 전혀 도움이 되지 않으면 그 값은 0이다. 또 A를 측정하기 위해 B를 고려함으로써 오류가 100% 감소될 수 있다고 하면 관련성 예측지수는 1이 된다.

관련성예측지수는 다음 식에 의해 계산된다.

$$\lambda_{AB} = \frac{\sum^{b} n_{bm} - n_m}{n - n_m} \tag{6.3}$$

$$\begin{cases} n_m \ : A\text{분류항목 중 가장 높은 도수} \\ n_{bm} : b\text{번째의 행(또는 열)에서 가장 높은 도수} \\ \sum^{b} n_{bm} : \ B\text{분류항목의 도수의 합} \\ n \ : \text{도수의 총합} \end{cases}$$

앞의 예인 세탁기 규모와 가족 수와의 관련성 문제에서는 $n = 300$, $n_m = 125$이고 만약 가족수 A_1(즉 1~2인)가 알려진다면 $n_{1m} = 25$, $n_{2m} = 62$, $n_{3m} = 59$이다. 따라서 관련성 예측 지수는

$$\lambda_{AB} = \frac{n_{1m} + n_{2m} + n_{3m} - n_m}{n - n_m} = \frac{25 + 62 + 59 - 125}{300 - 125} = 0.12$$

분할표검정법을 이용하여 분류된 변수들 간의 상호독립성여부를 검정함에 있어서 변수들 간의 독립성을 가정하고 있는 귀무가설이 기각된다고 하더라도 예측상의 정확도는 크게 개선되지 못한다. 따라서 다음과 같은 두 가지의 문제점을 제기한다.

① 종속변수와 독립변수간에 관련성이 존재하는가, 상호독립적인가.

② 만일 독립변수와 종속변수가 상호의존적이라면 종속변수를 예측할 경우 독립변수가 고려된다면 예측이 정확도는 어느 정도 개선될 것인가.

관련성 예측지수는 관련성을 측정하는 다른 수단과 함께 ②의 문제에 해답을 얻기 위해 이용된다. 변수들이 통계적 유의성을 지니고 있는가의 여부는 ①의 문제에 대한 해답을 얻기 위한 수단이 된다.

3. 서열척도 데이터의 관련성 분석

1) 스피어만의 순위상관계수

스피어만의 순위상관계수(Spearman's rank order correlation coefficient)는 서열척도로 표시된 데이터의 관련성을 분석하는 대표적인 기법으로서 이 계수를 r_s로 표시한다. 이 계수는 하나의 대상물에 대해 두 개의 변수가 대응되고 각 변수는 서열척도로 표시되었을 때 구할 수 있다. 예를 들어 이 방법을 설명한다.

어느 회사에서 대리점의 업적과 서비스간에는 어떤 관련성이 존재하는지를 파악하기 위해 [표 6-3]과 같은 데이터를 수집, 정리 하였다.

여기서 서비스수준의 평가는 고객의 불만이나 만족도, 애프터서비스의 횟수 등에 의해 계산되었고 업적은 판매액, 시장점유율, 판매 신장률 및 이익 등을 종합적으로 고려하여 작성하였다.

[표 6-3] 대리점의 업적과 서비스순위

대리점	서비스 순위(X)	업적순위(Y)	순위의 차(d=X−Y)	차이의 제곱(d^2)
1	6	8	−2	4
2	2	4	2	4
3	13	12	1	1
4	1	2	−1	1
5	7	10	−3	9
6	4	5	−1	1
7	11	9	2	4
8	15	13	2	4
9	3	1	2	4
10	9	6	3	9
11	12	14	−2	4
12	5	3	2	4
13	14	15	−1	1
14	8	7	1	1
15	10	11	−1	1 $\sum d^2 = 52$

[표 6-3]에서와 같이 이들 업적이나 서비스수준을 대상으로 각각 순위를 작성한 결과가 제시되었다. 스피어만의 순위상관계수는 다음 식에 의해 구해진다.

$$r_s = 1 - \frac{6\sum d^2}{n(n^2-1)} \tag{6.4}$$

위의 예에서는 $\sum d^2 = 52,\ n = 15$이므로

$$r_s = 1 - \frac{6(52)}{15(15^2-1)} = 0.907$$

이 검정에서 귀무가설은 관련성이 없다는 것이고 대립가설은 어떤 관련성이 존재한다는 것이다. 이를 바꾸어 쓰면

$$H_0 : r_s = 0$$
$$H_1 : r_s \neq 0$$

귀무가설 H_0는 r_s표에서 직접 임계치를 구하여 검정할 수 있으나 표본의 수가 10 이상일 때는 다음 공식에 의해 t 통계량을 구하여 검정할 수도 있다.

$$t = r_s\sqrt{\frac{n-2}{1-r_s^2}} = 0.907\sqrt{\frac{15-2}{1-(0.907)^2}} = 7.77$$

유의수준 $\alpha = 0.05$에서 자유도 v=13인 임계치는 t분포표에서 2.16이므로 위의 문제는 귀무가설이 기각되어 관련성이 있다는 대립가설이 채택된다. 스피어만의 상관계수는 0과 1사이의 값을 갖는다.

2) 켄달의 타우

켄달의 타우(Kendall's tau)는 서열척도데이터를 이용하여 두 변수간의 상관관계를 구하는 또 다른 하나의 기법이다. 이 타우계수는 스피어만의 상관계수 r_s에 비해 편상관계수를 나타낼 수 있다는 이점을 지니고 있다. 앞의 예에 의해 이를 설명하기로 한다.

켄달의 타우는 하나의 순위를 다른 순위로 변형시키는데 필요한 이웃간의 교환회수와 함수관계를 가진다. 따라서 타우를 계산할 때는 한 변수의 순위를 차례로 나열

하는 것이 일반적이다. [표 6-4]는 [표 6-3]의 자료를 서비스순위에 따라 다시 작성한 것이다.

다음은 순위대로 작성되어 있지 않는 업적순위 Y를 대상으로 점수를 다음과 같이 계산한다.

[표 6-4] 서비스순위에 따라 재작성한 데이터

대 리 점	서비스순위(X)	업적순위(Y)
4	1	2
2	2	4
9	3	1
6	4	5
12	5	3
1	6	8
5	7	10
14	8	7
10	9	6
15	10	11
7	11	9
11	12	14
3	13	12
13	14	15
8	15	13

먼저 서비스 1순위의 대리점 4의 업적순위를 서비스순위에 따라 다른 대리점의 업적순위와 차례로 비교하여 대리점4위가 앞서면 +1점, 그렇지 않으면 −1점을 부여하여 합계를 구한다. 이를 구체적으로 다시 설명하면 다음 표와 같다.

이 점수를 합계하면

$$1-1+1+1+1+1+1+1+1+1+1+1+1+1=12$$

다음은 서비스 2순위의 대리점2와 그 이하의 대리점과 차례로 비교하여 점수를 계산한다.

대리점 비교	업적순위	점수
4와2	2, 4	+1
4와9	2, 1	−1
4와6	2, 5	+1
4와12	2, 3	+1
4와1	2, 8	+1
4와5	2, 10	+1
⋮	⋮	⋮
4와8	2, 13	+1

즉, $-1+1-1+1+1+1+1+1+1+1+1+1+1=9$

이와 같은 방법으로 순위 3, 4, …, 14까지 계속하여 나온 점수를 모두 합계하면

$$S=12+9+12+9+10+5+2+5+6+3+4-1+2-1=77$$

을 얻는다.

이 S를 실제 점수의 합이라고 하자. 그러면 켄달의 타우는 다음의 공식에 의해 계산된다.

$$\tau=\frac{S}{\frac{1}{2}n(n-1)} \tag{6.5}$$

상기의 예에서는

$$\tau=\frac{77}{\frac{1}{2}(15)(14)}=0.733$$

타우의 값이 유의적인가를 검정하려면 표본의크기 n이 10이하인 경우에는 타우분포표를 이용하지만 10보다 큰 경우에는 다음과 같은 값을 갖는 정규분포로 간주한다.

$$\text{평균치 } \mu_\tau=0 \tag{6.6}$$

$$\text{표준편차 } \sigma_\tau=\sqrt{\frac{2(2n+5)}{9n(n-1)}} \tag{6.7}$$

이 때 정규분포표를 이용하는 Z통계량은 다음 식에 의해 계산되어진다.

$$Z = \frac{\tau - \mu_\tau}{\sigma_\tau} \tag{6.8}$$

앞의 예에서는

$$\sigma_\tau = \sqrt{\frac{2[2(15)+5]}{9(15)(14)}} = 0.192$$

따라서 Z통계량은

$$Z = \frac{0.733 - 0}{0.192} = 3.87$$

그러므로 유의수준 $\alpha = 0.05$에서는 귀무가설이 기각된다.

스피어만의 순위상관계수는 계산이 간편하나 방금 설명한 켄달의 타우의 편상관관계에 대해서도 보편적으로 적용될 수 있다는 장점이 있다.

3) 일치계수

일치계수(coefficient of concordance)는 n개의 표본에 대한 3개 이상의 순위데이터를 대상으로 관련성을 분석할 때 이용될 수 있는 기법이다. 켄달이 개발한 일치계수 W는 평가자들의 평가에 신뢰성이 있는가를 검토하는데 유용하게 이용하게 이용될

[표 6-5] 지점장들에 대한 평가순위

지점장	평가자			순위합계(R)
	P간부	Q간부	R간부	
A	4	4	5	13
B	3	2	2	7
C	9	10	10	29
D	10	9	9	28
E	2	3	3	8
F	1	1	1	3
G	6	5	4	15
H	8	7	7	22
I	5	6	6	17
J	7	8	8	23

수 있다. 예를 들면, 어느 회사에서는 각 지역의 지점장들을 대상으로 그들을 평가하려고 한다. 평가를 담당하고 있는 간부들은 평가기준에 대한 인식의 정도가 다를 수 있기 때문에 간부들의 평가기준이 일치하고 있는지를 검정하기 위해 몇 사람의 간부들로 하여금 평가하도록 한 결과 그들의 평가순위는 [표 6-5]와 같았다.

만일 평순위가 완전히 일치한다면 제1순위의 지점장에 대한 순위의 합계는 k(k는 평가자수), 2순위의 지점장은 2k, n순위의 지점장은 nk의 점수를 받게 될 것이지만 평가자의 평가가 각기 다르다고 하면 이들의 평가순위의 합계는 서로 비슷하게 될 것이다. 즉 평가자의 의견이 일치할수록 순위합계 R의 분산도가 커질 것이다.

이를 이용한 것이 일치계수 W인데 이는 다음과 같은 절차에 따라 계산된다.

① n개의 표본에 대해 R_i를 구하고

② R_i의 합계를 n으로 나누어 평균 $\overline{R}$를 구한다.

③ 편차자승의 합 S를 구한다. 이 S는 다음 식으로 구해진다.

$$S = \sum (R - \overline{R})^2 \tag{6.9}$$

④ 마지막으로 일치계수 W를 다음 식에 의해 구한다.

$$W = S \frac{1}{12} k^2 (n^3 - n) \tag{6.10}$$

앞의 예의 경우에 대한 W를 구하면

$$\overline{R} = \frac{\sum R}{n} = \frac{13 + 7 + \cdots + 23}{10} = 16.5$$

$$S = (13 - 16.5)^2 + (7 - 16.5)^2 + \cdots + (23 - 16.5)^2 = 720.6$$

따라서 일치계수 W는

$$W = \frac{12S}{R^2(n^3 - n)} = \frac{12 \times 720.5}{3^2(10^3 - 10)}$$
$$= 0.970$$

W의 유의성을 검정하기 위해서는 n이 작을 때 ($n \leqq 7$)는 일치계수 W의 분포표를 이용하여야 하지만 n이 비교적 클 때 ($n > 7$)는 χ^2의 통계량

$$\chi^2 = k(n-1)W \tag{6.11}$$

의 값을 구하고 자유도 $\nu = n-1 = 9$이므로 유의수준 $\alpha = 0.05$에서의 임계치는 χ^2분포표에서 16.92를 얻는다. 따라서 평가자의 평가가 일치하지 않는다는 귀무가설은 기각되고 대립가설을 채택하게 된다. 즉 평가들의 평가는 의견이 일치한다. 그런데 W의 값은 0과 1사이의 값을 가지므로 이 예에서는 평가가 거의 일치하고 있다고 볼 수 있다. 왜냐하면 완전 일치할 경우에는 $W=1$이 되기 때문이다.

Chapter

07 회귀분석

회귀분석은 다변량해석 중에서 가장 일반적 분석모델이고 예측모델의 대표라고 할 수 있다. 기업에서는 수요구조분석이나 수요예측과 같은 문제의 분석에 광범위하게 이용되고 있다. 이 장에서는 '베이커리체인점의 판매예측'을 예를 들어 회귀분석의 이론과 응용에 관하여 살펴보기로 한다.

1. 회귀분석의 의의

화학·물리와 같은 실험의 결과를 간단한 식(실험식)으로 표현하기도 하고 또는 더욱 광범위하게 경제 전체의 경기동향분석 등과 같은 특정의 변수가 어떤 경제 요인의 조합에 의해 좌우되는가, 그들 요인의 변동이 경기에 어느 정도 영향을 미치고 있는가를 알고 싶은 경우가 많을 것이다.

이와 같이 어떠한 인과관계를 통계적으로 분석하는 유력한 도구의 하나로서 회귀분석을 들 수 있다. 회귀분석이란 어떤 변수가 그것과 관계하고 있다고 생각되어지는 어떤 변수들의 변동을 통해서 표현하고, 변동의 구조를 분석하는 기법의 하나이다. 즉 원인이라고 생각되어지는 변수(설명변수, 독립변수)와 결과가 되는 변수(피설명변수, 종속변수)사이에 일방적인 인과관계가 있다고 가정하고 결과가 되는 어떤 변수의 변동은 하나 또는 복수의 변수에 의해서 설명되어진다는 개념이다.

'회귀'라는 표현은 19세기후반 영국의 과학자 프란시스 갈톤(Francis Galton, 1822-1911)이 최초로 사용하였다고 한다. 당시 다윈의 진화론이 세상의 주목을 받고 있었고, 대량으로 관측된 데이터에 대해서 수량적인 검토를 하기 위하여 각종 통계량에 대한 연구결과가 발표되어졌다. 그런 상황에서 프란시스는 다음과 같은 문제의식을 가지게 되었다.

'부모의 신장이 큰(또는 작은)경우 자녀들의 신장도 크다(또는 작다)고 생각할 수 있다. 만약 그렇다면 긴 시간이 지남으로 해서 한쪽은 거인 한쪽은 소인이 되어 버릴 것이다. 그러나 관찰 결과는 그렇지 않다. 그렇다면 어떤 일반적인 평균이 존재하고 부모의 신장이 크고 작음에도 불구하고 이 일반적인 평균에 역행(회귀)하는 법칙이 존재 할 것이다'.

바꾸어 말하면, 키가 큰 부모의 자녀들은 평균 신장에서는 부모보다 작고 역으로 키가 작은 부모의 자녀들은 평균 신장이 부모의 평균 신장 보다 크다는 것이다. 이와 같은 일반 평균이 존재한다고 가정하면 그 평균적인 관계를 나타내는 선을 회귀선이라고 하고 회귀선에 대한 식을 구하는(화학과 물리에서 실험식에 해당한다)분석기법을 회귀분석이라 한다.

기업과 정부, 행정단체, 매니지먼트분야 등에서는 회귀분석의 효과적인 적용의 문제로서 '예측'의 문제를 들 수 있다.

일반적으로 예측의 문제에서는 예측의 대상이 되는 변수가 우선 주어지고, 그 변수가 변동에 영향을 미칠 것이라고 생각되어지는 설명변수와의 관계를 하나의 수식

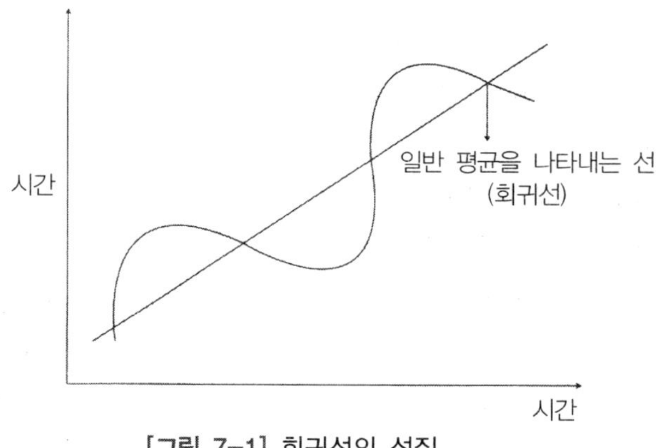

[그림 7-1] 회귀선의 성질

으로 표현한다. 이 수식이 필요하게 되는 경우도 있지만, 이 경우는 일반적인 인과관계분석이라고 하기보다는 상호의존관계의 분석이 된다.

1) 베이커리체인점의 판매예측

[표 7-2]의 데이터는 어떤 역 앞에 위치한 베이커리체인점의 1개월간의 판매액과 가게의 크기, 취급 품목수 및 각 역의 승차인원 수를 15개 지점에 관해 정리한 것이다.

지금까지의 경험상 지점의 판매액은 '역의 승차인원수'와 '지점의 크기'와 '취급품목' 등의 요인으로부터 큰 영향을 받는다고 생각되어졌다. 따라서 현재의 데이터를 기초로 이들의 요인과 판매액의 관계를 회귀분석에 의해 분석하고 수요구조를 밝힘으로 해서 개점을 앞두고 있는 16번째의 지점에 대한 판매액을 예상해 보기로 하자.

[표 7-1] 판매액추정

지점번호	판 매 액 (십만원/월)	승 객 수 (백명/일)	지점의넓이 (m^2)	취급품목수
16	?	175	4.5	200

[표 7-2] 역 앞 베이커리체인점의 판매액

지점번호	판매액 (십만원/월)	승객 수 (백명/일)	지점의넓이 (m^2)	취급품목수
1	131	149	2.3	99
2	197	188	2.4	178
3	222	282	2.6	110
4	170	183	2.9	95
5	168	221	2.4	82
6	155	128	4.3	104
7	205	153	4.8	190
8	269	197	6.6	288
9	206	125	6.0	169
10	126	77	3.6	156
11	261	210	5.4	283
12	248	258	5.2	170
13	250	254	3.8	228
14	157	114	3.0	145
15	166	174	3.2	151

분석을 행하는데 있어서 우리는 다음과 같은 가설을 세우고 회귀분석에 의해 이 가설의 타당성을 검증해보기로 하자. 역 앞의 베이커리체인점의 판매액은 각 지점의 '지점의 크기', '취급품목수', '역의 승차인원 수'등의 요인에 의해서 결정된다라고 하면 설명변수는 '지점의 넓이', '취급 품목수' 및 '역의 승차 인원수'이고, 예측의 대상이 되는 피설명변수는 판매액이다. 이들 변수간의 관계를 파악하기 전에 각각의 변수 사이의 평균치와 표준편차를 [표 7-3]에 나타내었다.

[표 7-64] 평균치 및 표준편차

	평균치	표준편차
판 매 액	195.4	45.25
승 객 수	180.9	56.06
지 점 넓 이	3.9	1.36
취급 품목수	163.2	61.85

이 표에 나타나 있는 것처럼 판매액의 평균값은 195.4/월(단위: 십만원)이고, 판매액의 분산은 상당히 큰 것을 알 수 있다(판매액의 최소값은126, 최대값은 269이고 최대값은 최소값의 2배 이상으로 되어있다). 그러면, 이와 같은 판매액의 변동은 각각 요인의 변동과 어떠한 관계가 있는 걸까?

이 관계를 알아보기 위해서 각 변수와 판매액과의 관계를 상관도로 나타내어 보기로 한다. [그림 7-2, 7-3, 7-4]에서 각 지점은 하나의 점으로써 표현되어져 있고 지점 번호는 생략하였다.

이들 그림에서 각각의 설명변수는 판매액과 상당히 양(正, +)의 상관관계를 가지고 있는 것을 알 수 있다. 단, 하나의 변수만으로는 판매액과의 상관은 최대 0.76이고 판매액은 하나의 요인에 의해 결정되는 것은 아니다라는 것을 알 수 있다.

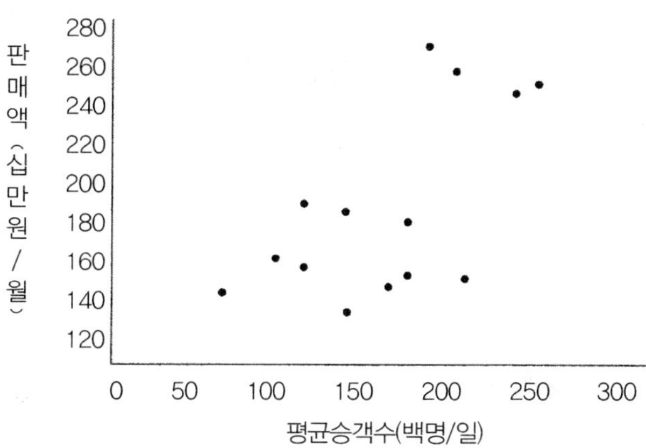

[그림 7-2] 판매액과 승객수의 상관도

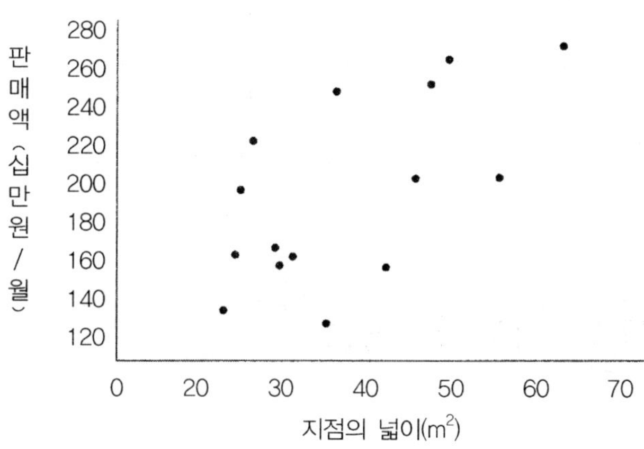

[그림 7-3] 판매액과 지점의 넓이와의 상관도

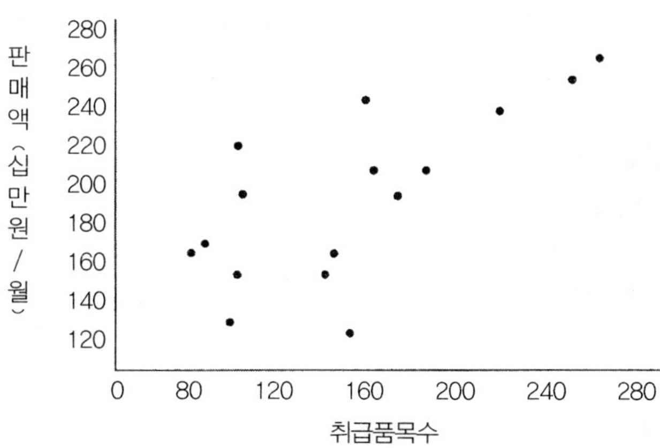

[그림 7-4] 판매액과 취급품목수의 상관도

따라서, 판매액을 추정하는 방법은 판매액과 3개의 요인과의 관계를 동시에 분석해야 한다고 할 수 있다. 구체적으로는 회귀선에 의해서 이들 4개의 변수들의 관계를 수식으로 표현하는 것이다.

문제를 수식화하기 전에 판매액, 승객수, 지점의 넓이, 취급 품목수사이의 상호간의 상관계수를 [표 7-4]에 정리하였다.

[표 7-4] 상관행렬

	판매액	승객수	지점의넓이	취급품목수
판 매 액	1.0000	0.6808	0.6319	0.7601
승 객 수	0.6808	1.0000	−0.0373	0.1569
지점의넓이	0.6319	−0.0373	1.0000	0.7120
취급품목수	0.7601	0.1569	0.7120	1.0000

(주) 상관행렬 보는 법: 상관행렬은 열과 행에 각각 몇개의 변수(이 경우는 4 변수)를 두고, 행과 열이 교차하는 위치에 대응하는 2개의 변수의 상관계수를 기입한 것이다. 예를 들면 위의 표에서는 1행 2열째(판매액과 승객수가 교차하는 곳)의 숫자 0.6808은 판매액과 승객수의 상관관계를 나타내고 있다. 당연한 얘기지만 상관행렬의 대각선상에 쓰여진 숫자는 같은 변수간의 상관관계를 나타내고 있는 것이므로 항상 1이 된다. 또한 대각선을 중심으로 대칭의 위치에 있는 값도 마찬가지로 같은 값이 된다.

2. 회귀분석의 이론적인 배경

1) 회귀분석에서의 수식

[표 7-2]의 데이터를 더욱 상세하게 검토하기 위해서 다음과 같이 기호를 정의하기로 한다.

y : 1지점당 판매액 x_1: 승객수

x_2: 지점의 넓이 x_3: 취급 품목수

그런데, 회귀분석에서는 인과관계를 표현하는 모델식으로써 다음과 같은 합성변수를 출발점으로 한다.

$$f = a_0 + a_1x_1 + a_2x_2 + \cdots + a_px_p \tag{7.1}$$

여기서 $x_1, x_2 \cdots x_p$는 각각 설명변수로 설명요인이 p개 있는 것을 나타내고 있다(예제에서는 $p = 3$). 또한 a_1, a_2, $\cdots$, a_p는 각각의 설명변수에 부여하게 되는 가중치이고, 이것을 편회귀계수라고 한다(a_0는 평균치를 조정하기 위한 정수항이다).

이 합성변수f를 사용하여 예측의 대상이 되는 변수y는 다음과 같이 표현한다.

$$y = f + e = a_0 + a_1 x_1 + a_2 x_2 + \cdots + a_p x_p + e \tag{7.2}$$

여기에서 e는 오차항(또는 잔차)이고 이것은 우연적으로 발생한 오차를 나타낸다. 결국 회귀분석이란 설명변수에서 합성변수 f가 가능한 한 피설명변수y에 근접(근사)되도록(바꾸어 말하면 f와 y의 상관이 최대가 되도록), 합성변수의 가중치 a_0, a_1, $a_2, \cdots, a_p$를 구하는 모델이라고 말할 수 있다.

f와 y와의 상관관계는 다음과 같은 식에 의해서 구할 수 있다.

$$r = \frac{\frac{1}{n}\sum_{i=1}^{n}(y_i - \bar{y})(f_i - \bar{f})}{S_y \cdot S_f} \tag{7.3}$$

단, $\bar{y}$: y의 평균값 S_y : y의 표준편차

f : f의 평균값 S_f : f의 표준편차

이상으로 회귀분석에서 등장하는 수식에 관해 보았다. 그것을 다시 한번 표로 정리하면 [그림 7-5]와 같다.

문제

예측변수 y와 설명변수 $x_1, x_2 \cdots x_p$와의 인과관계를 구체적으로 식으로 나타낼 수 있는 것

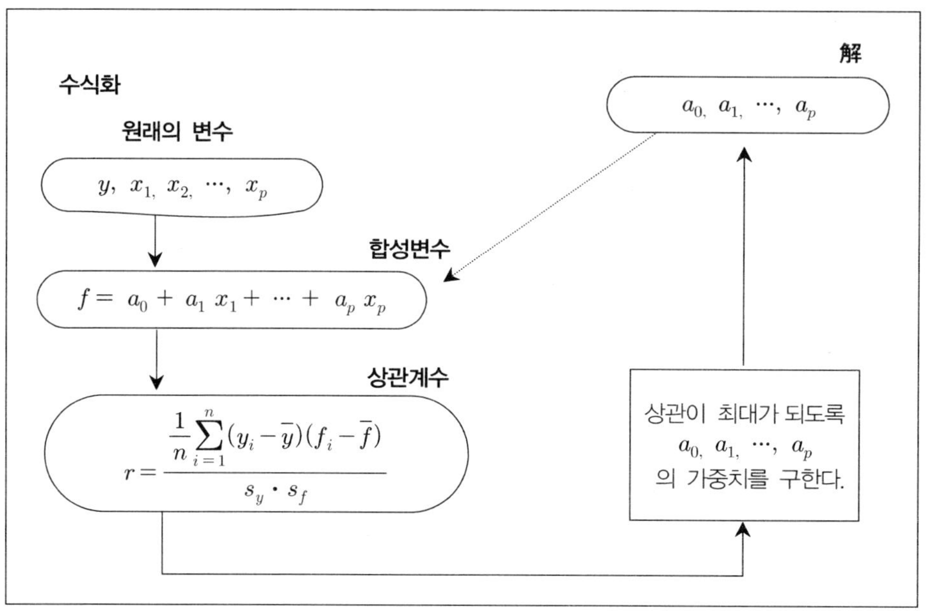

[그림 7-5] 회귀분석에서의 수식

2) 수식의 전개

지금하고자 하는 회귀분석의 과제인 '베이커리 체인점의 판매액'의 데이터를 식 (7.1)에 대입하면 다음과 같이 된다.

$$f = a_0 + a_1x_1 + a_2x_2 + a_3x_3 \tag{7.4}$$

즉, 이 식에 의해서 15지점 전부에 대해 합성변수를 만들어 보면,

$$\begin{pmatrix} f_1 = a_0 + a_1x_{11} + a_2x_{12} + a_3x_{13} \\ f_2 = a_0 + a_1x_{21} + a_2x_{22} + a_3x_{23} \\ \vdots \\ f_i = a_0 + a_1x_{i1} + a_2x_{i2} + a_3x_{i3} \\ \vdots \\ f_{15} = a_0 + a_1x_{15,1} + a_2x_{15,2} + a_3x_{15,3} \end{pmatrix} \tag{7.5}$$

(주) x_{ij}는 i번째 지점의 j번째 값을 의미한다.

여기에서 a_0, a_1, a_2, a_3는 각 지점에 공통적으로 주어져 있는 가중치이기는 하지만 미지수이다. 그래서 y와 f의 상관계수를 최대로 하기 위해서 미지수인 a_0, a_1, a_2, a_3

를 결정하기 위한 식을 도출하면 다음과 같은 연립방정식을 얻을 수 있다.

$$\left.\begin{aligned}
&\sum_{i=1}^{15} y_i = 15a_0 + \sum_{i=1}^{15} x_{i1} + a_2 \sum_{i=1}^{15} x_{i2} + a_3 \sum_{i=1}^{15x_{i3}} \\
&\sum_{i=1}^{15} x_{i1}y_i = a_0 \sum_{i=1}^{15} x_{i1} + a_1 \sum_{i=1}^{15} x_{i1}^2 + a_2 \sum_{i=1}^{15} x_{i1}x_{i2} + a_3 \sum_{i=1}^{15} x_{i1}x_{i3} \\
&\sum_{i=1}^{15} x_{i2}y_i = a_0 \sum_{i=1}^{15} x_{i2} + a_1 \sum_{i=1}^{15} x_{i1}x_{i2} + a_2 \sum_{i=1}^{15} x_{i2}^2 + a_3 \sum_{i=1}^{15} x_{i2}x_{i3} \\
&\sum_{i=1}^{15} x_{i3}y_i = a_0 \sum_{i=1}^{15} x_{i3} + a_1 \sum_{i=1}^{15} x_{i1}x_{i3} + a_2 \sum_{i=1}^{15} x_{i2}x_{i3} + a_3 \sum_{i=1}^{15} x_{i3}^2
\end{aligned}\right\} \tag{7.6}$$

식 (7.6)에 있어서는 $\sum$기호에 있는 값은 [표 7-2]의 데이터에서 계산이 가능하기 때문에, 이것은 a_0, a_1, a_2, a_3를 미지수로 하는 4원 연립일차방정식이고 이 연립 방정식을 회귀분석의 정규방정식이라고 한다.

일반적으로 설명변수가 p개 있는 경우, 회귀분석의 정규방정식은 다음 식 (7.7)과 같이 $p+1$ 연립일차방정식이 된다.

$$\left.\begin{aligned}
&na_0 + a_1 \sum_{i=1}^{n} x_{i1} + \cdots\cdots + a_p \sum_{i=1}^{n} x_{ip} &&= \sum_{i=1}^{n} x_{i1}y_i \\
&a_0 \sum_{i=1}^{n} + a_1 \sum_{i=1}^{n} x_{i1}^2 + \cdots\cdots + a_p \sum_{i=1}^{n} x_{i1}x_{ip} &&= \sum_{i=1}^{n} x_{i1}y_i \\
&\qquad\vdots \\
&a_0 \sum_{i=1}^{n} x_{ip} + a_1 \sum_{i=1}^{n} x_{i1}x_{ip} + \cdots + \sum_{i=1}^{n} x_{ip}^2 = \sum_{i=1}^{n} x_{ip}y_i
\end{aligned}\right\} \tag{7.7}$$

그런데, [표 7-2]에 의해

$$\begin{aligned}
&\sum_{i=1}^{15} y_i = 2931 &\qquad& \sum_{i=1}^{15} x_{i1} = 2713 \\
&\sum_{i=1}^{15} x_{i2} = 58.5 && \sum_{i=1}^{15} x_{i3} = 2448 \\
&\sum_{i=1}^{15} x_{i1}y_i = 556123 && \sum_{i=1}^{15} x_{i2}y_1 = 12014.2 \\
&\sum_{i=1}^{15} x_{i3}y_i = 510247 && \sum_{i=1}^{15} x_{i1}^2 = 12014.2
\end{aligned}$$

$$\sum_{i=1}^{15} x_{i2}^2 = 255.91 \qquad \sum_{i=1}^{15} x_{i3}^2 = 456890$$
$$\sum_{i=1}^{15} x_{i1}x_{i2} = 10540 \qquad \sum_{i=1}^{15} x_{i1}x_{i3} = 451003$$
$$\sum_{i=1}^{15} x_{i2}x_{i3} = 10445.6$$

이 되므로, 식 (7.6)의 연립방정식은 다음과 같이 된다.

$$\begin{aligned}
15\ a_0 + 2713\ a_1 + 58.5\ a_2 + 2448\ a_3 &= 2931 \\
2713\ a_0 + 538007\ a_1 + 10540\ a_2 + 451003\ a_3 &= 556123 \\
58.5\ a_0 + 10540\ a_1 + 255.91\ a_2 + 10445.6\ a_3 &= 12014.2 \\
2448\ a_0 + 451003\ a_1 + 10445.6\ a_2 + 456890\ a_3 &= 510247
\end{aligned}$$

이것을 풀면,

$$a_0 = 7.66, \quad a_1 = 0.51, \quad a_2 = 12.43, \quad a_3 = 0.288$$

이 된다. 이것은 f와 y의 상관계수를 최대화하는 가중치의 추정값이다.

3) 결과의 해석과 검토

앞에서 구한 가중치에 의해 '1 지점당 판매액' y와 각 설명변수 x_1, x_2, x_3사이의 인과관계는 다음과 같이 표현할 수 있다.

$$y = 7.66 + 0.51x_1 + 12.43x_2 + 0.288x_3 + e$$

여기에서

$$f = 7.66 + 0.51x_1 + 12.43x_2 + 0.288x_3$$

에 의해서 구하여진 합성변수를 특히 이론값(또는 추정값)이라고 부른다. 이에 대해 원래의 y를 관측 값(또는 실측 값)이라고 부른다.

(1) 예측

일단, 위에서 예측한 모델에 대하여 이론식을 구하였다. 그리고 이론 값이 구하여지면, y가 미지의 데이터에 대응하는 판매액의 이론 값(이 경우를 특히 예측 값이라고 한다)을 구하는 것은 어렵지 않다. 예를 들면 개점 예정의 16번째지점의 판매액을 예측해보면 [표 7-1]로부터

$$x_1 = 175, \quad x_2 = 4.5, \quad x_3 = 200$$

이므로

$$f = 7.66 + 0.51 \times 175 + 12.43 \times 4.5 + 0.288 \times 200 \fallingdotseq 210.4$$

가 되고 '1개월 평균판매액'은 약 210만원으로 예측할 수 있다.

이 판매액은 기존의 15개지점의 판매액의 평균치 195.4를 약간 상회하고 있다. 이것은 역의 1일 승객수가 175(백명/일)로 약간 적음에도 불구하고 이 지점의 넓이가 4.5m^2, 취급품목수 200으로 기존의 15개지점의 평균보다 많고 수요의 적음을 가게의 규모로 보충하고 있기 때문으로 생각할 수 있다. 따라서 설비투자의 감가상각비와 인건비 등의 경비와 판매액의 밸런스를 잘 조절한다면 16번째 지점은 진출해도 좋은 것으로 판단 할 수 있다.

(2) 결정계수

지금까지 판매액이 미지인 16번째 지점에 대한 예측치를 구해 보았지만, 이와 같은 예측치은 어느 정도 신뢰할 수 있는 것인가?

이 의문에 답하기 위해 실제적으로 값들을 알고 있는 15개 지점에 관해서 이론값을 구하여 실측 값과 비교해 보기로 한다. 이 결과를 [표 7.5]에 나타내었다. 또한 [그림 7-6]은 이것을 그래프로 나타낸 것이다.

[표 7-5]의 우측란에는 실제값과 이론값의 차인 e가 표시되어져 있지만 오차 e의 절대값 $|e|$의 최대는 13.7이다. 즉, 이 모델식에 의한 실제 값의 차는 13.7 이하인 것을 알 수 있다. 이와 같은 값이 결정계수로 예측 값의 정도(精度)를 나타내는 하나의 수단이다.

이와 같이 결정계수는 실측값과 이론값의 적합의 정도를 나타내는 통계지표의 하나이다. 결정계수 R^2는 다음 식에 의해 계산된다.

$$R^2 = 1 - \frac{\sum_{i=1}^{n}(y_i - f_i)^2}{\sum_{i=1}^{n}(y_i - \bar{y})^2}$$

$$= 1 - \frac{\sum_{i=1}^{n} e_i}{\sum_{i=1}^{n}(y_i - \bar{y})^2}$$

[표 7-5] 지점별 판매액의 이론 값과 실제 값

지점번호	관측치 (y)	이론값 (f)	오차 (e)
1	131	140.8	−9.8
2	197	184.6	12.4
3	222	215.5	6.5
4	170	164.4	5.6
5	168	173.8	−5.8
6	155	156.3	−1.3
7	205	200.1	4.9
8	269	273.1	−4.1
9	206	194.7	11.3
10	126	136.6	−10.6
11	261	263.4	−2.4
12	248	252.8	−4.8
13	250	250.1	−0.1
14	157	144.9	12.1
15	166	179.7	−13.7

결정계수 R^2은 0과 1사이의 값을 취하고($0 \leq R^2 \leq 1$), $R^2 = 1$ 일 경우에는 실측값과 이론값이 완전히 일치하는 경우이고 $R^2 = 0$의 경우는 실측값과 이론값이 무관계인 것을 의미한다. 따라서 R^2의 값이 1에 가까울수록 이론식의 적합도는 좋게되고 0에 가까울수록 적합도는 나쁘다고 말할 수 있다.

지금 예제의 경우는 [표 7-5]에서

$$\sum_{i=1}^{n} e_i^2 = 1002.52$$

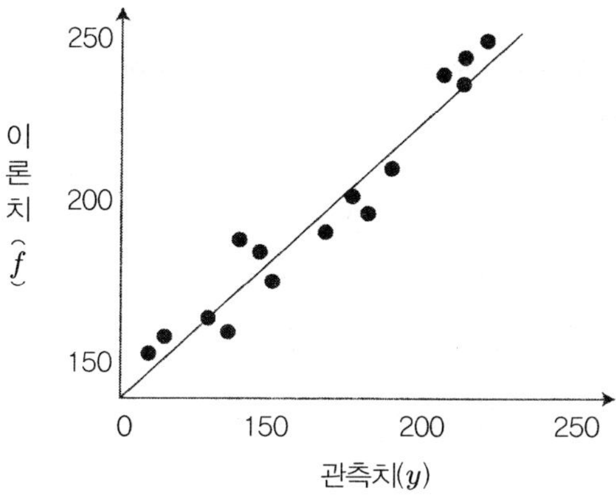

[그림 7-6] 이론값과 실제값의 상관도

$$\sum_{i=1}^{n}(y_i - \overline{y})^2 = 30713.44$$

$$R^2 = 1 - 1002.52/30713.44 = 0.967$$

이 되어, 이것은 실측 값 y의 변동중에서 이론식에서 설명될 수 있는 부분이 96.7%인 것을 의미한다. 따라서 예제의 이론식의 적합도는 상당히 좋다고 할 수 있다.

또한, 결정계수의 평방근 $\sqrt{R^2} = R$을 중상관계수라고 부르기도 한다. 이것은 y와 p개의 변수 $x_1, x_2, \cdots, x_p$와의 관련의 정도를 나타내는 지표이고 앞에서 언급한 상관계수를 다변량으로 확장한 것이다. 지금의 예에서는 $R^2 = \sqrt{0.967} = 0.983$이 된다. 이것은 y와 f의 상관계수와 일치한다.

(3) 표준화 편미분계수

앞의 결과에서 설명변수로써 '승객수' x_1, '지점의 넓이' x_2, '취급 품목수' x_3의 3개를 예로 들었지만 이들 설명변수는 '판매액'의 추정에 상당히 유효하다는 것을 알 수 있었다. 그러나 이들 3개의 설명변수 중에서 판매액을 가장 크게 좌우하는 것은 어떤 것일까?

다시 한번 이론식을 알아보자.

$$f = 7.66 + 0.51x_1 + 12.43x_2 + 0.288x_3$$

으로 되어있기 때문에 '지점의 넓이' x_2의 계수가 12.43으로 가장크므로 '지점의 넓이'의 영향이 가장 크다고 판단해도 되는 걸까?

여기에서 각 설명변수의 값의 범위(Range)를 보면 앞 장에서 설명한 것과 같이 각 변수의 최대값과 최소값이다.

- 승객수의 범위 = 282 − 77 = 205
- 지점의 넓이의 범위 = 6.69 − 2.3 = 4.3
- 취급품목수의 범위 = 288 − 82 = 206

따라서 각 설명변수가 최소값에서 최대값까지 변화한 경우의 '판매액' y의 변화는

- 승객수가 변화한 경우 : 205 × 0.51 = 104.55
- 지점의 넓이가 변화한 경우 : 4.3× 12.43 = 53.43
- 취급품목수가 변화한 경우 : 206 × 0.288 = 59.33

이 값을 보면 지점의 넓이 영향이 가장 적다.

이와 같이 y에의 영향을 조사하기 위해서는 이론식의 편회귀계수는 적당하지 않다. 지금 승객수, 지점의 넓이, 취급품목수 각각의 판매액에 영향을 나타내는 값을 b_1, b_2, b_3으로 두면 이들은 다음 식에 의해 계산된다.

$$\begin{pmatrix} b_1 = \dfrac{S_1}{S_y} \cdot a_1 \\ b_2 = \dfrac{S_2}{S_y} \cdot a_2 \\ b_3 = \dfrac{S_3}{S_y} \cdot a_3 \end{pmatrix} \tag{7.9}$$

$$\begin{aligned} S_y &= 45.25 \\ S_1 &= 56.06 \\ S_2 &= \ \ 1.36 \\ S_3 &= 61.85 \end{aligned}$$

S_y : y의 표준편차 S_1 : x_1의 표준편차

S_2 : x_2의 표준편차 S_3 : x_3의 표준편차

에 의해, $b_1 = 0.63$
$b_2 = 0.37$
$b_3 = 0.39$

가 된다.

따라서, 승객수의 영향이 가장 강하고, 지점의 넓이와 취급품목의 영향은 거의 같다고 할 수 있다.

식 (7.9)의 b_1, b_2, b_3를 표준화 편회귀계수라고 부른다.

지금까지 검토해 온 예제를 정리해 보면 다음과 같이 된다.

역 앞의 베이커리체인점의 판매액은 역의 승객수에 가장 강하게 영향을 받고, 지점의 넓이 및 취급 품목수의 영향도는 거의 같다고 할 수 있다. 또한 판매액을 예측하기 위해서는 설명변수로써 '승객수', '지점의 넓이', '취급 품목수'의 3개를 설정하는 것이 좋고, 이 경우 판매액의 변동의 약 97%를 이론식으로 설명가능하다.

3. 회귀분석의 정리

회귀분석은 설명의 대상이 되는 변수 y와 그것에 영향을 미치는 설명변수 $x_1, x_2, \cdots, x_p$와의 사이의 회귀관계

$$y = a_0 + a_1x_1 + a_2x_2 + \quad \cdots \quad + a_px_p + e$$

를 상정해서 이론값과 실제값의 상관관계를 최대로 한다고 하는 기준으로 미지의 계수 $a_0, a_1, \cdots, a_p$를 추정함으로써 설명의 대상이 되는 변수y와 원인이 되는 변수 $x_1, x_2, \cdots, x_p$와의 회귀관계를 밝히기 위한 모델이다. 이와 같이해서 추정된 계수 $a_0, a_1, \cdots, a_p$를 편회귀계수라고 하고, 편회귀계수를 알면 특정의 설명변수에 조합 $x_1^*, x_2^*, \cdots, x_p^*$에 대응하는 이론치 f^*는 다음과 같이 구할 수 있다.

$$f^* = a_0 + a_1x_1^* + a_2x_2^* + \quad \cdots \quad + a_px_p^*$$

단, 이장에서는 회귀분석의 기본사항을 설명하였지만, 몇 가지 보충 설명을 하고자 한다.

1) 단순회귀분석과 중회귀분석

회귀분석에서는 피설명변수y에 영향을 미치는 설명변수x가 몇 개있는 것이 보통

이지만, 그것이 하나인 경우도 생각할 수 있다. 설명변수가 하나인 회귀분석모델을 특히 단순회귀분석이라고 하고, 설명변수가 둘 이상의 경우를 중회귀분석이라고 한다.

단순회귀분석의 가장 기본적인 모델식은 다음과 같고, 이것은 중회귀분석의 특수한 경우에 대응한다.

$$f = a + bx \tag{7.10}$$

그리고, 중회귀분석이란 '기준변수 벡터 y를 선형 모델로 예측하고자 하는 방법'이라고 말할 수 있다.

2) 설명변수의 선택

중회귀분석의 경우에는 피설명변수y에 영향을 미치는 설명변수가 다수 있는 것이 보통이고, 이 중에서 어느 것을 이론식에서 사용할 것인가가 문제이다. 물론 모델에서 사용되는 설명변수의 수가 많으면 많을수록 결정계수R^2는 1에 가깝게 되고, 모델의 형태는 적합성이 좋게 된다. 그러나 여기서는 자세히 설명하지는 않지만, 데이터에서 추정되는 편회귀계수와 이론치는 통계적인 추정치이기 때문에 설명변수의 수가 일정한 한계를 넘으면 역으로 추정의 정도가 나쁘게 되는 경우가 많다.

이것이 모델에 사용되는 설명변수의 수 p는 너무 많지 않은 것이 바람직하다고 말할 수 있다. 경험적으로 말하면 관측데이터의 수가 n개인 경우, p는 n의 4분의 1 이하가 적당하다.

설명변수의 수

$$p \leqq \frac{4}{n}$$

따라서, 어떤 방법으로 다수의 설명요인 중에서 가장 좋은 설명변수를 선택할 필요가 있다. 다음은 그에 관하여 설명해 둔다.

① 충분한 정보 수집

우선 분석의 대상이 되는 현상의 구조에 관해 충분한 정보를 수집한다(경험과 지식을 활용). 이들 정보에 의해 주요하지 않은 요인과 비슷한 요인은 제거한다(이 장의 예에서는 베이커리 체인점의 판매액에 영향을 미칠 것이라고 생각되는 요인으로

'상권인구', '상권내의 평균소득', '지점의 넓이', '점원의 교육정도', '경험의 유무'… 등이 생각되지만, 예를 들면 '상권인구'보다는 근처 역의 '승객수'가 보다 직접적일 것이라는 이유에서 '상권인구'등은 제외하였다).

② 신뢰감있는 데이터입수

위 기준(충분한 정보수집)을 통과한 요인들 중에서 신뢰감있는 데이터라고 판단되지 않을 때는 그 요인은 제거한다(이 장의 예에서는 '상권내의 평균소득' 등은 상권의 추정이 곤란하고 신뢰할 수 있는 데이터를 입수할 수 없었기에 제외하였다).

③ 중복되는 요인은 피한다.

더욱이 후보로 선택된 요인 중에서 비슷한 성격을 가진 요인이 중복되어져 있을 경우에는 그 중에서 하나를 선택하도록 한다(이 장의 예에서는 지점의 크기를 나타내는 요인으로써 '진열장의 크기', '통로면적', '지점의 넓이'… 등에서 '지점의 넓이'를 가장 중요한 요인으로써 선택하였다).

④ 모델작성과 실측

최종적으로 남겨진 요인이 다수 있는 경우에는 그것들을 조합해서 몇개의 모델을 작성하고, 실제 계산을 행하여 보고, 결정계수, 편회귀계수 등의 타당성을 검토해보고 가장 좋은 모델을 선택한다.

Chapter 08

주성분분석

주성분분석(PCA, Principal Component Analysis)은 경영분석과 지역상권의 종합지표를 만드는데 자주 이용되고 있는 분석방법이다. 다음 장에서 언급하는 인자분석과 비교하면 공통성의 추정이라든지 인자를 추출해야하는 복잡한 과정 없이 단순하게 사용할 수 있다는 것이 큰 장점이며 다수의 요인을 소수의 종합평가로 요약하고 싶을 경우에 주성분으로 원래 데이터가 가지고 분산정보를 나타낼 수 있으며 주성분분석의 특징으로는 좌표축을 회전하지 않는다.

1. 주성분분석이란?

1) 주성분분석의 기초이론

주성분분석의 입력 데이터는, p개의 수량적인 변수에 관한 데이터를 정렬한 다변량데이터행렬이다. 여기서 X는 각변수(열)에 관한 평균편차 값을 취한 것으로 하고, X의 행수는 n으로 한다.

$$X_{n \times p} = \begin{bmatrix} \square & \square & \cdots & \square \\ \vdots & \vdots & \cdots & \vdots \\ \square & \square & \cdots & \square \end{bmatrix}$$

p개의 변수의 공분산 행렬은

$$C_{xx} = \frac{1}{n} X' X \tag{8.1}$$

이 행렬 C_{xx}의 j번째의 주대각요소로써는 $\frac{1}{n}(x_j, x_j)$즉, j번째 변수의 분산이 들어간다. 또한 j행 k열째의 요소에는 $\frac{1}{n}(x_j, x_k)$가 들어간다. 이것을 j번째 변수와 k번째 변수의 '공분산'이라고 한다. 그래서 C_{xx}를 공분산행렬이라고 하는 것이다. 다음에 나타내는 식은 공분산행렬과 상관행렬의 관계를 설명한 것이다.

공분산행렬

$$C_{xx} = \frac{1}{n} X' X = \begin{bmatrix} \sigma_1^2 & & \sigma_{jk} \\ & \ddots & \\ & \sigma_j^2 & \\ & \ddots & \\ & & \sigma_p^2 \end{bmatrix}$$

데이터가 표준화되어지면 상관행렬이 된다.

$$R_{xx} = \frac{1}{n} Z' Z = \begin{bmatrix} 1 & & r_{jk} \\ & \ddots & \\ & 1 & \\ & \ddots & \\ & & 1 \end{bmatrix}$$

다음으로

$$f = Xw \tag{8.2}$$

라는 선형모형을 생각해보자. f는 X에 w를 곱해서 얻어지는 합성변수이고, 이것을 주성분스코어벡터라고 부른다. w는 각 변수에 주어지는 가중치벡터이다. 주성분분석에서는 이 가중치를 주성분계수라고 한다.

f는 평균편차벡터이므로 주성분스코어의 분산은, $\frac{1}{n}(f, f)$이다.

주성분분석의 논리는

$$w'w = 1 \tag{8.3}$$

이라는 w에 관한 제약조건하에서 주성분스코어의 분산이 최대가 되도록 w를 결정하는 것이다. 여기서 주성분스코어의 분산을 크게하는 것은 식 (8.2)에서 p개의 변수의 정보를 f라는 합성변수로 요약해야 하기 때문이고, 만약 주성분스코어의 분산이 작으면 샘플간의 차이를 알 수 없게 되어 버리고 만다. 극단적인 얘기로 주성분스코어의 분산이 0이라고 한다면 전 샘플에 동일스코어를 부여하는 것과 같다. 여기에서는 '적은 변수로써 소비자와 제품과 브랜드 등의 차를 분명히 하고자 한다'라는 목적으로 주성분분석을 이해해주기를 바란다.

식 (8.3)에 있어 제약에 관한 것을 좀더 설명하면 더욱 알기 쉬울 것이다. 식 (8.2)을 보면 알 수 있겠지만, w의 크기가 f의 크기를 결정해 버리기 때문에 w를 그대로 두면 주성분스코어가 변화해버리게 된다.

그래서 w의 크기를 일정하게 해둘 필요가 있는 것이다. 식 (8.3)은 $\|w\|=1$과 같은 의미이므로 w를 1로 표준화한 것이 된다. 이것은 어디까지나 약속이고 얼마로 표준화를 하든지 간에 본질적인 차이는 없다. w의 크기를 일정하게 한다는 것이 여기서는 가장 중요한 것이고 $\|w\|=1$로 한 것은 단지 취급상 편리하기 때문이다.

주성분분석의 해법에 따라서 구체적으로 w를 구하고 더욱이 식 (8.2)에서 f를 계산하는 등 그렇게 어려운 과정은 아니다. 그것을 지원하고 있는 분석프로그램들을 이용해서 컴퓨터로 계산해 낼 수 있다면 우리는 그 해석에 주력하면 되는 것이다.

사용자들은 해답의 도출과 수치계산이라는 작업에 열중하기보다 오히려 그 해답이 갖는 의미와 미래에 발생될지도 모를 상황에 더욱 관심을 기울여야 할 것이다.

그럼 왜 주성분스코어의 분산을 크게 해야 하는가, 거기에는 어떠한 정당성이 있는가라는 것을 이해하는 것이 중요할 것이다.

참고로 주성분의 직관적인 이미지를 [그림 8-1]에 나타내었다. 여기서 x_1, x_2로 쓰여져 있는 것은 원래의 변수이다.

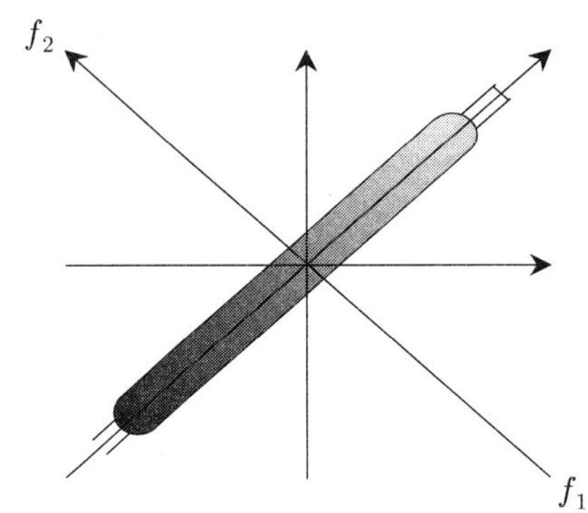

[그림 8-1] 프랑크소시지로 알아보는 주성분분석

f_1, f_2로 쓰여져 있는 것이 주성분분석에서 얻어진 제1주성분과 제2주성분이다. 너무 자세하게 설명한다고 생각되어지면 [그림 8-1]을 보고 어떤 이미지를 가지는지 생각해보자. 개인적인 생각으로 는 프랑크소시지와 같은 것은 어떠한 이미지를 갖고 있다고 생각한다. 우리들이 포장마차 등에서 자주 보는 꼬치와 같은 것은 먹기 쉽도록 쇠로 중앙을 찔러 놓는 것을 볼 수 있다. 그것이 제1주성분과 같은 것이다. 하나 더 찔러야 할 경우 첫 번째와 직각이 되도록 찔러 넣는다면 모양새가 더욱 안정되어 보일 것이다. 이것이 제2주성분과 같다고 생각된다. 원래 있었던 x_1, x_2가 구좌표이며 f_1과 f_2는 신좌표로 결정하는 것이 주성분분석의 요점이라고 할 수 있다.

새로운 합성변수를 만들어 주고, 그 합성변수에 관해서는 스코어의 분산이 최대가 된다. 이와 같은 주성분분석은 실제 재무지표분석이라든지, 지역특성분석이라든지, 구체적인 경영상의 과제를 안고 있는 사용자에게는 유익한 도구가 될 것이다.

2) 스키브랜드의 지각도

수도권 대학생 200명을 대상으로 16종류의 스키브랜드 등에 관해 이미지조사를 행하였다. 질문방법은 '각 스키브랜드는 다음 중 어느 이미지에 해당합니까?'라는 질문으로 예 - 아니오 형의 질문이다. 그 결과만을 [표 8-1]에 나타내었다. 표 안에 있는 수치는 예를 대답한 응답자수를 나타낸 것이다.

[표 8-1]에서 '프로형 같다' ~ '잘 모르겠다'의 10개의 변수에 관한 데이터를 주성분분석을 실시한 결과 [표 8-2]와 같은 분석 결과가 출력되어졌다.

[표 8-2]의 주성분계수를 기초로 해서 제1, 제2주성분을 조합한 공간에 10개의 이미지변수를 플롯한 것이 [그림 8-2]이고, 같은 방법으로 16브랜드의 주성분스코어를 플롯한 것이 [그림 8-3]이다. 전자를 이미지공간, 후자를 브랜드공간이라고 부르기로 한다. 이 2개의 그래프의 세로좌표는 방향이 서로 일치하고 있다.

[표 8-1] 스키의 분석데이터

브랜드명	프로용같다	멋있다	좋아한다	예쁘다	일반적이다	그저그렇다	초보자용이다	촌스럽다	싫다	잘모르겠다	갖고싶다
A	33	15	38	11	71	94	7	4	8	5	37
B	10	6	24	18	75	46	29	5	5	12	10
C	67	5	18	1	32	4	12	25	24	11	14
D	25	5	12	2	33	4	18	40	23	31	8
E	52	32	24	5	32	32	3	11	5	12	25
F	23	7	12	1	8	1	3	32	15	28	11
G	32	13	12	0	37	2	6	23	16	33	9
H	48	26	24	3	20	32	2	10	21	20	23
I	27	14	18	2	20	7	3	9	12	37	11
J	41	25	20	4	24	8	2	12	12	28	17
K	5	3	1	0	48	6	27	74	27	30	3
L	19	17	22	13	22	37	8	17	10	21	16
M	5	1	0	2	18	1	43	69	26	27	2
N	47	19	12	1	17	2	2	14	11	44	14
O	36	8	13	2	7	11	0	10	12	36	8
P	32	7	10	0	1	4	0	11	8	28	8

[표 8-2] 주성분분석의 출력결과

주성분계수

브랜드명	제1주성분	제2주성분
프로용같다	3.49	−12.81
멋있다	3.75	−4.97
좋아한다	8.85	−2.22
예쁘다	3.87	1.60
일반적이다	13.49	12.61
그저그렇다	22.83	5.17
초보자용이다	−2.59	10.82
촌스럽다	−13.72	13.99
싫다	−4.34	2.83
잘모르겠다	−7.29	−2.81
고유치	1084.70	710.50
기여율(%)	49.50	32.40
누적기여율(%)	49.50	81.90

주성분득점

브랜드명	제1주성분	제2주성분
A	2.7	0.8
B	1.5	1.4
C	−0.1	−0.5
D	−0.6	0.6
E	0.8	−0.7
F	−0.8	−0.2
G	−0.3	−0.1
H	0.5	−0.8
I	0.2	−0.6
J	0.0	−0.8
K	−1.0	2.1
L	0.5	0.1
M	−1.5	1.7
N	−0.4	−1.0
O	−0.3	−1.0
P	−0.5	−0.1

[그림 8-2]와 [그림 8-3]을 비교해봄으로써 일반적인 스키 브랜드의 B, 초보자용의 M, 모르겠다의 P, 프로용 같고 멋있다의 H와 같이 각 브랜드의 이미지를 간단히 파악할 수 있다. [표 8-1]을 보는 것보다는 훨씬 더 브랜드상호간의 관계가 파악하기 쉽게 되어 있다는 것을 알 수 있을 것이다. 여기서 표시한 분석결과는 일부 사용자에 대한 이미지에 지나지 않으므로 일반화해서 사용하기에는 부족하다고 할 수 있다. 어디까지나 정보를 수집 가공하는 방법 중 주성분분석의 기능을 설명하기 위해 예를 든 수치 예에 지나지 않는다.

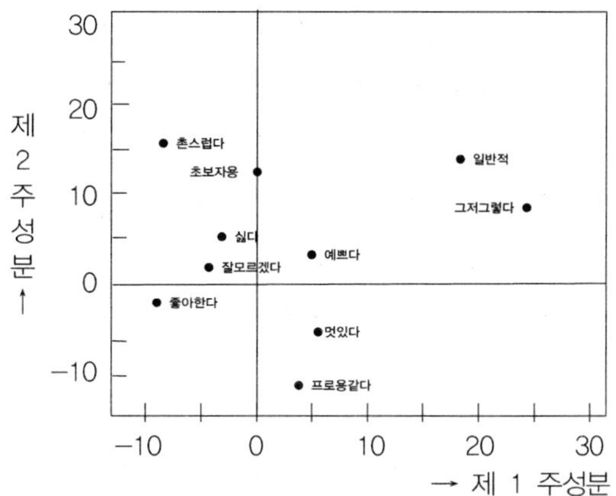

[그림 8-2] 이미지변수의 주성분분석

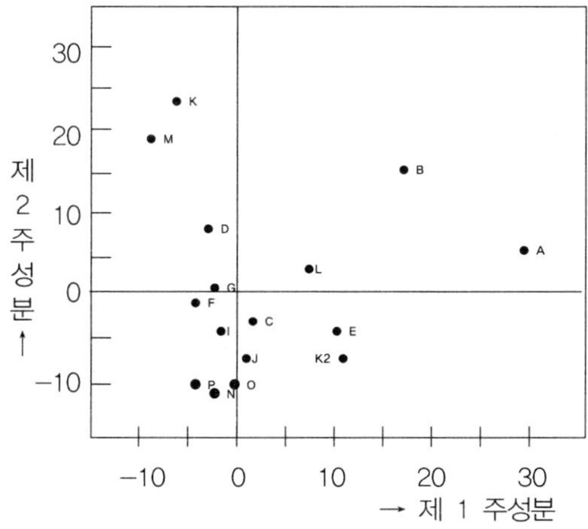

[그림 8-3] 스키브랜드의 주성분스코어

2. 주성분분석의 응용

1) 분석데이터의 표준화

데이터의 표준화는 보통 컴퓨터에게 맡기게 되므로 이 부분을 별로 신경 쓰지 않는 경우가 많다. 하지만 표준화를 생각할 때는 다음과 같은 판단기준을 염두에 두어야 할 것이다.

① 분석하는 변수의 단위가 비슷비슷할 경우 (달러, 톤(t), 밀리미터, 그램, 평 등 측정된 데이터의 단위가 섞여져 있을 경우)에는 데이터를 평균 0 분산 1로 표준화한 다음 비교를 할 수 있다. 이런 경우 상관관계를 본다.

② 분석변수가 전부 동일차원, 동일단위의 양인경우(예를 들면 전부가 원으로 된 단위의 금액)에는 데이터의 대소를 변수간에 비교할 수 있고, 데이터의 분산자체에도 어떠한 정보가 있다고 생각되어지기 때문에 이런 경우에는 공분산행렬을 본다.

②를 선택한 경우는 각 변수의 분산의 대소가 제1주성분으로 나타나는 경우가 많다. 그러한 경우 제1주성분을 싸이즈팩터라고 부르기도 한다. 제2주성분이하에는 각각의 변수의 싸이즈팩터 이외의 공분산정보가 나오게 된다. 단지 '상관행렬'이라든지 공분산행렬은 선택에 지나지 않지만, 주성분분석의 해답이 그 선택에 의해 달라진다는 것에 주의하지 않으면 안 된다. 단, 인자분석의 경우에는 항상 상관행렬을 데이터로 취급하기 때문에 이와 같은 선택은 없다.

2) 누적기여율

[표 8-2]의 출력결과를 보면 누적기여율이라는 것이 있다. 이것은 첫 번째부터 r번째까지의 주성분에 의해서 원래 데이터의 정보에서 몇 %가 설명되어지는가를 나타내는 비율로 이해하면 될 것이다. 따라서 몇 개의 주성분을 이용해야 할 것인지를 선택할 때 이용할 수가 있다. 주성분 전체 중에서 몇 번째까지를 분석결과로서 채용할 것인가 하는 판단기준이 된다.

기여율의 크기는 주성분분석에서 출력되는 λ라는 추정값이다. λ를 고유치로 해석하여 출력되는 프로그램이 많지만 그것보다 중요한 것은 이것이 무엇인가 하는 것일 것이다. 고유치는 실제로는 주성분스코어의 분산을 의미하고 있다.

$$\lambda = \frac{1}{n}(f, f) \tag{8.4}$$

그런데, 제 r주성분까지의 누적기여율 C_r(Cumulative Contribution Rate)의 계산법은 다음과 같고 여기에서의 p는 분석변수의 수를 가리킨다.

$$C_r = \frac{\sum_{k=1}^{r} \lambda_k}{\sum_{k=1}^{p} \lambda_k} \times 100 \tag{8.5}$$

(1) 제 1 주성분에 기여율이 집중해 있는 경우

이것은 변수상호간의 상관관계가 서로 높은 경우에 생긴다. 그런데 기여율이 제1 주성분에 집중해 있다고 해서 꼭 나쁜 것은 아니다. 왜냐하면 그 것이야말로 주성분 분석의 이용 목적이기 때문이다. 만약 어떻게 해서든지 그것을 낮추고 싶다면 새로운 변수를 추가한다든지 현재 사용하고 있는 변수의 일부를 삭제하여 보면 기여율은 변화 할 것이다.

(2) 누적기여율이 커지지 않을 경우

이것은 취급하고 있는 문제의 구조가 복잡하다는 것을 의미하고 있고, 그것을 아는 것만으로도 분석의 의미는 크다고 할 수 있다.

그래도 누적기여율을 크게 해야한다면 분석 변수를 비슷한 속성을 가진 서브그룹으로 나누어 각각의 그룹별로 주성분분석을 행하면 된다. 분석변수가 비슷한 속성을 가지고 있는지 어떤지는 [그림 8-2]와 같이 주성분계수를 공간에 플롯해 보고 군집분석을 이용하면 판단할 수 있다.

식 (8.5)의 분모는 원래 데이터의 분산의 총합과 같다. 그래서 C_r에 의한 변수 선택을 80% 등으로 정해두면 어디에서 변수의 개수를 선택해야 하는지 각각의 분석의 경우에서 결정할 수 있다.

그런데 이 변수선택의 기준 그 자체는 애매한 점도 있다. 그러면 이 80%라는 숫자는 단지 사회적인 약속이고 실제 사회에서 많은 경험자에 의한 경험사실에 지나지 않는다.

다변량해석에는 이와 같이 사용자 사이에도 적용방법을 달리하고 있는 경우가 많다.

만약 사용자가 80%가 아닌 90%로 하고 싶다라고 한다면 그것은 어디까지나 사용자의 개인적 결정일 뿐 특별히 정한 규칙은 없다. 단 통계학적으로 확실히 말할 수 있는 것은 누적기여율을 통해 변수의 수를 선택할 때 그 기준을 100%로 하면 주성분의 수는 분석변수의 p개에 (대략)일치해버리고 만다는 얘기를 할 수 있을 뿐이다. 50개의 변수로 주성분분석을 행하고 50개의 주성분을 구하는 것은 소수의 지표로 정보를 축약한다는 당초의 취지에서 벗어나는 일이라고 생각되어진다.

3) 주성분의 성질

주성분계수의 크기는 그 변수의 주성분에 대한 영향력을 나타낸다고 생각 할 수 있다.

각 주성분의 해석은, 주성분계수(이것은 대개 고유벡터 : Eigenvector라는 이름으로 출력되는 경우가 많다)의 절대값이 큰 변수는 어떤 것인가를 먼저 읽어낸다. 이 고유벡터를 [그림 8-3]과 같이 평면에 플롯해서 그래프로 나타내면 주성분의 해석이 쉽게 된다.

예를 들면, 어떤 주성분계수가 취직율, 교사비율과 같은 변수로 양(+)의 값으로 높으면 이 주성분은 '교육수준'으로 해석 할 수 있을 것이다.

주성분의 성질중에서, 주성분은 서로 직교하고 있다는 것은 기하학적으로 말하면 가로축과 세로축이 직각으로 만나는 상태를 가리킨다. 3차원공간에서 말하면 가로, 세로 및 높이라는 3가지 방향이 직교하고 있는 것이 된다.

따라서 주성분에는 인자분석과 같은 경사진 해답(상관이 있는 해답, 축이 직교하지 않는 해답)은 있을 수 없고, [그림 8-1]과 같이 주성분스코어의 분산의 최대화에 의해서 축의 방향이 확정되므로 축의 회전과 같은 조작도 필요 없다. 주성분에는 회전에 관한 자유가 없음에도 불구하고 주성분을 회전하는 사용자도 있다. 이것은 잘못된 것이다.

주성분의 의미는 반드시 해석하지 않으면 안된다고 할 수는 없지만 만약 해석하고자 한다면 주성분이 직교하고 있다는 성질을 기억해 두어야 할 것이다. 제 1주성분이 '무거움'을 나타내는 주성분이고, 제 2주성분은 '가벼움'을 나타내는 주성분이다. 이와 같은 해석을 가끔 보게되지만, 이것은 넌센스이다. 만약 제 1주성분의 플러스 방향이 '무거움'을 나타내고 마이너스 방향이 '가벼움'이 되어야 한다. 따라서 제2주성분은 제1주성분과는 완전히 관계가 없는 주성분으로 해석하지 않으면 안 된다.

4) 해답의 독립성

제3주성분까지 출력되어져 있지만 처음 2개만을 이용해도 되는가 라는 의문이다. 이는 사용자가 걱정하고 있는 것은 지금의 경우와 같은 제1 · 제 2차원의 해는 주성분을 처음부터 2번째까지 선택했을 경우의 해와 같은가, 그렇지 않고 한번 더 분석을 행하지 않으면 안 되는가라는 의문이 생기게 된다.

결론을 말하자면 주성분이라는 것은 서로 독립적으로 해답을 구한다. [표 8-3]에 동일한 분석 데이터로 $r=3$의 경우와 $r=2$의 경우 그 해답을 나타내고 있다.

[표 8-3] 주성분분석의 해답은 차원수에 의존하지 않는다.

• 제 3주성분까지 추출했을 경우의 주성분분석

변수명	제1주성분	제2주성분	제3주성분
프로용같다	3.49	−12.81	10.00
멋있다	3.75	−4.97	0.60
좋아한다	8.85	−2.22	0.40
예쁘다	3.87	1.60	−1.50
일반적이다	13.49	12.61	4.80
그저그렇다	22.83	5.17	−2.30
초보자용이다	−2.59	10.82	1020
촌스럽다	−13.72	13.99	3.90
싫다	−4.34	2.83	3.40
잘모르겠다	−7.29	−2.81	−3.30
고 유 치	1084.70	710.50	169.40

• 제 2주성분까지 추출했을 경우의 주성분분석

브랜드명	제1주성분	제2주성분
프로용같다	3.49	−12.81
멋있다	3.75	−4.97
좋아한다	8.85	−2.22
예쁘다	3.87	1.60
일반적이다	13.49	12.61
그저그렇다	22.83	5.17
초보자용이다	−2.59	10.82
촌스럽다	−13.72	13.99
싫다	−4.34	2.83
잘모르겠다	−7.29	−2.81
고 유 치	1084.70	710.50

그 결과를 보면 질문에 대한 대답은 되어질 것이다.

인자분석 등은 축의 회전을 이용하기 때문에 3개의 인자까지 선택한 경우와 2개의 인자까지 선택한 경우에는, 회전후의 인자 부하량은 공통적인 부분인 제1 · 2인자에 관해서도 서로 일치하지 않는다.

또한 MDS(다차원척도법)에서도 3차원에서 1 · 2차원 공간배치는 2차원에서의 그것과 일치하지 않는다. (MDSCAL 이라는 모델의 경우)

그것에 비해 주성분분석은 차원수를 선택하는데 있어서 간결하고도 신속히 처리할 수 있다는 것이 장점이다.

3. 카테고리데이터의 처리

우선 카테고리데이터를 취급하는데 따른 그 의미를 설명해 두자. 다변량해석은 0과 1의 값을 취하는 더미(dummy)변수를 적용함으로써 처리가 가능한 데이터의 범위를 확대해 왔다. 그 한 예로서 중회귀분석이나 판별분석에 더미변수를 적용해 왔다.

이와 같은 생각을 넓혀서 다른 다변량해석에도 0과 1의 데이터를 취급할 수 없는 것일까라고 생각할 수도 있을 것이다.

다음에 나타내는 0과 1의 데이터에의 주성분분석 적용은 아직 보편적이라고는 할 수 없는 것이지만 소개해 보기로 한다. 현재의 항생물질은 1000종류이상의 것이 발견되어져 있고 한 가지의 항생물질로 몇 종류의 병을 고칠 수도 있다.

그 일부를 정리한 것이 [표 8-4]로 표 안의 숫자는 특정질병에 '효과가 있다, '효과가 없다'를 의미하고 있다. 이 더미변수 데이터행렬을 그대로 주성분분석에 의해 얻어진 제1 · 2차원의 공간배치는 [그림 8-4]와 같다. 이 그림을 보면 C와 D는 닮았다고 얘기 할 수 있고, B와 A는 어떤 면에서는 닮았다고 얘기 할 수도 있지만, 서로 다른 특징을 갖고 있다는 것을 알 수 있다.

실제 C와 D는 ②와 ④, ⑤, ⑦에 공통적으로 처방할 수 있는 광범위항생물질이고 그 점에서 A, B와는 다르다.

이와 같은 분류는 약학전문가 입장에서는 당연하다고 생각되어지는 결과이므로 주성분분석의 지식이라고는 생각되지 않는다.

[표 8-4] 약효 일람

	A	B	C	D
①	1	0	0	0
②	0	0	1	1
③	0	1	0	0
④	1	0	1	1
⑤	1	1	1	1
⑥	0	0	0	1
⑦	0	1	1	1

그러나 약학에서의 지식이 일체 없는 사람이라도 [표 8-4]의 데이터만 주어지면 [그림 8-4]와 같은 분류상 유용한 배치를 할 수 있다는데 그 의미가 있다.

즉 마케터가 미지의 분야에 관해서 연구해 나가는 경우 0과 1의 데이터만을 이용할 수 있어도 주성분분석에 의해서 정보를 정리하고 현상을 체계적으로 이해하기 위한 실마리를 얻을 수 있다는 것을 시사하고 있다.

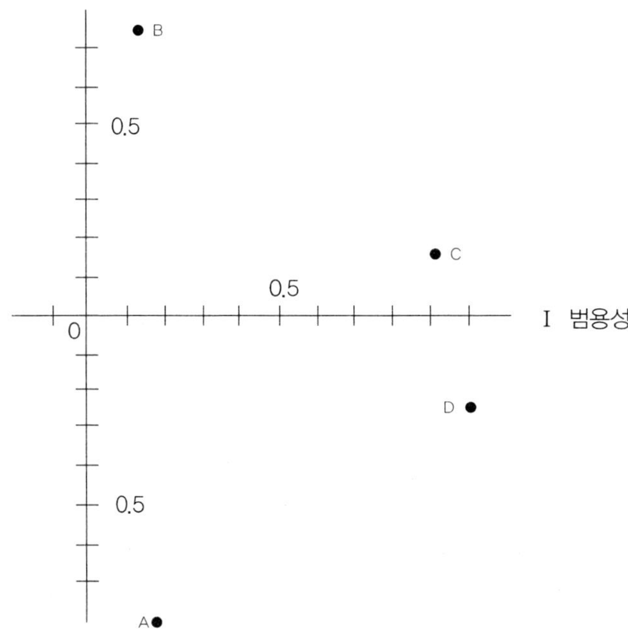

[그림 8-4] 주성분분석의 결과

Chapter

09 인자분석

인자분석은 복잡하게 얽혀져 있는 변수의 배후에 있는 잠재적인 차원을 발견하기 위한 분석방법이며 수량적인 변수를 정리하고자 할 때 많은 도움이 된다. 특히 소비자의 라이프스타일과 브랜드이미지분석 등 사람들의 의식과 태도분석에 자주 이용된다. 그것은 몇 가지 질문을 결합시켜 새로운 변수를 만드는 데에 유용하기 때문이다.

1. 이미지를 측정

원래 인자분석은 인간의 지능을 측정하는 수단으로써 20세기 초에 심리학에서 태어난 분석방법이다.

그 후 1960년대이후 SD법이라는 연구기법의 등장으로 인자분석사용자가 증가되게 되었다. SD법이라는 것은 (Semantic Differential Method)의 약자로 다양하게 불리워졌지만 오늘날 SD법이라고 일반적으로 부르고 있다.

인자분석을 표준적으로 행하는 순서는 [그림 9-1]과 같다.

[그림 9-2]는 SD법으로 기업 이미지를 조사하기 위해서 실시한 조사표의 일부분이다. 이와 같이 '밝다' - '어둡다'와 같은 몇 개의 형용사를 준비하여 보통 7단계의 척

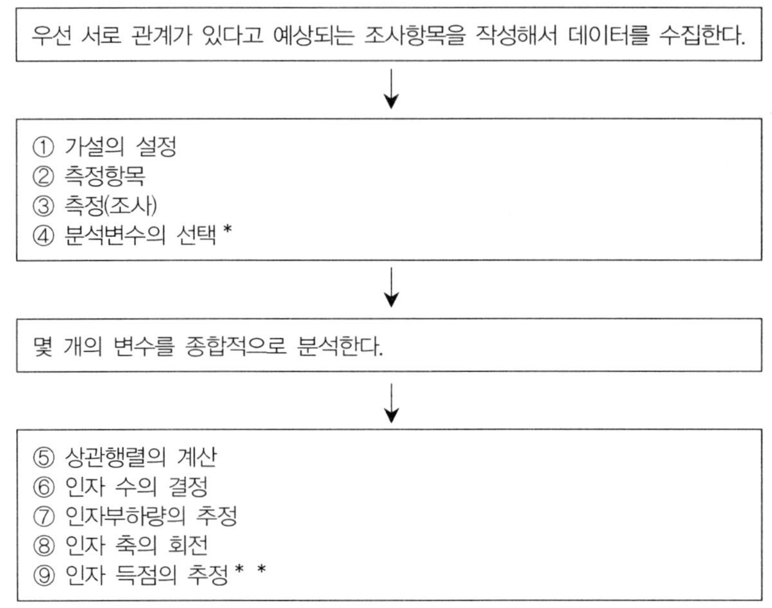

[그림 9-1] 인자분석의 순서

* 결측치가 너무 많거나 반응이 한쪽으로 치우쳐 있는 등의 변수는 제거한다.
** 인자 득점을 기초로 비슷한 변수를 모아서 정리하여 시장 세분화등에 자주 사용한다.

도로써 해답을 얻는 것이 일반적이다. 척도의 좌우에는 정반대의 의미가 되도록하고, 이것을 양극척도로 부르기도 한다. 단 척도의 단계수는 7단으로 한정되는 것은 아니고 5단 또는 9단을 사용 할 수도 있다. 좌우대칭의 척도로 만들기 위해서 홀수의 척도를 사용하는 것이 일반적이기는 하지만 대답이 가운데로 치우치는 것을 막기 위해 2단, 4단, 6단, 8단척도 등을 사용하는 경우도 있다.

그런데 [그림 9-2]와 같은 질문을 A사만이 아니고, B사, C사 등에 관해서도 질문하여 응답한 데이터의 평균치를 구해서, 그것을 꺽은선그래프로 나타내어 비교한 것이 [그림 9-3]이다. 이와 같은 수적처리가 허용되는 전제로써 척도의 1차원성과 등간격성을 가정하고 있다. 척도의 1차원성은 SD의 척도가 직선인가를 생각해야 한다. 즉, '재미없다'에 반대되는 개념이 '즐겁다'인가 '재미있다'인가를 생각해 보아야 한다. 그 결과에 따라 해석이 전혀 달라질 수 있기 때문이다.

[그림 9-2] 이미지 조사의 질문형식

또 하나는 계급의 폭이 전부 같은가라는 의문이다. '상당히 재미있다'와 '제법 재미있다'의 심리적인 차는 '약간 재미있다'와 '어느 쪽도 아니다'와의 차와 같다고 얘기 할 수 있는가.

두 가지 전제 조건은 실제로 보이게 차이를 증명하는 것은 어려운 문제로 일반적으로 증명할 수 없다. 한편 이 두 가지가 만족되었다고 가정하고 과감하게 분석할 수 밖에 없는 것이 현실이다.

실무에 있어서 [그림 9-3]을 보고 있는 것만으로도 각 사의 특징이 이해되어지지만, 회사의 수와 척도의 수가 더욱 늘어나게 되면, 그래프가 복잡하게 되고, 비교가 어렵게 된다. 그것도 SD그래프는 각 척도가 각각 다른 이미지를 측정하고 있다라고 척도의 독립성을 암묵적을 가정하고 있다. 그러나 '무겁다'와 '크다'의 척도는 중복되어져 있을지도 모른다. 그래서 계급의 폭에 관한 문제의 대책으로써 SD법에 의한 평균 값 데이터행렬로 인자분석을 행하게 되는 경우가 많다. 인자분석의 결과출력 예를 [그림 9-4]에 나타낸다.

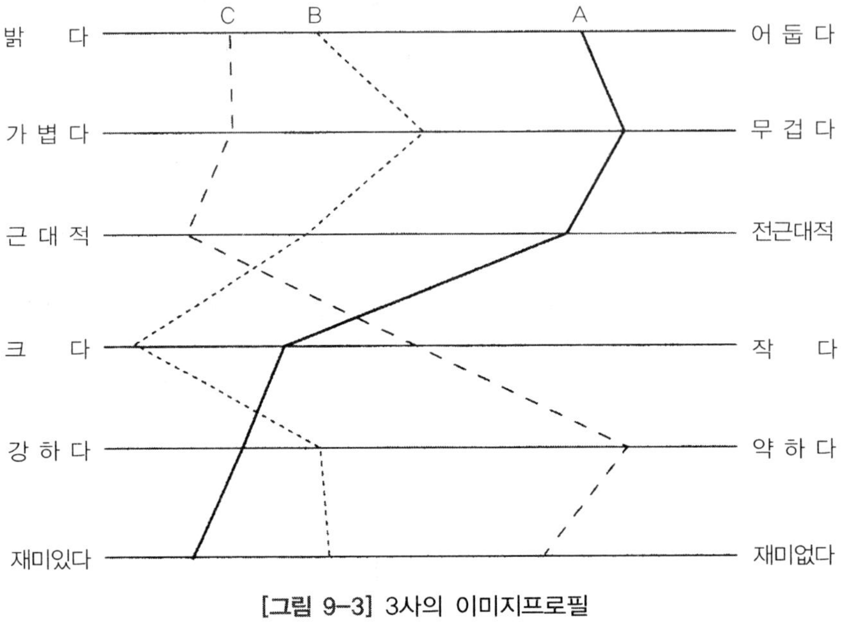

[그림 9-3] 3사의 이미지프로필

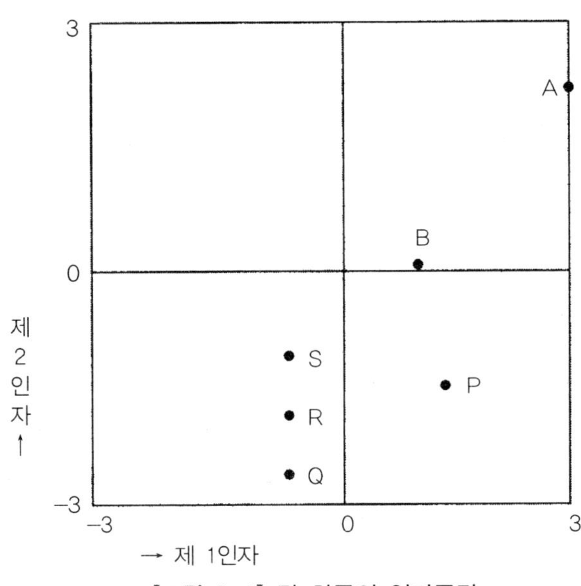

[그림 9-4] 각 차종의 인자공간

서로 상관이 있었던 이미지프로필을 직교한 공간에 변환함으로써 정보의 축약 및 정리를 행한 것이다. 이와 같은 해석 자체가 앞에서 지적한 척도의 1차원성과 등간격성을 전제로 하고 있는 것은 물론이다.

[그림 9-4]가 [그림 9-3]과 같은 이미지프로필보다 각사의 포지셔닝이 훨씬 더 알기 쉽게 되어있다. 이미지 척도 항목도 이 2차원 공간에 플롯할 수 있기 때문에 가로좌표, 세로좌표의 의미를 기준으로 해서 차종에 대한 해석을 해낼 수 있기 때문이다.

이 좌표를 인자분석에서는 '인자'라고 부른다. 그 외 '축'으로 부르기도 하고 수학적으로는 '차원'으로 부르기도 한다.

이와같이 인자분석은 다변량데이터의 정보를 소수의 인자로 표현해서 문제를 정리 해결하는데 많은 도움을 준다. 인자공간에 위치시킬 수 있는 것으로는 국가, 지역, 시설, 브랜드 및 정치인 등 분석목적에 맞는 것이라면 어느 것이라도 좋다.

2. 인자분석순서

인자분석의 순서는 [그림 9-1]에서와 같이 출력 방법은 다양하고 많다.

그러나 출력을 보고 해석해 내는 포인트는 그렇게 많지는 않다. 우선 다음과 같이 구체적인 질문을 200명의 주부에게 이 8항목을 질문했다고 하자.

문제

당신의 일상생활과 쇼핑에 관한 것을 여쭙겠습니다. 다음의 ①~⑧의 항목이 당신자신에게 해당되는지 그렇지 않은지를 판단해서 5항중 하나를 선택하여 ( )내에 기입해주세요.

1. 그렇지 않다. 2. 그렇지 않은 편이다. 3. 어느 쪽도 아니다.
4. 그런 편이다. 5. 그렇다.

① 계획적으로 돈을 사용하고 있는 편이다.( )
② 작은 물건이라도 이집저집 둘러보고 조금이라도 싼 것을 찾는다.( )
③ 매일 아침, 점심, 저녁은 반드시 먹고 있다.( )
④ 영양 밸런스에 신경을 쓰고 있다.( )
⑤ 항상 샀던 상표를 좀처럼 다른 걸로 바꾸지 못한다.( )
⑥ 식료품을 살 때는 그 외 다른 것도 사고 싶어진다.( )
⑦ 식료품과 잡화를 사는 것은 귀찮다.( )
⑧ 직접 재료를 사서 요리를 하는 편이다.( )

대상자 번 호	평정법의 회답 ①	②	③	④	⑤	⑥	⑦	⑧
1	3	2	5	5	3	4	3	3
2	4	5	1	3	4	5	5	2
3	3	3	4	5	3	5	2	2
4	1	1	1	1	1	1	2	3
5	2	4	3	2	4	4	2	1
⋮	⋮							
198	5	5	4	5	5	5	1	1
199	1	1	4	5	4	4	5	3
200	3	1	2	1	5	5	3	1

[그림 9-5] 쇼핑태도의 평정법

	제 1 인자	제 2 인자
항목①	0.665	−0.052
항목②	0.732	0.002
항목③	0.570	−0.183
항목④	0.476	−0.197
항목⑤	0.573	0.164
항목⑥	0.162	0.801
항목⑦	−0.093	0.813
항목⑧	0.354	−0.568
제곱합	2.018	1.727

[그림 9-6] 인자부하량의 추정치

1) 인자부하행렬의 읽는 법

주인자해법에서 얻어진 인자부하량은 각 항목과 각 인자와의 상관계수를 의미한다. 따라서 최대가 1, 최소가 −1 사이의 값을 취한다. 0이라면 그 조사항목과 인자와의 직선적인 관계는 없다라는 의미이다.

열의 제곱합은 인자부하량이 전체가 0에서 어느 정도 떨어져 있는가를 나타낸다.

예를 들면 제1인자의 인자부하량벡터를 a_1이라 하면 그 요소의 제곱합은 a_1의 내적 (a_1, a_1)이다. 대개 인자분석을 위한 프로그램에서는 이 제곱합(a_1, a_1)을 말한다. 대개 인자분석을 위한 프로그램에서는 이 제곱합(a_1, a_1)을 '고유치'라든지 eigenvalue로 출력된다.

고유치가 인자부하량의 크기를 나타내는 개념이라는 것을 알면 고유치가 큰 것이 좋은가 작은 것이 좋은가는 알 수 있을 것이다.

물론 큰 것이 좋다. 반대로 고유치가 아무리 작다고 하더라도 마이너스는 되지 않는다. 왜냐하면 어떠한 실수도 제곱을 하면 양수가 되어버리기 때문이고, 그 합계도 당연히 양수가 되기 때문이다. 만약 마이너스라면 어딘가 문제가 있는 것이다.

[그림 9-6]에서 행의 제곱합은 각변수의 공통성을 의미하고 있다. 항목 1에서는 $0.665^2 + (-0.052^2) = 0.445$가 공통성이 된다.

모든 변수에 관해서 공통성의 총합은 인자부하량의 제곱합과 모든 인자에 관한 인자부하량의 합계와 일치한다는 것을 알 수 있다. 그럼 공통성이란 무엇인가. 각각의 변수가 가지고 있는 정보중에서 어느 정도가 인자공간에서 설명되어졌는가 라는 것을 비율로 나타내고 있다. 항목1은 44%만이 설명되었고, 나머지는 설명되지 않았다라는 것을 알 수 있다. [그림 9-7]은 이것을 보기 좋게 표현해 놓은 것이다.

$$\text{원래의 정보} = \begin{pmatrix}\text{모델에서} \\ \text{알수있는것}\end{pmatrix} + \begin{pmatrix}\text{모르는것}\end{pmatrix}$$

각 변수의 분산 =	공통성	+	독자(특수)성
	communality		uniqueness
=	h^2	+	u^2

[그림 9-7] 인자분석의 분해

대개 사용자는 공통성이라든지 communality와 같은 말이 출력되어지면 무시해버리는 경우가 있다. 그러나 공통성이라는 지표는 사용하기에 편리한 지표이다. 예를 들면 라면의 맛에 대한 평가항목 안에 UN의 활동에 대한 찬·반이라는 항목을 하나 추가했다고 하면 아마 UN에 대한 활동의 찬반에 대한 공통성은 작게 될 것이다. 즉 공통성은 각 변수가 다른 변수에 비해서 어느 정도 중요한가를 나타낸다고도 할 수

있고, 인자공간 내에서 어느 정도의 위치를 차지하고 있는 변수인가를 수치로 나타내 주고 있는 것이다. 때문에 반복조사를 하게 되는 경우에는 공통성이 낮은 변수를 제거해도 인자공간 내에서 영향을 크게 미치지 않기 때문에 공통성은 질문 항목의 선택시에도 유용하게 사용될 수 있다.

2) 인자수 결정의 수준

인자분석의 발상은 복잡한 현상을 정의하여 간단하게 설명하고자 하는 것이므로 인자의 수는 그다지 많지 않을 것이라는 것을 기대하고 인자분석을 사용하게 된다. [그림 9-4]의 예에서도 8개의 질문항목을 인자분석을 행하여 8개의 인자를 추출하였다면 인자분석을 행한 의미가 없어지고 만다.

그래서 제3인자, 제4인자로 출력되는 결과를 보고 어디에서 인자수를 결정하면 되는가하는 기준이 필요하게 된다.

실무자들은 보통 다음의 기준으로 인자수를 결정하는 경우가 많다.

① 고유값이 1.0 이상

② 누적기여율이 80% 이상

고유값은 앞에서 설명한 대로 주인자해법에서 얻어진 인자부하행렬에서 열의 제곱합이다. 만약 어떤 인자와 항목 3의 부하량이 1로 다른 항목과의 부하량이 0이라고 하자. 이때 $(a, a) = 0^2,\ 0^2 + 1^2 + 0^2 + 0^2 + 0^2 + 0^2 + 0^2 = 1$이므로 이 인자는 한 변수의 정보를 모두 가지고 있고, 고유 값은 1이 되어버린다. 간단히 말하자면 위의 ①의 기준은, 1개의 인자는 원래의 질문에서 적어도 1항목의 정보 정도는 갖고 있어야 한다는 것을 나타낸다.

한편 ②는 분석변수의 수를 p, 제 j인자의 고유값을 λ_i로 하면 $C_j = (\lambda_j / \sum_{j=1}^{p} \lambda_j) \times 100$으로 각 인자의 기여율 C_j를 구하고, 그것을 제1인자에서 차례로 더해간 누적 퍼센트를 가리킨다. 여기서에 주의해야 한다. 인자부하량의 제곱합을 공통성의 총합으로 나누어 구한 것에 주의해야 한다. 인자공간에서 설명할 수 있는 정보를 완벽히 채용한다면 인자수가 너무 많아지므로 80%정도에서 결정하자는 것이다. 왜 80%인가?라는데 대한 이론적 근거가 있는 것은 아니고 어디까지나 경험해온 것을 바탕으로 말하는 것이다.

그런데 기준이 ①이 되건, ②가 되건 데이터를 가지고 실제로 인자분석을 행하여 보지 않으면 인자수에 대한 추측이 어렵다는 것이 인자분석의 단점이라고 할 수 있다. 고유값이 갑자기 줄어든 시점에서 인자수를 결정한다든지 하는 것은 분석한 상관행렬에 따라 달라지므로 획일적으로 판정 할 수 없다. [그림 9-8]은 고유 값의 추세를 꺾은선그래프로 나타낸 것으로 이것을 스크리플롯(screeplot)이라고 한다. 고유 값을 크기순으로 플롯하여 변화가 크게 일어나기 전에서 인자수를 결정하고자 하는 것이지만 이 기준에 의해서는 판단되어지지 않는 경우도 있다.

또 한 가지는 분석변수의 수에 따른 적절한 인자 수를 [표 9-1]과 같이 정리하여 놓은 것도 있으므로 그것도 고려해 볼 수 있다.

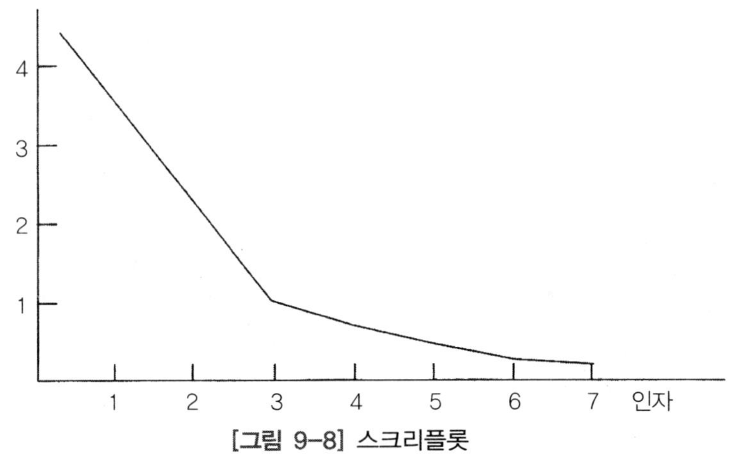

[그림 9-8] 스크리플롯

[표 9-1] 분석변수의 수와 적절한 인자수

변수의 수	인자수
8~13	2
14~18	3
19~25	4
26~31	5
32~38	6
39~46	7
47~53	8

원래 인자수의 결정은 사용자가 사전에 이론 검토를 통해 결정해서 할 수도 있지만, 그것은 이용하는 프로그램에 따라서 다를 수도 있다는 것을 알아두어야 한다.

3) 축의 회전

인자분석에서는 주성분분석과 같이 한 번에 요인을 확정짓는 것이 아니고 회전에 관해서 어느 정도의 자유가 있다. 회전이라는 것은 좌표축을 바꿀 수 있다는 것을 의미한다.

어떻게 인자를 회전시키면 좋은가 [그림 9-9]의 ①과 같이 인자부하량이 플롯되어져 있다면 ②와 같이 회전하면 인자와 각 변수와의 결합이 확실하게 보이게 될 것이다.

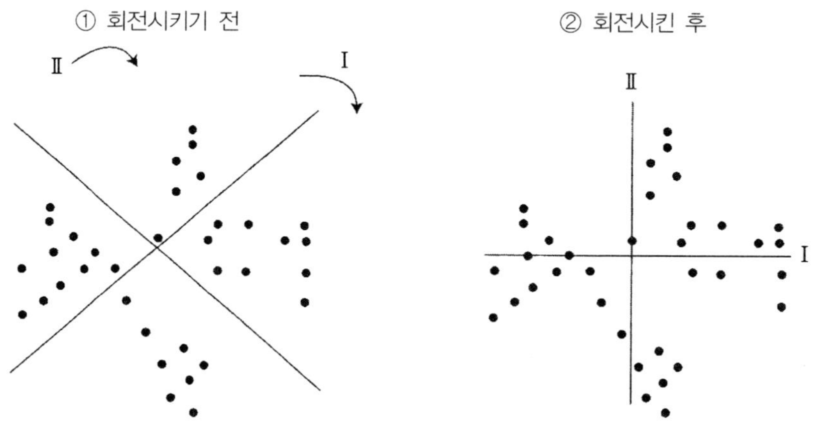

[그림 9-9] 좋은 회전의 예

이와 같이 한번의 회전으로 그 구조가 확실히 파악되는 경우 단순구조(simple strueture)라고 부른다.

이러한 작업을 번잡한 계산과정이 없이 자동적으로 축을 회전시키는 방법이 다양하게 개발되어져 있지만, 그 중에서도 VARIMAX회전이 가장 일반적인 방법이다. [그림 9-9]에서 ①과 ②를 비교하면 ②가 Ⅰ축, Ⅱ축 선상에 분포가 존재하고 있고, 인자부하량의 분산이 크게 되어져 있다. 이 분산을 최대화 하고자 하는 것이 VARIMAX회전의 가장 큰 특징이다(정확히 표현하면 인자부하량의 제곱의 분산을 최대화 되도록 하는 것이다).

3. SD법

SD법이 무엇인가를 살펴보는 것은 인자분석의 특징과 한계를 이해하는데 많은 도움이 될 것이라고 생각된다. SD법의 제창자인 일리노이대학의 오즈굳(C.E.Osgood)이라는 심리학자는 "개념(concept)의 정서적 의미(affective meaning)는 문화와 언어의 차이에 영향을 받지 않고 공통적이다"라고 주장했다. 그 보편적인 의미공간은 다음의 3가지 차원으로 되어있다는 것이 그의 EPA설이다. 지금으로 말하자면 인지공간(cognitive space)의 연구에 해당된다고 해도 될 것이다.

E (Evaluation) -평가성
P (Potency) -역동성(또는 잠재력)
A (Activity) -활동성

그의 제안은 1950년대에 시작되어 1957년에는 '의미의 측정'이라는 논문으로 발표되어 이론적 의미에서뿐만이 아니라 실무적 의미에서도 당시 커다란 반응을 일으킨 방법이었다.

우선 이론면에서 개별영역의 전문화가 되어지고 있었던 당시의 심리학에서는 이와 같은 걸작이 탄생되어 세계의 사회심리학자, 정치학자, 문화인류학자들이 경쟁적으로 도입하여 사회과학분야에서 일시적으로 SD붐이 일어났던 것이다. 개인*개념 *평가척도라는 3상구조로 이루어진 데이터분석 결과는 개인, 개념 및 평가척도의 조합에 의존하고 있다. 따라서 그의 주장은 일반적으로 실증되어지지는 않았지만, 그가 조사한 데이터들을 보면 앞의 EPA 3인자가 추출되어졌다는 것이다.

그럼에도 불구하고 그의 3인자설이 실증되어진 것처럼 오해되었던 것은 실증에 다음과 같은 요령을 사용하였다.

① 처음부터 EPA 3인자가 추출될 수 있는 변수군을 분석자가 준비한다.
② 그래도 해석하기 어려운 인자가 나오면 그 인자와 관련되어진 변수를 제거한다.
③ 그리하여 재분석하면 반드시 EPA 3인자가 추출되고 가설이 실증되었다고 발표한다.

한편 비즈니스의 세계에서는 이와 다른 이유로 SD법이 유행하였다. 우선 그 이유는 '밝다' - '어둡다'와 같은 간단한 형용사를 도입해서 질문한다는 것이 그들에게는 가장 매력적이었을지도 모른다. 간단하다는 것은 현장에서 일하는 사람에게는 큰 장점이 되기 때문이다 . 다음으로 SD법이 쇠퇴한 이유는 이 방법이 이미지를 측정조사하는 데에 주로 사용되었기 때문에 질문양이 늘어나 응답자가 지칠 정도가 되어버렸다는 단순한 이유에서이다. 다변량해석이라고는 하지만 인간의 협력을 전제로 데이터를 획득하는 것이기 때문에 인간의 능력을 무시해서는 정확한 데이터입수가 될 수 없다. 이러한 부담에서 벗어나기 위해 최근에는 대응분석과 같은 분석방법이 자주 이용되게 된 것이다.

4. 주성분분석과의 구별

인자분석과 주성분분석과는 어디가 다른가. 어떻게 나누어 사용하면 되는가. 라고 생각하게 될 것이다. 같은 데이터를 어느 방법으로도 분석가능하고 출력 결과의 차이를 알기도 어렵다. 그렇기 때문에 이 2가지 방법은 닮아있다고 결론 지어버리기 쉽지만 그것은 오해이다. 결론을 말하면, 인자분석과 주성분분석은 논리가 정반대이다.

그 이유는 [그림 9-10]을 보면 알 수 있을 것이다.

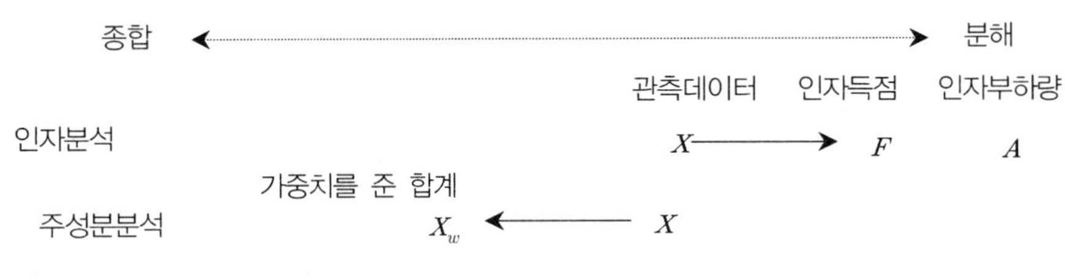

[그림 9-10] 인자분석과 주성분분석

다시 말하면 인자분석은 관측데이터를 분해하는데 반해서 주성분분석은 관측데이터를 종합해가고 있다. 전자를 미분이라 한다면 후자는 적분이다라고 할 수 있다.

인자분석의 논리에서는 조사이든 실험이든 얻어진 관측데이터 자체에는 관심이 적고 관측 값의 배후에 숨어 있다고 생각되어지는'인자'라는 가설적인 개념에 관심을 두는 것이다. 그렇기에 인자분석은 인간의 심리적 구조를 파악하고자하는 심리학자의 손에 의해 탄생되게 된 것이다. 예를 들면 학생들의 성적을 평가하여 성적이 높은 학생은 어느 과목에서도 성적이 높았다라고 하면 표면에 드러난 성적의 배후에는 '일반적인 지능 인자'가 존재하고 있을 것이다라고 추측하게 되었던 것이다. 더욱이 지능 인자는 '수리계 능력'과 '어학계 능력'으로 나누어지는 것이 아닌가라는 것과 같은 연구가 인자분석의 선구자에 의해 행하여져 왔다.

한편, 주성분분석은 $f = X\omega$로 되어있어 그 논리는 단순하다. 다시 말하면, 다수의 지표로는 복잡하므로 그것을 소수의 합성지표로 요약해서 표현하고자 하는 실무적인 필요에 의한 방법이라고 할 수 있다.

인자분석과 주성분분석 중 어느 쪽이 어려운가라고 질문하면, 당연히 인자분석이 어렵고 고도의 문제를 취급하고 있다.

그런데 컴퓨터에 입력하는 데이터는 차이가 없다고 하더라도 컴퓨터가 뒤에서 하고 있는 처리에는 확실한 차이가 있다. [표 9-2]에서 그 차이점을 밝혀 두었다.

[표 9-2] 인자분석과 주성분분석의 차이점

	인 자 분 석	주성분분석
입력 데이터의 변환	상 관 행 렬	공분산행렬, 상과행렬
주요한 설명정보	변수간의 상관	변수의 분산, 변수간의 공분산
공 통 성	추 정 함	공통성의 개념없음
회 전	이 용 함	이용하지 않음

사용자의 입장에서 보면 회전은 인자분석과 주성분분석을 구별할 수 있는 커다란 차이점이다. 회전방법에 의해서 인자의 해석이 쉽게 되어지고, 해석의 방법도 주관을 개입시킬 수 있게 된다.

한편 주성분분석의 경우는 같은 데이터라면 누가 분석하여도 같은 결과가 나오기 때문에 분석의 재현성이라는 의미로 생각하면 가치 있는 분석이다. 결국 이 2가지 분석방법의 선택은 분석자의 성격과 가치관에 따른다고 해도 좋다.

5. 인자분석의 문제점

인자분석은 사용자의 입자에서 생각하면 다음과 같은 고민에 빠져들기 쉽다.

① 정답이 정해져 있지 않다.

② SD법(표본×상표×척도)에서는 질문량이 너무 많다.

③ 인자분석에 의한 가설검정은 큰 의미가 없다.

원래 인자분석자체가 고도의 분석방법이므로 확실한 해결책은 있을 수 없을지 모르지만 다음과 같은 방법으로 위의 문제를 해결하면 어떨까라고 제안한다.

①에는 가장 보편적인 방법을 사용한다.

②에는 예와 아니오의 질문형식을 취한다.

③에는 가설대로 결과가 나오는 것은 당연하다.

우선 ①은 같은 데이터라고 해도 옵션 지정에 의해서 결과가 다르다는 사용자의 고민을 피하고자 하는 것이다. 인자분석을 사용할 때 아래와 같이 그 방법을 고정해 버리고 누구나가 같은 사용법을 사용한다면 그 고민은 없어질 것이다. 물론 이론적으로는 방법론에 따른 토의가 있을 수 있지만 그러한 토의는 다변량해석을 수리적으로 규명하고자 하는 사람에게 넘기고 여기서는 이하의 방법을 사용할 것을 권장한다.

• 인자분석의 표준적인 사용법
인자추출법…………………주인자법
공통성의 초기 추정값……SMC
고유값선택…………………1.0이상을 채용한다.
회전법………………………VARIMAX

여기서 SMC(Squared Multiple Correlation)란 하나의 변수와 나머지 변수와의 중복 정도를 나타내는 계수라고 이해하자. [그림 9-5]의 예에서 질문항목 ①을 나머지 질문항목 ②~⑧로 중회귀분석을 했을 경우의 결정계수가 ①의 SMC이다. 앞에서 나온 중회귀분석을 읽으면 결정계수의 의미는 알 수 있다.

다음으로 질문량이 많은 고민②는 [그림 9-11]과 같은 질문으로 간략화해서 데이터를 수집하면 된다.

질문 : 다음에 있는 6개의 상표를 보시고 그렇게 생각하면 '예'에 그렇지 않으면 '아니오'로 대답해 주세요.

	품질이좋다	친숙해보인다	신뢰감이있다	고급스럽다	전통이있다	딱딱해보인다	신선해보인다
A는→	1	2	3	4	5	6	7
B는→	1	2	3	4	5	6	
C는→	1	2	3	4			
D는→	1	2					
E는→	1						
F는→	1						

[그림 9-11] 인자분석을 위한 질문 예

이 경우 개인에 관한 인자득점은 알 수 없다는 것이 문제이지만, 브랜드공간을 만들고자 한다면 이것으로 충분하다.

난점 ③의 해결방법으로는, 원래 인자분석에서는 결국 가설이 실증된 것처럼 생각하기 쉽지만, 오히려 가설대로 결과가 나오면 이득이 되는 정보가 아무 것도 없는 것이 되어버리고 만다.

다변량해석에 있어서는 '발견'한다는 것이 중요하므로 생각하지 않았던 결과가 나오는 것이야말로 의미있는 것이다.

Chapter 10

클러스터분석

포지셔닝분석과 함께 산업계 전반에서 안정적으로 폭넓게 사용되어지고 있는 분석방법이다. 그 이유는 시장을 분할하여 그 대응책을 세우는 시장세분화를 위한 분석도구이기 때문이다. 왜 시장전체를 상대로 하지 않고 분할된 시장을 취급하는가를 말하면, 오늘날 우리 시장상황은 성숙화를 지난 포화상태이고 그런 조건 속에서는 특정 소비자그룹에 맞추어 전략을 짜야하기 때문이다.

따라서 기업은 표적을 선정하여 상품을 개발하고 그에 따른 어프로치로 유통, 판촉, 커뮤니케이션전략을 전개해나가는 것이 효율성이 훨씬 높기 때문이다. 이와 같은 시장인식으로 고객을 몇개의 서브그룹으로 분할하는 수단으로써 클러스터분석이 자주 사용되고 있다.

1. 클러스터분석의 이용법

만약 시장세분화를 메이크업화장품의 구입액으로 하려고 한다고 하자. 남녀별로 구입액을 집계해본 결과 남성그룹은 구입액이 낮고 여성그룹은 구입액이 높았다고 하자. 이 경우 성별 분류에 의해 시장세분화가 되어 있는 것이다. 이런 것을 통계학에서는 남녀의 급내분산은 작고, 남녀간의 급간분산은 크다라고 한다.

그러나 어떤 기준으로 시장을 세분화해야 할 것인가가 분명치 않은 경우도 많다. 그래서 클러스터분석이 등장하게 되는 것이다.

극히 일반적인 클러스터분석의 순서는 [그림 10-1]과 같다.

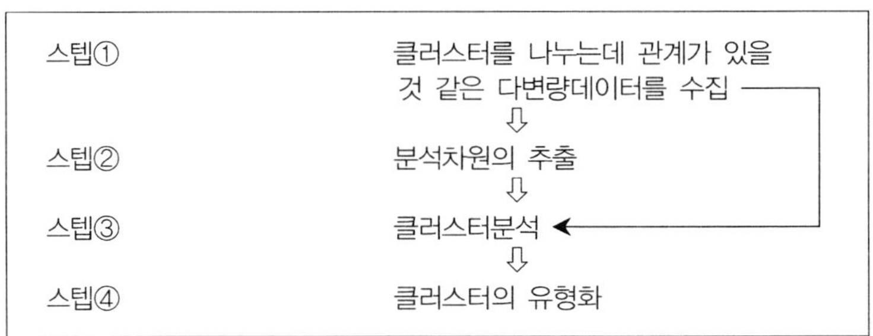

[그림 10-1] 클러스터분석의 절차

여기서 스텝 ①과 ②는 분석변수를 요약해서 데이터의 차원을 축소하고 나아가 직교화한 공간에 응답자와 분석변수를 위치시키기 위해서 행해진다. 여기까지는 인자분석과 같은 프로세스이다.

지금까지 클러스터분석을 행할 때에는 우선 인자분석을 행하고 거기서 얻어진 인자득점으로 클러스터분석을 행하는 경우가 많았다. 그렇기 때문에 인자득점으로 클러스터분석을 행하는 것이 곧 시장세분화라고 오해하고 있는 사용자도 있다.

다변량데이터의 정리는 대응분석, 주성분분석 등의 방법으로도 가능하기 때문에, 반드시 인자분석만이 가능한 것은 아니다. 또한 ①→③으로 직접 갈 수도 있다. 단, 그 경우는 원래 데이터에 포함된 상관관계를 배려하면서 클러스터분석을 행하지 않으면 안되기 때문에 클러스터분석이 더욱 복잡하게 되어버린다.

또한 세분화 해야하는 대상이 반드시 사람이라고는 할 수 없고 기업, 브랜드, 건물 및 제품 등의 경우도 있다. 더욱이 다변량데이터행렬의 열의 요소인 측정변수로 클러스터분석을 행하는 것도 의미가 있다.

클러스터분석은 인자분석에서와 같이 사용자가 결정해야 하는 것이 여러 가지 있으므로 그것들을 [표 10-1]에 정리하였다.

[표 10-1] 클러스터분석에서 지정사항

①	분류대상의 데이터행렬	□ 물건 (행을) □ 변수 (열을)
②	분류의 형식	□ 계층적 방법 □ 비계층적 방법
③	대상간의 형식	□ 유클리드 거리 □ 그 외
④	클러스터의 합병법	□ WARD법 □ 중심법 등

1) 분류의 대상

분류의 대상을 지정하는 것을 위의 표와 같이 데이터행렬의 행을 그룹화 할 것인가, 열을 그룹화 할 것인가 하는 것이 다르다. 이 두 가지는 클러스터분석의 이용목적에서 비교하면 크게 다르지만 형식적인 것을 생각하면 데이터행렬 x를 전치하면 행의 클러스터분석과 같은 알고리즘으로 열의 클러스터분석도 가능하기 때문에 수학적으로 큰 차이는 없다고 말할 수 있다.

2) 분류의 형식

클러스터와 클러스터는 되도록 떨어지게 하고 클러스터내는 되도록 같은 요소가 들어가게 분류하면 되지만 그것이 어려운 문제라고 할 수 있다. 그래서 비슷한 요소들을 모아 나가는 다양한 방법들이 개발되어져 있다. [그림 10-2]는 2가지 방법의 차이를 그림으로 나타낸 것이다. A～Ⅰ의 9개의 점이 비계층적 방법에서는 3개의 클러스터로 분할되고, 한편 계층적 방법에서는 축구, 테니스에서의 토너먼트형식과 같은 형식으로 그룹으로 묶여져 간다.

이것을 계통도(dendrogram)라 부른다.

이것만으로는 2가지 분석법에 대한 장단점을 알 수 없기 때문에 보충 설명을 하기로 한다.

비계층적 방법에서는 미리 클러스터의 수를 지정해서 하면, 지정한 클러스터의 수의 제약하에서 최적의 분류를 하게 된다. [그림 10-2]의 예에서 C_1, C_2, C_3의 3개의 클러스터는 각 요소가 겹쳐짐이 없이 서로 다른 클러스터에 속해 있고, 각 클러스터

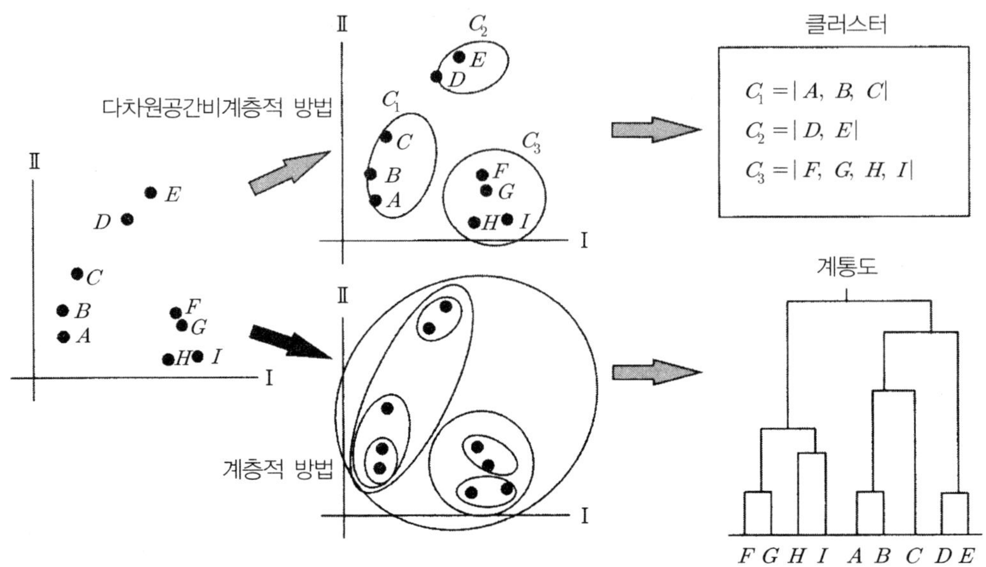

[그림 10-2] 계층적 방법과 비계층적 방법

내의 요소는 가깝게 모여있기 때문에 그런데로 최적의 분류가 되어 있는 것처럼 보인다.

그러나 중요한 것은 '어떻게 해서 클러스터가 3개인가를 알 수 있었는가'라는 점이다. 클러스터분석은 다른 다변량해석법과 같이 해석하기 전에는 그 분류 구조는 알 수 없었을 것이다. 클러스터가 몇개 존재하는지를 알 수 없기 때문에 비계층적 방법에 문제점이 생긴다고 할 수 있다.

그런 점을 보완하기 위해서 계층적 방법이 필요하게 된다. 계층적 방법의 로직(logic)은 다음과 같다. '세상에 있는 것 중에서 같은 것은 하나도 없다. 그래서 하나하나가 클러스터인 상태에서 출발하여 차례로 가장 가까이 있는 것을 합병해 나가고 결국은 하나의 클러스터가 될 것이 틀림없다'라는 논리인 것이다.

그러나 이 방법은 클러스터를 몇 개로 하면 될 것인가에 대한 정확한 결론을 내리기 어렵다. 즉, 덴드로그램을 어디에서 잘라야 할 것인지에 대한 명확하고 객관적인 기준이 없기 때문이다.

여기서 비계층적 방법과 계층적 방법의 장단점과 사용법을 정리해 둔다.

[표 10-2] 클러스터분석의 적용

	비계층적 방법	계층적 방법
장점	• 최적분할이 가능 • 클러스터분할 처리속도가 빠르다.	• 클러스터수를 미리 정하지 않아도 됨
단점	• 클러스터수를 미리 정하기 위한 객관적 기준이 확립되어 있지 않다.	• 대상의 수가 많으면 계층도를 그리기 어렵다. • 클러스터수의 결정을 위해 고민하게 된다.
사용	• 클러스터분석의 대상수가 많을 경우	• 클러스터분석의 대상수가 30 이하정도로 적을 경우

어떠한 방법을 사용하더라도 몇 개를 어느 시점에서는 클러스터 수를 결정해야 한다.

그러나 클러스터분석에서 절대적인 판정기준은 없다. 실제적으로는 [그림 10-1]의 스텝④에서 다양한 클러스터분석별로 클러스터와 소비자특성 또는 행동과의 크로스 집계를 행하여

- 유형을 보기 쉽게 정리하고
- 마케팅전략상 유용한 클러스터수를 결정하는 것이 합당하다고 하겠다.

어느 정도까지 클러스터수에 맞추어 기업이 대응할 수 있는가는 상품특성에 따라서 다르다. 일반적으로는 4~7개의 클러스터로 나누는 것이 일반적이지만 이것은 통계학적으로 결정될 수 있는 것은 아니다.

3) 대상간의 거리

다차원공간내의 점간거리를 측정하는 도구로써 유사성, 근사성 및 상관계수 등 다양한 것이 있다. 그러나 여기서는 유클리드거리로 대상과 대상과의 거리를 측정하고 가까운 것부터 순차적으로 클러스터화해가는 것에 대해 설명하기로 한다.

예를 들면 χ와 y라는 2 점이 2차원공간내의 점으로

$$\chi = \begin{bmatrix} 5 \\ 4 \end{bmatrix} \qquad y = \begin{bmatrix} 1 \\ 1 \end{bmatrix}$$

이라고 하면 그 점의 차의 백터 d는

$$d = x - y = \begin{bmatrix} 5 \\ 4 \end{bmatrix} - \begin{bmatrix} 1 \\ 1 \end{bmatrix} = \begin{bmatrix} 4 \\ 3 \end{bmatrix}$$

이 된다.

$$\text{유클리드 거리 } \|x-y\| = \sqrt{(x-y, x-y)} \tag{10.1}$$

d의 내적에 있어 양(+)의 평방근을 유클리드거리라고 한다.

식 (10.1)은 유클리드거리의 정의식이고, 그것도 계산 순서를 나타낸 것이다.

여기서도 벡터의 내적이 등장한다.

단, 식 (10.1)의 우변에서의 벡터에 알려져 있는 ‖ ‖는 벡터에서의 하나의 수를 나타낸다.

위의 예에서 $\|d\|$를 계산해 보면

$$(d,d) = [4\ 3]\begin{bmatrix}4\\3\end{bmatrix} = 4^2 + 3^2 = 25 \tag{10.2}$$

루트를 취하면 $\|d\| = \sqrt{25} = 5$가 된다.

그러나 이와 같은 계산을 해본 것만으로는 유클리드거리의 이미지를 확실하게 나타낼 수 없다고 생각된다. 그래서 그것을 그림으로 표현한 것이 [그림 10-3]이다.

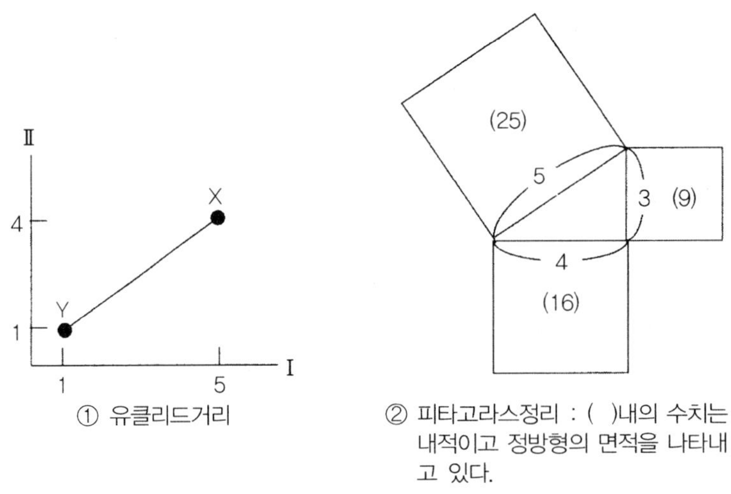

[그림 10-3] 거리를 어떻게 측정할 것인가

이 그림의 ②를 보면 식 (10.2)의 계산은 ‘직각 삼각형의 빗면의 제곱은…’이라는 피타고라스 정리를 나타내고 있다는 것을 알 수 있을 것이다. 그리고 공간의 차원이 그 차원 또는 3차원으로 제한되어진 것이 아니라는 것도 알 수 있을 것이다. 예를

들면 5차원공간 벡터가,

$$d = \begin{bmatrix} 1 \\ 2 \\ 3 \\ -1 \\ -1 \end{bmatrix}$$

이라면 그 내적은

$$(d, d) = 1^2 + 2^2 + 3^2 + (-1)^2 + (-1)^2 = 16$$

따라서 $\|d\| = \sqrt{16} = 4$로 유클리트거리가 계산되어진다. 즉 클러스터분석에 사용되는 차원수는 10차원, 20차원이어도 상관없다. 이것은 논리적으로는 상관이 없다는 것이고, 각각의 분석사례에 있어서 어느 정도 다차원공간이 실질적인 것인가라는 문제와 몇 차원까지 분석할 수 있도록 프로그램이 만들어져 있는가라는 것들을 별도로 하고 실제의 응용에서는 2~5차원 공간정도로 클러스터분석을 행하게 된다.

4) 클러스터 합병법

[그림 10-2]를 다시 한번 살펴보자. 계층적 방법에서는, 우선 {F, G}라든지 {H, I}와 같은 아주 접근해 있는 요소로 클러스터를 만들고, 다음 단계에서 이 2개의 클러스터를 합병하고 있다. 이러한 클러스터의 합병은 당연히 가까운 클러스터끼리 우선적으로 합병한다는 프로세스를 거치게 되지만, 그럼 어떻게 가깝다, 멀다 와 같은 추상적인 개념을 정의할 것인가가 문제이다. 이 문제에 대해서는 최단거리법(nearest neighbor or single linkage), 최장연결법(farthest neighbor or complete linkage), 평균연결법(average limkage), WARD법, 밀도연결법(density linkage)등 다양한 방법이 개발되어져 있다.

최단거리법에서는 [그림 10-4]의 예와 같이 7번째의 대상이 가까이 있는 10번과 연결되지 않고, 멀리 떨어진 1번과 같은 클러스터에 들어가 버린다는 이상한 결과가 나올 수도 있다.

이것을 체인효과(chain effect)라고 부른다. 그 외의 방법도 있지만 각각 독특한 특성은 있다. 그러나 이것이 좋고 나쁘다로 판단하는 것은 어렵다.

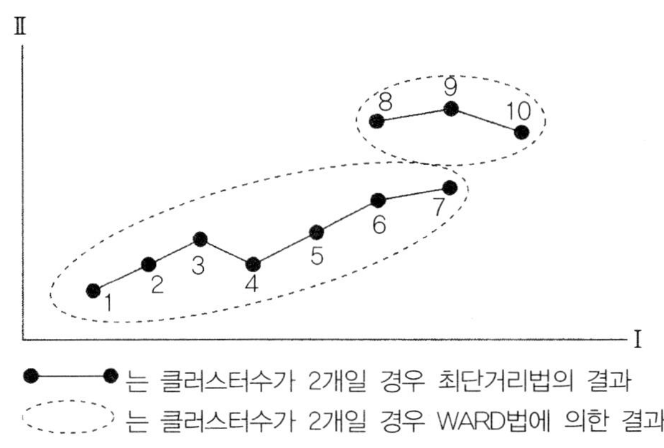

[그림 10-4] 최단거리법에 의한 체인효과

지금까지의 연구자 또는 실무자들의 평가에서는 WARD법(Ward's method)이 해석상 의미 있는 결과를 제공하는 경우가 많다라고 평가되고 있다.

WARD법의 로직은 다음과 같다. 우선 각클러스터에 속하는 대상의 좌표벡터를 $x_i(i=1,2,\cdots)$라고 하고 각 클러스터의 중심 g로 부터의 편차제곱합을 계산한다.

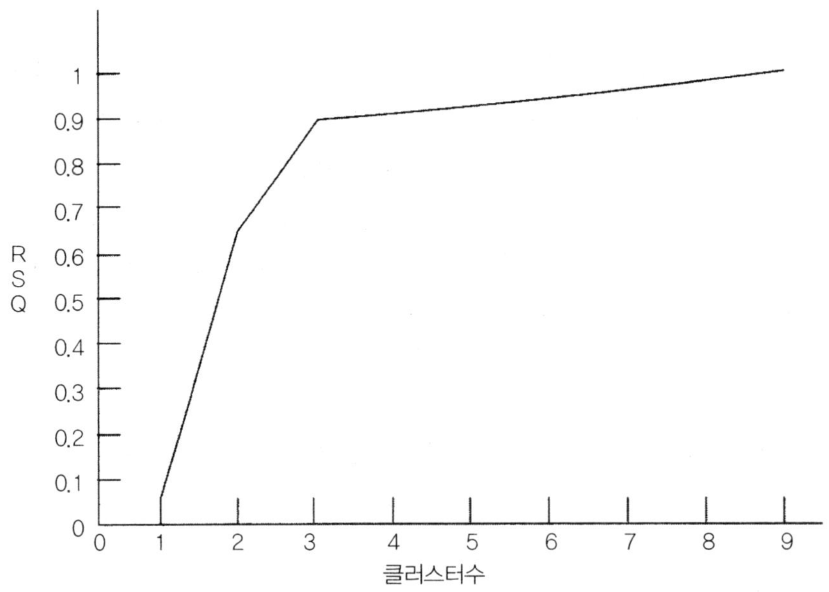

(주) 종축은 RSQ라든지 R-square 라고하고 전변동에 대한 급간변동의 비율을 의미한다. 아래의 표에서는 B/T의 상관비에 해당한다.

[그림 10-5] 클러스터의 수와 급내변동과의 관계

즉 $d_i = x_i - g$ 에서 $\sum(d_i, d_i)$를 구한다. 이것을 급내변동이라든지 클러스터내의 평방합이라고 부른다. 그런데 2개의 클러스터를 합병해서 하나의 클러스터로 나타내고자 할 경우 급내변동의 증가분을 LI(loss of information, 정보손실량)로 정의하며 클러스터를 합병하면 급내변동은 커진다. 이것은 통계적인 원칙이기도 하다.

[그림 10-2]의 예를 기초로 만든 이미지 그림을 [그림 10-5]에 나타내었다. 클러스터가 3개 이상이 되어지면 급내변동이 급격하게 증가하여 R^2가 낮아져가는 것을 볼 수 있다.

이와 같이 클러스터를 합병함으로써 반드시 LI는 증가하게 되지만, 그 LI의 증가를 최소화하도록 합병해나가고자 하는 것이 WARD법인 것이다.

[표 10-3] 변동원인별 거리의 평방향

변동원인	거리의 평방향
급간변동	B
급내변동	W
전 변 동	T

2. 클러스터분석사례

1) 클러스터분석의 응용

다음과 같은 가상 데이터를 설정하여 클러스터분석을 행하여 보고 어떻게 세분화에 활용되었는지를 보도록 하자.

① 제목 : 생활가치관에 의한 세분화
② 조사목적 : 여사원들의 생활가치관을 그들의 퇴근후의 행동에서 찾고, 그 행동양식과 의식을 밝히고자 한다.
③ 조사대상 : ○○시의 회사에 근무하는 20~35세까지의 미혼 직업여성 200명
④ 질문내용 : • 퇴근후의 행동(7항목)
• 평일 퇴근후의 가정 내에서의 행동(5항목)

- 퇴근후 행동에 관한 의견(6항목)
- 생활전반에 관한 의견(25항목)
- 인구사회학적 특성(5항복)

⑤ 분석방법 : 인자분석을 통하여 퇴근후의 행동과 관련된 생활 가치관의 추출

↓

인자득점을 이용한 클러스터분석을 통하여 퇴근후의 행동을 세분화

↓

교차분석(클러스터간 또는 클러스터와 인구지리학적 특성)을 통하여 퇴근 후 행동에 대한 의식과 행동양식을 밝히고자 한다.

9장에서 소개한 인자분석을 행하여 얻어진 인자득점을 이용하여 클러스터분석을 행한다. 그리고 각 클러스터간의 특징(차이)을 밝히기 위한 방법으로 첫째, 다차원공간에서 차원을 해석하여 차원과 클러스터의 관계를 살펴보고, 둘째는 인구사회학적 특성과 그 외의 의식행동과의 교차분석을 행하여 클러스터의 요인과 각 클러스터의 차이점을 분명히 한다.

우선 차원에 대한 해석을 [표 10-4]에 나타낸다. I축의 +방향은 적극적 행동이라고 이름을 붙이고 Ⅱ축의 — 방향은 실리추구라고 이름을 붙이기도 한다.

[표 10-4] 차원의 해석

	+방향	— 방향
I축	적극적 행동	현실만족
	• 사고 싶은 것은 돈을 빌려서라도 산다. • 유명브랜드가 역시 좋다. • 단골집이 있다와 같은 항목에 반응	• 지금 직장의 급여 노동조건에 관한 항목에 '만족'으로 반응
II축	회사인간	금전추구
	• 회사 일을 우선적으로 하고 인생의 보람을 일에서 찾고자 한다와 같은 항목에 반응	• 일의 내용보다 월급을 중시한다. 결혼상대의 첫째 조건은 경제력이다와 같은 금전감각에 관한 항목에 반응

[표 10-4]에 관하여 보충설명을 하면 +방향이라든지 — 방향이라는 어떤 절대적인 가치의 우열, 상하관계가 있는 것은 아니다.

즉 회사인간이 금전추구보다 위에 존재한다든지의 개념은 아니라는 것이다.

더욱이 클러스터와 다른 질문항목과를 교차집계한 것을 기초로 클러스터의 프로필을 작성하게 되는 것이다. 그것을 [표 10-5]에 나타낸다.

[표 10-5] 각 클러스터의 프로필

클러스터	속성	프로필
A (?형)	• 최상층(평균용돈 300만원 이상이 50%, 200만원이상이 11%) • 75%가 가족과 동거	• 전형적인 현대 캐리어우먼으로 유행에 민감하고 가족과 동거하고 있는 사람이 많다. 수입은 거의 자신이 용돈으로 사용하고, ○○○○카드 등의 사용률이 높다. • 일에 대해서는 그다지 적극적이지 않고, 현실에도 어느정도 만족하고 있기 때문에 스트레스는 별로 받지 않는다. • 벌써 애인이 있거나 애인에 가까운 존재가 있고 결혼에 관해 어떻게 해야 할 것인가를 생각하고 있다.
B (?형)	• 에코노미층(평균용돈 60만원/월) • 일반사무직에 근무하는 사람이 압도적이다.(71%)	• 확실히 정한 애인은 없는 타입으로 친구들과 어울리는 것을 좋아하는 타입 • 자기개발을 하고 싶지만, 행동으로 옮기지 못함(금전적으로 여유가 없는 것이 큰 이유)
C (?형)	• 중산층(평균용돈 80만원/월) • 기획직이 25%, 일반 사무직이25%	• 일에 대한 책임감이 아주 강하고 지금의 일에 만족하고 있다. 상승욕구가 강한타입으로 자기 개발에 관심이 많고, 적극적으로 행동으로 옮긴다. • 금전에 관심이 높지만 결코 낭비는 하지 않는 타입
D (?형)	• 중산층(평균용돈 80만원/월) • 80%가 가족과 동거하고 있음 • 다른 그룹에 비해 연령이 약간 높다.	• 어느 정도의 경력이 있고 일과 직장에 대한 만족감이 강하고 소속감 또한 강하다. 그러나 일에 너무 익숙해져 습관적으로 일을 하고 진취성이 모자란다. • 직접 나서서 어떤 일을 주도 하지는 않지만, 권유당했을 경우에는 거절하지 않는다. 대화의 내용은 주로 회사의 신입사원, 부장등과 같은 일에서의 희노애락을 주로 느낀다.
E (?형)	• 최빈층(평균용돈20만원/월)이하 • 비교적 단신자가 많고36%, 가족동거는 25% • 거의가 일반 사무직(85%)	• 전형적인 단신생활자, 생활비 등 어떠한 금전적인 것에 관해서도 깊이 생각해 버리고 마는 스타일 • 생활 속에서의 꿈은 '경제력이 있는 남성과 결혼하고 싶다'가 가장 많다. • 자기개발과 같은 것은 먼 미래를 위해(금전적인 이유로)포기한 상태

여기서 클러스터 A를 (?형), B를 (?형) 등으로 해둔 것은 클러스터 속성과 프로필을 보고 자신이 직접 이름을 생각해보고 알맞은 것을 한번 넣어보라는 의미에서이다.

여기까지가 일반적으로 사용되는 클러스터의 절차에 따른 분석법이라고 하겠다.

실제 이러한 과정을 거쳐 소비자를 유형화하여 시장세분화전략에 이용하기 되는 것이다.

Chapter 11

다차원척도법(MDS)

다차원척도법(MDS)은 지각공간에 대상을 위치시키기 위하여 사용되는 기법이다. 많은 마케터들은 포지셔닝문제에 많은 관심을 가지고 있을 것이다. 현재 우리는 누구와 경쟁하고 있는가. 어떤 포지셔닝전략을 실시해야 하는가 등 이와 같은 가장 실제적인 문제에 MDS가 이용된다.

1. 다차원척도법이란?

다차원척도법은 기본적으로 2가지 문제를 생각해야 한다. 첫 번째로 고객이 대상(조직, 제품, 브랜드)을 어떻게 지각 또는 평가하고 있는가하는 것을 분리해내지 않으면 안 된다.

예를 들어 학생은 대학을 평가할 때 등록금, 집에서의 거리, 자신의 실력, 학교시설 등을 이용하여 평가하게 될 것이다. 대상을 그래프로 표현가능하다는 이유에서의 2차원으로 표현하게 된다. 그러나 고객의 지각과 평가를 나타내기 위해서 더욱이 몇 개의 차원이 필요할 경우도 있기 때문에 표현 불가능한 경우도 있다. 두 번째로, 이들 차원에 관해 대상의 위치를 정할 필요가 있다. MDS의 출력 결과는 차원상에 대상을 위치시키는 것이고 그것을 지각맵이라고 부른다.

MDS는 몇가지 어프로치(approach)가 있다. 그것은 다음과 같은 요인에 의해 다르게 취급되어져야 한다.

① 어떤 가정을 하고 있는가?
② 어떤 관점으로 생각하고 있는가?
③ 어떤 입력데이터(input data)인가?

[그림 11-1]은 입력데이터에 의해 어프로치가 어떻게 달라지는가를 나타내었다. 만약 대상이 대학이라면 속성은 교수진, 명성, 설비 및 비용 등이 될 것이다. MDS는 이들 속성을 결합시켜 다른 대상간의 유사성 또는 선호관계를 생각하는 것이다. 따라서 2개의 대학 중에서 어떤 대학이 다른 대학보다 어느 정도 선호되고 있는가를 평가할 수 있을 것이다.

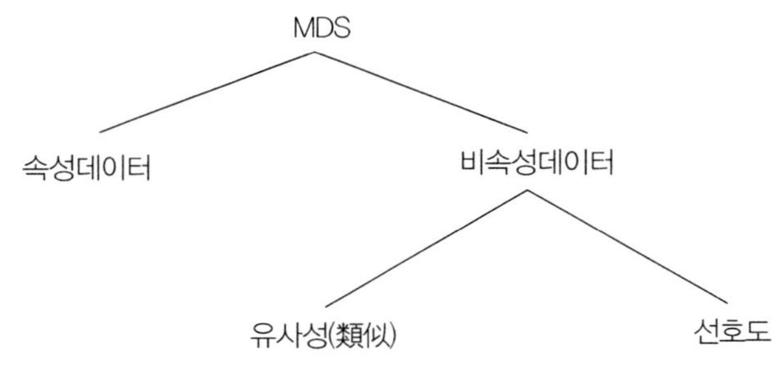

[그림 11-1] 다차원척도법의 어프로치

1) 속성을 기초로한 어프로치

속성을 기초를 한 어프로치의 중요한 가정은 대상에 관해서 개인의 지각에 있어 기초라고 생각되는 속성의 식별이 가능하다는 것이다. 예를 들어 비알콜음료시장의 지각맵을 개발하는 것이 목적이라고 하자. 나아가 탐색조사에 의해서 14개의 음료수가 식별되어지고 그것들에 관해 기술 또는 평가하는데 이용되는 9개의 속성이 있다고 하자. 응답자그룹은 이 9개 속성의 각각에 관해 7점 척도로 평가하도록 하였다.

이 속성을 소수의 차원으로 나타내는데 자주 이용되는 것 중의 하나가 인자분석이다. 각 응답자가 9개의 속성에 관해 14개의 음료수를 평가하기 때문에 응답자는 결국 배후에 숨어있는 인자 각각에 관해 14개의 인자득점 즉 음료수 각각에 관해 하나의 인자득점을 가지게 된다. 지각공간에 있어 각 음료수의 위치는 그 음료수에 관한 평균인자득점이 된다.

[그림 11-2]의 지각맵을 살펴보자. 3개의 인자는 분산의 77%를 설명하고 있고, 9개의 속성을 잘 요약하고 있다고 할 수 있다. 각 음료수는 인자공간상에 위치시킬 수 있다. 그러나 인자가 3개이므로 2개의 맵으로 나타낼 필요가 있다(인자 1과 2, 인자 1과 3).

[그림 11-2]에서 벡터의 방향은 각 속성과 관련이 있는 인자들을 나타내고 벡터의 길이는 관련성의 강도를 나타낸다. 따라서 [그림 11-2]의 ①에서 '양이 많다'라는 속성은 어떤 인자와도 관련성을 가지고 있지 않지만 ②에서 '양이 많다'라는 속성은 '건강'이라는 인자와 관련이 깊다.

속성의 수를 소수의 차원으로 감소시키기 위해서 이용되는 두 번째 어프로치는 판별분석이 있다. 인자분석의 목적은 해석 가능성을 최대화하여 분산으로 설명되어지는 차원을 만들어 내는 것이지만, 그와는 대조적으로 판별분석의 목적은 가능한 한 대상을 판별하여 분리시키는 차원을 만들어내는 것이다. 어느 속성이 어느 차원에 대해 어느 정도의 공헌도가 있는가는 그 속성에 관해 대상간 어느 정도 지각의 차이가 존재하는가에 의해 결정된다. 유의성 검정이 이용가능하다는 점이 인자분석에 비해 장점이라고 할 수 있다. 그 검정에 의해 0이 아닌 대상간의 거리가 통계적 우연에 의해 발생할 확률이 결정된다.

[그림 11-3]은 판별분석에 의한 시카고의 맥주시장에 관한 MDS의 결과를 35가지의 속성 각각에 대해 8개의 맥주브랜드를 기술하였다. 각 브랜드는 500명의 응답자를 평균하여 2개의 차원상에 위치시켰다. 17개의 속성이 벡터로 그림에 나타나 있다. [그림 11-2]와 같이 브랜드 2개의 차원과 속성과의 상관은 그들 벡터의 길이와 방향에 의해 나타내어진다.

따라서 2개의 차원은 어느 속성 또는 속성의 어느 클러스터가 더욱 가까운가를 식별함으로써 해석할 수 있다. 이 경우 횡축은 '가격 —품질'의 차이를 나타내고 종축은(신선함과 맥아가 들어있다 등을 나타냄) '진하다'의 개념으로 나타내고 있기 때문에 '가격 —품질'축이 보다 좋은 판별기준이다 라고 할 수 있다. 왜냐하면 브랜드는 '진하다'라는 종축보다도 횡축을 중심으로 흩어져 있기 때문이다. 브랜드는 그 브랜드를 위치시킴으로써 2개의 주요한 판별축이나 17개의 속성 벡터 중 어딘가에 관련되어져 평가되어 진다. 점선('기혼여성에게 인기가 있다'라는 속성에 수직으로 되어있는)은 '밀러'가 기혼여성에게 가장 인기가 있다고 지각되고 있고, 다음으로 버드와

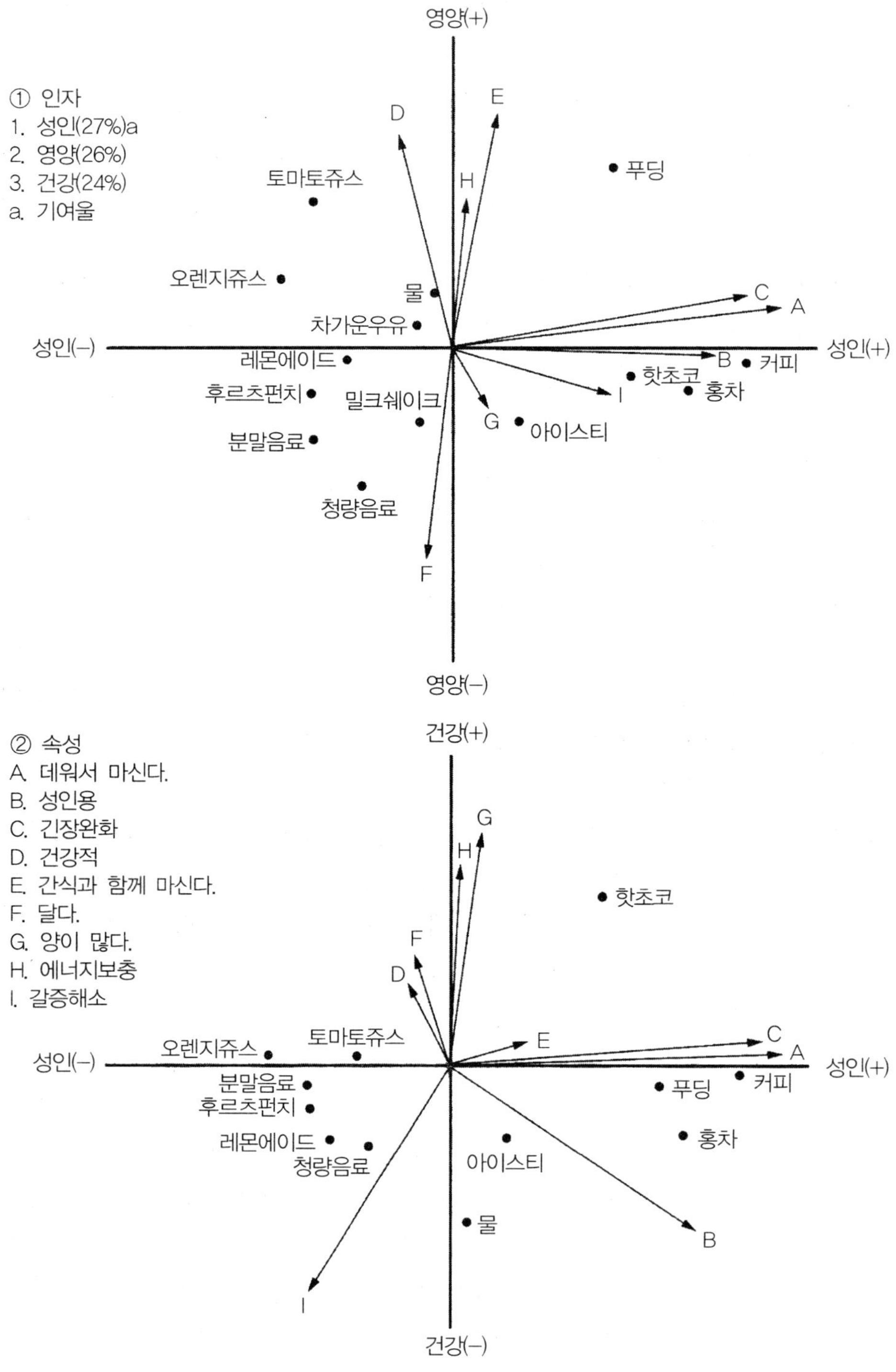

[그림 11-2] 비알콜음료수의 지각맵

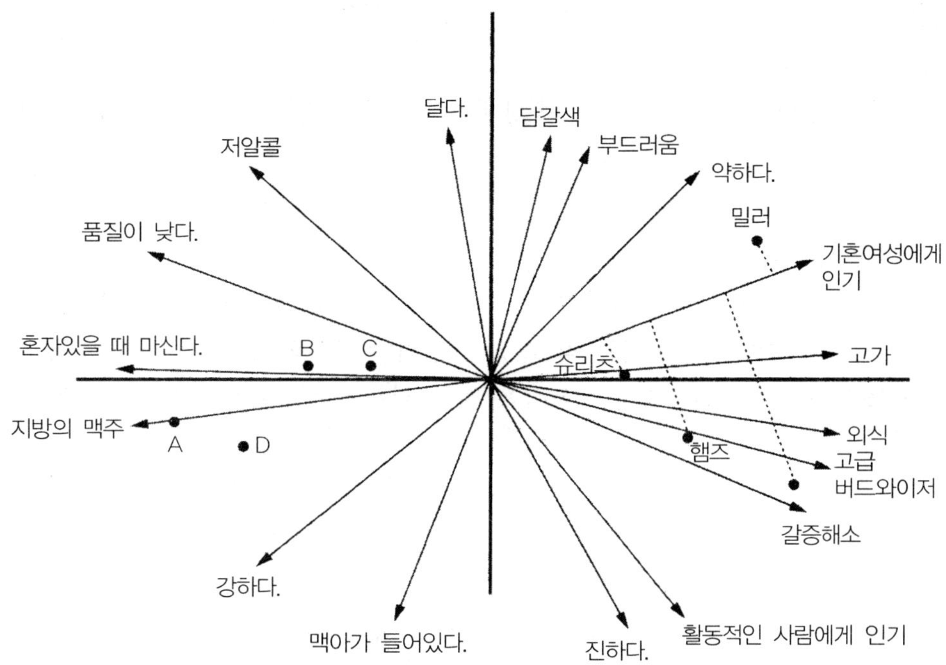

[그림 11-3] 시카고 맥주시장

(자료원) Richard M.Johnson. "Market Segmentation-A Strategic Managment Tool". *Journal of Marketing Research*, 9 (February 1971), p.15.

이져, 슈리츠 및 햄즈 등이 계속해서 대중적인 가격인 맥주가 위치하고 있다. 이에반해 버드와이져는 가장 비싼 맥주로 인식되고 있다는 식으로 해석해 나가면 될 것이다.

2) 비속성데이터

속성데이터를 취급하는 MDS는 차원이 속성과의 상관을 나타내므로 해석이 용이하다는 이점을 가지고 있지만, 몇가지의 결점이 있다.

① 속성의 리스트가 정확, 완전하지 않는 경우
→ 사람들의 지각의 차이를 표현하기 어렵다.
② 사람들이 대상을 지각하거나 평가하지 않고 있을 경우
→ 사람들이 대상을 전체로써 지각하거나 평가하는 경우도 있다.
③ 많은 차원을 표현하기 어렵다.

→ 인자분석이나 판별분석은 직선성이라는 가정을 하고 있다

위와 같은 결점에 의해 사용자는 비속성데이터(유사성 및 선호도데이터)를 이용하게 된다.

(1) 유사성 데이터

유사성척도는 간단히 말하면 응답자의 눈에 지각된 2개의 대상의 유사성을 반영하는 것이다. 예를 들면 각 응답자는 각 대상에 관해 유사성의 정도를 평가하도록 한다. 예를 들면 A대학과 B대학의 유사성을 측정하는 방법으로 다음과 같은 방법이 있다.

아주 닮아있다						아주 닮아 있지 않다
□	☑	□	□	□	□	□
1	2	3	4	5	6	7

위의 경우 A대학과 B대학은 상당히 닮아있다고 말할 수 있다. n개의 대상이 있을 때 총 $\frac{n(n-1)}{2}$개에 대하여 순위를 부여하여야 한다. 따라서 대상의 수가 많아질수록 응답이 곤란하다.

대상이 10개인 경우

$$\frac{10\times(10-1)}{2} = 45$$

계산의 편리성을 위하여 4개의 대상을 고려한 경우를 [표 11-1]에 나타내었다. 먼저 쌍대비교에 의한 유사성의 판단은 응답자표본에 관해 평균 유사성의 판단을 나타내고 있다. 이때 평균 순위는 평균 유사성을 이용하여 행렬로 나타낼 수 있을 것이다. 그러나 대상이 늘어나면 순위를 매긴다는 것은 곤란하다는 점에 유의하기를 바란다.

지각맵은 평균 유사성평정에 의해서 구하여진다. 그러나 가장 일반적으로 이용되는 것은, 데이터중에서 서수 또는 non-matrix부분만을 이용하는 것이다.

[표 11-1] 유사성 판단

① 평균유사성 평정					
대상		A	B	C	D
	A				
	B	3.2			
	C	1.7	2.9		
	D	5.1	3.3	4.7	

② 유사성정도에 의한 순위					
대상		A	B	C	D
	A				
	B	2			
	C	1	4		
	D	6	3	5	

따라서 [표 11-1]의 ①에 있어서 A와 C가 1.7이라는 평균 유사성을 가지고 있다는 것은 대상 A와 C는 다른 것보다 더욱 가깝다라고 해석할 수 있다. ②는 그것을 순위 정보로 바꾸어 나타낸 것이다. 서수 또는 non-matrix 정보를 자주 이용하게 되는데 이유가 있다. 첫 번째로 간격척도 또는 matrix를 서수 또는 non-matrix 데이터로 바꾸어도 그 결과는 영향을 받지 않고 거의 같은 양의 정보를 가지고 있게 된다. 두 번째로 non-matrix 데이터를 기초로 입력하는 프로그램은 matrix 데이터를 이용하는 프로그램보다 입력하는데 유리하다.

유사성의 순위를 소수의 차원을 가진 맵(map)상에 거리로 변환하기 위해서 다양한 소프트웨어(SAS, SPSS등)가 이용된다. 그리고 유사성이 높은 대상은 근접하고 그렇지 않을 것은 거리가 멀어지게 된다. 컴퓨터프로그램은 2개, 3개 또는 그 이상의 차원의 공간에 4개의 대상을 위치시키게 된다. 그리고 최단거리는 (A, C), 다음은 (A, B), 제일 먼 것은 (C, D)가 된다. 2차원공간에 있어서 이들의 제약조건을 만족시키는 하나의 해(解)는 다음과 같이 나타낼 수 있다.

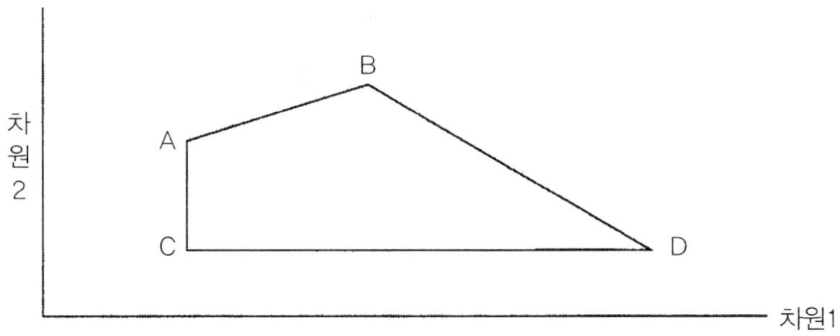

[그림 11-4] 제약조건을 만족시키는 하나의 해

이유는 이와 같은 기법의 유효성은 입력한 유사성의 순위와 결과로 공간에 있어서의 대상간 거리와 순위와의 사이의 관계를 최소수의 차원으로 발견하는 능력에 있다. 통상적으로 2차원으로 시작하여 만족한 결과를 얻지 못한다면 차원을 늘려가면 되는 것이고, 그것은 전적으로 사용자의 판단에 따른다고 해도 좋다. 그러나 사용자의 대부분이 2차원 또는 3차원의 맵으로 끝내버리고 마는 것은 그것이 시각에 의한 해석이 가능하다는 커다란 이점이 있기 때문이다.

[표 11-2] 자동차의 모델의 비유사성의 순서

	1	2	3	4	5	6	7	8	9	10	11
1	—	8	50	31	12	48	36	2	5	39	10
2		—	38	9	33	37	22	6	4	14	32
3			—	11	55	1	23	46	41	17	52
4				—	44	13	16	19	25	18	42
5					—	54	53	30	28	45	7
6						—	26	47	40	24	51
7							—	29	35	34	49
8								—	3	27	15
9									—	20	21
10										—	43
11											—

* Paul E. Green and Frank J. Carmone, "Multidimensional Scaling: An Introduction and Comparison of Nonmetric Technipues." *Journal of Marketing Research*, 6(Auguest 1969), P.331.

** 순위 1은 가장 거리가 가까운 것을 나타냄

순위에 의한 선호도데이터는 유사성 척도와 지각맵을 위한 기초자료로써 이용할 수 있다. 선호도 데이터는 유사성에 대한 정보를 포함하고 있다. 일반적으로 개인은 유사성이 높다고 지각되는 대상을 보다 가까운 것으로 순위를 매기는 것으로 생각할 수 있다. 만약 선호도에 관한 정보가 순위가 아닌 간격척도로 얻어졌다면 이 정보는 대상의 유사성 척도를 직접적으로 나타내는 것이 될 것이다. 이와 같이 만약 어떤 사람이 10점 선호척도에서 7.6이라 하고 다른 사람은 4.4이라고 평가했다면 이 경우 유사성척도는 2차인 3.2가 된다.

계속해서 지각맵을 개발하기 위해서 선호도 데이터를 이용하는 것은 상당히 중요한 분석에 대한 이질적인 시각을 가지게 된다. 다양한 대상에 관한 다양한 개인의 지각은 유사성 또는 속성과의 관련보다도 선호도와의 관련은 다를지도 모른다. 어떤 차원은 그 대상간의 차이를 설명하는데 유용하지만 그렇다고 해서 선호되고 있다는 것은 아닐지도 모르기 때문이다. 다시 말해 닮아있는 대상이라고 해서 그 대상 전부가 선호되고 있다고는 할 수 없을 경우가 있기 때문에 분석자는 어떠한 것이 더욱 적절한 분석인지를 세심히 고려해야 할 필요가 있는 것이다.

2. 다차원척도법의 정리

1) 적용분야

- 시장세분화(market segmentation)전략
- 제품포트폴리오(product portfolio) 등 제품전략
- 상표, 기업이미지평가
- 테스트마케팅(test marketing)
- 광고효과 측정 등

2) MDS의 절차

(1) 평가대상의 선정

평가대상을 선정할 때에는 일반적으로 현실에 존재하는 대상을 선정한다. 이 때

대상의 수 클라(Klahr)는 8개 이상, 그린과 윈드(Green and Wind)는 차원수*3배가 되어야 다차원공간을 유의하게 그려준다고 한다.

(2) 자료의 수집

① 자료형태

metrix이나 nonmetrix 자료 모두를 이용할 수 있으나, 일반적으로 얻기 쉬운 nonmetrix 형태인 서열척도(순의, 등급 등) 자료를 주로 이용한다.

② 측정방법

가. 유사성(similarity)측정의 경우

대상들을 쌍대비교 (paired comparison)하여 유사성이나 비유사성에 따라 순위나 번호를 매기는 방법이다.

나. 선호도(preference)측정의 경우

대상들 각각에 대한 선호정도를 순위(ranking)로 측정하는 방법으로써, 자료의 수집이 비교적 쉽다.

(3) 결과의 해석

① 적합성의 평가

평가자 개인마다 평가상의 차이가 있기 때문에 실제 입력자료와 평가된 자료와의 차이가 발생하게 되므로 이 차이가 얼마나 되는지를 나타내주는 기준치가 필요하다. 평가된 자료가 실제 입력자료를 얼마나 잘 재현하는지를 평가해주는 기준치로써 일반적으로 스트레스 값(stress value)을 이용하는 데, 0.1을 기준으로 하여 그 이하인 경우 잘 적합(fitting)되었다고 할 수 있다. SAS 프로그램에서는 이러한 스트레스 값 대신에 R^2 값으로 평가하는데, 특정 기준치는 없으며 얼마만큼 개선되었는가가 평가기준이 된다.

② 평가차원

시각적인 분석이 가능한 차원수가 2차원이기 때문에 일반적으로 차원수는 2차원으로 한다. 차원에 대한 평가, 즉 차원명의 결정은 보통 분석자 혹은 전문가가 그 동안의 조사과정에서 얻어진 평가대상에 대한 자료를 토대로 하게 된다

③ 대상 · 평가자

기하학적 공간상에 평가대상은 좌표 값으로, 평가자는 벡터값(vector)으로 위치하게 된다. 평가대상은 상호간의 유사성의 정도, 즉 거리에 따라 군집화(cluestering)시켜 비교한다. 평가자에 대하여는 크기와 방향에 따라 여러 집단을 묶어줌으로써 세분된 시장의 크기와 특성을 파악한다. 또한 군집화된 평가대상과 평가자를 상호 비교함으로써 평가대상이 어느 평가자 집단에 어떻게 포지셔닝(positioning)되었는지를 평가한다.

④ 속성

대상과 평가자로 이루어진 기하학적 공간상에 대상을 나타내주는 구체적인 model과 ideal-point model에 의한 벡터값(vector)으로 나타내줌으로써 포지셔닝(positioning)에 대한 평가를 할 수 있다.

3. 다차원척도법의 종류

다차원척도법에는 여러가지 기법이 있으며, 각각 고유 특성을 갖고 있다. 여기에서는 일반적으로 널리 쓰여지고 있는 기법과 각 특성을 간략히 소개하고자 한다.

구분	종류	특성	측정방법
기본적	KYST	평가대상을 위치시킴	쌍대비교에 의한 유사성 척도
	INDSCAL	평가대상을 위치시킴 둘이상의 개인적 차이를 분석함	〃
	MDPREF	평가대상 및 평가자를 위치시킴	대상자체에 대한 선호도 척도
응용적	PROFIT	기본적 기법에서 주어진 공간상에 평가대상과 속성을 위치시킴	특성에 대한 서열 혹은 등간척도
	PREFMAP	기본적 기법에서 주어진 공간상에 대상, 평가자 및 속성을 위치시킴	〃

* KYST(Kruskal, Young, Sheperd, Togerson), Indscal(Individual Difference SCALing), MDPREF(Multi Dimensional PREFerence), PROOFIT(PROperty FITting), PREFMAP(PREFerence MAP).

Chapter

12 판매예측

1. 판매예측의 의의

1) 판매예측의 본질

판매예측(sales forecasting)이란 선정된 마케팅계획과 마케팅환경에 입각하여 기업이 판매할 수 있는 예상수준을 추정하는 것이다. 따라서 기업의 예상판매량이나 그 금액은 [그림 12-1]에서 보는 바와 같이 일정한 마케팅활동의 정도에 따라 달라지게 되는 기업의 수요함수상의 어떤 수준에 의해 예측된다. 그런데 이 수요함수는 시장수요에서 그 기업이 차지하는 기업의 점유율에 해당하는 것으로서 다음과 같은 공식으로 표시할 수 있다.

$$Qi = Si \cdot Q \qquad (12.1)$$

여기서 Qi : i기업의 수요

Si : i기업의 시장점유율

Q : 총시장 수

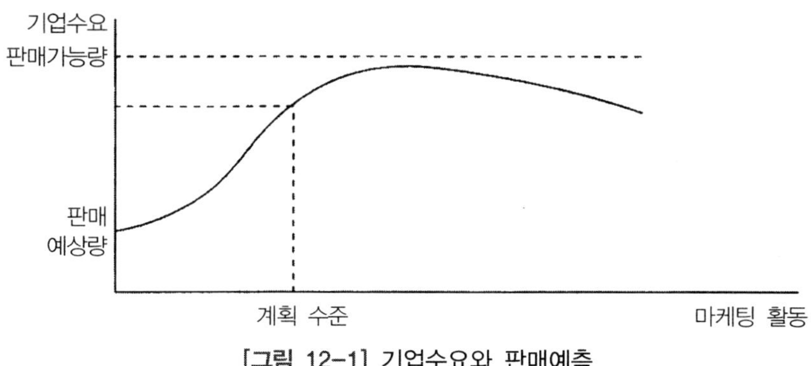

[그림 12-1] 기업수요와 판매예측

그런데 시장점유율은 마케팅노력, 마케팅효율성 및 마케팅탄력성에 의해 결정된다. 일반적으로 기업의 판매예측과 계획간에는 어떤 순서가 있는 것으로 생각하여 마케팅계획은 판매예측 후에 이루어져야 한다고 주장한다. 그러나 예측이 한 나라의 경제활동수준을 측정하거나 혹은 시장수요가 확정되지 않는 경우에는 이 순서가 맞다고 생각되지만 시장수요가 확정되거나 기업판매예측의 경우에는 타당하지 못하다. 왜냐하면 기업판매량은 마케팅활동의 규모나 그 구성을 결정하기 위한 기준이 될 수 없고 오히려 예상되는 마케팅 활동에 대한 계획의 실행에 따라 결정되는 것으로 볼 수 있기 때문이다.

다시 말하면 기업에서의 판매예상량이란 기업의 활동에서 결정되는 하나의 종속변수로 보아야 옳기 때문이다. 이러한 의미에서 기업의 판매예측은 한 나라 또는 한 산업의 총시장수요를 예측하는 수요예측과 다르며 경기변동이나 그 동향을 예측하는 경제예측(econonic forecasting) 또는 기업예측(business forecasting)과도 다르다.

2) 판매예측의 절차

판매예측은 다음의 5단계로 나누어 설명할 수 있다.

① 예측의 명확화

예측의 목적, 범위 및 대상 등 을 명확히 하는 단계이다. 예측하고자 하는 제품이나 서비스, 시장 및 예측기간 등의 명확화가 이 단계에 속한다.

② 의사결정활동

예측과 관련된 여러 가지 의사결정 활동으로는 판매예측의 용도와 그에 따른 정도 등이 결정된다. 이를 위해서는 표본의 크기, 표본추출방법 등이 결정되어야 한다.

③ 예측기법의 선택

여러 가지 예측기법 중 가장 효율적이라 판단되는 기법을 선택한다. 이에 대해서는 추후 자세히 언급하기로 한다.

④ 데이터의 이용가능성

예측은 어떤 데이터를 바탕으로 하여 이루어지는 것이므로 적절한 데이터의 이용가능성을 타진하여야 한다. 기존의 역사적 데이터를 수집할 수도 있고 새로이 데이터를 작성하여야 할 때도 있다.

⑤ 데이터의 수집

예측에 소요되는 데이터를 적절한 방법에 의해 수집한다.

⑥ 예측량의 계산

수집된 데이터를 바탕으로 앞서 선정한 예측기법을 적용하여 예측량을 계산해 낸다.

⑦ 예측치의 검정

예측치가 계산되면 이를 실제에 적용하기 전에 사전평가가 이루어져야 한다. 예측치에 대한 신뢰성의 검토와 적용 가능성이 이 단계에 포함된다. 신뢰성은 통계적 추정에만 적용될 수 있는데 먼저 예측치의 표준오차를 계산하고 이에 의해 신뢰구간을 설정하게 된다. 후자 즉 적용 가능성은 예측기법에 적용되는 것으로 예측치의 적용가능성 내지 충분성을 말하는데 이는 다음 방법으로 검토될 수 있다.

- 다른 기법을 이용한 예측치와의 비교
- 과거예측치와의 비교
- 상식적인 예측치와 비교

⑧ 예측의 평가

이것은 예측치를 적용하고 난 후의 사후평가를 가르키는 것으로 예측의 정확성 내지는 정도에 관한 것이 주요 내용이 된다. 이 단계는 흔히 경시되거나 생략되는 경우가 많으나 차후의 예측을 위해서는 반드시 실시되어야 한다.

3) 판매예측의 기법

예측기법은 수요예측기법과 크게 다를 것이 없으나 여기서는 몇 사람의 분류를 소개하기로 한다.

(1) 코틀러의 분류

코틀러(P.Kotler)는 다음과 같이 크게 3가지로 분류 하였다.

① 의견기준법(what people say)
- 구매자의도조사법
- 판매원의견종합법
- 전문가의 의견법

② 행동기준법(what people do)
- 시장시험법

③ 실적기준법(what people have done)
- 시계열 분석법
- 통계적 수요분석법
- 투입 · 산출 분석법

(2) 그린과 툴의 분류

그린(P.E.Green)과 툴(D.S.Tull)은 다음과 같은 4가지로 분류하였다.

① 추정법
② 상관관계법
③ 계량경제분석법
④ 투사법

(3) 쇼너와 울의 분류

쇼너(B.Schoner)와 울(K.P.Uhl)는 판매예측의 기법을 다음과 같이 분류하였다.

① 판단법
② 기대조사법

③ 기계적인 추정법
④ 분석 · 계량경제적 기법

(4) 럭의 분류

럭(D.J.Luck)은 다음과 같이 2가지로 대별하였다.

① 의견법
- 경영자 의견 심리법
- 기반조사법
- 구매의도 조사법

② 통계적 기법
- 추세 및 순환분석법
- 상관관계법
- 투입 · 산출법

2. 기존제품의 판매예측

1) 의견기준법

의견기준법이란 미래의 수요를 알려주는 어떤 상황 내지는 조건을 잘 알고 있다고 믿어지는 사람들의 의견을 바탕으로 하여 예측하는 방법으로서 다음 3가지가 이용된다.

(1) 구매자 의도조사법

구매자 의도조사(surveys of buyer intensions)는 구매자가 명확한 구매의도를 형성하고 이를 실천할 때에만 유효한 방법이다. 따라서 주요한 내구성 소비용품이나 산업용품의 판매예측에 유용한 방법으로 인정된다.

종래에는 다음과 같은 방식의 문항이 사용되었다.

앞으로 6개월 이내에 자동차를 사실 의도가 있습니까?

① 예( ) ② 아니오( ) ③ 모르겠다( )

위와 같은 구매의도의 조사 외에 앞으로의 소비자 개인의 자금사정 및 경제에 대한 기대 등도 함께 조사되는 경우도 있는데 이 때에는 소비자 감정척도 및 소비자 확신척도로 이용된다.

산업용품의 경우에는 구매의도조사가 널리 이용되고 있는데 이는 ① 구매자수가 적고 ② 면접비용이 적게 들고 ③ 명확한 의도를 갖고 있으며 ④ 대체로 의도한 대로 행동하기 때문인데 그들이 자신들의 의도를 명확히 밝혀준다면 유용한 방법이 될 수 있다.

(2) 판매원의견종합법

판매원의견종합(composite of salesforce opinion)법에서는 판매원의 의견을 집약하여 이를 바탕으로 판매예측을 하게 된다. 그런데 개개의 판매원은 그 성격상 지나치게 비관적이거나 낙관적일 수 있고 부분적인 관찰을 과장해서 표현하는 경우도 있으며 그들이 담당하고 있는 지역의 경제적 움직임이나 기업의 마케팅전략을 간파하지 못하고 직관이나 단순한 경험에만 의존하는 경향이 있다. 이러한 단점에도 불구하고 이 방법을 사용하는 까닭은 이들의 과대 혹은 축소된 예측이 서로 상쇄될 수 있기 때문에 전사적으로는 어느 정도 정확할 수 있기 때문이다. 이 방법은

① 판매원이야말로 가장 좋은 정보원이며

② 판매원의 편견이 어느 정도 조정될 수 있으며

③ 예측과정에 판매원이 참가함으로써 그들의 판매할당을 달성하려고 하는 동기를 줄 수 있기 때문이다.

(3) 전문가의견법

전문가의견(expert opinion)법은 유통업자나 외부의 전문가와 같이 제품의 판매에 대한 정보를 잘 알고 있는 사람들의 의견을 바탕으로 예측을 하는 방법으로서 미국의 경우 자동차업계에서는 자동차대리점을 통해 이 방법을 실시하고 있으며 전자와 비슷한 장단점을 지니고 있다.

외부전문가들의 의견을 바탕으로 예측할 때 다음과 같은 세 가지 방식이 이용된다.

① 집단토의법

위원회 형식으로 모여 집단예측을 행한다.

② 개별예측 집계법

전문가 개개인이 제시한 예측치를 집계하여 이를 바탕으로 예측을 행한다.

③ 델파이법

제출된 개별적인 예측치와 그 가정을 수합하여 예측 담당자가 이를 검토하여 되돌려주면 다시 2차로 개별적인 예측을 시행한다. 여러 차례의 반복적인 과정에서 예측치가 점차 수정되어 일치된 예측치를 얻게 된다.

특히 자기 회사의 최고경영자는 물론 지역별 경영자나 부문경영자의 의견을 물어 예측하는 방법을 경영자의견심리법이라 한다.

(4) 행동기준법

행동기준법이란 시장시험법(market test method)이라고도 하는데 구매자, 판매자 혹은 전문가의 의견에 의한 수요예측은 정보이용, 정보의 이용가능성, 그리고 신뢰성에 의해 크게 달라질 수 있다. 만일 구매자들의 구매행위가 비계획적이거나 그들의 의도가 불명확하여, 전문가의 의견 또한 유효하지 못하다고 판단해 봄으로써 수요를 예측하는 시장시험법이 유리하다. 이 방법은 특히 신제품의 판매를 예측하거나 기존제품을 새로운 유통기구나 새로운 지역에 도입하고자 하는 경우에 효과적인 방법이다. 또 소비자반응에 대한 단기적 예측을 위해서는 대개 소규모의 시장시험이 실시된다.

(5) 실적기준법

이것은 과거의 구매행동에 대한 역사적 데이터 즉 판매실적 등을 중심으로 예측하는 방법으로서 다음과 같은 방법으로 구분할 수 있다.

- 시계열분석법
- 통계적 수요분석법
- 투입 · 산출분석법

① 시계열분석법

이 방법은 과거 및 현재의 판매실적을 시간과의 관계하에서 수리적, 통계적으로 분석함으로써 미래의 판매량을 예측하는 방법이다. 따라서 이 방법의 이론적 근거는 과거의 데이터란 계량적 분석에 의해 인과관계가 밝혀질 수 있는 것으로 보며 따라서 이 관계를 이용하여 미래의 판매예측에 이용할 수 있다는 것이다.

② 통계적 수요분석법

통계적 수요분석법(statistical demand analysis)은 판매량의 변동요인을 설명하는 주요한 요인을 찾아내는데 그 목적을 두고 있다.

시계열분석은 과거와 현재 및 미래의 판매량을 시간의 함수로 간주하고 이를 분석하기 때문에 시간의 경과에 따른 수요변동의 요인의 안정적일 때는 적절한 예측을 산출해 낼 수 있으나 현실은 여러 가지 요인들이 안정적이 아니므로 이의 적용이 부적합한 경우가 많다. 따라서 판매량과 실제 수요 요인 사이의 관계를 찾아내는 것이 바람직하고 이를 위해 등장한 방법이 통계적 수요분석법이다. 일반적으로 분석되어지는 중요한 요인으로는 가격, 소득, 인구, 및 판매촉진(promotion)을 들 수 있다. 이 통계적 분석법에서는 판매량 Y를 종속변수로 간주하고 독립변수, X_1, $X_2 \cdots X_n$의 변화에 따라 판매량 Y가 결정된다고 본다. 따라서 이를 식으로 나타내면

$$Y = f(X_1,\ X_2 \cdots X_n) \qquad (12.2)$$

이 된다.

폴다(Polda)는 1908년에서 1960년 사이의 데이터를 이용하여 다음과 같은 예측식을 산출하였다.

$$Y = -3649 + 0.655X_1 + 1180\log X_2 + 774X_3 + 32X_4 - 2.83X_5 \qquad (12.3)$$

$$\begin{cases} X_1 : \text{전년도연간판매량(단위\$1.000)} \\ X_2 : \text{연간광고비(단위\$1.000)} \\ X_3 \text{1908} \sim \text{1925년에는1.1926년부터는0} \\ X_4 : \text{예측년도} \\ X_5 : \text{가처분개인소득} \\ Y : \text{연간판매액(단위\$1.000)} \end{cases}$$

컴퓨터의 출현으로 통계적 수요예측법은 더욱 인기있는 방법으로 인정되고 있다. 그러나 관찰, 독립변수 사이의 상관관계, 정규분포곡선의 가정 및 요인분석에서 고려되지 못한 요인의 출현 등으로 인해 복잡한 느낌을 주는 단점이 있다.

③ 투입 · 산출분석법

I · O분석(Input-Output analysis)이라 불리우는 이 방법은 여러 산업간의 구매와 판매의 관계를 투입 · 산출의 관계로 파악하여 분석함으로써 산업판매량을 예측하려는 방식으로서 흔히 산업연관분석이라고도 한다. 이 때에는 예측하고자 하는 산출에 영

향을 미칠 수 있는 요인 즉 투입만을 고려하게 된다.

투입·산출모델을 이용하게 되면 예측 및 기타의 변화를 쉽게 계산해 낼 수 있다. 왜냐하면 각 산업은 투입으로서 행렬란의 행에 배열되어 있기 때문이다. 각 산업의 총예측은 다른 산업의 잠재고객을 나타내므로 그 산업으로부터 구매하는 여러 산업에 배분할 수 있게 된다.

3. 신제품의 판매예측

1) 신제품예측의 고려사항

신제품이란 일반적으로 기술혁신의 결과로서 종래에 없던 새로운 제품을 말하지만 기존제품의 개선 및 어떠한 변화로 인한 제품도 신제품에 포함하는 것이 일반적이다.

그런데 신제품의 경우는 과거의 역사적 데이터 즉 판매기록 등의 데이터나 구매자의 구매의도 등에 대한 데이터도 없는 것이 일반적이므로 이의 판매예측은 자연 어려울 수밖에 없다. 따라서 신제품의 예측을 위해서는 제품의 성격, 예상고객의 성격 및 경쟁관계를 먼저 파악하지 않으면 안된다.

(1) 신제품의 성격

신제품이 지니고 있는 성격에 따라 예측문제가 결정된다. 따라서 예측을 위해서는 다음과 같은 요인을 분석함으로써 신제품의 성격을 명확히 하여야 한다.

① 새로움의 정도

② 예상구매빈도

③ 평균적인 구매규모

④ 인식된 경제적·사회적 편익

⑤ 인식된 신제품의 분할성

⑥ 신제품에 관한 정보의 전달성

⑦ 인식된 신제품의 조작가능성

⑧ 인식된 신제품의 병존가능성

(2) 예상고객의 성격

예상고객에 의한 최초의 구매의 곡선이 이전에 출시된 제품의 그것과 유사하다면 그 신제품의 예측은 비교적 용이하다. 또한, 신제품의 수용과 관련하여 구별되는 선도 채용층, 조기 채용층, 후기 채용층 및 추종 채용층과 같은 소비자 계층의 특성과 이들이 최초의 구매결정을 어떻게 하는가를 파악하는 것이 예측의 첩경이 된다.

(3) 경쟁의 성격

신제품은 앞에서 이미 언급한 바와 같이 기존 제품을 수정한 것이거나 또는 다른 어떤 제품 계층에 직접 대체되는 성격을 지닌 경우가 많다. 그러나 어떠한 경우에 해당 되든 경쟁업자의 반응이 나타나기 마련이므로 이 점을 고려하여야 한다. 이 반응이 전에 출시된 신제품에 대한 반응, 즉 광고비의 증액이나 특별판매 등에 의한 반응으로 나타나기 때문에 이의 반응에 유의하여야 된다. 그러나 어떤 경우 전혀 예상되지 않았던 반응으로 나타나는 경우도 있다.

2) 신제품의 판매예측법

신제품의 예측기법은 대개 다음의 몇 가지 기법으로 구분된다.

① 유추법

신제품의 속성과 시장이 기존의 제품에 대한 판매성장곡선으로 신제품의 판매량을 예측하는 방법이다.

② 대체법

신제품이 기존의 제품에 대체되어 사용되는 경우 대체 가능한 시장에서의 대체 사용 가능량을 추정하여 이것을 신제품의 시장판매량의 상한으로 간주하는 등 여러 가지 시장 조건을 고려하여 시장가능량을 수정하고 이에 의해 신제품의 판매량을 예측하게 된다.

③ 진화적 방법

현재 사용되고 있는 기존의 제품이 시간의 경과에 따라 개량되어 신제품이 출현하게되는 경우 그 기존 제품의 판매경향을 전제로 하여 신제품의 판매량을 예측하는 방식이다. 예를 들어 부채 → 선풍기 → 에어콘 → 집중식 냉방장치 등으로 진화하는 제품을 생각하면 에어콘은 선풍기의 판매추세, 집중식 냉방장치는 에어콘의 판매추세를 전제로 예측될 수 있다. 이의 시장 가능성을 추정하기 위해서는 계열 제품의 추정법과 같은 방법을 적용하면 된다.

④ 보완재법

어떤 제품들이 서로 보완적인 관계를 가지는 경우나 혹은 결합되어 사용되는 경우는 어느 한 제품의 판매 추세에 의해 이와 보완 내지는 결합되어 사용되는 제품의 추세를 예측할 수 있다. 예를 들어 집을 지으면 이에 따른 소비용품의 증가를 예상할 수 있다.

4. 장기예측

모든 기업 특히 대기업들은 새로운 공장을 세우고 시설 예산에 대한 계획의 장기적 예측이 필요하다. 흔히 이러한 예측들은 예산이 준비되는 가을에 이루어진다고 한다. 이러한 장기수용력(capacity)예측은 5년, 10년 혹은 20년이 되고 설치하려고 생각되는 시설에 대한 경기순환에 의존하게 된다. 자료는 흔히 연간 단위로 되고 있고, 이러한 예측은 일반적으로 실제적 기간으로 이루어진다.

여기에 두 가지 기본적인 형태의 문제가 장기간의 분석과정에서 생기는데, ① S자곡선의 초기단계에 있고 아직 포화(saturation)에 이르지 못한 기업들, ② S자곡선의 상단 끝에 있는 기업들이다. 전자는 일반적으로 성장기업이라고 하며, 후자는 시장을 완전히 침투한 기업인데 성숙기업이라고 한다. 이 두 기업의 예측은 서로 다르다. 그래서 별도로 취급되어야 한다.

1) 성장제품(growth products)의 예측

여기서 성장제품이란 아직 시장을 완전히 침투하지 못한 제품이나 서비스라고 정의한다. 예를 들어 전기차는 성장제품이라 할 수 있다. 이런 제품은 아주 유력한 장래성이 있으나 현재로는 전체 자동차시장에서 적은 시장점유율을 지닌 제품이다. 이 제품의 시장침투는 아주 약하지만 이 제품은 장래성이 있다. 결국에 이는 침투수준에 이르고 내연기관을 앞지르게 된다. 현재로서는 최종침투수준이 어찌될지 거의 알 수 없다. 단지 시간이 지나야 알게 된다. 이것이 성장제품인데, 이것은 아직 최적침투 수준에 이르지 못했기 때문이다. 완전시장침투는 어떤 특수시장에서든지 성숙기에 유사한데, 그것은 제품이나 용역이 대체품이나 자체가 새로운 수요를 창조하므로 더 이상 성장할 수 없는 점이 된다. 이 포화점(point of saturation) 이후에는 계속적인 제품이나 용역의 성장은 시장의 대체나 시장 자체의 자연증가(인구증가 또는 가구의 증가 등)에 의해서 생기게 된다.

(1) 침투기분석

완전침투기에 이르지 못한 제품이나 서비스에 대하여 우리는 먼저 시장이 완전히 개방되었다면 지금은 어느 수준까지 침투해 있을 것인가를 추정해야 한다. 예를 들어 전기나이프의 경우 문제는 가구 수는 얼마가 되고 제품의 값이 정해진다면 이 중에 몇 퍼센트가 실제의 고객으로 나타날 것인가 하는 것이다. 이것은 매우 중요한 추정인데, 이러한 시도 없이는 그 무엇도 추정하기 어렵기 때문이다. 만일 조사를 실시한 후 침투기는 전가구의 80%인데 지금 인구가 50만 명이라면 40만 명이 제품을 이용할 것으로 추정하게 된다. 이것이 현재의 잠재시장(potential market)이 되는 것이다.

(2) 최종가능성

침투수준(80%)에 관한 결정이 이루어진다면 그 다음 할 일은 경영자는 그 예측의 효력이 나타나는 연도까지의 가구의 수를 예측하는 일이다. 가령 예측 연도를 10년으로 가정하여 인구통계국의 미래인구와 가구의 추정치를 이용한 향후 10년 후의 가구수를 60만 명이라고 생각하면 80% 침투기에 10년차의 시장잠재력(market potential)은 48만 자루의 나이프라고 말할 수 있다. 우리는 지금 두 가지를 행하였는데, ① 가구중 80%라는 이론적인 침투기를 추정하였고, ② 60만인구가 되는 10년차에 있어서의 최종 시장을 정하였다.

(3) S곡선

이제는 다시 최종 인구수의 몇퍼센트가 현재 전기나이프를 사용하고 있는가를 추정하여야 한다. 만일 산업통계가 전기나이프 도입 이래 10만개의 칼이 팔렸다면 최종 시장 가능성은 현재 20.8%의 침투(10÷ 48)가 된다. 분석자는 이제 그들이 제품을 도입한 후로 매년말에 사용하고 있는 전기나이프의 누적합계를 정해야 한다. 이 수량은 최종 48만 명으로 나눔으로써 몇퍼센트침투로 바꾸어 계산될 수 있다. 일단 이러한 계수가 나오면 이런 계수는 확률그래프에 의해서 다루어져야 한다.

확률그래프를 이용하는 데는 분석자는 가장 최근의 10년 자료를 통해서 전기나이프가 도입된 첫 해로부터 시작해서 아래 눈금에다 놓는다. 미래의 10년차는 80%점에 잡는다. 즉 이것이 그 연도말에 예상되는 침투도가 된다. 연초에는 실제로 구해진 퍼센티지가 설정된다. 모든 일이 계획 스케줄 위에 있다면 초기년도의 선은 10년차 연도에 80%점에 가까이 이르게 되기 마련이다. 초기년도에 정상 S곡선이 생기게 된다면, 이 사실은 확률그래프에는 비교적 직선으로 나오게 된다.

[그림 12-2]에서는 1953년에 General Electric사의 two-way(교신용) 라디오부에서 행한 실제사례연구를 볼 수 있다. 연구를 행하는 시기에는 그들은 사용중의 two-way 라디오의 전수조사를 실시했었다. 이 수는 그림에서 A점의 수와 동등하다

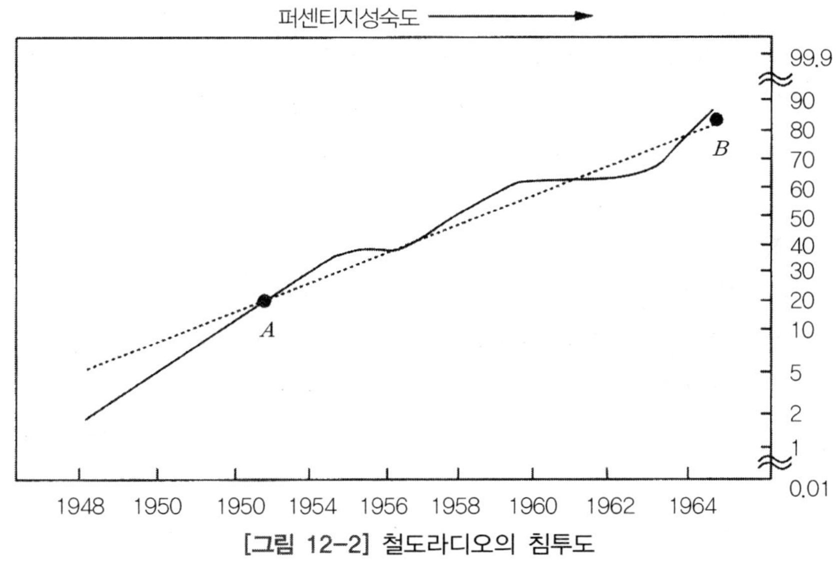

[그림 12-2] 철도라디오의 침투도

그 때에는 그들은 1948년에서 1952년 사이에 매년 라디오의 실제증가율을 알지 못하였다. 그러나 이때의 two-way 라디오는 연방통신국에 등록시켰으므로 그들은 연도별로 등록된 라디오의 수를 조사할 수 있었다. 1946년에 운행하기로 예상되었던 디젤엔진과 캐부스(caboose)의 수를 분석하여 디젤엔진의 완성연대를 1964년으로 잡고 그들은 최종시장가능성을 추정하기 시작하였다. 최종시장가능성의 퍼센티지로 누적등록수를 계산하면 1948년에서 1952년까지 그래프는 직선으로 나타난다. 그리하

여 외삽법(extrapolation)으로 1964년의 B점을 구하면 82%의 침투도를 나타낸다. 이것이 1952년까지 계속 이러한 추세라면 디젤화의 완성에 의해서 생겨나는 침투의 합계인 것이다.

수년후에 미국의 Association of American Railroads가 철도용 라디오(railroad radio)의 사용에 대한 통계를 작성하기 시작했다.

이로 인해서 1953년에 12년간의 예측을 할 수 있었고, 1960년대 중엽에 사적 평가가 이루어졌다. 1964년에 활용 중의 디젤과 캐부스의 실제의 수를 알았기 때문에 그들은 최종시장가능성을 알 수 있었다. 그림에서 굵은 줄은 매년의 실제침투도를 보여 주고 있다. 그것이 목표에 의한 것이 아니고 12년간을 통한 평균에 의한 것이어서 침투 추정은 매우 정확했었다.

초년기에 A점의 좌측에 갭이 생긴 이유는 실제로 라디오가 공급된 것보다 등록된 수가 많았기 때문에 라디오를 공급하는 데 시일이 걸렸기 때문이다. 해가 지날수록 갭은 점점 좁아졌다.

확률그래프(probability paper)에 침투도의 직선을 보통 산술그래프(arithmetic paper)에 그린다면 실제로 S곡선을 나타날 것이다. 확률그래프의 편리성은 곡선이 아닌 직선을 사용해서 자료를 조정할 수 있다는 점이다.

(4) 대체시장

대체시장을 결정하기 위해서는 상품의 라이프사이클에 대해 알아보아야 한다. 제품은 일반적으로 다 써버리거나(wearing out), 불시에 부서지거나 또는 못쓰게 됨으로(obsolescence) 바꾸게 된다. 기존 제품으로 그 분야의 제품의 라이프사이클을 추정할 수 있게 된다. 그러나 새로운 제품에 대한 사이클이 실제 기법으로 추정되기도 한다.

신제품이 시장에 나올 때 즉각적으로 대체되기 시작한다. 어떤 것은 소멸되고 어떤 것은 오래 지속된다. 그러나 일반적으로 한 제품의 라이프사이클은 도수분포의 형태로 나타낼 수 있다. 간단한 예를 들면 라이프사이클이 5년 그리고 중위라이프(median life)가 3년인 경우에 매년의 퍼센티지가 나오고 [그림 12-3]과 같이 3년째가 가장 높게 나타나 있다.

그 해의 앞뒤에 퍼센티지는 떨어지지만 5년 전체의 합계퍼센티지는 100퍼센트나 그에 가깝게 된다.

이 제품에 대한 백분율 라이프사이클을 계산하여 판매된 후 매년 라이프가 끝나는 단위수를 쉽게 계산할 수 있다. 1973년에 120만개가 팔렸다고 한다면 1973년의 판매량을 [그림 12-3]에 나타난 퍼센트를 5로 곱해서 다음 해에 대체될 수를 예측할 수 있다. 많은 산술 계산이 필요하지만 [표 12-1]에서와 같이 매년의 판매량이 차년도의 대체로 분류될 수 있다.

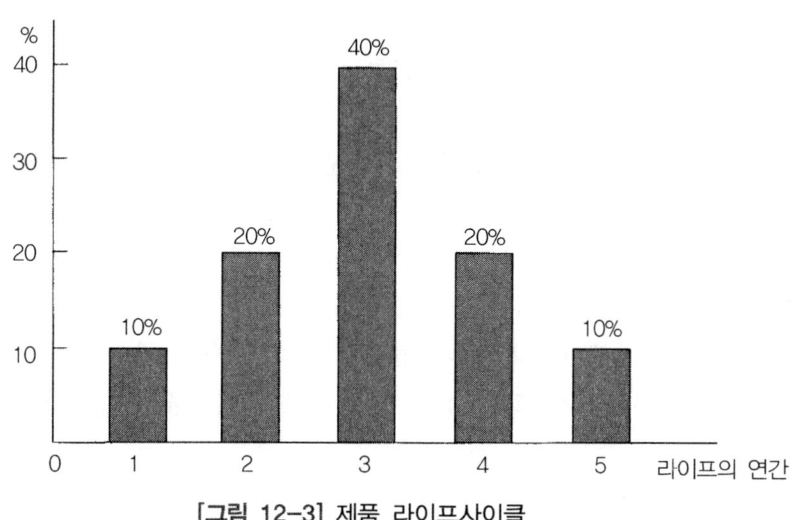

[그림 12-3] 제품 라이프사이클

[표 12-1] 대체시장계산 (단위: 천)

대체된 연도	1973	1974	1975	1976	19××	대체시장	원래시설량	총시장률
1974	120					120	1500	1620
1975	240	150				390	1600	1990
1976	480	300	160			940	1900	2840
1977	240	600	320	190		1350	2100	3450
1978	120	300	540	380	210	1650	2100	3750
1979		150	320	760	420	ect.	ect.	ect.
1980			160	380	840			
1981				190	420			
1982					210			
Etc.								
original								
equipment	1200	1500	1600	1900	2100	ect.		

[표 12-1]은 각 난은 차년도(future years)에 대체된 수를 나타낸다. 각 세로줄의 합계는 원래의 시설량(original equipment)과 동일하다. 가로로 합계하면 그 해의 대체시장을 추정할 수 있고, 이것을 새로운 가구에 판(sold) 원래의 시설량에 더하게 된다. 이런 식으로 해서 성장제품(growth product)을 위한 총 연간 시장크기를 장기간 예측할 수 있다.

2) 성숙품(mature products)의 예측

자주 사용되는 예측문제는 성장단계의 예측문제이지만 더욱 장기적 예측문제는 기존의 알려진 제품, 용역 및 과거의 S커브형태인 상품 등을 위한 것이다. 이런 제품들의 성장은 인구, 가구, 기업 및 용역의 증가에서 온다. 이러한 제품들의 침투는 정적인 것은 아니지만 비교적 안정적이다. 그리고 경쟁적 조건에 반응하여 오르고 내리게 된다. 구리는 알루미늄을 생산하고, 알루미늄은 플라스틱을 생산한다. 그래서 침투의 전쟁은 경쟁자와 관련하여 오르고 내리는 어떤 재료나 제품을 가지고 계속된다.

(1) 완전가동의 경우

장기예측의 제일 쉬운 형태는 완전가동을 추측하는 것이다. 운 좋은 회사는 단순히 완전가동하여 만든 제품을 모두 판매한다. 만일 생산량이 과다하면 제품이 다 팔릴 때까지 가격을 낮출 것이다.

예측은 손쉽게 되지만 제품이나 용역이 성장률을 지나고 있다면 그의 계속성에 대한 예측은 조금 곤란할 것이다. 과거의 성장률이 미래에도 지속될 것인가 그리고 그 비율은 증가할 것인가, 감소될 것인가를 잘 예측해야 한다.

(2) 대수적 추세(logarithmic trend)

성숙기업의 장기예측을 하기 위한 근본적인 예측기법은 대수적 추세방법이다. 이러한 추세는 매기마다 같은 비율의 변화를 내포한다(매기마다 같은 절대치를 갖는 산술추세와 다르다).

이 추세는 반로그모눈종이(semilog paper)에 그리면 직선이 된다. 훨씬 더 어려운 문제는 미래를 추정하기 위한 적정한 연한을 선정하는 일이다. 사선이 잘못 그려지면 이는 수년 동안 많은 오차를 초래하여 회사에 많은 낭비를 가져오게 된다.

(3) 기한의 선정

기술적인 법칙은 대상에 해당되는 연도가 한 개의 경기변동의 크기보다는 길어야 한다는 것이다. 만일 첫해가 침체기(recession year)이고 마지막 해는 호황기이면 이러한 첫해와 마지막 해의 선정은 지나치게 높은 성장률을 나타내기 때문에 이는 많은 왜곡을 가져온다.

이는 회사로 하여금 심각한 과다 가동문제를 야기시킨다. 이와 반대로 첫해를 호황기에 마지막 해를 침체기에 선정하면 너무 낮은 성장률을 내게 된다. 극단적인 시작과 종말을 주의해야 한다. 만일 첫해가 침체기이면 마지막 해도 침체기로 끝나고, 첫해가 호황기이면 끝 해도 호황이 된다. 그러나 정상적인 경기순환도 시기 선정에는 단순하게 취급할 수는 없다.

1958년과 1967년은 둘 다 낮은 해였다. 그래서 이 해들의 시작의 해와 마지막 해를 예로 들어 설명하면, 첫째 1958년은 침체의 해로 지적되었다. 그래서 2차대전후까지는 심각한 형편이었다. 그러나 1967년은 침체의 성격은 띠었으나 침체의 해로 생각되지 않았었다. 이러한 시초의 최종의 연도를 선정하는 것은 추세 경향을 높게 하는 원인이 된다. 둘째로 미국의 아이젠하워행정부의 마지막 해(1950년대 후반)는 경제학자들이 저성장의 해라고 생각했고, 더러는 스태그네이션(stagnation)이라고 불렀다. 한편 1967년은 월남전쟁의 피크시기였고 전쟁으로 인해 경기는 부양되었다. 그래서 그들은 시작 연도와 마지막 연도를 기술적인 법칙으로 선정했지만 10년간의 장기적 관점에서 시작은 낮고 마지막은 높은 경향을 맞게 되었다.

(4) 기간(length of span)

기간을 가장 알맞게 선택하려면 먼저 연중 자료를 이용해서 반로그모눈종이에 선을 긋는 일이다. 기간의 폭이 넓을수록 분석은 좋은 것이 된다. 이와 같이 장기간은 분석자들에게 과거의 구조적 변화의 추세를 구할 수 있게 한다. 예를 들어 2차대전후부터 1960년대 중간까지 구리수도파이프는 S곡선의 초기단계를 나타내었다. 1950년대와 1960년대는 성장률이 아주 높았으나 그 이후로는 평탄하게 나타났다.

같은 기간내의 주택산업은 결코 높은 성장률이 아니었으며 다른 것에서도 구리수도파이프와 같이 나타나지 않았다. 아주 높은 성장기 동안에 구리수도파이프는 연관시장(plumping market)을 침투하고 있었는데, 그 때에는 아연철이 시장을 지배하고 있었다. 1960년대 중반까지는 구리의 침투는 90%에 거의 접근했었다. 과거의 가장 높은 성장률은 미래에도 이와 같이 되기를 바랄 수는 없다. 이는 침투수준이 거의 극대화되어 버렸기 때문이다.

(5) 침투문제

성숙기업에도 흔히 제품과 용역 중에서 주고받는(give and take)식이 될 수 있다. 이것이 제품의 침투수준에 영향을 주는 전환현상이다. 자재업계에서는 항상 자재의 전쟁이 계속되고 있다. 스테인레스강철은 구리부속품을 교체시키고, 차례로 스테인레스는 플라스틱부품으로 교체된다. 자재전쟁은 우리가 예상하는데로 가격과 연관되는 성향이 있다. 구리(銅)가 희소하게되면 가격은 상승하고 따라서 더 좋은 것으로 바꾸게 된다. 구리시장의 손실로 구리의 과잉공급을 가져오면 가격의 하락이 따르다가 다시 인기를 얻게 된다.

여러 시장에서 이러한 교체의 상호작용(국내자동차와 수입차, 알루미늄건축재와 목재, 왁스 페이퍼와 프라스틱, 그리고 항공과 철도여행 등)은 장기경향 추정을 매우 어렵게 한다. 업계나 제품이 수년 동안 하강하고 다시 수년간을 회복하게 된다. 회복단계의 급격한 성장은 예측자로 하여금 지속적인 급성장을 예측할 수 있게 해 준다. 그런데 급성장기간은 단순히 업계의 회복을 나타낼 수 있다. 이것이 장기간의 자료를 그래프화하는 좋은 이유가 되는데, 이 자료는 많을수록 더욱 좋다. 이는 조사분석자들에게 기업행동(behavior of the business)을 여러 가지 경기변동의 국면에서 다른 국가경제성장, 또는 전쟁과 평화 그리고 인플레에션과 디플레이션 등의 조건하에서 볼 수 있게 한다.

Chapter 13

소비자행동과 마케팅정보

1. 소비자

1) 소비자와 시장세분화

마케팅은 소비자로부터 시작되어 소비자로 끝난다. 또한 고객은 사업의 생명이다라고 말하여지고 있는 것처럼 어떠한 기업경영도 소비자를 중심으로 움직이고 있다고 할 수 있다. 따라서 소비자를 정확히 파악한 후 마케팅제반활동이 수행되어져야 한다.

소비자는 개인 또는 가족의 필요나 욕구를 만족시키기 위해서 마케팅기관에서 판매를 위해 제공된 상품 또는 서비스를 구입하거나 구입할 능력을 가진 개인이다.

따라서 모든 사람은 소비자라고 얘기할 수 있지만 모든 사람이 동일상품의 소비자라고는 할 수 없다. 소비자는 판매를 위해 제공되고 있지 않는 상품을 가지고 싶어하는 경우도 있고 이러한 필요성은 그것을 사회가 인정하고 그 필요한 상품을 제공해 주지 않으면 만족되지 않는다. 소비자는 상품을 현재 구입하고 있는 사람만이 아니라 장래 어느 시점에서 영향을 받게되는 비구매자를 잠재소비자(potential consumer)라고 한다. 대다수의 잠재소비자가 잠재시장을 구성하고 있다.

잠재소비자는 ① 필요성을 느끼지 못하고 있고 ② 현재 필요의 정도가 낮으며 ③ 이용가능한 상품의 부족 ④ 경쟁회사로 부터의 구입 또는 ⑤ 현재 구매력의 부족 등에 의해 설명할 수 있다. 잠재소비자는 결국 매출을 증대시키고 또한 회사의 시장을 확대시키는 데에 중요한 요인이되므로 회사의 입장에서도 결코 무시할 수 없다.

현재의 구매자는 고객이라 부르기도 한다. 고객은 구입에 적극적인 사람 또는 가까운 장래에 적극적 구매자가 될 가능성이 있는 사람이다. 점포에서 '그는 고정고객 또는 단골(regular customer)중의 한사람'이라고 하는 경우 그 사람은 현재 그 회사의 상품을 구매하고 있고 회사로부터 항상 구입하고 있다는 것을 의미한다. 경영에서 중요한 것은 현재 고객의 재구입을 촉진시키기 위해서 만족을 제공하고 신규고객을 획득하는 것이다.

일반적으로 소비자는 상품을 사용하는 사람이라기보다는 상품 및 서비스를 구입하는 사람을 의미한다.

'모든 사람이 만족하는 제품은 실패로 끝나고 만다'라는 것은 개인에게 뿐만이 아니고 거래에 있어서도 그렇다. 반드시 개별 기업은 전잠재시장에서 충분히 만족시킬 필요는 없다. 전시장에서 어느 구역 특정 소비계층을 만족시키는 정책을 펼칠 필요가 있다.

소비자를 구분하는 목적은 구입행동(purchase behavior)을 결정하는 공통 부분을 식별하는 것이고 더욱이 구입행동의 패턴은 경영상에 있어 다음과 같은 2가지 목적에 도움이 된다.

① 회사의 능력에 가장 적합한 특성을 가진 시장구분(market segment)를 식별하는 것
② 식별된 구분을 보다 만족시키기 위해 회사의 정책을 조정하는 기초가 되는데 도움이 되는 것이다.

사람들의 유사성은 시장을 구분하는데 가장 중요한 것이고 사람들의 상이성은 주로 이들 상이성에 소구하기 위한 다양한 상품, 서비스, 프로모션 및 가격을 조정하기 위해서 이용된다.

시장구분(market segment)과 시장세분화(market segmentation)는 같은 의미는 아니지만 경우에 따라서 혼용해서 사용되기도 한다. 시장세분화는 기업에 의해 만족 가능한 상대적 동질 특성을 가진 소고객부분에 이질시장(heterogeneous market)을 분할하는 것을 의미한다. 따라서 시장세분화는 시장을 구분하는 프로세스이고 보통 2단

계로 이루어진다.

① 사람들을 유사한 인간 특성으로 시장구분하기 위한 명확화

② 그 특성을 기초로 시장구분에 대한 필요의 식별이다.

시장구분은 프로세스라기보다 존재이다. 구분은 전체중의 부분이고, 필요, 소득, 지역, 및 기호 등의 유사성을 기초로 하여 이루어지지만 통상적으로 이들 특성 중의 하나 또는 그 이상을 조합하게 된다.

2) 소비자식별 기준

(1) 지리적 요인

시장을 전국시장, 지방시장, 지구시장 등과 같이 지리적 영역으로 분류할 수 있다. 지방시장은 남부지방, 중부지방과 같은 기준을 의미하고 지구시장은 도시나 거리영역(상권), 도심과 교외 등으로 나눌 수 있다.

(2) 인구통계적 요인

연령, 성별, 결혼유무, 소득, 직업, 가족수 및 종교 등의 구분을 구성하는 사람들을 특징짓는 인구통계적 요소에 따라서 구분한다.

(3) 심리적 요인

심리적 요인은 퍼스널리티연상요인과 상품연상요인으로 나누어진다. 퍼스널리티 연상요인은

① 외향적과 내향성

② 적극적과 소극적

③ 보수적과 진보적

④ 경제적과 낭비적

⑤ 충동적과 신중성

⑥ 성실과 비성실

⑦ 멋대로와 헌신적

등이 있다.

또한 상품연상요인은

① 브랜드로얄티
② 브랜드연상
③ 상품의 선호, 비선호
④ 상품 및 브랜드의 선호
⑤ 상품 및 기업이미지
등이 포함된다.

(4) 지출패턴

지출을 기초로한 구분은
① 상품구입의 계속성
② 구입 규모
③ 구입 빈도
④ 지출의 예산
⑤ 구입상품의 가격
등으로 사내의 기록도 이용할 수 있지만 소비자조사를 통해서 데이터를 입수할 수 있다.

(5) 데이터의 조합

이것은 고객정보를 조합하여 보는 것으로 하나의 조합에는 인구통계적 요인 또는 심리적 요인과 지리적 지역을 조합하는 것이다.

소비자구분은 직접 마케팅정책에 영향을 미친다. 또한 대상이 되는 소비자그룹에 관한 지식 없이는 효과적 정책을 펼칠 수 없게 된다. 경우에 따라 가격을 계획하고 더욱이 시장구분의 요소를 고려하여 최소한의 차이나 변화로 다양성을 추가하게 된다.

단, 시장구분은 끊임없이 변화하고 있고, 사람들은 성장하고 기호가 변하거나 경제상태가 변화하며 또한 경쟁자가 신규상품을 추가하거나 소비자행동에 영향을 미치는 신기술을 개발하기도 한다.

시장에 있어서 경영을 유지하고 확대해 나가기 위한 유일한 방법은 이들의 변화를 빠르고 정확하게 파악하여 그에 대한 대응책을 마련해 나가는 것이다.

[표 13-1] 소비자의 시장세분화 변수

변 수	분 석
사회경제적변수	
연령	1~3, 4~6, 7~9, 10~12, 13~15, 16~19, 20~25, 26~30, 31~39, 40~49, 50~59, 60이상
성별	남성, 여성
가족수	1, 2, 3~4, 5~6, 6인이상
소득	50만원이하, 50~79만원, 80~99만원, 100~199만원, 200~299만원, 300~399만원, 400~499만원, 500만원이상
직업	한국표준직업분류에 의거하는 것이 일반적
	주부 ─ 전업 주부 ─ 겸업-파트타이머(1주 48시간이상, 1주 48시간이내
교육정도	초등학교, 중학교졸, 고등학교졸, 대학졸, 그외
라이프사이클	독신, 기혼, 그외 독신, 자녀 없음 기혼, 6세이하, 자녀 있음 기혼, 6세이상, 자녀 있음 기혼자녀와 함께 생활 그외
사회계층	상상, 상중, 상하, 중상, 중중, 중하, 하상, 하중, 하하 등
지리적변수	
지방	영동, 영서, 영남, 경상도, 전라도, 충청도, 강원도, 서울 수도권 등
행정구역	서울특별시, 부산광역시, 대구광역시, 인천광역시, 울산광역시, 경기도, 강원도, 충청남북도, 경상남북도, 전라남북도 등
퍼스널리티	
사교성	외향적, 내향적
자치	독립적, 의존적
보수성	보수, 자유, 급진
리더쉽	리더, 추종자
구매자행동	
사용율	비사용자, 저사용자, 중사용자, 고사용자
구매자의 분류	상품을 모른다, 알고 있다, 관심이 있다, 사용할 의사가 있다, 사용해 보고 있다, 정기구매자
구입동기	경제성, 사회적 지위의 과시, 자기만족, 허영심 등

변 수	분 석
브랜드로얄티	상표A, 상표B ……
유통로얄티	A점, B점, C점 ……
로얄티의 정도	없다, 약하다, 강하다
가격반응	무관심, 가격반응이 적다, 가격반응이 크다
서비스반응	무관심, 반응이 적다, 반응이 크다
광고반응	무관심, 반응이 적다, 반응이 크다

따라서 시장구분의 선정은 1회로 끝나는 것이 아니고 신정보를 계속 수집해야 할 필요가 있는 계속적 프로세스이다. 상품, 서비스 및 가격정책은 변화하는 시장을 고려해서 계속적으로 재평가되지 않으면 안 된다. 이들 활동은 성공을 보장하는 것이 아니고 성공은 결정의 건전성에 의해서 결정되는 것이고 시장의 계속적인 파악을 무시하면 그 기업은 곧 실패하게 된다.

2. 소비자행동

1) 소비자행동의 의의

모든 생산활동의 목표는 소비이다. 그러나 이러한 소비는 어떻게 생겨나는 것인가, 소비에 영향을 미치는 것들은 어떠한 것인가. 기업 및 소비자는 이 문제에 관해 관심을 기울이고 있는가. 소비자 행동에서 파악되지 않는 것은 어떤 것인가. 소비자가 상품구입의 이유를 밝힌다고 한다면 그것은 믿을수 있는 것인가. 행동과학은 이러한 문제에 해답을 주고 신속한 의사결정을 이루기 위해 매니지먼트에 도움이 되는 것은 어떤 것인가.

고전적인 경제이론에 의하면 소비자선택은 합리적이라고 한다. 그것은 소비자가 가능성을 평가할 수 있을 정도로 충분한 정보를 가지고 있고 또한 효용을 최대한으로 달성하기 위한 선택을 한다고 생각하고 있다. 이 이론은 마찰이 없는 사회나 원시사회에는 도움이 될 지도 모른다. 그러나 현재는 합리성이나 완전한 정보라는 체제를 수정하지 않으면 안된다.

심리학자는 상품을 구입하는 이유는 어떠한 욕구 또는 욕구의 조합을 만족시키기 위한 것이라고 한다. 이들 욕구는 구입에 의해 긴장(tention)이 완화된다. 욕구에는 다음과 같은 것이 있다.

① 감정적 욕구

애정이 있고 조화를 이루고 감정적으로 타인과 만족할 만한 관계를 형성 유지하고자 하는 욕구

② 자아유지욕구

퍼스널리티를 고양하고, 증진시기며 완성시키는 욕구, 지위나 인지를 획득하고자 하는 욕구, 타인의 지배를 통해서 자기를 만족시키는 욕구

③ 자기방어욕구

퍼스널리티를 보호하는 욕구, 육체적, 정신적 손상을 회피하고자 하는 욕구, 따돌림이나 조소당하는 것을 피하고자 하는 욕구, 지위를 소실하지 않고자 하는 욕구, 불안을 경감 또는 회피시키기 위한 욕구

④ 사교성

⑤ 의존성

많은 개인은 하나 이상의 욕구에 의해서 동기부여가 된다. 그들이 욕구의 무엇인가에 의해서 움직여졌을 경우 그들은 동기부여를 받았다고 한다. 더욱이 동기부여와 함께 소비자행동을 이해하는데에 필요한 요인으로는 인식(cognition, 지각, 기억, 판단, 사고 등등)과 학습(learning, 환경과의 상호작용에 의한 행동의 조정, 경험 등에 의한 행위의 변동)을 들 수 있다. 우즈(W.A.Woods)[1]는 그의 논문에서 "소비자행동의 이론은 관습, 인식, 학습 등을 무시하는 경향이 있다"라고 지적하고 있고 또한 백턴(J.A.Bagton)[2]은 "인간행동은 동기부여, 인식 및 학습 이 세 가지 개념으로 분류되어진다"라고 하였다. 제1의 동기부여는 행위라고 하는 일련의 사상을 일으키는 동인, 충동, 갈망 또는 욕구이고, 인식은 지각, 기억 판단 및 사고 등으로 분류되는 모든 정신 사상을 의미하는 영역이고, 학습은 외적 자극상태와 관련된 기간에 일어나는

---

1) Psychological Demensions of Consumer Decision, (*Journal of marketing*, vol.24, no.3, January, 1960, 9.15)

2) Motivation Cognition, hearning Basic factor in Consumer behavior, (*Journal of Marketing*, vol.22, no.3, January,1958, pp.282~289.)

행위의 변용이며 이 3가지 개념은 소비자행동의 포괄적 이해에 불가결한 것이다. 동일행동이 동일한 동기부여를 의미하는 것은 아니다.

상표를 판단하는 것은 인식의 하나의 예이다. 기억을 통해 상표에 관한 차이를 알게 된다. 이것은 신호나 심벌에 의한 것이다. 이들 심벌은 예를 들어 색의 배열이나 장소 등 어떤 기대를 가지고 있다. 각각의 필요함의 강도에 의해서 기대 또한 다르게 되는 것이다. 거기에는 일반적으로 상품이나 성분에 있어서 차이가 있다고 볼 수 있다. 같은 행동이 보강을 통해서 반복되어지면 학습이 된다. 예를 들어 상품의 사용, 소비가 최초의 욕구를 만족시켰을 때 보강이 있다. 가까운 장래에 같은 욕구를 느끼게 된다면 개인은 같은 목표를 선택 또한 획득하는 과정을 반복하게 될 것이다. 특정 상표에 상당히 만족을 느꼈다면 시간이 흐른 후 같은 욕구가 발생될 경우 소비자는 다시 같은 상표를 선택하는 경향을 강화시킨다.

특정 상표가 만족을 주었을 경우 다음 구매에는 더욱 강화된 보강효과가 생겨나고 장래에 특정 욕구와 함께 특정 상표를 선택하고자 하는 욕구가 더욱 강하게 된다.

이와 같은 행위변용(behavioral changes, 행위의 반복이 더욱 강화되는것)을 학습이라고 한다. 또한 보강은 학습에 있어서도 필요한 것이다. 그러한 끊임없는 보강에서 가장 중요한 결과의 하나는 욕구 환기와 동시에 인식 작용이 완전하게 되어지는 것이다. 이것은 욕구를 환기시키고 상품획득 활동이 실질적으로 무의식적으로 계속되어질 수 있다. 이와 같이 구입의사결정이 자동적으로 되면 이미 습관이라고 할 수 있다.

사회심리학자는 각 개인의 행동에 그룹의 영향이 있는 것으로 믿고 있다. 이점에 있어서는 관습이라든지 습관은 행동의 제어에 있어서 아주 중요하다. 소비자는 최대한의 효용을 달성하기 위해 구입하는 것이지만 거기에도 필요한 조건들을 고려하게 된다. 조건부여의 요인은 그 자신의 필요, 그룹, 그가 생활을 영위하는 곳의 문화 등이다.

광고를 통해 소비자는 자신에게 필요한 상품군에 대해 약간의 지식은 어떠한 것이라도 가지고 있다. 그러나 어느 광고는 잘못 전달되어 그것을 본 사람에 의해 왜곡될지도 모른다. 그것에 의해 소비자는 광고를 보지 않게 될지도 모른다. 또는 상품이 광고 되지 않는다면 소비자는 자신이 이용할 상품의 품질이나 가격을 알 수 없게 될 것이다. 물론 소비자는 예정대로 이성적 방법으로 행동할 것이다. 소비자는 자신이 구입한 것이 효용의 극대화는 이루지 못했다고 하더라도 어느 정도의 효용으로 만족할 수가 있다. 이것은 그의 퍼스널리티, 주위 그룹의 영향 및 문화적 배경에 의한 것이다.

소비자행동(consumer behavior)은 인간행동(human behavior)의 일부분이다. 인간행동은 개인이 그 자신의 환경과 상호교류하는 전체 프로세스를 의미한다. 개인이 가진 사고, 느낌 또는 행위 모두가 인간행동이다. 아침에 일어나고, 세수를 하고, 식사를 하고, 또한 매일 이루어지는 여러 종류의 행동은 인간행동이다.

인간행동의 특정 타입과 관련된 소비자행동은 상품 및 서비스의 구입에 직접 관계된 행동이다.

소비자행동은 무엇을, 언제, 어디서, 어떻게, 누구로부터 상품 및 서비스를 구입할 것인가를 개인이 결정하는 프로세스이다.

소비자행동은 시장에 있어서 의사결정을 하기 위해 필요한 정신적 활동과 신체적 활동이 포함된다.

소비자의 제반활동은 인간행동의 일부이므로 인간행동으로부터 소비자행동을 분리할 수는 없지만 여기서는 소비자행동에 한정해서 설명하고 소비자를 이해하는데 필요한 정도의 인간행동을 살펴보기로 하자

2) 소비자행동의 요인

소비자행동은 [그림 13-1]과 같이 개인환경 및 기업간의 상호작용에 의한 것이다. 소비자는 환경과 기업에 영향을 미친다. 상호작용은 인지, 커뮤니케이션, 태도, 동기 및 그 외를 의미한다.

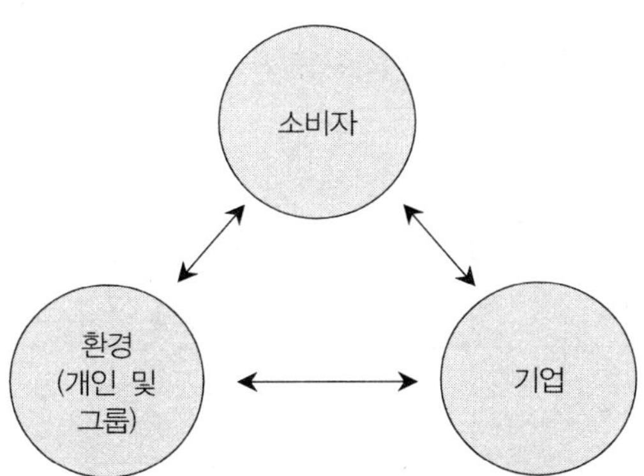

[그림 13-1] 소비자행동의 상호작용

동시에 기업과 환경 양자에 의해 소비자행동에 직접 영향을 받는다. 또한 소비자 그룹의 압력은 기업의 정책을 변경시키고 기업에 의해서 제공되는 상품 및 서비스는 환경 속의 개인 및 그룹의 의견을 바꿀 것이다.

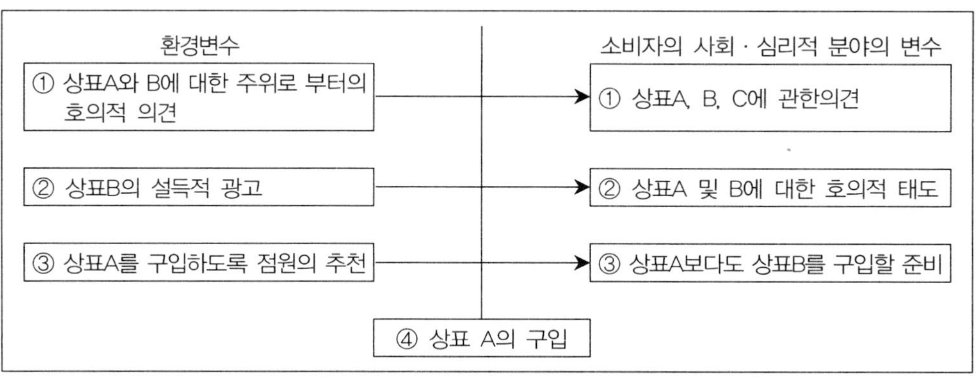

[그림 13-2] 소비자와 환경과의 관계①

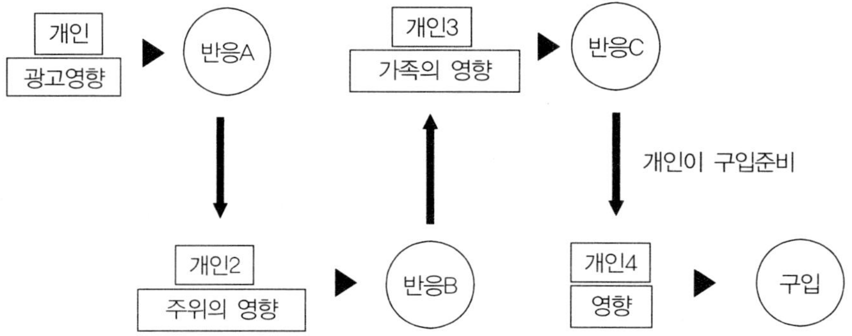

[그림 13-3] 소비자와 환경과의 관계②

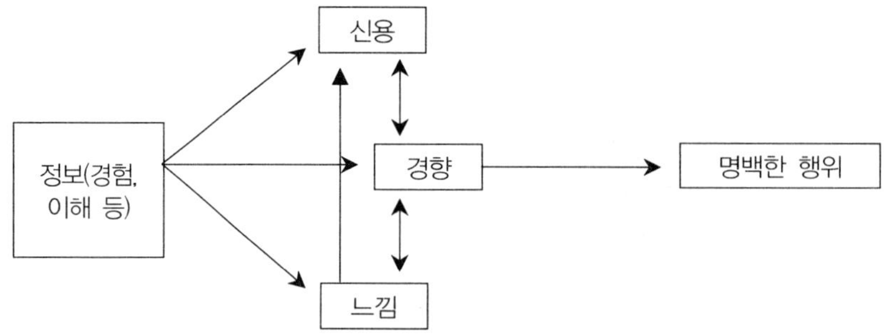

[그림 13-4] 소비자와 환경과의 관계③

개인, 기업 및 소비자 환경 간의 관계는 소비자행동을 설명하기 위해 모델화되어지고 이 모델은 마케팅연구에서 아주 유용한 것이다. 이들 모델 전부가 이 3가지 요소를 포함하고 있다. 그 예로써 [그림 13-2] [그림 13-3]을 들 수 있다.

니코시아(F.M.Nicosia)는 "도표 내지는 플로우차트의 수학적 설명이고 또한 1차방정식 또는 방정식 체계로부터 이루어진다"라고 정의하고 있다. 또한 모델은 관계 있는 현상을(수리적언어, 기호로)단순화한 표현으로 생각할 수 있다라고 하였다.

안데르센(A.R.Andreasen)과 니코시아는 소비자행동에서 잘 알려져 있는 모델을 전개하였고 안데르센의 모델은 [그림 13-4]와 같이 태도형성과 변화를 중심으로 나타내고 있다. 이 모델은 5개의 요소 즉 ① 정보자극 ② 신용 ③ 느낌 ④ 경향 ⑤ 명백한 행위로 성립되어져 있다.

모델은 다음과 같은 방법으로 작용하게 된다. 소비자를 자극하는 정보가 5감을 통해 받아들여진다. 이 정보는 각 개인의 처리과정을 거치게 된다. 정보는 상품에 대한 경향의 형태를 만드는데 이용되어 진다. 경향은 소비자의 신용이나 느낌 등에 영향을 받는다. 경향을 기초로 해서 소비자는 어떤 명백한 행위를 취하게 된다. 피드백은 상품을 구입했는지 구입하지 않았는지에 따라 달라지고 이 피드백은 다음에 유사한 결정을 할 때에 이용되어지는 정보가 되는 것이다.

3) 소비자구매행동모델

여기에서는 소비자의 구매행동 모델의 성격을 구명하고 이들이 인간행동 연구에 대해 미치는 영향을 간단히 설명한다.

(1) 모델의 의의

모델이란 그것이 가리키는 현상의 묘사이다. 즉 여러가지 변수들의 상관성을 제시한 것을 모델이라 한다.

모델은 여러가지로 분류하여 논할 수 있는 것이지만 가장 중요한 개념은 시스템모델(system model)이다. 예를 들어 인간의 내부기관을 해부해서 해당 부위를 연구한다고 하면 이는 올바른 연구라고 볼 수 없다. 각 내부의 기관들이 연결되어 달성하려고 하는 목적을 고려하지 않고는 개개 부분의 역할이 명확히 드러나지 않기 때문이다.

심리학자들은 블랙박스(black box) 모델에 자주 의존하여 인간을 한 시스템으로 하여 투입과 산출을 분석하게 된다. 시스템모델의 목적은 투입과 목표지향적인 산출간의 관계를 구명하는 것으로서 소비자행동의 모델도 이러한 개념에 의한 개인의 행동을 이해하려고 노력하게 된다. 모델은 상당한 복잡성을 지니고 있는 실체를 단순화 시킴으로써 변수간의 관계를 용이하게 이해할 수 있게 한다는 장점을 가진 것이기 때문에 이를 위해 그래프, 설명문 및 수식 등이 이용된다.

소비자들의 행동모델은 다음과 같이 정의할 수 있다. 즉 소비자 행동에 영향을 미치는 모든 변수 또는 일부의 변수를 바탕으로 소비자행동의 인과관계를 단순화하여 재구성한 것이다.

소비자행동모델은 여러가지가 있으나 여기서는 니코시아모델과 하워드 - 셑모델에 대해서만 설명하기로 하자.

(2) 니코시아모델

니코시아는 요인들의 상관관계를 플로우차트를 이용하여 [그림 13-5]와 같은 구매자행동모델을 제시하였다. 이 모델에서는 4개의 기본 분야가 존재한다.

분야I은 기업에서 노출된 광고메시지가 소비자에게 도달하는 과정인데 이것은 소비자가 전에 광고된 제품에 대해 전혀 접하지 않았음은 보여준다. 투입된 메시지는 소비자의 속성에 따라 그 제품에 대한 태도로 나타나 분야II로 투입된다. 분야II는 그 제품에 대한 탐색과 평가의 과정을 나타내는데 평가는 광고된 제품과 다른 제품과 평가의 과정을 나타내는데 평가는 광고된 제품과 다른 제품과의 비교·분석을 통해 이루어진다. 이 탐색·평가의 과정을 거쳐 그 광고된 제품에 대한 동기가 형성되면 이는 분야III으로 투입이 된다. 분야III에서는 투입된 동기에 따라 여러 가지 여건을 참조하여 구매의 새로운 결정을 내리게 된다. 소비자는 의사결정의 결과에 따라 구매행위가 일어나고 이는 제IV의 분야인 피드백현상으로 나타난다. 구매된 제품은 사용되어 소비되거나 다음의 사용을 위해 저장되고 그 결과는 경험으로 쌓여져 다음의 구매를 위한 소비자의 속성에 추가된다.

이 모델은 여러 가지 조사 결과를 자신의 모델과 관련 지워 설명하였기 때문에 소비자행동이론에 큰 공헌을 하였다

그러나 이 모델은 실제 응용이라는 측면에는 적용상의 문제점이 드러난다. 즉 설명의 간결성이 그 불리한 점의 하나이다. 특히 모델이 갖는 많은 제약이나 조건이 모두 고려되지 못하고 있다는 점이 그것이다.

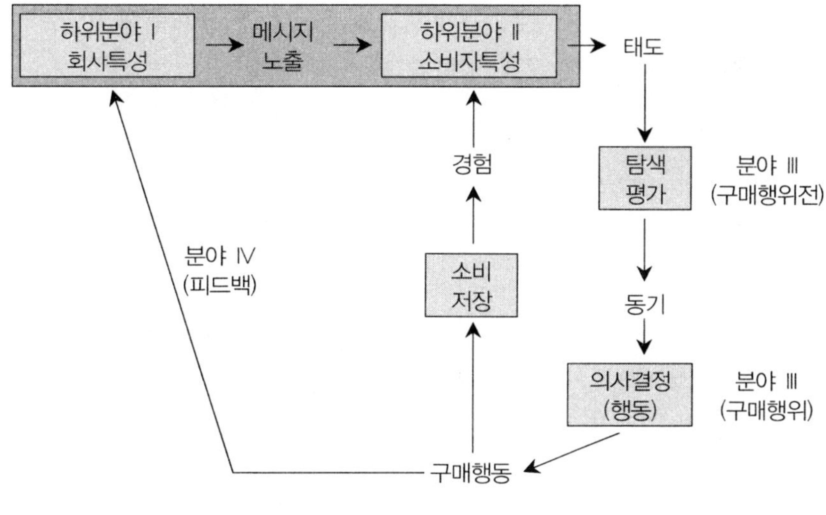

[그림 13-5] 니코시아 모델

(3) 하워드 – 세스모델

3년간의 치밀한 시험 연구를 거쳐 완성된 하워드 - 세스(Howard Sheth)모델은 다음의 2가지 가정을 기초로 하고 있다.

① 구매행동은 문제해결을 위한 합리적 행동이다.

② 구매행동은 체계적이기 때문에 투입인 자극에 위해 유발되고 그 결과는 산출인 구매행동으로 나타난다.

[그림 13-6]의 좌측에는 투입(여러가지 자극)이 변수로 존재하는데 여기서 유의적 투입이란 자사 혹은 경쟁사의 마케팅믹스(marketing mix)라는 물리적 측면을 가리키고 상징적 자극이란 포장이나 광고에서 볼 수 있는 글자나 그림과 같은 실질적 자극물에 의한 정보를 뜻한다. 그리고 사회적 투입이란 잠재소비자가 접할 수 있는 모든 사회적 정보원을 말한다. 이러한 모든 투입은 그림에서와 같이 소비자들의 블랙박스(black box)로 들어가 처리된다. 이들 투입이 인식구조에 들어가 어떻게 처리되느냐 하는 문제는 소비자들이 이들 투입(자극)에 대한 주의력, 자극물의 명료성, 문제해결에 따른 편견 등에 의해 달라진다. 인식시스템을 거치는 모든 정보는 학습시스템에서 정지되는데 여기서 개인의 동기, 결정방식, 태도, 상표에 대한 이해, 결정에 대한 자신감 그리고 구매의사 등 모두가 종전의 의사결정에서 경험하였던 만족의 정도와 상호작용을 하게 된다. [그림 13-6]의 우측에서는 정보처리의 결과인 구매활동이 나

타나 있다. 이 구매에서의 만족여부는 구매자의 의향, 태도, 상표이해 및 주의 등을 수정함으로써 추후의 구매의사결정에 영향을 미치게 된다.

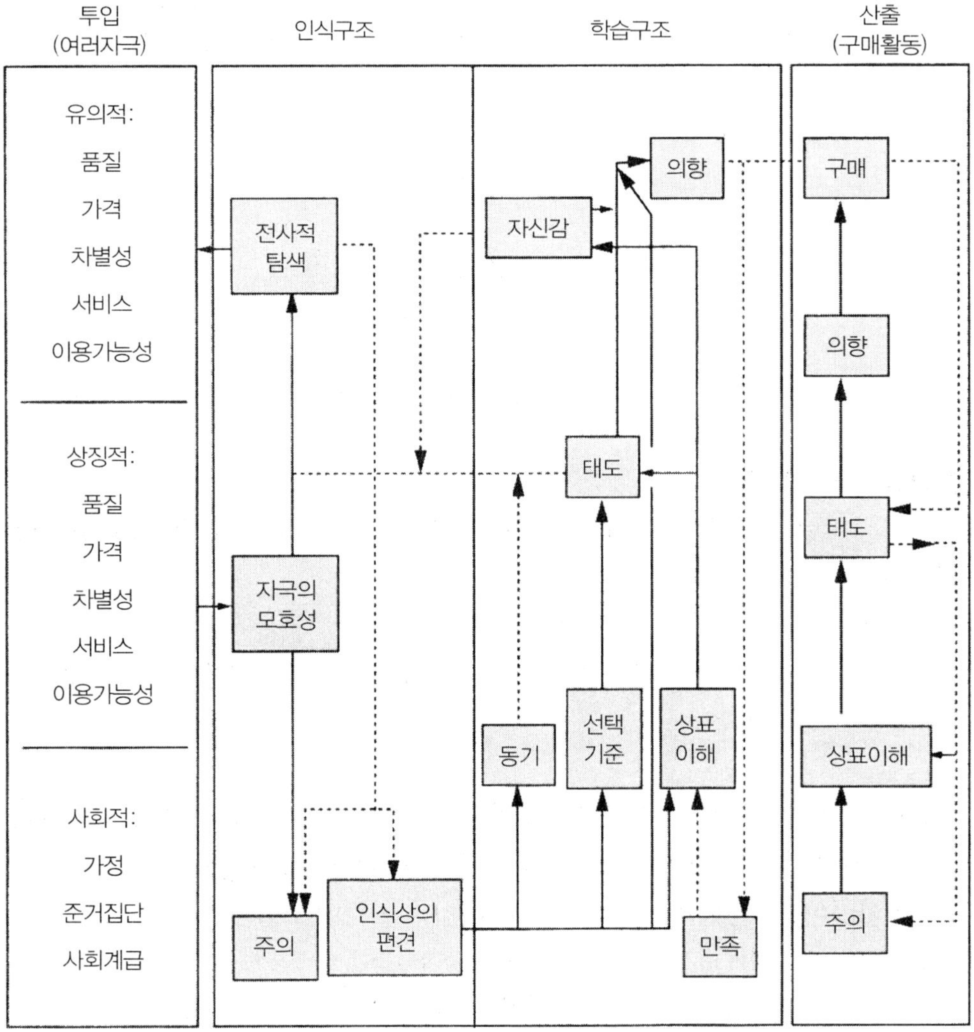

투입 (여러자극)
유의적: 품질 가격 차별성 서비스 이용가능성
상징적: 품질 가격 차별성 서비스 이용가능성
사회적: 가정 준거집단 사회계급

인식구조
전사적 탐색
자극의 모호성
주의
인식상의 편견

학습구조
의향
자신감
태도
동기
선택 기준
상표 이해
만족

산출 (구매활동)
구매
의향
태도
상표이해
주의

[그림 13-6] 하워드-세스의 소비자행동모델

(4) 소비자행동변수

앞에서 소비자행동모델이란 소비자행동의 변수를 전부 또는 일부를 재구성함으로써 소비자의 행동을 설명하려는 것이라고 언급하였다. 그런데 이들 소비자행동모델은 모두 태도(attitude)의 개념을 중심으로 하여 작성되고 있고 이 태도의 변화를 행동변화(구매활동)의 선행요인으로 간주하고 있다.

이를 다시 확실히 하기 위해 월터즈(C.G.Walters)가 제시한 동태적 모델을 중심으로 소비자행동변수와 이에 미치는 요인들을 고찰하기로 한다.

소비자행동은 개인이 가진 상품구색에서의 부족 또는 결핍감을 느끼면서 시작된다. 이 느낌이라는 자극은 기본적 결정 변수를 작동하게 한다. 이러한 필요의 인지는 인식, 태도 및 학습이라는 복합적인 작용의 결과이다. 이 결과는 어떤 행동을 일으키게 하는 동기의 유발을 발생하게 한다.

그 결과 소비자는 내적 결정요인에 의한 구매의도를 갖게 된다. 이러한 기본적 결정요인은 이미 환경에 의한 형성되어진 것이다. 환경은 소비자가 구체적인 문제를 인식하지 못하는 경우에도 영향을 미치고 있다. 환경은 자극에 앞서서 소비자의 태도 형성, 인식 패턴의 설정, 욕구 및 동기의 제품을 구매하도록 한다. 일단 구매 결정이 이루어지면 소비자는 그 결과를 평가하고 만족스럽다고 평가되면 그 정보는 다음의 구매가 필요할 때까지 기억 속에 저장된다. 불만족의 경우에도 그 정보는 미래의 결정에 영향을 미치기 위해 기억에 저장된다. 이러한 과정을 나타낸 것이 [그림 13-7]의 동태적 모델이다.

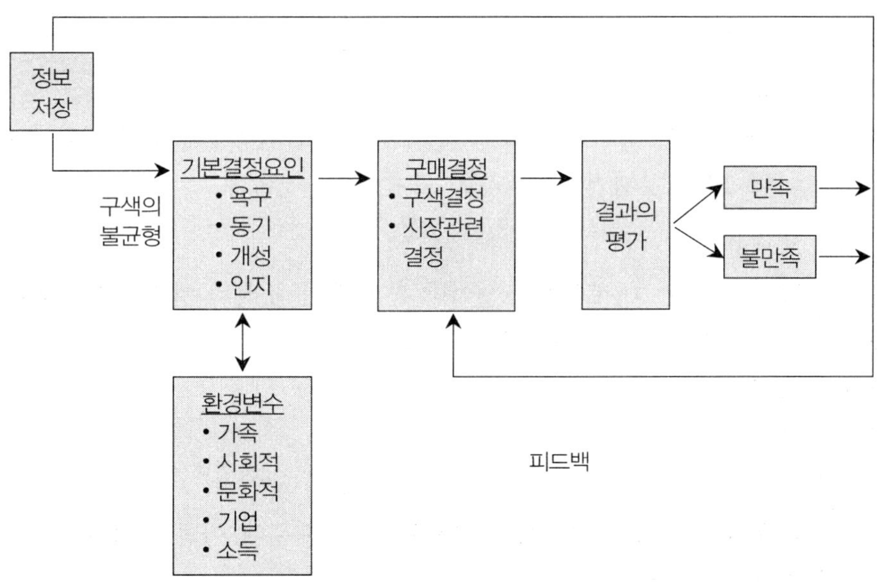

[그림 13-7] 소비자행동의 동태적 모델

이 모델에서의 주요변수는 내생변수인 기본적 결정변수로서 다음의 네 가지가 있다.

① 욕구(need)

이는 실체적 또는 정신적인 육체의 욕구로서 어떤 이유에 의해 발생되는 결핍 내지는 부족감을 말한다.

② 동기(motive)

이는 어떤 방식으로 어떤 일을 하거나 행동하도록 하는 충동 내지는 느낌으로서 이는 욕구를 인식하고 이러한 욕구에 따라 행동하도록 하는 근거가 된다.

③ 개성(personality)

다른 사람과 다르게 하는 인간의 성격 또는 특성을 말한다. 이는 사람마다 각기 다른 특성의 방식으로 행동하도록 한다.

④ 인지(awareness)

어떤 것에 대한 감각을 통한 지식으로 외부환경과 직접적인 관련을 갖는다. 그런데 이 인지는 다시 다음과 같은 3가지 변수로 구분된다.

가. 인식(perception)

소비자가 관찰하였거나 감각을 통해 주의하게 된 사물이나 아이디어에 대해 주어지는 특정의 해석이다.

나. 학습(learning)

실제행동이나 경험 또는 직관의 결과로 사고, 반응, 또는 행동에 생긴 변화를 가리킨다. 이는 종래에 알지 못하던 어떤 것을 알게 되는 것이다.

다. 태도(attitude)

행동을 유형화 시켜주는 내재적인 느낌이나 관점 등을 뜻하며 광의의 개념인데 이는 다음의 3가지 기초적인 차원을 포괄하고 있다.

㉮ 인지적 측면

㉯ 정감적 측면

㉰ 동태적 측면

그런데 이들 요인들은 서로 긴밀히 결합되어 있기 때문에 어떤 학자들은 욕구와 동기를 같이 취급하기도 한다.

소비자의사결정에 영향을 미치는 외생적 변수인 환경적 결정요인으로서 다음의 5가지가 있다.

❶ 가족영향

가족 구성원이 미치는 영향이다.

❷ 사회적 영향

가족이나 기업 이외의 모든 개인적 접촉의 결과 미쳐지는 영향이다.

❸ 기업영향

소비자가 기업과 직접적인 접촉을 통해 받은 영향을 가리킨다.

❹ 문화적 영향

시간의 흐름에 따라 사회시스템에 의해 형성되는 내재적인 신념 및 도덕적, 정신적, 사회적, 구속력 등이 이에 해당된다.

❺ 소득영향

소득에 의해 소비자가 받는 영향을 가리킨다.

환경과 개인은 커뮤니케이션에 의해 상호연결되고 있으며 이는 개인이 통제할 수 없는 것이다.

4) 소비자행동의 목적

(1) 구매전략

행동과학은 상품의 사용과 구매의사결정을 구별하는데 많은 도움이 된다. 남성은 여성을 위해 향수를 구입하고 여성은 사용한다. 반대로 여성은 남성을 위해 상품을 구입하기도 한다. 상품구매를 위한 결정과 사용 사이에는 어떠한 상호관계가 존재하는 것인가. 상품을 사용하는 사람들은 상품을 구매하는 사람들에게 자신의 필요성을 어떻게 알리고 있는 것일까. 구매의사결정을 실제로 촉진시키는데 커뮤니케이션은 어느 정도 중요한 것일까. 구매의사결정을 촉진시키는 주위의 분위기는. 어떤 심벌이 구매의사결정에 영향을 미치고 있는가. 이들 문제에 대한 회답은 행동과학을 이용함으로써 많은 부분에 대한 해답을 찾을 수 있을 것이다.

구매의사결정은 결정 전에 이미 시작되어 결정 후까지 광범위한 과정의 하나이다. 마케터는 구매의사결정단계만이 아니고 소비자욕구를 만족시키는 효과적인 작업을 하기위해 전과정을 이해하지 않으면 안된다.

구매과정의 각단계를 아주 단순화시켜 표현하면 [그림 13-8]과 같다.

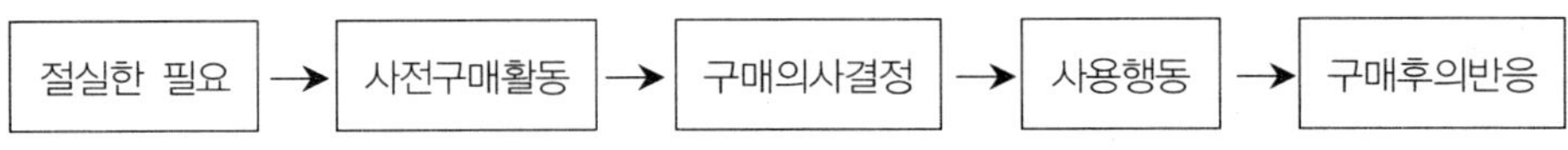

[그림 13-8] 구매과정에 있어서의 각단계

고객은 절실한 필요에서 구매활동으로 그리고 구매의사를 결정하고 사용행동으로 나아가 구매후의 반응을 나타내게 되는 것이다.

구매과정의 출발점은 절실한 필요이다. 이 필요는 특수한 필요 내지는 자극물이나 위안에 대하여 막연한 필요, 식료품에 대한 기본적 심리적 필요나 보증에 대한 심리적 필요 등과 같은 어떠한 필요에서이다.

필요(needs)는 욕구(wants), 동기(motives) 또는 충동(urges), 유인(drives)이라고 한다. 이들 단어는 모두가 긴장상태를 나타내고 있는 것이다. 오늘날은 이들 필요의 많은 부분은 생존과는 관계없는 것이 많다.

그리고 다양한 필요의 중요성에 관하여 각자가 판단을 행하고 있다고 말할 수 있다.

'필요는 실행의 아버지이다(the need is father to the deed)' 사람들은 절실한 필요의 결과로 자신의 필요를 만족시켜줄 계기가 되는 단어에 민감해지게 된다. 기아상태의 경우와 같이 필요가 강요되어지는 경우도 있지만 필요는 대부분 강요되지는 않는다. 많은 경우 상품을 구입하기 이전에 준비 활동은 이미 시작되고 있다. 예를 들어 자동차를 구매하기 이전에 자동차의 광고를 보거나 친구와 상담하고 있다. 이 기간 사람들의 지각은 그 자신의 필요에 의해 바삐 움직이게 된다. 그는 경험에 의해서 알게되고 지식이 축척된다. 구매까지는 상당기간이 경과한다.

사전구매활동의 기간과 종류는 상품종류나 구매자의 퍼스널리티에 의해 달라진다. 일용품(convenience goods)은 상품에 대한 필요성이 생기면 바로 검토를 거쳐 구매되어진다. 한편 주요 소비재 내구성 상품의 구매는 일반적으로 필요가 절실하게된 후 구매까지 상당한 시간이 걸린다. 그 이유는 상품을 비교하여 보고 주위로부터 정보를 입수하는 등 사전 구매활동에 많은 노력을 기울이기 때문이다.

사전 구매활동은 구매자를 구매행위로 연결시키는 일련의 마음의 변화상태를 창조하고 이들 단계는[그림 13-9]과 같이 나타낼 수 있다.

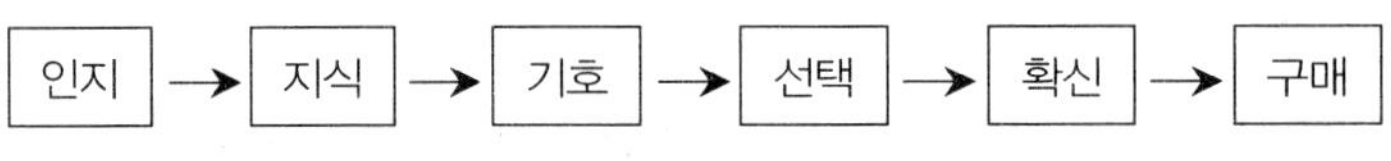

[그림 13-9] 소비자의 구매행위단계

시작은 상품 인지로부터 상품지식, 기호, 선택, 및 확신으로 옮겨지고 각각의 단계는 그 자신의 필요를 만족시키는 행위로 이행할 확률 또한 증가된다.

마케터에 있어서 사전 구매활동의 중요성은 구매행동을 구체적으로 결정하기 이전에 필요를 배양하도록 하는 인지에 있다. 이 기간 구매자는 상품에 관한 정보를 수집하고 검토한다. 그들은 광고를 보고 세일즈맨의 설명을 듣고 또한 주위의 의견에 귀를 기울인다. 이 기간 기업의 커뮤니케이션 프로그램은 자사 상품의 각각에 구매자의 개인적 주의를 끌수 있는 여러 가지 활동을 행하게 된다.

사람들은 소비 이외에 다른 목적을 가지고도 활동 하지만 구매자로써 행위 할 때는 각 개인은 하나의 목적만을 가지고 있다. 그 목적은 상품 및 서비스를 획득함으로써 얻어지는 욕망의 만족이다.

이 문제는 모든 소비자가 직면하는 생명을 유지하기 위해서든지 어떠한 즐거움을 제공하는 상품 및 서비스를 획득하는 것과 관계가 있다.

따라서 소비자는 구매전략 또는 전반적 구매계획을 가지고 있어야 한다. 구매전략은 다음의 2단계로 성립되어 있다.

① 표적 상품군을 결정할 것

소비자가 소비하고자 하는 상품 및 서비스의 특정그룹에 관해 결정한다.

② 구매전술을 전개한다.

선정된 상품군에 소비자행위를 집중시킬 수 있는 제요소를 조합한다.

상품군은 인간욕망을 만족시키기 위해 적당한 비율로 상품 및 서비스종류들의 조합이다. 상품군의 창조는 소비의 목적이고 소비자도 만족을 추구하지만 만족은 상품 및 서비스의 소유를 통해서 발생되어진다.

무엇을 언제, 어디서, 어떻게, 얼마에 구입할 것인가는 각 개인의 전술이다.

소비자는 여러 종류의 방법으로 구매하지만 중요한 것은 구입의 타이밍이다. 각 개인은 상품을 구매하는데 편리한 일시를 결정해야 한다. 결정은 계절의 시작에 살 것인가 또는 계절의 마지막까지 기다릴 것인가 아니면 계절 중에 살것인가와 같은 것이다. 더욱이 상품의 구매를 위해 소비되는 노력이나 시간의 문제로 교외에서 살 것인가 도심에서 살것인가, 현금으로 구매할 것인가, 아니면 카드로 구매할 것인가, 자신이 사고자 하는 상품이 없을 경우 대체상품을 구매할 것인가 등과 같은 것이다.

(2) 소비자행동의 결정요소

소비자가 구매에 이르기까지의 과정을 예를들면 [그림 13-10]과 같다.

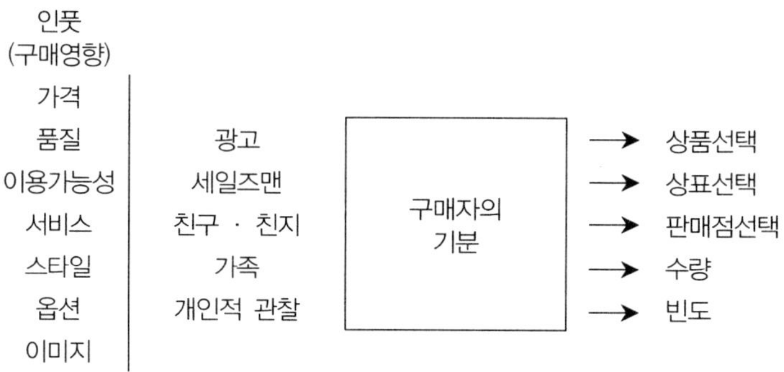

[그림 13-10] 소비자의 구매행동까지의 과정

그것도 이들 정보제공활동은 모든 기회를 동원, 각 소비자에게 전달되도록 하여야 한다. 소비자는 이와 같은 외부의 자극을 받게 되고 살것인지 사지 않을 것인지의 결정은 각 개인의 결정이다. 환경으로부터 정보를 소비자가 받아들여 자신이 통합하는 것이다.

상품을 판매하는 측으로부터는 각 개인의 내적 결정과정과 각 개인의 환경영향에 관심을 가지고 있을 것이다. 따라서 소비자행동 변수로써

① 개인의 내적 변수

② 외적 변수

이 2가지는 나누어 생각해야 한다. 내적 변수는 각 개인의 결정과정에 있어서 중요하므로 기본적 결정요인이라 하고 외적 변수는 환경결정요인 이라한다.

구매결정은 실제로는 단계적으로 이루어지는 것이다. 적어도 상품, 상표, 스타일, 수량, 장소, 판매업자, 시기, 가격 및 지불방법 등이 포함된다. [그림 13-11]은 자동차 구매에 대한 구매자의 결정의 과정을 개략적으로 나타낸 것이다.

[그림 13-11]은 6개의 결정문제 즉, 상품, 크기, 조작, 색, 판매점 및 지불방법이 표시되어져 있다. 이들 6개의 결정사항이 주어지고 각각에 관해서 2개 내지는 3개의 선택이 행하여지고 있다. 각각 162가지의 다른 결정 과정을 거치게 되는 것이다. 실제의 결정 과정에서는 결정 과정 최초에 엄밀하게 계획된다. 이 과정에서 분기점이

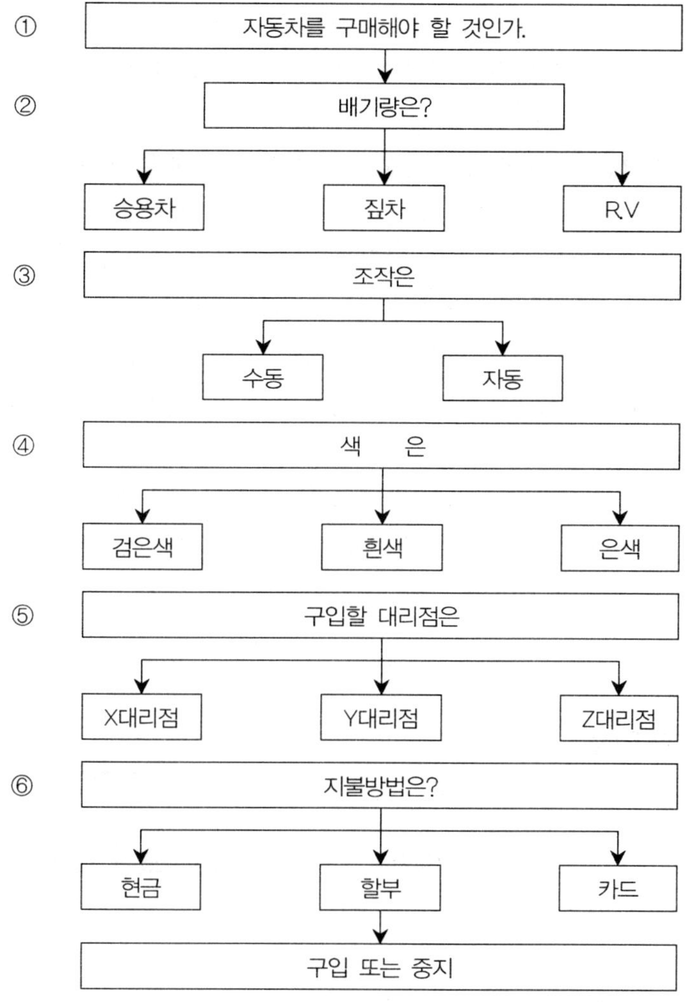

[그림 13-11] 자동차구매까지의 결정과정

되는 것에서는 각각에 대한 많은 요인들이 영향을 미친다. 어떤 것은 극히 개인적인 것이고, 어떤 것은 환경에 좌우되고 또한 경제나 사회상태에 의해 조건을 부여 받게 된다.

오늘날과 같이 구매자가 자유롭게 선택할 수 있는 상품이 풍부한 경제에 있어서 제조업자가 유리하게 활동하기 위해서는 각 분기점에서의 종류를 차별화하여 다양한 상품의 제공과 적합한 장소의 제공, 적합한 조건으로 이용하게 해야 한다. 각각의 상품을 과잉생산하기도 하지만 이익을 희생하여 매출을 획득하는 것이 된다. 생산업자는 각각을 어느정도 생산하여 판매해야 할 것인가를 예측해야 한다. 즉 구매자들이 각각의 결정과정에서 어떻게 움직일 것인가를 알아두어야 한다. 각 구매자에 대하여 이것을 예측하기는 어렵지만 예측이 과거의 흐름을 따르거나 추세성이 있다면 그다지 어려운 작업은 아니다.

구매과정에 있어 마케터의 관심은 상품을 판매하는 데에 끝나는 것이 아니라 더욱 나아가 사용 행동에 관해서도 충분히 연구되어져야 할 필요가 있다. 구매자가 상품을 어떠한 형태를 사용하고 있는가를 연구함으로써 새로운 상품소비자의 만족은 높일수 있는 상품의 개발은 더욱 용이해 지는 것이다. 소비자가 상품을 어떻게 사용하고 있으며 언제 사용하는지 다른 어떠한 상품과 함께 사용하며 그 일시 등에 관해 주목하고 있어야 한다. 그렇게 함으로해서 상품이나 마케팅에 있어서 잠재적인 기회의 가능성을 넓힐 수 있게 된다.

또한 상품구매 후 구매자의 느낌이나 행동을 연구할 필요가 있다. 구매자는 그가 기대한 만족을 충족시키지 못해 실망하고 있지는 않은지와 같은 문제에 관해서도 주의 깊게 살피는 세심함을 가져야 한다.

3. 소비자정보

소비자 및 소비자행동을 이해하기위해 소비자정보(consumer information)를 무시할 수 없다. 따라서 어떻게 해서 소비자정보를 입수하고 어떻게 그 정보를 경영에 활용할 것인가를 고려해야 할 필요가 있다.

소비자정보를 수집하기 위해 이전부터 사용되어진 기법이 마케팅조사이다. 마케팅조사는 마케팅에 관한 사실을 파악하는 것이고 일반적으로 마케팅조사는 '상품 및 서비스의 이동 및 판매에 관한 제반문제에 관해서의 사실을 수집, 기록 및 분석하는 것'으로 정의하고 있지만 마케팅조사의 한 분야인 소비자조사(consumer research)는 소비자에 관해서의 사실을 구하는 것이다.

'일반소비자들의 제반문제에 관한 사실을 수집, 기록 및 분석하는 것' 즉, 시장에 있어 개인 및 그룹으로서 소비자의 성질(소비자의 수, 장소, 특성, 필요, 동기, 결정과정 및 행위)을 밝히는 것이다.

현대사회의 기업에서는 소비자에 관해 보다 다양한 지식을 획득하여 많은 이익을 창출해 내고 있다. 정부는 시장에서 소비자를 보호하기 위해 보다 나은 법률을 제정하기 위한 기초로써 소비자조사를 이용하고 있으며 소비자는 보다 효율적인 구매를 위해 소비자자신의 이해가 필요하게 되고 경영도 자사의 마케팅전략(marketing strategy)의 기초로써 소비자정보가 필요하다.

소비자조사는 여러 방면으로 활용되지만 그 중 중요한 것들을 들어보면 다음의 [표 13-12]와 같다.

[표 13-12] 소비자조사 활용

시장의 성질
• 소비자 소재장소 • 소비자 특성 • 고객의 변화 • 시장비교 • 시장잠재성의 결정
모티베이션
• 구매동기분석 • 동기에 영향을 미치는 요인과 평가 • 상품선호나 점포선호의 배후에 있는 동기를 밝힘 • 상품의 비교 검토에 관한 동기를 분석
태도
• 회사에 대한 태도를 밝힘 • 상표에 대한 태도를 밝힘 • 소비자 불만족의 문제를 밝힘 • 태도의 상대적 강도를 분석 • 기업이미지를 밝힘 • 상품이미지를 밝힘 • 상품구매를 위해 이동하는 거리에 대한 태도를 밝힘 • 구매계획에 대한 태도를 평가함
선호
• 판매점 선호를 결정 • 상품선호를 결정 • 상점충성도를 추정 • 상표충성도를 추정 • 거래영역선호를 밝힘 • 구매빈도를 밝힘
의사
• 구매의사를 추정 • 열망과 구매의사와의 관계를 분석 • 의사표현의 정도를 밝힘

위의 정보 중 어떤 것은 인구조사 등 각종 자료에서도 알 수 있지만 다른 것은 독자적인 조사를 행함으로써 얻을 수 있다.

Chapter 14

마케팅조사의 응용

1. 제품조사

제품조사는 제품이 구매자의 욕구와 마케팅요구에 가장 잘 적응하도록 설계하거나 또는 변경하는데 관련된 조사를 말한다. 제품조사는 전적으로 신제품의 초기개발, 새로운 형태의 출현과 현존 메이커와 경쟁하는 제품의 상표와 제품의 시장성을 높이기 위하여 현존 메이커 그 자체의 어떤 국면 또는 특징과 제품의 포장 및 표찰을 다루게 된다.[1]

앞의 정의는 제품조사에 있어 마케팅국면에만 고려되는 것인데, 제품을 성공적으로 개발하기 위해서는 원가, 재무 및 경영문제를 포함하여 제품의 상표 및 제조방법 등에 관하여 세밀한 조사를 해야 한다. 이들 모든 문제는 마케팅계획에 영향을 주지만 시장조사의 외부영역에 속하므로 기술적 조사 또는 기업조사(business research)라고 한다.

---

1) D.J.Luck, H.G.Wales and D.H.Taylor, *Marketing Research*, 1961, p.373.

1) 제품조사의 발달

한때 제조업자는 생산요구가 제품설계를 지배한다는 관념에 사로잡혀 있었다. '예상구매자로 하여금 제품을 사도록 하는 것은 광고와 판매의 업무다'라는 태도는 소비자가 무엇을 원하는가를 알려는 욕망과 소비자의 욕구에 적합한 제품을 설계하려는 욕망으로 인하여 없어지게 되었다.

이러한 태도변화는 구매자의 필요 또는 마음에 들지 않은 제품이 팔리지 않아 손해를 보게 되므로 자연발생적인 당연한 결과라고 하겠다. 제2차세계대전 중을 전후로 많은 발명, 새로운 재료·제조에 이용할 수 있는 공정이 증가되었고 뒤이어 일어난 구매자시장의 위험으로 말미암아 제품다양화(product diversification)와 제품개발을 더욱 더 촉진시켰다.

제품설계와 시장성은 기업의 일반적인 관심사이다. 사적 상표(private label)상품의 제조업자나 유통업자는 격심한 경쟁을 하게 되고 신제품은 급속도로 판매량을 증가시켜 나아가기 마련이다. 제품선정, 제품조정과 제품설계의 중요성이 증가됨과 더불어 시장조사를 위한 조직적 추세가 나타나게 되었으며 이를 위해서는 특화된 스탭경영층기능과 제품개발을 취급하는 부서의 창설과 확장이 요구되었다. 일정한 조직내에서는 다음 세 가지 기능 중 하나 또는 그 이상이 있게 된다.

① 제품계열과 개별제품설계의 구성에 대해 계속적인 책임을 지는 제품계획자, 제품계획자는 의장담당자와 기사, 제조부와 마케팅부간의 연락을 담당한다.
② 제품의 판매성공에 관련된 모든 요인을 취급하고 특별한 제품 혹은 제품계열에 관한 책임을 지는 제품매니저(product managers).
③ 신제품을 생산하는데 있어 많은 세목을 계획하고 감독하는 신제품창시매니저. 이는 아직 잘 알려지지 않았으나 가끔 신제품을 만들고자하는 회사에서는 가장 중요한 것이다.

이들 새로운 경영층은 제품조사의 마케팅국면에 깊은 관심을 조장하고 시장조사부에 귀중한 도움이 될 것이다. 시장요구에 제품을 적응시키는 깊은 관심은 제품조사에 의해서 정확한 지침을 주장하는 것을 의미한다.

2) 제품조사의 적용

시장의 제반상황으로 인하여 제품조사를 실시해야 할 필요성이 있게 되는데 모든 제조업자는 이러한 상황에 대비하기 위해 제품조사를 할 필요가 있다. 제품조사의 적용은 아래와 같이 요약할 수 있다.

(1) 신제품의 시장성결정

전혀 새로운 형태의 제품을 생산하였을 때는 신제품에 대한 수용성, 시장성 및 특징에 관하여 알지 못하므로 제품조사를 실시해야 한다. 만일 제품생산이 제조업자측으로 볼 때 대규모 투자와 위험을 수반할 때는 제품조사는 비용이 많이 들며 장기간에 걸쳐 조사되게 될 것이다.

(2) 제품계열의 확장

현존 제품의 제조업자는 구매자의 욕구를 충족시키기 위해서는 자사상품계열의 모델(model)이나 스타일을 개선해 볼 필요가 있다. 이러한 개선에 대한 정당성을 입증하기 위해 제품조사를 실시해야 한다. 제품계열은 여러 가지 모델이 있지만 계열의 단순화는 대단히 유익하다. 제품의 단순화를 위한 결정은 맹목적이 아니라 제품조사를 통한 어떤 보증이 반드시 따라야만 한다.

(3) 현존 제품의 개선

자동차와 같은 제품은 규칙적인 모델변화가 요구되며 계절에 따라 변화하는 유행성 의류와 같은 것도 그러하다. 일정 간격을 둔 규칙적인 변화라야 하지만 제품에 따라서는 결코 본질적인 변경을 할 필요 없는 안정품도 있다. 그러므로 대부분의 제조업자는 새로운 상품이 침범을 당하지 않을 때일지라도 제품변경을 위해서 제품조사를 가끔 해야만 한다.

(4) 경쟁업자 기술혁신의 성공측정

경쟁업자의 활동에 의해서도 제품조사는 역시 필요하다. 어떤 제조업자가 시장에 새롭고 변경된 제품을 판매하였을 때 경쟁업자는 그 판매의 성공여부와 제품개선이 구매자 욕구에 보답되고 있는 가를 측정하기 마련이다. 산업에 따라 각 제조업자는 자기의 신제품에 대한 아이디어가 시장의 수용성이 있는가를 분석해야만 하고 나아가서는 경쟁품까지도 분석할 필요가 있다.

(5) 제품유통에 대한 계획

어떠한 제품의 판매일지라도 적당한 유통경로를 통해서 판매해야만 하고 구매자가 가장 구입하기 쉬운 길을 이용하도록 해야 한다.

적절한 유통은 적절한 수입과 유통업자에 대한 정책을 적절하게 세우도록 해야만 한다.

(6) 제품용도와 제품필요의 발견

제품의 메이커가 제품이 어떻게 사용되는가를 알지 못한다면 제품개발은 불가능하고 구매자의 욕구에도 적합될 수 없게 된다.

(7) 판매 및 광고소구

제품조사를 실시함으로써 어떠한 사람이 소비자이며, 소비자의 상황 및 필요와 제품에 대한 용도 등을 알 수 있으므로 판매원과 광고원고작성자(advertising copywriter)에게 정확한 지식을 제공할 수 있다.

(8) 포장개선

제조업자는 항상 구매자에 더욱 크게 소구할 수 있고 도움을 주는 용기(container) 또는 포장지(wrapping)를 만들기 위한 경쟁을 하고 있다.

포장은 주로 자기서비스제(self-service)상점에서 팔릴 때 중요한 위치를 차지하지만 모든 포장된 제품은 효과적인 포장지와 상표가 필요하다.

제품 그 자체에 있어서의 변화와 마찬가지로 포장변화도 건전한 조사에 근거를 두어야 한다.

제품조사는 성공적인 생산시장을 위해서도 실시해야 하지만 산업재 제품조사는 소비재 제품조사보다 다소 상이한 제품지식과 조사기법이 필요하다. 산업재의 구매양식, 제품에 대한 구매자의 평가, 구매자의 필요와 선택을 결정하는 요인은 소비재의 상품화 계획과 판매와는 매우 다르다.

3) 제품평가의 요인

제품결정에 대한 시장조사의 공헌은 조사를 필요로 하는 제반요소의 전후관계에서 평가할 수 있다.2)

여기서 우리들은 신제품에 관한 결정을 하는데 적용될 보다 포괄적인 요소의 몇 가지를 생각하기로 한다. 대부분 이러한 것은 제품개선에도 역시 관련되게 되는데 먼저 마케팅의 외부전문가에 의해서 조사에 요구되는 몇가지 요소를 열거하면 다음과 같다.3)

① 사회의 생산시설과 지식의 적합성
② 적당한 잉여시설과 인력
③ 기술 및 설계개발비
④ 제조비
⑤ 부분품의 생산 또는 외주가공정도
⑥ 경쟁에 대한 제조우월
⑦ 특허상태
⑧ 아래와 같은 제반요인을 포함한 시장조사
⑨ 판매액과 단위판매 가능액으로서의 시장 정도
⑩ 시장의 영구성과 계절성
⑪ 시장의 위치
⑫ 시장에 대한 회사의 현지위
⑬ 경쟁업자의 강도 및 소비자충성도
⑭ 제품의 효용가치
⑮ 소비자의 제품에 대한 우수성 인정여부
⑯ 제품의 판매소구
⑰ 유사제품의 연혁
⑱ 현 제품계열을 보강하는데 따르는 제품가치
⑲ 효과적인 유통경로의 확보여부
⑳ 가격결정과 할인을 포함한 경쟁산업의 상관습

---

2) D.J.Luck, H.G.Wales and D.A.Taylor *op.cit.,* p.377.

3) Adapted largely from G. E. larson, Developing and Selling New Products. 2nd ed., U, S. Government Printing Pffice. Washington, 1955, p.17.

㉑ 판매 및 광고방법과 비용
㉒ 판매전후의 판매요구
㉓ 필요한 재고
㉔ 저장관례와 비용
㉕ 운송방법과 비용

상품화 계획과 선택에 있어 중요한 것은 가능한 한 제품의 집중을 결정하는 것으로서 예를 들면 특정회사의 자원에 대한 적합성이다.[4] 회사의 생산시설에 대한 제품 집중의 제국면을 생각해야만 하고 동시에 제품이 집중되는데 필요한 제반요인은 시장조사에 의해 분석되어야 한다. 제품의 집중을 결정하는 데는 일정한 기준이 수립되어야 한다. 이러한 분석을 함으로써 가장 적합한 제품과 결점을 알 수 있다.

4) 제품조사의 자료

제품조사의 특수한 목적은 포함될 자료원이 결정되었을 때 조사를 한정하고, 이러한 조사 목적으로부터 적합한 자료원과 자료형태를 정확하게 결정할 수 있다.

(1) 자료원(資料源)

자료원은 ① 제품의 예상구매자 또는 사용자(현재 사용자도 포함) ② 기타 자료원으로 나눌 수 있고 먼저 기타 자료원으로부터 설명하기로 한다.

첫째로 사내기록이 제품문제에 관한 정보가 된다. 즉 과거 판매연혁, 서비스 및 수선기록, 손실판매보고서, 환품보고와 취급상 또는 구매자와의 통신이 문제에 적합한 정보가 된다.

둘째로 회사판매원 또한 유익한 제1차정보의 자료원이 될 수 있다. 판매원은 경쟁업자의 제품과 직면하게 되고 자사제품의 사용자를 알 수 있으며, 또 이러한 사용자의 불량을 알 수 있는 동시에 취급상의 경로를 알게 된다. 셋째로 자사의 직원과 취급상이다. 이들은 자사제품의 구매자를 알 수 있고 제품판매의 곤란한 점과 직접적으로 제품의 특징을 알고 있다.

정확한 제품정보원으로는 실험실 실험과 기술 전문가 등이 있는데 분류와 실험에

---

4) T.A.Staudt "Program for Product Diversification," *Harvard Business Review,* November-December, 1954.

있어서의 기술 원조는 정부기관 등으로부터 받게 되고, 개인 기업은 자사제품을 시험할 수 있는 사설시험회사를 이용한다. 시험조사의 세밀한 조사로부터 얻은 자료는 다른 자료에서 얻지 못할 완전성과 객관성을 얻을 수 있다. 그러나 이러한 자료원은 소비자의 태도와 소비자의 실제 제품사용의 양식을 알 수 없다는 중요한 결점이 있다.

소비자 자료원은 모든 소비자가 꼭 같이 솔직하지 않고 제품에 관하여 현실적이고 비평적이 아니기 때문에 중대한 제한이 있다. 모든 소비자는 제품 구입량이 동일하지 않으므로 자료원이 될 소비자는 자격을 갖추어야 한다. 더욱 구매자와 사용자는 서로 다른 사람이 될 수 있다. 미국에서는 넥타이의 대부분은 자기 남편을 위해 부인들이 사므로 부인들의 관점에서 매력이 있도록 하는 것이 넥타이 디자인에 있어 중요하다. 그러므로 제품 자료의 주요 자료원으로서 소비자를 채택함에 있어 적절한 사람을 선정한다는 것이 무엇보다도 중요하다.

소비자가 줄 수 있는 정보에 대하여도 역시 제한점이 있다. 신제품 가능성에 관한 건설적이고 실행적인 아이디어는 극히 드물다 하겠다. 현존 제품의 결점에 관하여 말하는 사람은 다소 있더라도 그 결점을 시정하기 위한 해결책을 말하는 사람은 드물다는 것이다.

창조적인 아이디어는 주로 설계사, 기사 및 상품계획자이다. 소비자가 신제품 또는 개선된 제품을 원하는 정도를 올바르게 평가할 수 있다면 그것을 조사자가 예측할 수도 있는 문제이고, 소비자가 평가자로서의 자기들의 역할을 이해한다는 것이 역시 중요하다.

(2) 자료의 형태

제품조사는 여러 가지 목적이 있으므로 수많은 자료 형태를 모색한다.

여기서는 소비자로부터 획득하는 혹은 소비자에 관한 세 가지 주요 자료 형태만을 논하기로 한다.

① 소비자 조사자료

우리는 이미 질문형식과 소비자와 접촉하는 방법에 대해서 주요조사형태를 설명했다. 즉 인적 혹은 우송면접, 패널 또는 비패널방법 등이 제품조사에 이용되게 된다.

가. 상표에 대한 소비자의 일반적인 태도

이는 제품 그 자체보다 다른 요인에도 기인하지만 제품 품질을 비교하는데 매우 적절한 자료가 된다. 가장 간단한 방법의 하나로서 미국의 유력한 타이어(tire) 제조업자는 매년 자동차 소유자에 우송질문법을 사용하는데 다음과 같은 질문 형식을 소비자들의 기입하도록 하는 문장완성법을 사용하고 있다. 즉 '나는 가격에 개의치 않고 오늘날 미국에서 가장 좋은 자동차 타이어는 ( )타이어라고 생각한다' 또 순위 및 비율등급법(ranking and rating scales)에 의해서 더욱 세밀한 비교를 할 수 있고 더욱 세밀한 방법으로서는 어구연상법(word association)을 이용하게 된다.5)

나. 특별한 제품 특징에 대한 소비자 선호

이는 제품 변화 결정의 지침으로서 중요한 자료가 된다. 응답자 대부분은 특징을 말로써 잘 표현하지 못하므로 그림과 모델이나 또는 운반할 수 있다면 제품 자체를 보여 주는 것이 더욱 효과적이다. 제너럴모터사(General Motor Company)에서는 우송질문법으로서 그림을 사용하고 있다. 자동차 제조업자는 역시 신제품의 여러 가지 특징에 관한 소비자의 만족도와 자사의 과거 자동차와 다른 회사 제품과 비교 및 특징 선호(feature preferences)에 관한 자료를 얻게 하기 위하여 자사의 조사원을 채용하게 된다. 선호는 상대적이기 때문에 어떤 제품 또는 어떤 제품 특징에 관한 소비자의 의견은 일정한 비교 기준을 두어야 한다.

다. 소비자의 입장과 제품의 용도

이는 제품 설계와 수용에 중대한 의의를 갖는다. 제품 용도와 제품 보관 장소와 소비자 입장에 관한 요인 등은 역시 질문을 통해서 알 수 있다.

라. 소비자의 과거경험

이를 통하면 사실을 잘 알 수 있다. 소비자가 어떻게 제품을 사용하며 제품 설계에 관련된 특별한 사건을 완전히 재기록할 수 있도록 하면 많은 정보를 얻을 수 있게 되는데 예를 들면 주부들의 세탁과정과 애로사항의 정보를 입수함으로써 자동세탁기에 대한 설계 지침이 된다고 한다. 고정질문법으로는 이러한 모든 제품의 경험을 탐색하지 못하므로 그러한 정보는 공식적이고 표준화된 질문법으로는 아마 얻을 수 없을 것이다. 오히려 비공식적 또는 공개면접에 의하는 것이 좋을 것이다.

② 소비자사용시험(use-tests)

위에서 설명한 조사는 소비자가 즉석에서 의견을 피력함으로써 자료를 얻을 수 있다. 소비자는 그들이 어떤 것을 좋아한다고 생각하고 그것을 살 것같이 말하지만, 사실은 반드시 그렇지 않다.

---

5) D.J.Luck, H.G.Wales and D.A.Taylor, *op.cit.*, p.381.

자동차의 격심한 외관 변화를 좋아한다는 사람이 만약 그러한 차가 만들어지면 자기의 보수적인 취미가 작용하여 오히려 적게 구매하게 되는 수도 있다. 만약 소비자에 제품 사용의 적당한 기회가 주어져 소비자가 좋아하는 품질을 알 수 있다면 더욱 정확한 판단을 할 수 있을 것이다. 이것을 사용시험이라 한다.[6)]

이 방법은 자주 사용되고 판매되는 제품에 가장 잘 이용된다. 의복과 설비에도 적용되지만 식료품과 화장품에는 특히 사용 시험이 적용된다. 적절한 사용 시험의 결과는 고도의 현실성과 정확성을 가지므로 이 방법은 제품조사의 중요한 방법이라 하겠다.

물론 이 방법은 충분한 주의와 통제 없이는 정확한 방법이 될 수 없다.

이 조사의 시험기간은 소비자에 의해 장기적인 수용성 또는 의의를 갖도록 충분히 길어야하고 과대한 지출없이 수행할 수도 있다. 이때 조사 대상의 소비자는 전형적인 소비자가 필요하다. 소비자 패널회원에게 시험 제품을 우송하고 우편에 의해서 소비자의 의견을 반송케 하는 소비자패널을 이용함으로써 사용 시험을 성공하였다 한다. 미국의 듀폰(Du Pont)사에서는 자사의 여자종업원으로 하여금 나일론양말을 신게 함으로써 양말의 종류를 시험했다는 것이다.

사용 시험은 부피가 크든지 혹은 값비싼 내구품에 대해서는 어렵고 또 경우에 따라서는 불가능하다. 소비자의 제품사용방법을 관찰함으로써 질문법으로 얻지 못한 제품의 수용성을 알 수 있다.

관찰법은 복장의 새로운 유행에 대한 수용성을 조사하는데 사용하게 된다. 소위 유행측정(fashion-count)을 하는 관찰자가 스타일 중심가(style center) 특히 유행의 첨단을 걷는 사람들이 많이 지나가는 장소에 배치되어 어떤 스타일의 의복을 입은 사람 수로써 그 스타일의 현재의 유행상황을 알 수 있다. 관찰적 방법은 소비자 상황이 제품에 관련되어 있으므로 소비자 상황의 결정에도 역시 사용될 수 있다. 어떤 가구제조업자는 면접할 당시 소비자의 방을 사진으로 찍음으로써 가구의 종류, 스타일과 배치 등을 알 수 있었다는 것이다. 그러한 사진은 신가구의 디자인과 판매촉진을 계획하는데 기업에 도움을 주었고 사용 시험의 결과는 소비자선호에 대해서 사용한 소비자의 질문보다 관찰법에 의하는 것이 더욱 잘 알 수 있다.

③ 판매결과 통제불가능상황에 있어 광고 혹은 가격결정과 같은 마케팅믹스의 다른 요소가 제품자체의 소구를 흐리게 할지라도 실제 판매액은 제품이 판매된 것을 말한다.[7)]

---

6) D.J.Luck, H.G.Wales and D.A.Taylor *op.cit.*, p.382.

판매분석은 채택된 제품이 그 자체의 판매목표를 수행하는 정도를 제시하여 주며 제품 개선 정도가 약한 제품 계열을 지적하는데 유용하다. 상표경쟁지위분석도 경쟁업자의 제품 수용성과 경쟁업자의 제품 혁신이 어느 정도 시장에 침투되고 있는가를 계속적으로 관찰함으로써 제품조사에 도움을 줄 수 있다. 이는 비슷한 제품 변화를 시도하여 볼 근거가 된다.

이미 설명한 세 가지 자료(소비자 시험자료 · 소비자 사용시험 · 판매결과)는 하나의 결점이 있는데 이는 소비자가 좋아한다는 의견을 표시한 제품의 실제 판매를 증명하지 못한다는 결점이다. 실험적인 연구방법만 잘 운영되면 이와 같은 가장 중요한 사실은 확인할 수 있다.

시험판매는 유통 및 판매촉진의 전형적인 상황하에서나 신제품개발과정에서는 꼭 수행되어야 한다. 그 제품분야에 있어서 현존상표의 판매액은 그 상품의 정상 판매액과 추세를 예측 위해서 적당한 사전 조사기간에 측정되어야 한다. 시험판매기간 동안 시험중인 제품의 품질 이외의 다른 어떤 요소가 시험 결과를 왜곡시키지 않도록 시험판매에 영향을 주는 모든 변수를 주의 깊게 관찰해야 한다. 이 시험기간은 소비자가 그 제품을 재구매할 수 있게끔 충분한 기회의 조사기간이 있어야 한다. 시험판매는 신제품이 현실적 경쟁에서 판매거부에 대한 확실한 근거는 되지만 그러한 시험을 반드시 해 볼 필요는 없다. 시험판매는 생산용 제품 또는 자주 구매되지 않는 제품에는 적용되지 않는다. 시험판매는 경비가 많이 소요되므로 약간의 제품변경이나 또는 판매고가 적은 제품은 그러한 조사에 필요한 경비를 정당화하지 못할 것이다.

5) 제품조사의 주요단계

다음 형태의 조사와 마찬가지로 제품조사도 경영자로 하여금 올바른 결정을 할 수 있도록 하는데 목적이 있다. 제품관리(product management)는 특히 신제품에 관련되고 많은 결정을 필요로 한다. 이러한 결정은 3단계로 나눌 수 있는데 각 단계는 다소 다른 종류의 시장조사자료와 시장조사활동을 필요로 한다. 전체적으로 제품조사를 이해하려면 혼란이 야기되므로 3단계의 각각에 관하여 별도로 논의하겠다.

(1) 제품선정

좋은 제품계획의 첫 단계는 제품을 개발할 일반적인 범위를 선정하는데 있다. 그

7) D.J.Luck, H.G.Wales and D.A.Taylor *op.cit.,* p.385.

런 다음에 이 단계는 제품형태와 제품목적을 특별히 결정하기 위해서 연구범위를 좁혀 들어가야 한다.

이 단계는 제품개발이 절실히 필요한 제품영역을 확인하는 조사에 한정하여야 하며 제품형태에 관한 결정은 다음 3가지 방법으로 나누어진다.

① 제품분야의 선택

가장 조직적인 순서는 신제품을 개발하려는 일반적 제품영역을 선택하는데서 시작한다. 이리하여 적당한 기술적 설비를 구비한 회사는 가장 특수한 제품을 모색할 자원을 실험하고 디자인을 계획하기 전에 가장 이윤이 많은 분야를 선정한다.

최상 제품개발전략이 결정되기 전에 많은 요인이 조정되어야 하며, 광범하지만 상세한 상황분석이 필요하다. 시장조사는 그 회사와 경쟁업자의 성과분석, 시장분석, 유통업자의 탐험조사(exploratory surveys)등을 통해서 기초 결정에 도움을 준다. 그러한 결과는 제품 다양화와 제품개선에 대한 설계도가 된다. 이 단계가 끝나면 선택된 분야에서 원하는 특별한 제품의 특징을 조사해야 한다. 이것이 바로 필요한 제품을 결정하기 위한 기초가 된다.

② 제품요구조사

신제품이나 또는 개량된 디자인에 대한 아이디어는 역시 시장조사로부터 얻게 된다. 사용자나 혹은 소비자가 현재 제품의 불충분한 점이나 결점을 암시하든지 또는 관찰과 소비자의 평가에 의해서 이러한 점에 관해 추론할 수 있다.[8)]

이러한 아이디어는 제품개발 이외의 목적을 가진 조사에서도 가끔 얻을 수 있다. 소비자의 아이디어는 소비자불만, 제품거절보고서, 판매원보고서와 소매상의 관찰 등과 같은 다른 수단에 의해 제품계획자에게 전달된다. 소비자의 문제는 특히 산업용품의 제품변화에 대한 출발점이 된다. 사용자의 요구조사가 앞에 말한 제품분야 선택단계보다 먼저 행하든지 어떡하든지 간에 그러한 조사는 중요한 제품결정에 필요하다.

우수한 판매조직의 경험에 비추어 아래와 같은 논평을 할 수 있다.[9)]

좋은 시장관측의 중요성은 아무리 강조해도 지나칠 수는 없다.

---

8) D.J.Luck, H.G.Wales and D.A.Taylor, *op.cit.,* 1961, p.387.

9) A.M.Rockwood, Battle Technical Review. September. 1957. pp.7~10; reprinted in E.J.Kelley and W.Lazer. Managerial marketing:perspectives and Viewpoints. D.Richard, Irvine inc. Homewood. I11. 1958.

좋은 시장관측은 제조업자로 하여금 자기가 계획한 제품에 대하여 제품의 크기, 수명, 중량, 기능 및 원가 등 일련의 완전한 명세서를 작성할 수 있도록 해야 한다. 그러한 관측으로 제조업자는 예상고객이 존재하게 되는 것을 알게 되고 일정한 가격으로 판매될 제품량을 세울 수 있는 지침이 된다.

③ 우발적 발견

조사자는 다른 것을 추구하는 중에 가끔 재미있는 아이디어 또는 현실적인 제품에 대한 우연한 발견을 할 때가 있다. 이러한 것은 시장성있는 제품을 개발하는데 있어 조직적인 방법은 아니지만 많은 위대한 발견이 이러한 방법에 의해서 일어났고 앞으로도 계속 일어날 것이다. 아이디어 혹은 디자인은 회사내의 실험실 또는 외부로부터 제안에 의해서 발견되기도 한다.[10]

(2) 제품발견

첫 단계로 제품분야와 일반적인 제품 형태에 관한 결정을 하게 된다. 평가를 하는 기간 동안 조사에 의하여 역시 소비자가 요구하는 것을 결정하고 현존 제품의 결점을 발견해야 한다. 세밀한 관찰로써 현존 제품의 특성과 결점을 알 수 있으며 이러한 여러 가지 조사 결과를 종합해서 디자인하고자하는 실제 제품에 대한 필요한 특징을 기술조사 담당자에 알려주게 된다. 제품조사의 개발단계는 많은 시간과 노력을 요하게 되고 기술적 조사담당자의 과업이지만 때때로 시장조사도 역시 여기에 공헌하게 된다.

조사담당자와 개발담당자들은 그들의 지식과 창조력을 한 가지 제품 또는 그 이상의 가능한 제품의 원형을 설계하는데 적용한다. 시장조사는 조사자료에 나타난 것으로 디자인이 시장요구에 합당한가를 알게 해줌으로써 이 국면에 도움을 줄 수 있다.

(3) 시장시험

시장조사는 이 최종단계를 수행함으로써 주요한 역할을 하게 되는데 이는 아래와 같이 설명할 수 있다.[11]

---

10) Corporation have become wary of even reading suggestions that come unsolicited from outsiders become of possible litigation in the event that they adopt an idea even vaguely similar. legal counsel should prepare agrement forms to be completed before any study is made of outsiders ideas.

11) E.J.Enright, “Market Testing”, *Harvard Business Review,* September-October, 1958, p.72.

신제품의 시장시험은 신제품에 대한 계획된 일부를 소규모로 재생산하기 위한 시험이라고 할수 있는데 이의 목적은

① 신제품의 수용성과 그에 수반하는 시장계획의 효과를 결정하고
② 새로운 계획에 대한 가능성 있는 시장성공을 측정하며
③ 어떤 중요한 문제가 시장계획을 하는데 무시되었는가의 여부를 발견하는데 있다.

시장계획은 제품 그 자체 이상의 것이 포함되고 이러한 시험의 대상은 포장, 배급계획, 가격결정 및 판매촉진전략 등이다.

6) 포괄적인 계획

현대 기업에 있어서 제품결정을 단지 일시적인 제품조사와 평가를 요하는 일시적인 문제라고 간주해서는 안된다. 시장진부화(market obsolescence)는 개개상품이나 혹은 전제품계열의 판매량과 때로는 포장, 특징 및 제품 그 자체의 성질에 대한 끊임없는 위험이 되고 있다.

시장조사는 제품개발의 이러한 동태적인 것을 해결하기 위하여 조절되고 조직되어야 하는 관리 기능의 하나에 지나지 않는다.[12] 한편으로는 특히 제품계획, 기술적 디자인 및 시험, 생산공학(production engineering), 원가평가와 상품화 계획을 포함하게 된다. 효과적인 계획을 성공시키려면 이는 반드시 필요하다.

시장조사자와 제품설계자간의 협력은 극히 중요하다. 제품설계자가 제품을 만듦으로 특별한 디자인 특징에 대한 시장수요를 생각하여 볼 필요가 있다. 설계자의 견해는 설계자로서의 견해이다. 다시 말하면 재료, 규모, 외형, 기교 및 용적과 색채에 관하여 제품 가능성만을 취급하게 된다.

시장조사자에게는 상이한 이면이 있다. 즉 시장조사자는 소비자의 용도와 선호의 일반적인 기술과 시장추세에 대해 생각해야 한다. 시장요구를 탐지하는 조사와 시장요구를 실제 제품으로 설계자들이 구체화하는 데는 차이가 있다. 마케터의 의사소통의 책임은 그의 조사 결과를 기술적 설계자에게 명세화와 진정한 의미를 갖는 말로써 표현하는데 있다.

제품개발계획을 위한 조직은 다양하다. 소규모의 제조업은 제품발견에 전문가를 둘 수 없고, 가능한 한 이러한 과업은 그들의 작업이 제품 개발과 가장 관련이 있는

12) D.J.Luck, H.G.wales, and D.A.Taylor, *op.cit.,* 1961, p.390.

직원의 일정한 책임으로 지정되어야 한다. 그러나 회사가 시장경쟁에서 이기기 위해서는 전직원이 수행해야만 한다.

좋은 결과를 올리기 위해서는 기업의 다른 분야에서도 제품개발팀(product development team)과 조정해야 하고 광고부 또는 광고대행업자와 생산부 모두가 제품개발직무에 중요한 이해관계를 갖게 된다.

2. 광고조사

1) 광고효과측정의 의의

광고(advertising)는 AMA에 의하면 "직접 우편 또는 매체를 통하여 특정의 광고주가 아이디어, 재화 및 용역의 비대인적 제시와 촉진의 형태이다(any from of nonpersonal presentation and promotion of ideas, goods, or services by an identified sponsor through direct mail or paid medium)"라고 1960년 5월에 정의하였다.

오늘날 대부분의 제조업자들은 중간상인을 통해서 원거리에까지 그들의 제품을 유통시키고 특히 그들의 제품은 비대인적 광고매체를 통해서만 칭찬을 받게 된다. 광고는 광고를 창조하고 판매하며 또 이용하는 사람들에게 의미를 일으키게 하므로 광고조사는 소비자와 생산자를 결부시키기 위한 현대적 양식이라 하겠다. 시장조사가 여기에서 필요한 점은 광고에 있어서의 많은 변동 요인에 의해서 고도화되었다.

즉, ① 광고매체의 다양성, ② 제목 · 규모 · 배치 · 삽화 · 색채 및 광고의 타요소 ③ 기재된 기사의 반복과 계절성 ④ 광고메세지에 전달된 종류, 위치 그리고 인원 수 등이다.

광고대리점, 광고문게재의 매체, 광고를 위해서 인수하고 금전을 지급하는 광고와 같은 것은 성공적인 광고를 통해서만 이윤을 획득하게 된다.

이와 같이 각각이 잠재적으로 공존할 수 없는 이익관계를 갖고 있다. 광고대행업자는 어떤 광고가 효과적이며 그 이유를 무엇 때문에 배울 필요가 있고 그들의 활동은 조사의 확고한 기초위에 입각하여 고객에게 과시함을 원한다. 한편 광고주는 그들의 광고비용이 최대의 생산성을 산출하는 보증을 요구한다. 이익의 강한 결합과 더불어 광고조사는 시장조사의 어떤 다른 형태보다도 어렵다.

시장조사의 가장 초기의 응용으로 광고를 취급하였고 광고 자료의 확실성은 기술과 논리적 표준이 개선됨에 따라 증가하게 되었다.

오늘의 광고는 어떠한 마케팅 영역 가운데서도 실험과 조사의 가장 적극적인 분야의 하나이다. 그러나 의연하게도 광고 자체의 기능과 결과가 명확하지 못함으로써 곤란한 문제가 존재하고 있기도 하다. 광고에 적용된 시장조사는 두 가지 중요한 문제가 있다.

즉 ① 광고메세지 또는 원고의 효과, ② 광고물을 게재하기 위한 전달기관으로서 여러 가지 매체의 안정성과 경제성이다.

이러한 문제는 사용한 매체가 신문, 잡지, 옥외, 라디오, TV, 인터넷 혹은 우편광고 어느 것이든 일어나게 된다. 라디오와 TV는 이런 것을 청취하는 청중이 수동적이므로 인쇄된 매체와는 다르다.

2) 광고효과의 측정방법

같은 광고비를 지출하더라도 실시방법에 따라 광고효과는 다르게 된다. 전문적인 광고 기술자일지라도 어떠한 광고원고, 광고매체 혹은 광고활동이 효과적인가를 경험에 의해서 판단하는 것은 극히 어렵다. 그러므로 이것을 파악하기 위해서는 과학적으로 측정하는 도리밖에 없다. 광고효과의 측정은 일률적으로 결정할 수는 없는 것으로 일반적으로 다음과 같은 항목에 의해서 시행된다.

① 광고의 구성요소, 주제, 문안, 삽화, 배치, 색채 및 인쇄의 체재 등
② 이러한 구성요소의 종합된 광고
③ 광고매체의 이용법이다. 예를 들면 신문광고에 있어 신문지의 선택, 게재장소, 빈도, 시기 등을 들 수 있다.
④ 광고매체의 종류(신문, 잡지, 인테넷 기타)

광고의 구성요소에 대해서는 기술적 또는 심리적 효과가 문제가 되며 전체로서의 광고활동은 경제적 효과가 문제가 된다.

기타 항목에 대해서는 경우에 따라서는 기술적 내지 경제적 효과가 측정되게 된다. 광고효과의 측정은 물론 경제적 효과로서 이외의 효과도 밀접한 관계를 통해서 매출의 증진을 기할 수 있게 된다.

(1) 기술적 효과의 측정

광고의 기술적 효과로서는 광고에 대한 주의 정도를 표시하고 주의효과(attention effect), 기억정도를 표시하는 기억효과(memory effect), 흥미 정도를 표시하는 흥미효과(interest effect), 구매욕을 일으키게 하는 욕구효과(desire effect), 구매의욕을 실현케 하는 행동효과(action effect) 등이 있다.

이와 같은 효과는 광고 전체에 대해서 측정하는 경우와 그 구성요소에 대해서 측정하는 경우가 있지만 소비자 반응은 종합된 전체에 대해서 표시하게 됨으로 전체에 대한 측정이 효과적이다.

광고의 기술적 효과를 측정하는 주요방법은 다음과 같다.

① 소비자에게 심사시키는 방법(consumer-jury test)

CM(commercial message) 또는 카피(copy) 테스트의 방법이다. 광고상품의 소비자층을 대표한다고 생각되는 일정한 수의 인원을 선정하여 몇가지 광고카피나 CM을 제시 평가하도록 하는 것이다. 이에 의하여 각 CM이나 광고카피에는 순위가 매겨지고 소비자가 본 가장 효과적인 CM이나 카피가 결정된다. 테스트의 실시방법에는 개별면접, 집단면접 또는 우편조사 등이 있다.

이 방법의 목적은 심사원이 소비자의 주관적 의견을 구하는데 있다. (cf. option test, ranking test라고 불리워지며 또 실험실적 실태테스트(laboratory-field test), 개인적 판단에 의한 테스트(test by individual judgement)라고도 한다.)

② 광고를 본 사람에게 조회시키는 방법(inquiry test)

광고 중 상품에 관한 설명서와 견본을 무료로 제공한다는 취지를 써 두고 그 조회수의 다소에 따라 광고효과를 측정하는 것을 말한다. 미국에서는 식료품, 화장품, 의약품 제조업자들이 흔히 이용하고 있다. 쿠폰테스트와 비슷하지만 쿠폰을 붙이지 않는 점이 다르다.

이 측정은 객관적 기준이 없으므로 두 가지 광고를 비교하여 시행한다.

③ 광고를 기억하는 정도를 조사하는 방법(memory test)

기억 효과를 측정하는 방법으로 어느 정도 광고를 상기하는가를 조사하는 방법으로 상기법(recall test) 등이 있다.

④ 기타

방송 광고인 경우에는 청취자에게 그 프로그램을 청취하는지 여부를 전화로 조사한다든가 청취프로를 일기에 기록 또는 라디오의 청취기록기(audiometer)에 의해서 조사하는 방법이 있다.

(2) 경제적 효과의 측정

매출을 증가시키기 위한 경제적인 효과는 광고의 효과도 있지만 이 외에도 다른 판매촉진방법에 의해서도 좌우되고 수요의 성장방향 또는 계절적 변화, 경기의 동향 및 경쟁품의 사정 등 여러 가지의 조건에 의해서 영향을 받게 되며 광고의 경제적 효과를 측정하는 방법은 다음과 같다.

① 매출효과를 조사하는 방법(sales-results test)

시험도시(test city)와 통제도시(controll city)를 여러 곳 선정하고 종전부터 해온 광고는 그대로 전도시에 기록하고 동시에 조사대상의 광고는 시험도시에만 시행해서 매출이 어떻게 증진하는가를 보는 방법이다. 도시가 결정되면 각 도시의 대표적 소매상을 선택해야 하고 4~6개월의 조사기간이 필요하다.

② 상품 사용자를 조사하는 방법(product-user method)

가정 방문으로 광고한 상품의 보급상태를 조사한다든가 패널조직으로 구입상황을 알게 된다.[13)]

이 밖에 광고효과측정에 관한 방법으로 몇가지 예를 들면 다음과 같다.

① 첵크리스트 또는 스코어카드테스트

② 소비자배심법(consumer jury-test)

③ 인지 및 회상법

④ 문의테스트

⑤ 판매고지구(販賣高地區)테스트[14)]

• 카피테스트(copy test)

① 소비자배심법(consumer jury-test)

② 쿠폰회수분석(coupon return test)

③ 인지테스트

④ 임팩트테스트(impact test)

---

13) 久保村 祐, 販賣管理, 1961, pp.207~216.

14) J.D.Scott, *Advertising* 1953, p.703.

⑤ 매상고지구테스트
⑥ 통제실험법

• **매체조사**(media research)
⑦ 산포수분석(circulation analysis)
⑧ 매체오디언스측정(media audience test)
⑨ 광고오디언스의 측정
⑩ 매체질적 조사[15)]

3) 광고조사방법

효율적인 광고전략(effective advertising strategy)의 가장 기본적인 요소는 ① 유인물 또는 라디오에 대한 효율적인 메시지 즉 원고(copy), ② 메세지를 운반할 가장 효율적인 운반물 즉 매체(media) 그리고, ③ 일반 광고를 자극하며 보완할 가장 우수한 머천다이징 연구 즉 판매촉진(sales promotion)이라 하겠다.[16)]

(1) 사전시험(pre-testing)

① 소비자패널

이 방법은 30명~50명 정도의 소비자를 회원으로 하는 패널(panel)에 의하여 조사하는 것이다. 일반적으로 각 제품의 메이커는 고객 명부를 갖고 있어 이 중에서 대표자를 선정하고 패널회원으로 한다. 패널에 의한 조사방법은 다음 3가지가 있다.

가. 순위법(order or merit method)

여러개의 광고 원고를 한곳에 모인 패널회원에게 제시하여 좋은 것으로부터 1, 2, 3등으로 순위를 매겨나가는 것을 말한다. 이 방법에 의할 때는 강한 광고(strong advertising)는 알 수 없으나 약한 광고(weak advertising)는 알 수 있는 것이 특징이라 하겠다.

나. 쌍대 비교법(paired comparison method)

광고 원고의 위치에 따라 회답이 왜곡되는 수가 많다. 이와 같은 시각에 의한 왜곡을 피하기 위하여 두 개만의 원고를 제시하여 가부를 묻고, 더욱 다른 두개의 원고를

---

15) L.O.Brown, *Marketing and Distribution Research,* 1955, pp.472~190.
16) L.O.Brown, *op.cit.,* 1955, p.199.

제시해서 좋은 것을 채택해서 스포츠시합의 토너먼트식으로해서 마지막에 가장 좋은 원고를 결정하는 방식이다.

다. 평점법(rating scale method)

이 방법은 순위를 매기는 대신 평점을 하는 방법이다.

㉮ 타운센드법(Town Send method)

광고효과요소를 27점 만점으로 평가하는 것

주의	4점	
흥미	10점	
욕구	7점	계27점
기억확보	4점	
행동유인	2점	

㉯ 보이드와 웨스트폴(Westfall)의 저서에 대한 평점

보도가치	10점	
신뢰성	15점	
주의가치	25점	100점
해독용이	25점	
이해용이	25점	

② **체크리스트법**(check-list method)

광고카피가 잘 구비된 요건을 갖춘 검정표(check-list)에 따라 광고전문가가 평가하는 방법을 말한다.

③ **쿠폰문의법**(coupon inquiry method)

쿠폰이란 경품권 또는 상표를 말하는 것으로 광고물에 쿠폰권을 기재해 두고 그것의 반환수를 조사한다든가 또는 광고물로 현상모집을 하여 응모자수를 조사한다든가 무료견본제공의 취지를 알리고 그 반응을 검토하는 것 등이 포함된다.

이 방법은 쿠폰반환법(coupon response or coupon return method)이라고도 한다. 사후조사에 사용하는 경우가 많으나 소규모일 때만 사전조사가 된다.

④ **분할발행테스트**(split-run test)

이 방법은 동일 간행물에 두 가지 종류의 광고를 따로 게재해서 한 종류마다 분할발행하고 쿠폰으로써 효과를 조사하는 방법이다. 이 가운데는 교호게재법(alternation copy), 50% 분할발행법(50% split-press)이 있다.

전자는 동일 신문의 동일 장소에 같은 사이즈를 갖는 상이한 두 개의 원고를 교대로 게재하는 방법이며, 후자는 신문 인쇄의 판에 따라 분할하는 방법으로 발행부수의 절반의 판은 A광고 원고를 게재하고 나머지 절반은 B원고를 게재하는 방법을 말한다. 지역별의 쿠폰리스폰스에 의하여 그 효과를 조사하게 된다.

⑤ 구매테스트(sales test or sales area test)

구매력과 인구가 동일한 도시를 몇개 선정해서 각 도시마다 상이한 광고를 내어 매출에 있어서의 반응을 보는 방법을 말한다. 매출액조사는 각 도시마다 수개의 소매점을 골라 매출액 비교를 하는 것은 광고의 좋고 나쁨을 알게 된다.

⑥ 기타방법

통신판매테스트(mail order testing)는 통신에 의해서 판매하는 것을 업으로 하느니만큼 광고가 매출에 미치는 영향을 알 수 있으며 아이카메라(eye camera)에 의해서 광고를 보는 사람들의 눈의 주의점을 사진으로 기록하는 것이다. 심전류계(psycho-galvanometer)를 사용해서 광고원고를 보는 사람들의 피로에 대한 전기저항에 의해서 그 감정의 정도를 검출하는 것 등이 있다.

(2) 사후시험(post-testing)

① 회상시험(recall test)

가. 순수회상법(pure recall)

사전시험에도 잘 사용되지만 라디오 및 텔레비젼광고에도 이 방법을 전화질문의 방식에 의해서 사용하며 광고의 회상을 조사해서 그 응답 내용을 조사하는 것을 말한다.

나. 원조회상법(aided recall)

이것은 식별테스트(identification test)라고도 하고 광고물의 일부를 까맣게 지운 것을 제시하고 지워진 부문이 무엇이냐고 묻는 방법을 말한다.

② 인식테스트(recognition test)

이 방법은 신문과 잡지에서 광고를 본 사람들에게 광고물이 어느 정도까지 인식되고 있는가를 조사하는 방법이다.

루카스(L.B. Lucas) 통제인식법(controlled recognition method)도 이 종류에 해당되는 방법인데 이 방법은 이미 간행된 광고물과 아직도 간행 안된 광고물을 준비해서 양자를 섞은 후에 조사자가 다음과 같이 질문을 하게 된다. 즉 '이전에 본 일이 있느냐' 또는 '읽어본 일이 있느냐'라고 묻게 되는데 만일 간행되지 않은 광고물을 보았다는 사람은 표본에서 제외한다. 왜냐하면 이것은 불확실한 기억력이기 때문에 조사 대상에 포함시킬 수 없기 때문이다.

이와 같이 해서 정확한 대답자의 응답을 모아서 그 인식의 정도를 조사하는 것을 말한다. 다시 말해 인식테스트는 여러사람들과 접해서 '○○의 광고를 본 일이 있었습니까' 또는 '읽어 본 일이 있었습니까' 등을 물음으로써 과연 광고물에 대해서 어느 정도 인식하고 있는가를 조사하는 방법을 말한다.

3. 소비자조사

1) 소비자조사의 목적

소비자조사연구의 목적은 제품의 최종소비자의 특성을 분석하는데 있다. 연령, 성(性)과 경제적 계층(economic class)등과 같은 표준요인(standard elements)에 관해서 소비시장을 묘사하고 측정함으로써 소비자조사는 경영자에게 마케팅과 유통의 매우 중요한 결정에 대한 실제적인 기초를 형성하며 제품의 최종사용자를 이해할 수 있도록 하는데 있다.

소비시장의 특성을 정확히 파악하지 못하는 것은 마케팅업무에 있어 매우 중요하고 곤란한 점의 하나이다.

한편 최종판매자를 실제적으로 잘 파악한다는 것은 가장 강력한 경쟁무기(competitive weapons)의 하나가 된다. 소비자조사는 제반의 마케팅정체국면에 관계되는 소비자에 관한 가장 중요한 사실을 조사하는것으로 전국적 조사(basic national studies)로부터 제한된 지역에 한정하든가 또는 한 두 가지 중요한 문제에만 응답하도록 하는 소규모의 특수조사(small specialized surveys)에 걸쳐 있다.

2) 소비자조사의 방법

(1) 제품을 누가 사용하는가?

자사제품을 사용하는 소비자형태를 정확히 파악하지 못하는 회사가 많다. 예를 들어 어떤 회사는 자사제품의 80%를 성인들이 사용하고 있다고 가정했다. 그런데 소비연구결과 30% 미만은 성인들이 소비하고 70% 이상이 미성년자들에 의해서 사용되고 있다는 것을 알았다. 다른 회사는 상황이 거의 정반대라는 것을 알게 되었다는 일이 있다.

어떤 회사의 경우에는 고가의 특제품(high-priced speciality)을 생산하고 있었고 그 제품의 사용자는 상류소득층의 사람이라고 가정했지만 실은 소비자조사결과 자사제품사용자의 대부분이 저소득층의 대량시장(mass market)이었다는 것을 알았다는 것이다.

소비자조사를 함으로써 회사의 경영자에게 알려져 있지 않은 것 또는 경영자가 중요하다고 믿고 있는 것보다 더욱 중요한 새로운 사용자집단(new groups of users)을 발견하게 됨으로써 제품판매확장의 기회를 얻게 된다.

광범히하고 실제적인 많은 정보가 제품사용조사(studies of product usage)와 관련되어서 입수되게 되는데 그 예로 방취제시장조사를 소개하면 다음과 같다.[17)]

① 방취제를 사용하는 인원수.
② 사용되는 방취제의 형태.
③ 면접시에 방취제의 소유.
④ 방취제가 사용된 기간.
⑤ 현재의 상표를 사용한 기간.
⑥ 어떤 방취제 상표를 사용하지 않는 이유.
⑦ 사용자가 어떤 상표를 사용하기 시작한 이유.
⑧ 사용자가 방취제의 물리적 변화(physical changes)에 대한 인식여부.
⑨ 사용된 포장의 크기.
⑩ 방취제 사용의 목적.

제품사용조사는 시장조사의 초기에 이용되었고 아직도 많은 조사이용자가 비교적 간단한 조사형태라고 생각하고 있다. 그러나 이 조사는 실제적으로 어렵고 좋은 소비자조사를 할 수 있는 조사자의 기법(skill of the researcher)이 매우 중요하다.

이러한 몇몇 조사는 매우 복잡한 상황에 빠지게 되는데 맥주소비자조사를 예로 들어보자.

이러한 조사로 최대이익의 조사기술을 테스트하는 회사는 아래와 같은 항목을 고

---

17) L.O.Brown, *Marketing and Distribution Research,* 1949, p.70.

려해야 한다. 즉 사용자의 정확한 정의, 사용자의 세밀한 분류, 병맥주와 생맥주의 구별, 소비 장소 등이다. 부적당한 조사원이 조사할 때는 소비자조사가 옳지 못한 정보를 얻게 될 것이다.

제품사용조사에 있어 '사용자'를 정확히 정의한다는 것은 매우 중요하다.

(2) 구매자와 사용자 간의 관계분석

제품을 사용하는 사람들과 제품을 구입하는 사람을 구별하는 것은 중요한 사실의 분석에 속한다. 주부들은 자기의 가족에 대한 구매대리인(purchasing agents)이다. 그러므로 구매자로서 활동하고 사용자로서도 활동한다는 것이 중요하다. 이러한 조사형태의 특별한 국면은 구매에 영향을 주는 사람의 분석이다.

예를 들어 미국에서는 자동차를 구매하는데 대부분의 가정에서 가장에게 구매결정권이 부여되지만 자동차회사는 조사를 통해서 주부, 어린아이 또는 친구들이 가장의 구매결정권에 커다란 영향을 미치게 하고 때로는 실제로 구매하는 사람 이상의 역할을 한다는 사실을 알았다.

가옥, 자동차 및 가구 등과 같은 소비자내구품(consumer durable goods)은 조사형태가 특히 잘 발달되고 있다. 집을 건축하고 가구를 설비하는데 있어 사용되는 자재의 구매에 있어 집주인과 건축업자(building contractor), 기사간의 상대적인 중요성과 관계를 결정하는 것은 소비자조사에 있어서의 복잡한 문제이다.

(3) 소비자의 제품구매이유

구매동기조사(studies of buying motives)는 소비자조사의 일반적인 형태이다.

제조업자는 소비자가 주로 품질, 스타일(style), 서비스 혹은 다른 어떤 동기로 제품을 구매하는가를 아는 것은 중요한 일이다. 소비자의 대부분은 외관이 아름다운 제품 또는 그들 자신이 사회적으로 앞서려는 욕망 때문에 구매한다는 것을 시장조사 결과로 알게 되었다.

마케팅에 있어 가장 눈부신 업적은 전적으로 새로운 소구(appeals)에 의한 구매로 적극적 운동이 전개되었다. 소비자조사는 인간행동의 진정한 원인을 결정하는 시장조사로서 가장 어려운 문제이기는 하나 구매동기결정에는 크게 도움이 된다 하겠다. 단순히 사용자에게 '왜'라고만 묻는 것은 잘못된 결과만 가져올 뿐이다. 그러나 만약 구매동기를 파악하는데 적절한 기법을 사용하고 해석에 주의만 한다면 매우 중요한 정보를 얻을 수 있다.

식료품소비자조사를 한 결과 아래와 같은 구매동기가 가장 중요한 것으로 나타났다.[18)]

① 접시를 준비하는 것이 간단하고 요리하는데 시간을 절약하는 것.

② 아이들이 좋아하는 것.

③ 음식을 더욱 건강에 좋게 만드는 것.

④ 비타민과 미네랄이 풍부.

⑤ 찬 음식과 조화될 수 있는 뜨거운 음식을 잘 만드는 것
(makes best hot dish to go with cold foods)

⑥ 굶주림을 잘 충족시켜주는 것.

⑦ 보통 음식을 더 맛있게 하는 것.

(4) 제품사용이유

소비자들이 왜 특수한 제품을 구매하느냐 하는 문제와 일단 구매한 제품을 실제로 어떻게 사용하느냐 하는 것은 밀접한 관련이 있다. 소비자는 제품사용에 많은 경험을 가지고 있는 사람들임에 틀림없다. 소비자는 제품의 제조업자가 알지 못하는 제품의 새로운 용도를 찾아내는 수도 흔히 있다. 그 예로서 건포도(raisin)를 들 수 있는데 그것을 수년전만 하더라도 식품으로서 그 용도가 상당히 제한되어 있었는데 소비자조사에 의해서 주부들이 가정에서 그것을 많은 다른 용도에 사용하고 있다는 것을 알게 되어 새로운 용도를 강조하게 되었다는 것이다.

어떤 특별한 형태의 제품과 각각의 상표가 어떤 시장에서는 제한된 목적에만 사용되고 있음을 시장조사로서 가끔 알 수 있다. 만약 화장비누가 얼굴과 손을 씻는데만 사용된다면 목욕용으로 화장비누의 사용을 장려하는 방안도 있을 수 있다.

이러한 시장조사형태의 기능을 발견하고 지도해야 한다. 소비자조사는 조사를 할 때까지 예상하지 못한 많은 새로운 용도를 알 수 있고 예상된 새로운 용도의 가치를 평가함으로써 크게 공헌할 수 있다.

(5) 소비율의 분석

가장 잘 표현된 시장조사의 어떤 것은 소비자들이 일정 비율을 소비하는 비율을 기준으로 해서 소비자를 분류하는 조사라 하겠다. 예로 주류 소비자조사를 들어보면 그때 도수가 약한 것, 보통인 것, 도수가 높은 것으로 나누어 그 각각의 사용자에 따

18) L.O.Brown, *op.cit.,* 1949, p.72.

른 소비자를 분류하는 것이다. 이러한 소비자 시장부문을 연령별, 성별 그리고 다른 분류기준으로 나누어 분석함으로써 판매증진노력과 다른 마케팅활동을 보다 정확히 수행할 수 있는 기본적 기초를 얻을 수 있다.

약품제조업자는 상대적으로 적은 사용자가 많은 구매를 통해 약품을 사용할 것이라고 가정했지만 현지조사결과 약품은 다수인이 사용하고 개인당 소비량은 극히 적다는 것을 알게 되었다.

기업의 마케팅과 유통 활동의 큰 결점의 하나는 가장 중요한 시장부문에 노력을 집중하지 않고 모든 부문에 균등하게 한다는 것이다. 어떤 조사에 의하면 소비자의 25%가 전체소비의 63%에 해당한다는 것을 알았다고 한다. 또 한편 어떤 제품 소비자의 거의 절반이 사실상 판매량의 15%미만에 해당된다고 한다. 이런 사실은 예외가 없는 것이 보통이다.

그러나 회사가 판매비와 광고비에 최대의 효과를 얻기 위해서 합리적인 마케팅활동과 유통 활동을 지도할 수 있는 과학적인 기초를 수립하기 위하여 각 상품의 소비율을 세밀하게 조사해야 한다.

다음의 질문으로 최근소비자조사로부터 소비율자료를 얻었다.

① 귀하께서 ＯＯ제품을 최종적으로 사용하던 때가 기억나십니까?
② 귀하께서는 그때 얼마나 구입하셨습니까?
③ 귀하께서는 겨울철에 보통 얼마나 사용하십니까?
④ 귀하께서는 여름철에는 보통 얼마나 사용하십니까?
⑤ 귀하께서는 마지막으로 언제 구입하셨습니까?

이러한 질문은 단독으로는 소비율 측정의 기초로서 가치가 없다. 그러나 이러한 질문을 종합하면 소비자를 정확히 분류하는 수단이 된다. 이와 더불어, 교차분석(cross-analysis)을 함으로써 시장에 대한 매우 유익한 자료를 얻을 수 있다.

(6) 제품의 구입단위

소비자는 일정시간에 구입하는 상품량에는 일정한 습관이 있다. 제조업자는 구매자가 가장 잘 받아들일 수 있는 단위로 제품을 제공하기 위해서 얼마만한 양이 있어야 하느냐를 아는 것이 매우 중요하다.

이와 관련하여 재미있는 것은 백화점의 경우인데, 셔츠 3벌을 각각 사는 것보다 총액으로는 조금 싼 값으로 셔츠 3벌을 소비자에 제공하여 더 많은 양을 판매할 수 있다.

가정에 저장할 장소가 적어진 생활관습(living habits)의 변화와 소단위의 포장제품(package of products)의 구매로 제조업자는 작은 단위량의 개개의 판매를 많이 해야 할 필요성을 느끼게 되었다.

(7) 제품 사용에 영향을 주는 관례와 습관

사회학자(socialogist)가 인간의 일반적인 사회행동에 영향을 주는 관례를 조사하는 것이 필요한 것과 마찬가지로 시장조사자도 상품의 판매에 영향을 주는 관례와 전통을 조사해야한다. 껌(chewing gum)과 같은 제품의 사용에 있어서는 반사회행위가 있음을 발견하기도 할 것이다. 직업 집단, 어떤 일정지역에 사는 사람들, 연령 집단과 같은 어떤 특수 소비자층의 반대를 파악하는 조사는 이러한 반대를 극복함으로써 판매 확대의 방법을 제시하는데 크게 도움이 된다. 일년 중 일정기 간의 판매량이 부진(slump)하는 이유와 이를 극복하는 방법을 제시하기 위해 각 계절마다의 판매변화를 분석하는 것은 역시 소비자조사의 이러한 형태에 속한다. 특히 일반화의 경향은 새 고객이 소비의 관례와 습관을 끊임없이 형성하고 수정해 가고 있기 때문에 소비의 관례와 습관을 이해함은 중요하다 하겠다.

(8) 소비자의 태도

이 형태의 소비자조사는 제품판매에 있어 관례의 영향을 조사하는 것과 밀접한 관계가 있다. 그러나 기본적인 관례는 여러 해에 걸쳐서 형성되는데 반하여, 제품에 대한 태도는 매우 빨리 변화하므로 이러한 소비자 태도조사는 특별한 분야로 간주된다. 공개여부를 막론하고 많은 편견(prejudices)이 제품에 따르게 되므로 이와 같은 편견을 발견한다는 것이 중요하다.

일단의 공익사업체는 자기들의 서비스와 비율(rates)에 대한 소비자 태도조사로 그 중요성과 일반적인 불평의 성질을 알았다 한다. 이러한 조사결과로 공익사업체는 여타의 저항을 극복하는 홍보활동을 할 수 있고, 사회의 업무 방법을 변경시켜 불평을 줄일 수도 있다.

경쟁제품의 소비자태도조사를 함으로써 다른 경쟁업자가 얻게 되는 이점도 발견할 수 있다.

(9) 소비자의 구매습관

구매자는 여러 형태의 판매점에 대하여 그들의 선호가 항상 변화하기 마련이다.

제조업자는 이러한 판매점에 대해서 판매노력을 경주하기 위하여 변화 양상을 항상 파악하고 있어야 한다.

시장조사자는 재래상점, 슈퍼, 편의점, 할인점 및 백화점 등과 같은 형태의 변화에 대한 중요성을 결정하기 위해서 조사를 해야 한다. 화장품에 대한 소비자의 구매습관이 방문판매에서 대량할인점으로 변화된 것을 알지 못한 제조업자는 격심한 판매난에 직면하게 되는가 하면 이러한 추세를 알고 적용함으로써 성공한 예도 있다.

소비자의 구매습관조사는 3 가지의 일반적 형태로 나누어지게 되는데, 첫째로 어떤 상품 거래의 흐름을 분석하는 조사이다. 구매습관에 입각한 거래지역 지도(trading area maps)의 발달로 인하여 더욱 효율적인 조사가 가능하게 되었다.

둘째는 소비자가 거래하는 소매점(retail outlet)을 분석하는 조사이다. 소매유통(retail distribution)은 항상 변동하는 상태에 있고, 제조업자는 특히 각각의 시장에 대하여 특수한 판매점과 마찬가지로 여러 배급 조직의 상대적 우월성을 추구하는데 커다란 관심을 가지고 있다. 셋째는 일반 소비자습관, 소매점에 대한 태도와 필요한 서비스를 조사한다는 것이다. 이 분야에서 가장 가치 있는 조사의 하나로서 두 판매점의 일반적 특징 같을 때 어떤 상점에서 특수한 형태의 조건으로 구입하고 다른 곳에서는 다른 조건으로 구입한 이유를 조사하는 것이다.

(10) 상표선호

상표조사에 관한 특수형은 소비자에 의해서 상표선호여부의 정도에 관한 조사라 하겠다. 이러한 조사는 특정 상품에 대한 소비자 사용의 기간, 소비자 비선호율, 상표에 대한 소비자의 비선호이유, 그리고 상표변경방향의 연구이다. 제조업자 중에는 그들의 현재 판매량이 놀라운 정도로 비교적 새로운 사용자를 포함하고 있다는 것을 발견하기도 한다. 그러므로 기업은 적절한 상표의 설정, 변경, 사용에 관한 정책을 세운다는 것이 중요하다. 소비자의 상표에 대한 태도로는 ① 상표고집, ② 상표선택, ③ 상표인지와 같은 것이 있고 제조업자로서는 자사상표를 위의 3가지 중에서 첫째번의 소비자의 상표고집형으로 만들기 위한 노력을 해야만 한다.

(11) 특수한 소비집단의 조사

제품의 판매에 대한 특수한 태도와 특수한 방법으로 행하는 극히 비정상적인 특징을 갖는 소비자조사는 아주 많다. 이 조사의 한 가지 이점은 그것이 특수적이고 그 자체의 가치가 판매관리로서 쉽게 이해할 수 있다는 것이다 더욱이 특수집단조사는 기본적인 시장조사의 배후에 반대하는 것을 정확히 분석할 때만 목적을 달성할 수 있다. 특수집단의 이러한 조사의 대부분은 새로운 가정과 같은 한정된 시장구분과 10대연령자와 같은 극히 제한된 연령층과 관련되어 있다.[19)]

특수집단의 조사는 모든 소비자조사의 일반적인 방법을 채택한다. 그리고 특수분야에 있어서 조사자측의 경험은 부가적인 가치를 얻게 된다.

(12) 지방시장의 측정

분산된 지역시장에 있어서의 소비자에 대한 조사는 판매의 난점과 판매 및 광고조직을 촉진케 하는 귀중한 시장정보를 제공하게 된다. 대부분의 대규모 기업에 의해서 계속적으로 수행하는 이러한 조사는 확실히 경쟁상의 이익을 주게 된다. 지방시장조사는 특수한 조건이 현저하고 일반적으로 전국의 소비자조사보다는 포괄적인 정보량을 얻기 마련이다.

지방시장의 특수성을 보도하는 신문 및 각 업계지를 통해서 그 특징을 이해하고 이에 부응하는 판매정책을 강구하면 된다.

(13) 소비자시장의 기본적 경제분석

수년 동안 이러한 형태의 조사는 이론적인 마케팅학자, 공공기관, 특수한 경제 계층을 대표하는 일부 관심 있는 출판업자가 한다고만 생각되었다. 오늘날 경영자가 일반경제조사와 사회조사에 관심을 표시하는 것과 마찬가지로 시장조사의 특별한 관심사가 되는 광범한 경제조사에 더욱 관심을 경주하고 있다. 이러한 조사의 가장 중요한 것은 소득분배와 이 분배에 있어서의 추이를 취급하는 조사이다.

미국의 노동통계국과 조사국(U. S. Bureau of labor Statistics and the Bureau of the Census)은 소득분배자료에 대한 기본적인 정부 자료원인데 근래에는 이러한 조사에 관심이 매우 깊어져서 새로운 자료가 계속 이용되고 있다.[20)]

이상의 제문제를 요약한 구체적인 소비자조사의 실시절차를 예시하면 [그림 14-1]과 같다.

---

19) New Families-New Markets 1940~1950, Curtis Publishing Co., 1946, Scholastic Magazines Market Survey, *Scholastic Magazines*, 1948.

20) Recent Trends in the Distribution of Consumer Income, Philadelphia, *Curtis Publishing Co.*, 1947.

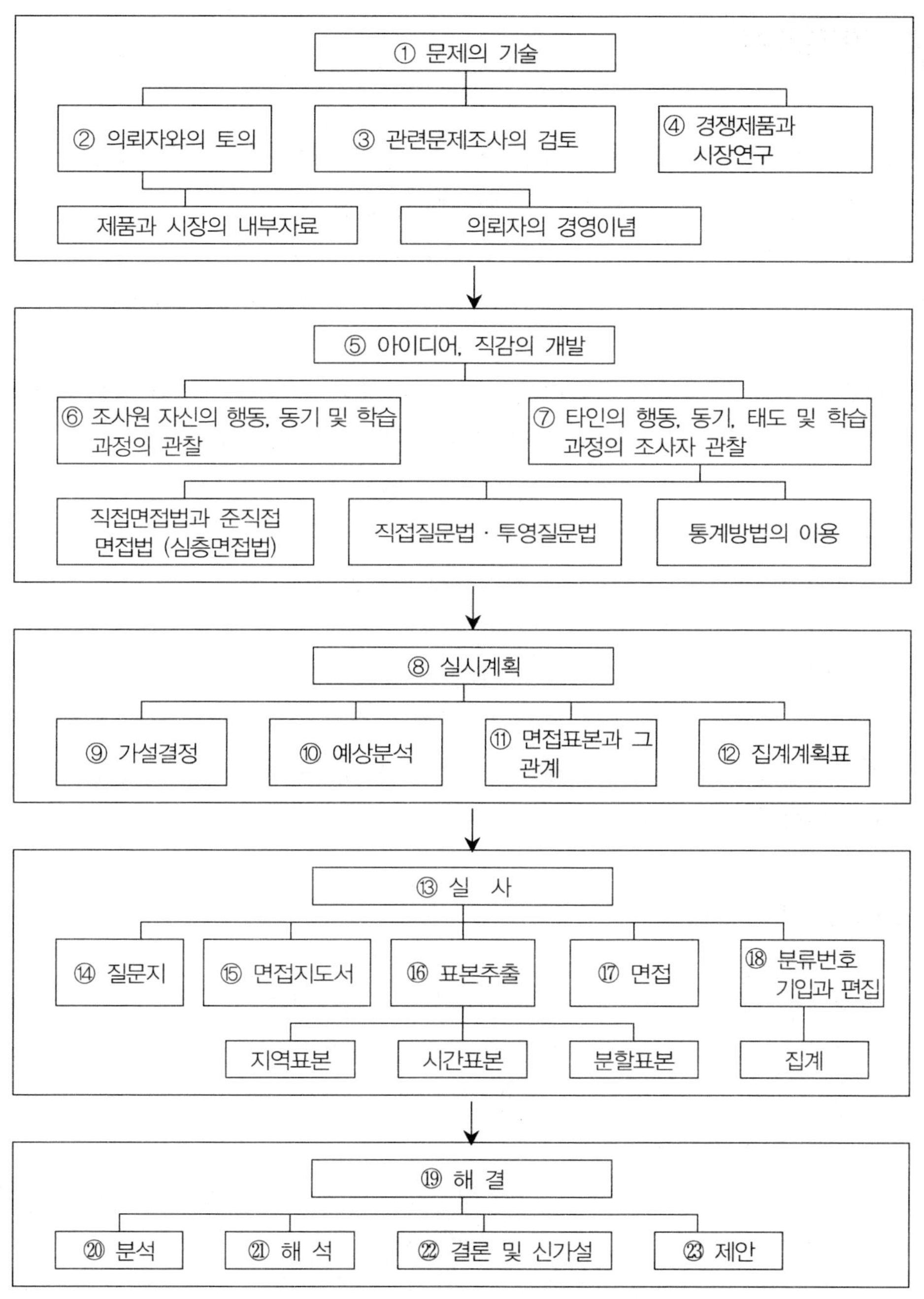

[그림 14-1] 소비자조사 실시 절차 예시

(자료원) A.Politz, *How to Solve a Typical Consumer Research Problem*, Tide, January 14, 1956, pp.26~27.

4. 가격조사

신제품의 가격 범위를 결정하는 것은 이 신제품의 개발단계에 이루어져야 한다. 제품 컨셉은, 제품 가격의 제시 없이는 완전히 실험될 수 없다.

제품의 도입 준비가 되면 특정 가격을 결정해야 한다. 여기에는 일반적으로 두 가지 형태의 가격정책이 있으며, 첫째 점유지향가격정책(share-oriented pricing)으로서 목적이 시장점유율을 점차적으로 늘려가기 위한 가격정책이다. 이 정책은 가격에 관해서는 낮은 가격으로 시장에 도입되고, 판매량의 증가로 제품 가격이 떨어지게 될 때까지 계속해서 가격을 낮춤으로써 성립된다. 제품수명주기(product life cycle)의 첫 단계의 예상 수익은 다음 단계에서 대량판매로 보다 큰 이익을 얻으리라는 기대 때문에 포기되는 것이다. 이리하여 전체적으로 보면 높은 수익을 가져오게 된다. 이 가격정책은 보스턴컨설팅그룹(Boston Consulting Group)에서 제창하였고, 이 그룹의 많은 자문회사, 고객회사 및 기타 회사들이 채용해 왔다. 또 하나의 가격정책은 이익지향가격정책인데, 이는 각 단계마다 최대의 이익을 얻으려는 정책이다. 이 정책은 미시경제이론과 가격에 관한 많은 마케팅문헌에 다루어지고 있다. 이 두 가지 정책의 가격정책에 필요한 정보에는 실제적 차이가 있는데 두 가지 상이한 방법에 의한 가격조사는 얻어지는 정보에 있어서는 실제로 다르다.

1) 점유지향가격정책

이 가격정책의 사용 근거는 평균단위생산비는 누적판매가 증가하기 때문에 지속적으로 하락한다는 데 있다. 어떤 제품에 대해서는 이 하락이 경험곡선(experience curve)의 형태를 취한다. 경험곡선은 비용곡선인데, 누적적 판매증가가 배로 될 때마다 단위당 총비용은 일정퍼센트까지 하락한다.

비디오테이프레코더의 비용변동에 관한 한 예를 보면, 기업의 생산량이 배에 이르게 될 때마다 단위당비용은 평균 약 20%가 하락하게 된다. 제조업자가 만든 첫 번째 단위비용이 5만원이고 누적생산이 배가 될 때마다 단위비용이 20%까지 하락한다면 그 다음의 단위비용은 [표 14-1]과 같이 될 것이다.

[표 14-1] 생산단위와 단위당비용

단 위 수		단위비용
1		50000
2	(1.0-2.0)50000=	40000
4	(1.0-2.0)40000=	32000
100		11349
10000		2576
1000000		585

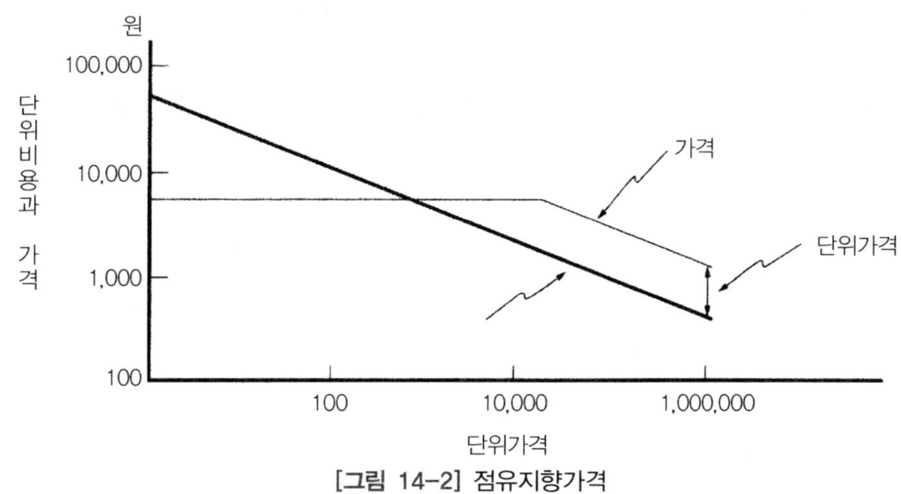

[그림 14-2] 점유지향가격

경험곡선은 흔히 단위비용감소율의 보충으로 설명될 수 있다. 그러므로 이 곡선은 80% 커브라고 알려져 있다.

로그페이퍼(log paper)에 주적산출을 그려보면 경험곡선에 놓이게 되는 단위당 생산비는 직선으로 하락하게 된다.

(1) 점유지향가격정책을 위한 조사

이러한 점유지향적 가격결정을 하기 위해 필요한 정보는 절대적 가격에 필요한 정보와 다른 성질의 정보도 필요하게 된다. 여기에서는 다음과 같은 정보를 설명한다.

① 경험곡선의 성질을 결정하기 위하여

② 손익분기점을 추정하기 위하여

③ 추가적 시장부분에 팔린 단위당 비용을 추정하기 위하여
④ 경쟁자의 원가를 추정하기 위하여
⑤ life cycle의 쇠퇴단계(decline stage)를 예측하기 위해서이다.

필요한 정보중에는 이미 설명한 조사기법에 의해서 생성되는 것도 있다.

(2) 경험곡선의 결정

점유지향가격의 조사에서 우선 필요한 것은 어떤 경험곡선이 제일 알맞은 것인가를 결정하는 일이다. 전에 회사에서 제조하지 않았던 제품에 대하여는 다른 회사의 경험이나 유사제품의 경험을 참고로 할 필요가 있다. 어떤 경험곡선은 회사나 산업체에 보고되었는데 [표 14-2]와 같다.

가격변동이 있는 제품에 대하여는 응용경험곡선을 적절한 회계자료에서 계산할 수 있다.

[표 14-2] 경험곡선율

제 품	%
Polyvivil chroide	70
Integrated	73
Japanese beer	84
Model "T" Ford	85
전기기구	85
공업용구	80

(3) 손익분기점의 추정

예상 신제품을 위해 기업분석에 있어서 손익분기점이 된 산출량을 추정하는 것이 바람직하다. 이러한 추정을 하는 데 일반적인 절차는 공식에 의해서 손익분기점을 계산하는 것이다.

$$V_{BE} = \frac{FC}{P - AVC}$$

- V_{BE} : 분기량(break-even volume)

- FC : 고정비
- P : 가격
- AVC : 평균변동비

경험곡선이 적용될 수 있는 제품에 대하여는 단위당 고정비의 추정이 타당치 못하다. 그러므로 손익분기량을 추정하기 위해서 다른 수학적 방법을 이용해야할 필요가 있다.

(4) 추가적 시장부분에 팔린 단위당 비용의 결정

관리자는 새로운 시장부분에 주는 서비스의 증가 비용을 결정할 필요가 있다 예를 들어 개별상표를 위한 판매, 정부계약의 응찰 또는 해외판매 등이다.

(5) 경쟁자 원가의 추정

시장점유자료를 구할 수 있다면 주 요경쟁자의 누적산출수준이 추정될 수 있다. 따라서 이것은 추정경험곡선수준과 처음의 단위비용이 정해진다면 각 경쟁자가 만든 단위 및 평균단위비용의 추정을 가능하게 한다. 자사의 경험곡선수준에서 타사의 수준을 알 수 있고, 자동화의 상대적 수준, 마케팅노력 그리고 임금률 등에 관한 일반적 정보를 합리적으로 추정할 수 있다.

경쟁자의 원가를 신뢰성 있게 추정하는 것은 경쟁가격정책에 특히 유용하다. 이는 또한 가격 인하가 고려될 때 경쟁자도 따라서 시행할 가능성을 측정하는데 관리가격 상황에 유용하다. 물론 경쟁자의 원가를 계산하는 데 필요한 공식은 자사의 것을 계산하는 것과 같다.

(6) 라이프사이클의 쇠퇴기 예측

가격인산에서 오는 수익증가를 위해 대신 점유율을 줄이는 것이 다. 이 전략을 따른 회사는 미국의 에슬(Ethyl)사로 납첨가가솔린 굴지의 생산업체이다. 미국에서는 1978년에 환경보전청(Environment Protection Agency)이 1979년까지 가솔린의 납포함량은 갤럴당 0.5g 이하(종전수준의 5분의 1에 해당함)가 되도록 규정하였다. 이 회사제품에 대한 시장 수요의 갑작스런 감퇴에 직면하여 에슬사는 가격을 인상했었다. 이 회사는 그 회사제품에 대한 시장수요감퇴 시기를 예상하였던 것이다. 그러나 대부분의 사람들이 아주 정확하게 이런 것을 예측하는 것은 아주 어려운 일이다.

제품의 시장쇠퇴기는 기술개발이 되어서 좋은 결과로 또는 시장에서 이와 대체적인 싼 물건이 나오게 될 때 시작된다. 만년필을 대체하는 볼펜과 셀로판지를 대체시킨 플라스틱필름의 등장은 기존 제품의 쇠퇴에 따른 기술개발의 예가 된다. 또한 시장수요의 변화에 따라 일어나기도 한다.

2) 이익지향가격정책

이익지향적 가격정책을 구사하는 관리자는 시장상황 또는 공급원가가 가격변화를 가져올 때까지 이익의 최대가 되도록 제품값을 정하는 것이다.

이 정책에서의 최적 가격은 총수익이 총비용보다 되도록 큰 결과가 되게 하는 것이다. 다시 말하면 조사자의 중요과제는 적정 범위의 대안적 가격들에 비추어서 총수익과 총비용을 예측하는 것이다.

이익지향적 가격정책에서 원가의 예측가를 예측하는 방법에 대해서 설명하기로 한다.

수요예측에 관한 몇가지의 일반적인 방법이 있는데, 델파이기법(delphi technique), 판매자료의 통계분석, 서베이, 실험실 실험, 판매실험 및 시뮬레이션 등이다.

(1) 델파이기법(delphi technique)

가격정책에 관여하는 많은 사람들의 판단을 자료로써 수집하는 공식적인 방법은 델파이기법을 이용하는 것이다. 이 기법은 참가자들이 예측한 자료들을 수회 연속으로 합한 것이다. 그리고 각각의 예측은 각 참가자가 비슷하게 예측한 것들이고, 이것은 관리자에게 보내어진다. 모든 예측의 합계를 계산해서(중위수, 범위 등) 각 회가 끝난 후 참가자들에게 보내게 된다. 이러한 절차는 어떤 의견일치가 될 때까지 또는 더 이상 어떤 의견일치가 이루어지지 않을 때까지 계속된다.

여러 가격에 따라 판매될 양에 대해서 참가자들의 의견을 참고하여 내부 예측을 하는 것이 바람직하다. 이는 두 가지 목적에 유용한데, 각 가격에 따라 판매될 양의 상한과 하한을 명시하거나 의사결정이 이루어지기 전에 추가적 정보가 필요할 것인지를 명시해 준다. 만일 낙관적, 비관적 그리고 가장 적중한 예측을 하고 이러한 예측들이 참가자들간에 사소한 차이를 나타내면 추가적 정보는 가치가 없게 된다. 즉 더 이상의 정보는 불필요한 것이다. 반대로 개인간이나 전체적 예측에 현저한 차이가 있다면 추가적 조사를 할 필요가 있다. 이러한 이유로 델파이기법은 어떤 특정가격결정을 위한 다른 조사를 행하기 전에 사용하는 것이 적당하다.

(2) 판매자료의 통계적 분석

일정기간 동안의 가격변동, 그리고 지역간의 가격차별화는 자연적인 실험의 결과가 된다. 판매에 영향을 주는 한 중요한 변수의 수준은 실제 실험설계의 모든 조건에 부합하지 않고 자주 변화한다. 그 결과는 가격변화의 영향과 다른 원인변수변화의 효과에 영향을 주는 판매량이 된다.

판매자료의 통계적 분석은 가격의 영향 대 판매량에 대한 다른 변수의 영향을 분별해 내는 데 유용하다. 이용되는 기본적 기법은 회귀분석이다. 이는 비용이 적게 들고 비교적 짧은 기간 내게 행할 수 있다.

소비자패널자료에는 가격변동에 의한 판매효과를 결정하기 위한 회귀분석이 특히 유용하다. 이는 구입량과 판매량이 나와 있기 때문이다. 이 방법은 마케터들이 행한 가격변동의 효과에 필요한 시간에 의해 생긴 문제를 줄여 준다.

마케터들이 과거의 판매량에 의한 가격 효과에 관해서 얻어지는 추론을 입증하는 방법으로는 첫째 그것이 합리적일 때는 언제나 지역간에 변동이 이루어질 수 있어서 가격변동은 실험설계에서 요구된 것과 같아지게 된다. 예를 들어 표본으로 추출된 지역에서 가격변화가 생길 수 있다. 그리고 나머지 지역은 통제집단으로 쓰일 수 있다. 이것은 기업의 입장에서 합리적이라면, 즉 마케팅계획에서 어떤 변동이 시장수요나 경쟁상태에 따라서 변동해야 할 필요가 있다고 믿어지면, 이러한 조치는 모든 현장실험을 이용하면 되고 비용도 적게 든다.

과거의 판매자료에서 가격의 효과에 관한 좋은 자료를 얻기 위한 두 번째 방법은 각지역에서 발행하는 중요한 마케팅 사건의 일지를 간직하는 것이다. 경쟁자가 가격을 인상하거나 가격을 인하하고, 특수한 촉진책을 쓰고, 신제품을 도입하고, 판매점을 늘리거나 혹은 광고비를 증가시킨다면 경쟁자의 행위는 우리의 판매액에 영향을 줄지도 모른다. 이와 마찬가지로 외부의 사정, 즉 그 지역의 중요 공장의 폐쇄, 또는 그 지역의 제품구입에 영향을 미치는 파업 등은 우리의 판매량에 영향을 주게 된다. 과거의 가격변동의 자료를 더욱 정확하게 해석하려면 판매에 영향을 줄 가능성 있는 모든 사실의 성격과 연, 월 및 시에 대한 기록이 아주 중요하다.

(3) 서베이활동

흔히 쓰이는 가격결정을 위한 조사방법은 서베이로 실시하는 것이다. '가격을 인하하면 얼마의 판매량이 증가될 수 있을 것인가?' 이러한 질문을 판매부장이나 유통업자에게 물을 수 있다. 소비자들은 상표선호와 구매의향에 있어서 상대적 가격변동의 효과에 의문을 갖는다. 가격서베이는 일반적으로 서베이와 관련된 표본 및 비표본오차가 불가피하다. 대부분의 가격서베이에서 선천적인 측정착오는 특히 예민하다. '만일_이면 얼마나 판매량이 변동되었는가?' 이와 같이 물었을 때 실제적인 편견의 가능성 뿐만아니라 판매원이나 중개인의 반응에서 나타나는 추정 착오도 있게 된다. 판매 수수료 및 유통업자의 수익은 가격수준의 영향을 받게 된다.

소비자들은 가격이 어느 정도 상표선호 및 구매에 영향을 주는지에 대한 대답을 잘 못한다. 구매결정은 여러 가지를 고려해서 이루어지는데, 가격도 그 중에서 중요한 것이다. 일반적으로 가격변수만의 효과를 평가하라고 소비자에게 부탁하는 경우 가격이 구매결정에서 행하는 역할을 말로 표시하거나 평가하는 능력에 대해서는 대단히 낙관적이다.

최근에 가격정책에 자주 응용되는 간접서베이기법은 컨조이트분석(conjoint analysis)이다. 이 기법을 산업사용자(industrial users)의 표본에서 자료를 분석하기 위해서 사용했는데, Du Pont사 제품(품질, 서비스 기술력 및 신속배달 등)이 경쟁자 제품보다 5.3%가 더 가치 있다고 소비자들이 판단하기에 이르렀다. 이 기법의 또 하나의 응용에서 가격은 세 번째 중요한 변수로 나타났는다.

최근 한 회사는 보조컴퓨터프로세스단위를 개발한 예가 있는데, 이것은 전에는 컴퓨터분야에 개발되지 않았었다. 제일 큰 컴퓨터의 중앙프로세스단위와 연결시켜 행하는 것이 두 배의 계산능력을 나타낸다. 단위당 가격을 설정하기 전에 마케팅조사부에 의해서 정보가 개발되었고, 주 컴퓨터는 두 개 또는 그 이상의 회사가 동시에 사용할 수 있다. 이러한 설비를 사용하는 데 드는 비용을 추정함으로써 가격지향적 시장계획을 발전시킬 수 있었다. 그래서 가격은 회사제품의 예정판매량과 마케팅능력에 부합하는 수준에서 정해졌다

(4) 실험실 실험

일반적을 가격에 관한 실험실 실험에는 가격이 실험적으로 변동될 수 있는 '모의상점'이 있는데, 여기에서 측정되는 물건의 구매수준도 함께 변동된다. 고객을 위해서 실험을 실시하는 실험실을 갖춘 마케팅조사회사가 있다. 페시미어(Pessemier)는

1960년에 가상적 쇼핑여행을 실험한 일이 있는데, 이것은 어떤 사람에게 얼마의 돈을 주고 가격이 실험적으로 변동되고 있는 상점가에서 유명상품을 구매하게 한다.

실험실 실험은 비교적 값이 싸고, 여러 가지 변동가격에 어떤 제품의 수요를 추정하는 신속한 기법이다. 그러나 기존 제품에 이것을 사용하는 것은 많은 제약이 있는데, 이것은 도입단계의 촉진캠페인 그리고 심리적인 것으로 실제적인 방법으로 구매조건을 갖추기가 어렵기 때문이다.

(5) 판매테스트

판매테스트는 통제상점테스트와 시장테스트로 구분해서 설명될 수 있다. 기본적인 방법은 가격의 차이에 대한 판매반응을 테스트하는 것이다.

판매테스트를 가격정책에 응용할 때 판매테스트를 반복하는 것이다. 그러나 흔히 경쟁자가 전혀 반응을 안 해 줌으로써 가격에 의한 판매테스트를 방해하는 수가 있다. 경쟁자들은 반응이 이행되고 있음을 알고도 반응을 찾아 내지 않는다. 실시되고 있는 것이 시장실험이라면, 경쟁자는 일반적으로 테스트를 하고 있는 회사와 꼭 같은 자료를 구하게 될 것이다. 그래서 반응을 보이지 않는 것이 이익이 될 것인데, 이는 주관 회사가 실험이 끝난 후 가격변경을 결정한다면 그 정보는 상대방에게 무엇을 결정할 것인가를 도와 주게 되기 때문이다.

경쟁자가 거래나 촉진을 통해서 실험기간 중 가격에 의한 판매실험을 방해하거나, 전혀 반응을 보이지 않음으로써 방해하는 것은 가격에 의한 판매실험을 하는데 결점이 된다. 실험을 실시할 것을 결정한다든지 실제 마케팅상황에서 실험결과를 예상하는 것은 신중히 검토되어야 한다.

(6) 시뮬레이션(simulation)

조사에 의한 가격결정을 위한 시뮬레이션의 이용은 그리 흔하지 않은 방법이다. 가격시뮬레이션의 필요성은 명백히 표현되어 왔지만 마케팅문헌에는 불과 몇개의 실무적인 가격시뮬레이션이 나와있고, 몇개의 가설적 가격시뮬레이션이 실행되었다.

가격시뮬레이션은 많은 회사들이 경쟁입찰가격에서 실행한다. 경쟁입찰모델이 개발되어 왔는데, 이것은 중요한 경쟁회사의 과거 입찰에 관한 자료를 사용하고 이 모델을 사용하는 회사 또한 이와 똑같은 계획에 대한 추정비용의 비율로서 사용한다. 이는 확률분포를 찾아 낼 수 있고, 최대의 기대 이윤을 낼 수 있는 입찰가격을 결정할 수 있게 한다.

경쟁입찰을 대량의 비소비재제품의 가격결정에 이용되는데. 예를 들어 석유 및 가스발굴, 드릴링(drilling), 목재벌채, 급식계약 및 건설공사 등이고, 실제로 정부구매계약은 경쟁입찰이 기본방법으로 되어 있다. 경쟁입찰가격의 시뮬레이션은 가격조사에서 중요한 부분임에는 틀림이 없다.

부록 수 표

[표 1] 누적이항분포표

$$P\{X \leqq c\} = \sum_{x=0}^{c} \binom{n}{x} p^{x} (1-p)^{n-x}$$

		P										
		.05	.10	.20	.30	.40	.50	.60	.70	.80	.90	.95
	c											
n=1	0	.950	.900	.800	.700	.600	.500	.400	.300	.200	.100	.50
	1	1.000	1.000	1.000	1.000	1.000	1.000	1.000	1.000	1.000	1.000	1.000
n=2	0	.902	.810	.640	.490	.360	.250	.160	.090	.040	.010	.002
	1	.997	.990	.960	.910	.840	.750	.640	.510	.360	.190	.097
	2	1.000	1.000	1.000	1.000	.1.000	1.000	1.000	1.000	1.000	1.000	1.000
n=3	0	.857	.729	.512	.343	.216	.125	.064	.087	.008	.001	.000
	1	.993	.972	.896	.784	.648	.500	.352	.216	.104	.028	.007
	2	1.000	.999	.992	.973	.936	.875	.784	.657	.488	.271	.143
	3	1.000	1.000	1.000	1.000	1.000	1.000	1.000	1.000	1.000	1.000	1.000
n=4	0	.815	.656	.410	.240	.130	.063	.026	.008	.002	.000	.000
	1	.986	.948	.819	.652	.475	.313	.179	.084	.027	.004	.000
	2	1.000	.996	.973	.916	.821	.688	.525	.348	.181	.052	.014
	3	1.000	1.000	.998	.992	.974	.938	.870	.760	.590	.344	.185
	4	1.000	1.000	1.000	1.000	1.000	1.000	1.000	1.000	1.000	1.000	1.000
n=5	0	.774	.590	328	.168	.078	.031	.010	.002	.000	.000	.000
	1	.977	.919	.737	.528	.337	.188	.087	.031	.007	.000	.000
	2	.999	.991	.942	.837	.683	.500	.317	.163	.058	.009	.001
	3	1.000	1.000	.993	.969	.913	.813	.663	.472	.263	.081	.023
	4	1.000	1.000	1.000	.998	.990	.969	.922	.832	.672	.410	3226
	5	1.000	1.000	1.000	1.000	1.000	1.000	1.000	1.000	1.000	1.000	1.000
n=6	0	.735	.531	.262	.118	.047	.016	.004	.001	.000	.000	.000
	1	.967	.886	.655	.420	.233	.109	.041	.011	.002	.000	.000
	2	.998	.984	.901	.744	.544	.344	.179	.070	.017	.001	.000
	3	1.000	.999	.983	.930	.821	.656	.456	.256	.099	.016	.002
	4	1.000	1.000	.998	.989	.959	.891	.767	.580	.345	.114	.033
	5	1.000	1.000	1.000	.999	.996	.984	.953	.882	.738	.469	.265
	6	1.000	1.000	1.000	1.000	1.000	1.000	1.000	1.000	1.000	1.000	1.000
n=7	0	.698	.478	.210	.082	.028	.008	.002	.000	.000	.000	.000
	1	.956	.850	.577	.329	.159	.063	.019	.004	.000	.000	.000
	2	.996	.974	.852	.647	.420	.227	.096	.029	.005	.000	000
	3	1.000	.997	.967	.874	.710	.500	.290	.126	.033	.003	.000
	4	1.000	1.000	.995	.971	.904	.773	.580	.353	.148	.026	.004
	5	1.000	1.000	1.000	.996	.981	.938	.841	.671	.423	.150	.044
	6	1.000	1.000	1.000	1.000	.998	.992	.972	.918	.790	.522	.302
	7	1.000	1.000	1.000	1.000	1.000	1.000	1.000	1.000	1.000	1.000	1.000

	c	.05	.10	.20	.30	.40	.50	.60	.70	.80	.90	.95
						P						
n=8	0	.663	.430	.168	.058	.017	.004	.001	.000	.000	.000	.000
	1	.943	.813	.503	.255	.106	.035	.009	.001	.000	.000	.000
	2	.994	.962	.797	.552	.315	.145	.050	.011	.001	.000	.000
	3	1.000	.995	.944	.806	.594	.363	.174	.058	.010	.000	.000
	4	1.000	1.000	.990	.942	.826	.637	.406	.0194	.056	.005	.000
	5	1.000	1.000	.999	.989	.950	.855	.685	.448	.230	.038	.006
	6	1.000	1.000	1.000	.999	.991	.965	.894	.745	.497	.187	.057
	7	1.000	1.000	1.000	1.000	.999	.996	.983	.942	.837	.570	.337
	8	1.000	1.000	1.000	1.000	1.000	1.000	1.000	1.000	1.000	1.000	1.000
n=9	0	.630	.387	.134	.040	.010	.002	.000	.000	.000	.000	.000
	1	.929	.775	.436	.196	.071	.020	.004	.000	.000	.000	.000
	2	.992	.947	.738	.463	.232	.090	.025	.004	.000	.000	.000
	3	.999	.992	.914	.730	.483	.254	.099	.025	.003	.000	.000
	4	1.000	.999	.980	.901	.733	.500	.267	.099	.020	.001	.000
	5	1.000	1.000	.997	.975	.901	.746	.517	.270	.086	.008	.001
	6	1.000	1.000	1.000	.996	.975	.910	.768	.537	.262	.053	.008
	7	1.000	1.000	1.000	1.000	.996	.980	.929	.804	.564	.225	.071
	8	1.000	1.000	1.000	1.000	1.000	.998	.990	.960	.866	.613	.370
	9	1.000	1.000	1.000	1.000	1.000	1.000	1.000	1.000	1.000	1.000	1.000
n=10	0	.599	.349	.107	.028	.006	.001	.000	.000	.000	.000	.000
	1	.914	.736	.376	.149	.046	.011	.002	.000	.000	.000	.000
	2	.988	.930	.678	.383	.167	.055	.012	.002	.000	.000	.000
	3	.999	.987	.879	.650	.382	.172	.055	.011	.001	.000	.000
	4	1.000	.998	.967	.850	.633	.377	.166	.047	.006	.000	.000
	5	1.000	1.000	.994	.953	.834	.623	.367	.150	0.33	.002	.000
	6	1.000	1.000	.999	.989	.945	.828	.618	.350	.121	.013	.001
	7	1.000	1.000	1.000	.998	.988	.945	.833	.617	.322	.070	.012
	8	1.000	1.000	1.000	1.000	.998	.989	.954	.851	.624	.264	.086
	9	1.000	1.000	1.000	1.000	1.000	.999	.994	.972	.893	.651	.401
	10	1.000	1.000	1.000	1.000	1.000	1.000	1.000	1.000	1.000	1.000	1.000
n=11	0	.569	.314	.086	.020	.004	.000	.000	.000	.000	.000	.000
	1	.898	.697	.322	.113	.030	.006	.001	.000	.000	.000	.000
	2	.985	.910	.617	.313	.119	.033	.006	.001	.000	.000	.000
	3	.998	.981	.39	.570	.296	.113	.029	.004	.000	.000	.000
	4	1.000	.997	.950	.790	.533	.274	.099	.022	.002	.000	.000
	5	1.000	1.000	.988	.922	.753	.500	.247	.078	.012	.000	.000
	6	1.000	1.000	.998	.978	.901	.726	.467	.210	.050	.003	.000
	7	1.000	1.000	1.000	.996	.971	.887	.704	.430	.161	.019	.002
	8	1.000	1.000	1.000	.999	.994	.967	.881	.687	.383	.090	.015
	9	1.000	1.000	1.000	1.000	.999	.994	.970	.887	.678	.303	.102
	10	1.000	1.000	1.000	1.000	1.000	1.000	.996	.980	.941	.686	.431
	11	1.000	1.000	1.000	1.000	1.000	1.000	1.000	1.000	1.000	1.000	1.000

		P										
		.05	.10	.20	.30	.40	.50	.60	.70	.80	.90	.95
	c											
n=12	0	.540	.282	.069	.014	.002	.000	.000	.000	.000	.000	.000
	1	.882	.659	.275	.085	.020	.003	.000	.000	.000	.000	.000
	2	.980	.889	.558	.253	.083	.019	.003	.000	.000	.000	.000
	3	.998	.974	.795	.493	.225	.073	.015	.002	.000	.000	.000
	4	1.000	.996	.927	.724	.438	.194	.057	.009	.001	.000	.000
	5	1.000	.999	.981	.882	.665	.387	.158	.039	.004	.000	.000
	6	1.000	1.000	.996	.961	.842	.613	.335	.118	.019	.001	.000
	7	1.000	1.000	.999	.991	.943	.806	.562	.276	.073	.004	.000
	8	1.000	1.000	1.000	.998	.985	.927	.775	.507	.205	.026	.002
	9	1.000	1.000	1.000	1.000	.997	.981	.917	.747	.442	.111	.020
	10	1.000	1.000	1.000	1.000	1.000	.997	.980	.915	.725	.341	.118
	11	1.000	1.000	1.000	1.000	1.000	1.000	.998	.986	.931	.718	.460
	12	1.000	1.000	1.000	1.000	1.000	1.000	1.000	1.000	1.000	1.000	1.000
n=13	0	.513	.254	.055	.010	.001	.000	.000	.000	.000	.000	.000
	1	.865	.621	.234	.064	.013	.002	.000	.000	.000	.000	.000
	2	.975	.866	.502	.202	.058	.011	.001	.000	.000	.000	.000
	3	.997	.966	.747	.421	.169	.046	.008	.001	.000	.000	.000
	4	1.000	.994	.901	.654	.353	.133	.032	.004	.000	.000	.000
	5	1.000	.999	.970	.835	.574	.291	.98	.018	.001	.000	.000
	6	1.000	1.000	.993	.938	.771	.500	.229	.062	.007	.000	.000
	7	1.000	1.000	.999	.982	.902	.709	.426	.165	.030	.001	.000
	8	1.000	1.000	1.000	.996	.968	.867	.647	.346	.099	.006	.000
	9	1.000	1.000	1.000	.999	.992	.954	.831	.579	.253	.034	.003
	10	1.000	1.000	1.000	1.000	.999	.989	.942	.798	.498	.134	.025
	11	1.000	1.000	1.000	1.000	1.000	.998	.987	.936	.766	.379	.135
	12	1.000	1.000	1.000	1.000	1.000	1.000	.999	.990	.945	.746	.487
	13	1.000	1.000	1.000	1.000	1.000	1.000	1.000	1.000	1.000	1.000	1.000
n=14	0	.488	.229	.044	.007	.001	.000	.000	.000	.000	.000	.000
	1	.847	.585	.198	.047	.008	.001	.000	.000	.000	.000	.000
	2	.970	.842	.448	.161	.040	.006	.001	.000	.000	.000	.000
	3	.996	.956	.698	.355	.124	.029	.004	.000	.000	.000	.000
	4	1.000	.991	.870	.584	.279	.090	.018	.002	.000	.000	.000
	5	1.000	.999	.956	.781	.486	.212	.058	.008	.000	.000	.000
	6	1.000	1.000	.988	.907	.692	.395	.150	.031	.002	.000	.000
	7	1.000	1.000	.998	.969	.850	.605	.308	.093	.012	.000	.000
	8	1.000	1.000	1.000	.992	.942	.788	.514	.219	.044	.001	.000
	9	1.000	1.000	1.000	.998	.982	.910	.721	.416	.130	.009	.000
	10	1.000	1.000	1.000	1.000	.996	.971	.876	.645	.302	.044	.004
	11	1.000	1.000	1.000	1.000	.999	.994	.960	.839	.552	.158	.030
	12	1.000	1.000	1.000	1.000	1.000	.999	.992	.953	.802	.415	.153
	13	1.000	1.000	1.000	1.000	1.000	1.000	.999	.993	.956	.771	.512
	14	1.000	1.000	1.000	1.000	1.000	1.000	1.000	1.000	1.000	1.000	1.000
n=15	0	.463	.206	.035	.005	.000	.000	.000	.000	.000	.000	.000

		P										
		.05	.10	.20	.30	.40	.50	.60	.70	.80	.90	.95
	c											
	1	.829	.549	.167	.035	.005	.000	.000	.000	.000	.000	.000
	2	.964	.816	.398	.127	.027	.004	.000	.000	.000	.000	.000
	3	.995	.944	.648	.297	.091	.018	.002	.000	.000	.000	.000
	4	.999	.987	.836	.515	.217	.059	.009	.001	.000	.000	.000
	5	1.000	.998	.939	.722	.403	.151	.034	.004	.000	.000	.000
	6	1.000	1.000	.982	.869	.610	.304	.095	.015	.001	.000	.000
	7	1.000	1.000	.996	.950	.787	.500	.213	.050	.004	.000	.000
	8	1.000	1.000	.999	.985	.905	.696	.390	.131	.018	.000	.000
	9	1.000	1.000	1.000	.996	.966	.849	.597	.278	.016	.002	.000
	10	1.000	1.000	1.000	.999	.991	.941	.783	.485	.164	.013	.001
	11	1.000	1.000	1.000	1.00	.998	.982	.909	.703	.352	.056	.005
	12	1.000	1.000	1.000	1.000	1.000	.996	.973	.873	.602	.184	.036
	13	1.000	1.000	1.000	1.000	1.000	1.000	.995	.965	.833	.451	.171
	14	1.000	1.000	1.000	1.000	1.000	1.000	1.000	.995	.956	.794	.537
	15	1.000	1.000	1.000	1.000	1.000	1.000	1.000	1.000	1.000	1.000	1.000
n=16	0	.440	.185	.028	.003	.000	.000	.000	.000	.000	.000	.000
	1	.811	.515	.141	.026	.003	.000	.000	.000	.000	.000	.000
	2	.957	.789	.352	.099	.018	.002	.000	.000	.000	.000	.000
	3	.993	.932	.598	.246	.065	.011	.001	.000	.000	.000	.000
	4	.999	.983	.798	.450	.167	.038	.005	.000	.000	.000	.000
	5	1.000	.997	.918	.660	.329	.105	.019	.002	.000	.000	.000
	6	1.000	.999	.973	.825	.527	.227	.058	.007	.000	.000	.000
	7	1.000	1.000	.993	.926	.716	.402	.142	.026	.001	.000	.000
	8	1.000	1.000	.999	.974	.858	.598	.284	.074	.007	.000	.000
	9	1.000	1.000	1.000	.993	.942	.773	.473	.175	.027	.001	.000
	10	1.000	1.000	1.000	.998	.981	.895	.671	.340	.082	.003	.000
	11	1.000	1.000	1.000	1.000	.995	.962	.833	.550	.202	.017	.001
	12	1.000	1.000	1.000	1.000	.999	.989	.935	.754	.402	.068	.007
	13	1.000	1.000	1.000	1.000	1.000	.998	.982	.901	.648	.211	.043
	14	1.000	1.000	1.000	1.000	1.000	1.000	.997	.974	.859	.485	.189
	15	1.000	1.000	1.000	1.000	1.000	1.000	1.000	.997	.972	.815	.560
	16	1.000	1.000	1.000	1.000	1.000	1.000	1.000	1.000	1.000	1.000	1.000
n=17	0	.418	.167	.023	.002	.000	.000	.000	.000	.000	.000	.000
	1	.792	.482	.118	.019	.002	.000	.000	.000	.000	.000	.000
	2	.950	.762	.310	.077	.012	.001	.000	.000	.000	.000	.000
	3	.991	.917	.549	.202	.046	.006	.000	.000	.000	.000	.000
	4	.999	.978	.758	.389	.126	.025	.003	.000	.000	.000	.000
	5	1.000	.995	.894	.597	.264	.072	.011	.001	.000	.000	.000
	6	1.000	.999	.962	.775	.448	.166	.035	.003	.000	.000	.000
	7	1.000	1.000	.989	.895	.641	.315	.092	.013	.000	.000	.000
	8	1.000	1.000	.997	.960	.801	.500	.199	.040	.003	.000	.000
	9	1.000	1.000	1.000	.987	.908	.685	.359	.105	.011	.000	.000
	10	1.000	1.000	1.000	.997	.965	.834	.552	.225	.038	.001	.000
	11	1.000	1.000	1.000	.999	.989	.928	.736	.403	.106	.005	.000

		P										
		.05	.10	.20	.30	.40	.50	.60	.70	.80	.90	.95
	c											
	12	1.000	1.000	1.000	1.000	.997	.975	.874	.611	.242	.022	.001
	13	1.000	1.000	1.000	1.000	1.000	.994	.954	.798	.451	.083	.009
	14	1.000	1.000	1.000	1.000	1.000	.999	.988	.923	.690	.238	.050
	15	1.000	1.000	1.000	1.000	1.000	1.000	.998	.981	.882	.518	.208
	16	1.000	1.000	1.000	1.000	1.000	1.000	1.000	.998	.977	.833	.582
	17	1.000	1.000	1.000	1.000	1.000	1.000	1.000	1.000	1.000	1.000	1.000
n=18	0	.397	.150	.018	.002	.000	.000	.000	.000	.000	.000	.000
	1	.774	.450	.099	.014	.001	.000	.000	.000	.000	.000	.000
	2	.942	.734	.271	.060	.008	.001	.000	.000	.000	.000	.000
	3	.989	.902	.501	.165	.033	.004	.000	.000	.000	.000	.000
	4	.998	.972	.716	.333	.094	.015	.001	.000	.000	.000	.000
	5	1.000	.994	.867	.534	.209	.048	.006	.000	.000	.000	.000
	6	1.000	.999	.949	.722	.374	.119	.020	.001	.000	.000	.000
	7	1.000	1.000	.984	.859	.563	.240	.058	.006	.000	.000	.000
	8	1.000	1.000	.996	.940	.737	.407	.135	.021	.001	.000	.000
	9	1.000	1.000	.999	.979	.865	.593	.263	.060	.004	.000	.000
	10	1.000	1.000	1.000	.994	.942	.760	.437	.141	.016	.000	.000
	11	1.000	1.000	1.000	.999	.980	.881	.626	.278	.051	.001	.000
	12	1.000	1.000	1.000	1.000	.994	.952	.791	.466	.133	.006	.000
	13	1.000	1.000	1.000	1.000	.999	.985	.906	.667	.284	.028	.002
	14	1.000	1.000	1.000	1.000	1.000	.996	.967	.835	.499	.098	.011
	15	1.000	1.000	1.000	1.000	1.000	.999	.992	.940	.729	.266	.058
	16	1.000	1.000	1.000	1.000	1.000	1.000	.999	.986	.901	.550	.226
	17	1.000	1.000	1.000	1.000	1.000	1.000	1.000	.998	.982	.850	.603
	18	1.000	1.000	1.000	1.000	1.000	1.000	1.000	1.000	1.000	1.000	1.000
n=19	0	.377	.135	.014	.001	.000	.000	.000	.000	.000	.000	.000
	1	.755	.420	.083	.010	.001	.000	.000	.000	.000	.000	.000
	2	.933	.705	.237	.046	.005	.000	.000	.000	.000	.000	.000
	3	.987	.885	.455	.133	.023	.002	.000	.000	.000	.000	.000
	4	.998	.965	.673	.282	.070	.010	.001	.000	.000	.000	.000
	5	1.000	.991	.837	.474	.163	.032	.003	.000	.000	.000	.000
	6	1.000	.998	.932	.666	.308	.084	.012	.001	.000	.000	.000
	7	1.000	1.000	.977	.818	.488	.180	.035	.003	.000	.000	.000
	8	1.000	1.000	.993	.916	.667	.324	.088	.011	.000	.000	.000
	9	1.000	1.000	.998	.967	.814	.500	.186	.033	.002	.000	.000
	10	1.000	1.000	1.000	.989	.912	.676	.333	.084	.007	.000	.000
	11	1.000	1.000	1.000	.997	.965	.820	.512	.182	.023	.000	.000
	12	1.000	1.000	1.000	.999	.988	.916	.692	.334	.068	.002	.000
	13	1.000	1.000	1.000	1.000	.997	.968	.837	.526	.163	.009	.000
	14	1.000	1.000	1.000	1.000	.999	.990	.930	.718	.327	.035	.002
	15	1.000	1.000	1.000	1.000	1.000	.998	.977	.867	.545	.115	.013
	16	1.000	1.000	1.000	1.000	1.000	1.000	.995	.954	.763	.295	.067
	17	1.000	1.000	1.000	1.000	1.000	1.000	.999	.990	.917	.580	.245
	18	1.000	1.000	1.000	1.000	1.000	1.000	1.000	.999	.986	.865	.623

		P										
		.05	.10	.20	.30	.40	.50	.60	.70	.80	.90	.95
	c											
	19	1.000	1.000	1.000	1.000	1.000	1.000	1.000	1.000	1.000	1.000	1.000
n=20	0	.358	.122	.012	.001	.000	.000	.000	.000	.000	.000	.000
	1	.736	.392	.069	.008	.001	.000	.000	.000	.000	.000	.000
	2	.925	.677	.206	.035	.004	.000	.000	.000	.000	.000	.000
	3	.984	.867	.411	.107	.016	.001	.000	.000	.000	.000	.000
	4	.997	.957	.630	.238	.051	.006	.000	.000	.000	.000	.000
	5	1.000	.989	.804	.416	.126	.021	.002	.000	.000	.000	.000
	6	1.000	.998	.913	.608	.250	.058	.006	.000	.000	.000	.000
	7	1.000	1.000	.968	.772	.416	.132	.021	.001	.000	.000	.000
	8	1.000	1.000	.990	.887	.596	.252	.057	.005	.000	.000	.000
	9	1.000	1.000	.997	.952	.755	.412	.128	.017	.001	.000	.000
	10	1.000	1.000	.999	.983	.872	.588	.245	.048	.003	.000	.000
	11	1.000	1.000	1.000	.995	.943	.748	.404	.113	.010	.000	.000
	12	1.000	1.000	1.000	.999	.979	.868	.584	.228	.032	.000	.000
	13	1.000	1.000	1.000	1.000	.994	.942	.750	.392	.087	.002	.000
	14	1.000	1.000	1.000	1.000	.998	.979	.874	.584	.196	.011	.000
	15	1.000	1.000	1.000	1.000	1.000	.994	.949	.762	.370	.043	.003
	16	1.000	1.000	1.000	1.000	1.000	.999	.984	.893	.589	.133	.016
	17	1.000	1.000	1.000	1.000	1.000	1.000	.996	.965	.794	.323	.075
	18	1.000	1.000	1.000	1.000	1.000	1.000	.999	.992	.931	.608	.264
	19	1.000	1.000	1.000	1.000	1.000	1.000	1.000	.999	.988	.878	.642
	20	1.000	1.000	1.000	1.000	1.000	1.000	1.000	1.000	1.000	1.000	1.000
n=25	0	.277	.072	.004	.000	.000	.000	.000	.000	.000	.000	.000
	1	.642	.271	.027	.002	.000	.000	.000	.000	.000	.000	.000
	2	.873	.537	.098	.009	.000	.000	.000	.000	.000	.000	.000
	3	.966	.764	.234	.033	.002	.000	.000	.000	.000	.000	.000
	4	.993	.902	.421	.090	.009	.000	.000	.000	.000	.000	.000
	5	.999	.967	.617	.193	.029	.002	.000	.000	.000	.000	.000
	6	1.000	.991	.780	.341	.074	.007	.000	.000	.000	.000	.000
	7	1.000	.998	.891	.512	.154	.022	.001	.000	.000	.000	.000
	8	1.000	1.000	.953	.677	.274	.054	.004	.000	.000	.000	.000
	9	1.000	1.000	.983	.811	.425	.115	.013	.000	.000	.000	.000
	10	1.000	1.000	.994	.902	.586	.212	.034	.002	.000	.000	.000
	11	1.000	1.000	.998	.956	.732	.345	.078	.006	.000	.000	.000
	12	1.000	1.000	1.000	.983	.846	.500	.154	.017	.000	.000	.000
	13	1.000	1.000	1.000	.994	.922	.655	.268	.044	.002	.000	.000
	14	1.000	1.000	1.000	.998	.966	.788	.414	.098	.066	.000	.000
	15	1.000	1.000	1.000	1.000	.999	.885	.575	.189	.017	.000	.000
	16	1.000	1.000	1.000	1.000	1.000	.946	.726	.323	.047	.000	.000
	17	1.000	1.000	1.000	1.000	1.000	.978	.846	.488	.109	.002	.000
	18	1.000	1.000	1.000	1.000	1.000	.993	.926	.659	.220	.009	.000
	19	1.000	1.000	1.000	1.000	1.000	.998	.971	.807	.383	.033	.001
	20	1.000	1.000	1.000	1.000	1.000	1.000	.991	.910	.579	.098	.007

	P										
	.05	.10	.20	.30	.40	.50	.60	.70	.80	.90	.95
c											
21	1.000	1.000	1.000	1.000	1.000	1.000	.998	.967	.766	.236	.034
22	1.000	1.000	1.000	1.000	1.000	1.000	1.000	.991	.902	.463	.127
23	1.000	1.000	1.000	1.000	1.000	1.000	1.000	.998	.973	.729	.358
24	1.000	1.000	1.000	1.000	1.000	1.000	1.000	1.000	.996	.928	.723
25	1.000	1.000	1.000	1.000	1.000	1.000	1.000	1.000	1.000	1.000	1.000

[표 2] 표준정규분포표

표의 숫자는 z보다 같거나 작은 확률을 나타낸다.

z	.00	.01	.02	.03	.04	.05	.06	.07	.08	.09
−3.4	.0003	.0003	.0003	.0003	.0003	.0003	.0003	.0003	.0003	.0002
−3.3	.0005	.0005	.0005	.0004	.0004	.0004	.0004	.0004	.0004	.0003
−3.2	.0007	.0007	.0006	.0006	.0006	.0006	.0006	.0005	.0005	.0005
−3.1	.0010	.0009	.0009	.0009	.0008	.0008	.0008	.0008	.0007	.0007
−3.0	.0013	.0013	.0013	.0012	.0012	.0011	.0011	.0011	.0010	.0010
−2.9	.0019	.0018	.0018	.0017	.0016	.0016	.0015	.0015	.0014	.0014
−2.8	.0026	.0025	.0025	.0023	.0023	.0022	.0021	.0021	.0020	.0019
−2.7	.0035	.0034	.0033	.0032	.0031	.0030	.0029	.0028	.0027	.0026
−2.6	.0047	.0045	.0044	.0043	.0041	.0040	.0039	.0038	.0037	.0036
−2.5	.0062	.0060	.0059	.0057	.0055	.0054	.0052	.0051	.0049	.0048
−2.4	.0082	.0080	.0078	.0075	.0073	.0071	.0069	.0068	.0066	.0064
−2.3	.0107	.0104	.0102	.0099	.0096	.0094	.0091	.0089	.0087	.0084
−2.2	.0139	.0136	.0132	.0129	.0125	.0122	.0119	.0116	.0113	.0110
−2.1	.0179	.0174	.0170	.0166	.0162	.0158	.0154	.0150	.0146	.0143
−2.0	.0228	.0222	.0217	.0212	.0207	.0202	.0197	.0192	.0188	.0183
−1.9	.0287	.0281	.0274	.0268	.0262	.0256	.0250	.0244	.0239	.0233
−1.8	.0359	.0351	.0344	.0336	.0329	.0322	.0314	.0307	.0301	.0294
−1.7	.0446	.0436	.0427	.0418	.0409	.0401	.0392	.0384	.0375	.0367
−1.6	.0548	.0537	.0526	.0516	.0505	.0495	.0485	.0475	.0465	.0455
−1.5	.0668	.0655	.0643	.0630	.0618	.0606	.0594	.0582	.0571	.0559
−1.4	.0808	.0793	.0778	.0764	.0749	.0735	.0721	.0708	.0694	.0681
−1.3	.0968	.0951	.0934	.0918	.0901	.0885	.0869	.0853	.0838	.0823
−1.2	.1151	.1131	.1112	.1093	.1075	.1056	.1038	.1020	.1003	.0985
−1.1	.1357	.1335	.13174	.1292	.1271	.1251	.1230	.1210	.1190	.1170
−1.0	.1587	.1562	.1539	.1515	.1492	.1469	.1446	.1423	.1401	.1379
−0.9	.1841	.1814	.1788	.1762	.1736	.1711	.1685	.1660	.1635	.1611
−0.8	.2119	.2090	.2061	.2033	.2005	.1977	.1949	.1922	.1894	.1867
−0.7	.2420	.2389	.2358	.2327	.2296	.2266	.2236	.2206	.2177	.2148
−0.6	.2743	.2709	.2676	.2643	.2611	.2578	.2546	.2514	.2483	.2451
−0.5	.3085	.3050	.3015	.2981	.2946	.2912	.2877	.2843	.2810	.2776
−0.4	.3446	.3409	.3372	.3336	.3300	.3264	.3228	.3192	.3156	.3121
−0.3	.3821	.3783	.3745	.3707	.3669	.3632	.3594	.3557	.3520	.3483
−0.2	.4207	.4168	.4129	.4090	.4052	.4013	.3974	.3936	.3897	.3859
−0.1	.4602	.4562	.4522	.4483	.4443	.4404	.4364	.47325	.4286	.4247
−0.0	.5000	.4960	.4920	.4880	.4840	.4801	.4761	.4721	.4681	.4641

표의 숫자는 z보다 같거나 작은 확률을 나타낸다.

z	.00	.01	.02	.03	.04	.05	.06	.07	.08	.09
0.0	.5000	.5040	.5080	.5120	.5160	.5199	.5239	.5279	.5319	.5359
0.1	.5398	.5438	.5478	.5517	.5557	.5596	.5636	.5675	.5714	.5753
0.2	.5793	.5832	.5871	.5910	.5948	.5987	.6026	.6064	.6103	.6141
0.3	.6189	.6217	.6255	.6293	.6331	.6368	.6406	.6443	.6480	.6517
0.4	.6554	.6591	.6628	.6664	.6700	.6736	.6772	.6808	.6844	.6879
0.5	.6915	.6950	.6985	.7019	.7054	.7088	.7123	.7157	.7190	.7224
0.6	.7257	.7291	.7324	.7357	.7389	.7422	.7454	.7486	.7517	.7549
0.7	.7580	.7611	.7642	.7673	.7704	.7734	.7764	.7794	.7823	.7852
0.8	.7881	.7910	.7939	.7967	.7995	.8023	.8051	.8078	.8106	.8133
0.9	.8159	.8186	.8212	.8238	.8264	.8289	.8315	.8340	.8365	.8389
1.0	.8413	.8438	.8461	.8485	.8508	.8531	.8554	.8577	.8599	.8621
1.1	.8643	.8665	.8686	.8708	.8729	.8749	.8770	.8790	.8810	.8830
1.2	.8849	.8869	.8888	.8907	.8925	.8944	.8962	.8980	.8997	.9015
1.3	.9032	.9049	.9066	.9082	.9099	.9115	.9131	.9147	.9162	.9177
1.4	.9192	.9207	.9222	.9236	.9251	.9265	.9279	.9292	.9306	.9319
1.5	.9332	.9345	.9357	.9370	.9382	.9394	.9406	.9418	.9429	.9441
1.6	.9452	.9463	.9474	.9484	.9495	.9505	.9515	.9525	.9535	.9545
1.7	.9554	.9564	.9573	.9582	.9591	.9599	.9608	.9616	.9625	.9633
1.8	.9641	.9649	.9656	.9664	.9671	.9678	.9686	.9693	.9699	.9706
1.9	.9713	.9719	.9726	.9732	.9738	.9744	.9750	.9756	.9761	.9767
2.0	.9772	.9778	.9783	.9788	.9793	.9798	.9803	.9808	.9812	.9817
2.1	.9821	.9826	.9830	.9834	.9838	.9842	.9846	.9850	.9854	.9857
2.2	.9861	.9864	.9868	.9871	.9875	.9878	.9881	.9884	.9887	.9890
2.3	.9893	.9896	.9898	.9901	.9904	.9906	.9909	.9911	.9913	.9916
2.4	.9918	.9950	.9922	.9925	.9927	.9929	.9931	.9932	.9934	.9936
2.5	.9938	.9940	.9941	.9943	.9945	.9946	.9948	.9949	.9951	.9952
2.6	.9953	9955	.9956	.9957	.9959	.9960	.9961	.9962	.9963	.9964
2.7	.9965	.9966	.9967	.9968	.9969	.9970	.9971	.9972	.9973	.9974
2.8	.9974	.9975	.9976	.9977	.9977	.9978	.9979	.9979	.9980	.9981
2.9	.9981	.9982	.9982	.9983	.9984	.9984	.9985	.9985	.9986	.9986
3.0	.9987	.9987	.9987	.9988	.9988	.9989	.9989	.9989	.9990	.9990
3.1	.9990	.9991	.9991	.9991	.9992	.9992	.9992	.9992	.9993	.9993
3.2	.9993	.9993	.9994	.9994	.9994	.9994	.9994	.9995	.9995	.9995
3.3	.9995	.9995	.9995	.9996	.9996	.9996	.9996	.9996	.9996	.9997
3.4	.9997	.9997	.9997	.9997	.9997	.9997	.9997	.9997	.9997	.9998

[표 3] t 분포표

표의 숫자는 주어진 p값에 대한 t*의 값을 나타낸다.

df	P											
	.25	.20	.15	.10	.05	.025	.02	.01	.005	.0025	.001	.0005
1	1.000	1.376	1.963	3.078	6.314	12.71	15.89	31.82	63.66	127.3	318.3	636.6
2	.816	1.061	1.386	1.886	2.920	4.303	4.849	6.965	9.925	14.09	22.33	31.60
3	.765	.978	1.250	1.638	2.353	3.182	3.482	4.541	5.841	7.453	10.21	12.92
4	.741	.941	1.190	1.533	2.132	2.776	2.999	3.747	4.064	5.598	7.173	8.610
5	.727	.920	1.156	1.476	2.015	2.571	2.757	3.365	4.032	4.773	5.893	6.869
6	.718	.906	1.134	1.440	1.943	2.447	2.612	3.143	3.707	4.317	5.208	5.959
7	.711	.896	1.119	1.415	1.895	2.365	2.517	2.998	3.499	4.029	4.785	5.408
8	.706	.889	1.108	1.387	1.860	2.306	2.449	2.896	3.355	3.833	4.501	2.041
9	.703	.883	1.100	1.383	1.833	2.262	2.398	2.821	3.250	3.690	4.297	4.781
10	.700	.879	1.093	1.372	1.812	2.228	2.359	2.764	3.169	3.581	4.144	4.587
11	.697	.876	1.088	1.363	1.796	2.201	2.328	2.718	3.106	3.497	4.025	4.437
12	.695	.873	1.083	1.356	1.782	2.179	2.303	2.681	3.055	3.428	3.930	4.318
13	.694	.870	1.079	1.350	1.771	2.160	2.282	2.650	3.012	3.372	3.852	4.221
14	.692	.868	1.076	1.345	1.761	2.145	2.264	2.624	2.977	3.326	3.787	4.140
15	.691	.866	1.074	1.341	1.753	2.131	2.249	2.602	2.947	3.286	3.733	4.073
16	.690	.865	1.071	1.337	1.746	2.120	2.235	2.583	2.921	3.252	3.686	4.015
17	.689	.863	1.069	1.333	1.740	2.110	2.224	2.567	2.898	3.222	3.646	3.965
18	.688	.862	1.067	1.330	1.734	2.101	2.214	2.552	2.878	3.197	3.611	3.922
19	.688	.861	1.066	1.328	1.729	2.093	2.205	2.539	2.861	3.174	3.579	3.883
20	.687	.860	1.064	1.325	1.725	2.086	2.197	2.528	2.845	3.153	3.552	3.850
21	.686	.859	1.069	1.323	1.721	2.080	2.189	2.518	2.831	3.135	3.527	3.819
22	.686	.858	1.061	1.321	1.711	2.074	2.183	2.508	2.819	3.119	3.505	3.792
23	.685	.858	1.060	1.319	1.174	2.069	2.177	2.500	2.807	3.104	3.485	3.768
24	.685	.857	1.059	1.318	1.711	2.064	2.172	2.492	2.797	3.091	3.467	3.745
25	.684	.856	1.058	1.316	1.708	2.060	2.167	2.485	2.787	3.078	3.450	3.725
26	.684	.856	1.058	1.315	1.706	2.056	2.162	2.497	2.779	3.067	3.435	3.707
27	.684	.855	1.057	1.314	1.703	2.052	2.158	2.473	2.771	3.057	3.421	3.690
28	.683	.855	1.056	1.313	1.701	2.048	2.154	2.467	2.763	3.047	3.408	3.674
29	.683	.854	1.055	1.311	1.699	2.045	2.150	2.462	2.756	3.038	3.396	3.659
30	.683	.854	1.055	1.310	1.697	2.042	2.147	2.457	2.750	3.030	3.385	3.646
40	.681	.851	1.050	1.303	1.684	2.021	2.123	2.423	2.704	2.971	3.307	3.551
50	.679	.849	1.047	1.299	1.676	2.009	2.109	2.403	2.678	2.937	3.261	3.496
60	.679	.848	1.045	1.296	1.671	2.000	2.099	2.390	2.660	2.915	3.232	3.460
80	.678	.846	1.043	1.292	1.664	1.990	2.088	2.374	2.639	2.887	3.195	3.416
100	.677	.845	1.042	1.290	1.660	1.984	2.081	2.364	2.626	2.871	3.174	3.390
1000	.675	.842	1.037	1.282	1.646	1.962	2.056	2.330	2.581	2.813	3.098	3.300
∞	.674	.841	1.036	1.282	1.645	1.960	2.054	2.326	2.576	2.807	3.091	3.291

[표 4] χ^2분포표

표의 숫자는 주어진 p값에 대한 $(x^2)^*$의 값을 나타낸다.

df	P											
	.25	.20	.15	.10	.05	.025	.02	.01	.005	.0025	.001	.0005
1	1.32	1.64	2.07	2.71	3.84	5.02	5.41	6.63	7.88	9.14	10.83	12.12
2	2.77	3.22	3.79	4.61	5.99	7.38	7.82	9.21	10.60	11.98	13.82	15.20
3	4.11	4.64	5.32	6.25	7.81	9.35	9.84	11.34	12.84	14.32	16.27	17.73
4	5.39	5.99	6.74	7.78	9.49	11.14	11.67	13.28	14.86	16.42	18.47	20.00
5	6.63	7.29	8.12	9.24	11.07	12.83	13.39	15.09	16.75	18.39	20.51	22.11
6	7.84	8.56	9.45	10.64	12.59	14.45	15.03	16.81	18.55	20.25	22.46	24.10
7	9.04	9.80	10.75	12.02	14.07	16.01	16.62	18.48	20.28	22.04	24.32	26.02
8	10.22	11.03	12.03	13.36	15.51	17.53	18.17	20.09	21.95	23.77	26.12	27.87
9	11.39	12.24	13.29	14.68	16.92	19.02	19.68	21.67	23.59	25.46	27.88	29.67
10	12.55	13.44	14.53	15.99	18.31	20.48	21.16	23.21	25.19	27.11	29.59	31.42
11	13.70	14.63	15.77	17.28	19.68	21.92	22.62	24.72	26.76	28.73	31.26	33.14
12	14.85	15.81	16.99	18.55	21.03	23.34	24.05	26.22	28.30	30.32	32.91	34.82
13	15.98	16.98	18.20	19.81	22.36	24.74	25.47	27.69	29.82	31.88	34.53	36.48
14	17.12	18.15	19.41	21.06	23.68	26.12	26.87	29.14	31.32	33.43	36.12	38.11
15	18.25	19.31	20.60	22.31	25.00	27.49	28.26	30.58	32.80	34.95	37.70	39.72
16	19.37	20.47	21.79	23.54	26.30	28.85	29.63	32.00	34.27	36.46	39.25	41.31
17	20.49	21.61	22.98	24.77	27.59	30.19	31.00	33.41	35.72	37.95	40.79	42.88
18	21.60	22.76	24.16	25.99	28.87	31.53	32.35	34.81	37.16	39.42	42.31	44.43
19	22.72	23.90	25.33	27.20	30.14	32.85	33.69	36.19	38.58	40.88	43.82	45.97
20	23.83	25.04	26.50	28.41	31.41	34.17	35.02	37.57	40.00	42.34	45.31	47.50
21	24.93	26.17	27.66	29.62	32.67	35.48	36.34	38.93	41.40	43.78	46.80	49.01
22	26.04	27.30	28.82	30.81	33.92	36.78	37.66	40.29	42.80	45.20	48.27	50.51
23	27.14	28.43	29.98	32.01	35.17	38.08	38.97	41.64	44.18	46.62	49.73	52.00
24	28.24	29.55	31.13	33.20	36.42	39.36	40.27	42.98	15.56	48.03	51.18	53.48
25	29.34	30.68	32.28	34.38	37.65	40.65	41.57	44.31	16.93	49.44	52.62	54.95
26	30.43	31.79	33.43	35.56	38.89	41.92	42.86	45.64	18.29	50.83	54.05	56.41
27	31.53	32.91	34.57	36.74	40.11	43.19	44.14	46.96	19.64	52.22	55.48	57.86
28	32.62	34.03	35.71	37.92	41.34	44.46	45.42	48.28	50.99	53.59	56.89	59.30
29	33.71	35.14	36.85	39.09	42.56	45.72	46.96	49.59	52.34	54.98	58.30	60.73
30	34.80	36.25	37.99	40.26	43.77	46.98	47.96	50.89	53.67	56.33	59.70	62.16
40	45.62	47.27	49.24	51.81	55.76	59.34	60.44	63.69	66.77	69.70	73.40	76.09
50	56.33	58.16	60.35	63.17	67.50	71.42	72.61	76.15	79.49	82.66	86.66	89.56
60	66.98	68.97	71.34	74.40	79.08	83.30	84.58	88.38	91.95	95.34	99.61	102.7
80	88.13	90.41	93.11	96.58	101.9	106.6	108.1	112.3	116.3	120.1	124.8	128.3
100	109.1	111.7	114.7	118.5	124.3	129.6	131.1	135.8	140.2	144.3	149.4	153.2

[표 5] F 분포표

표의 숫자는 주어지 P값에 대한 F*의 값을 나타낸다.

분모의 자유도	p	분자의 자유도 1	2	3	4	5	6	7	8	9
1	.100	39.86	49.50	53.59	55.83	57.24	58.20	58.91	59.44	59.86
	.050	161.45	199.50	215.71	224.58	230.16	233.99	236.77	238.88	240.54
	.025	647.79	799.50	864.16	899.58	921.85	937.11	948.22	956.66	963.28
	.010	4052.2	4999.5	5403.4	5624.6	5763.6	5859.0	5928.4	5981.1	6022.5
	.001	405284	5000000	540379	562500	576405	585937	592873	598144	602284
2	.100	8.53	9.00	9.16	9.24	9.29	9.33	9.35	9.37	9.38
	.050	18.51	19.00	19.16	19.25	19.30	19.33	19.35	19.37	19.38
	.025	38.51	39.00	39.17	39.25	39.30	39.33	39.36	39.37	39.39
	.010	98.50	99.00	99.17	99.25	99.30	99.33	99.36	99.37	99.39
	.001	998.50	999.00	999.17	999.25	999.30	999.33	999.36	999.37	999.39
3	.100	5.54	5.46	5.39	5.34	5.31	5.28	5.27	5.25	5.24
	.050	10.13	9.55	9.28	9.12	9.01	8.94	8.89	8.85	8.81
	.025	17.44	16.04	15.44	15.10	14.88	14.73	14.62	14.54	14.47
	.010	34.12	30.82	29.46	28.71	28.24	27.91	27.67	27.49	27.35
	.001	167.03	148.50	141.11	137.10	134.58	132.85	131.58	130.62	129.86
4	.100	4.54	4.32	4.19	4.11	4.05	4.01	3.98	3.95	3.94
	.050	7.71	6.94	6.59	6.39	6.26	6.16	6.09	6.04	6.00
	.025	12.22	10.65	9.98	9.60	9.36	9.20	9.07	8.98	8.90
	.010	21.20	18.00	16.69	15.98	15.52	15.21	14.98	14.80	14.66
	.001	74.14	61.25	56.18	53.44	51.71	50.53	49.66	49.00	48.47
5	.100	4.06	3.78	3.62	3.52	3.45	3.40	3.37	3.34	3.32
	.050	6.61	5.79	5.41	5.19	5.05	4.95	4.88	4.82	4.77
	.025	40.01	8.43	7.76	7.39	7.15	6.98	6.85	6.76	6.68
	.010	16.26	13.27	12.06	11.39	10.97	10.67	10.46	10.29	10.16
	.001	47.18	37.12	33.20	31.09	29.75	28.83	28.16	27.65	27.24

분모의 자유도	p	분자의 자유도 1	2	3	4	5	6	7	8	9
6	.100	3.78	3.46	3.29	3.18	3.11	3.05	3.01	2.98	2.96
	.050	5.99	5.14	4.76	4.53	4.39	4.28	4.21	4.15	4.10
	.025	8.81	7.26	6.60	6.23	5.99	5.82	5.70	5.60	5.52
	.010	13.75	10.92	9.78	9.15	8.75	8.47	8.26	8.10	7.98
	.001	35.51	27.00	23.70	21.92	20.80	20.03	19.46	19.03	18.69
7	.100	3.59	3.26	3.07	2.96	2.88	2.83	2.78	2.75	2.72
	.050	5.59	4.74	4.35	4.12	3.97	3.87	3.79	3.73	3.68
	.025	8.07	6.54	5.89	5.52	5.29	5.12	4.99	4.90	4.82
	.010	12.25	9.55	8.45	7.85	7.46	7.19	6.99	6.84	6.72
	.001	29.25	21.69	18.77	17.20	16.21	15.52	15.02	14.63	14.33
8	.100	3.46	3.11	2.92	2.81	2.73	2.67	2.62	2.59	2.56
	.050	5.32	4.46	4.07	3.84	3.69	3.58	3.50	3.44	3.39
	.025	7.57	6.06	5.42	5.05	4.82	4.65	4.53	4.43	4.36
	.010	11.26	8.65	7.59	7.01	6.63	6.37	6.18	6.03	5.91
	.001	25.41	18.49	15.83	14.39	13.48	12.86	12.40	12.05	11.77
9	.100	3.36	3.01	2.81	2.69	2.61	2.55	2.51	2.47	2.44
	.050	5.12	4.26	3.86	3.63	3.48	3.37	3.29	3.23	3.18
	.025	7.21	5.71	5.08	4.72	4.48	4.32	4.20	4.10	4.03
	.010	10.56	8.02	6.99	6.42	6.06	5.80	5.61	5.47	5.35
	.001	22.86	16.39	13.90	12.56	11.71	11.13	10.70	10.37	10.11
10	.100	3.29	2.92	2.73	2.61	2.52	2.46	2.41	2.38	2.35
	.050	4.96	4.10	3.71	3.48	3.33	3.22	3.14	3.07	3.02
	.025	6.94	5.46	4.83	4.47	4.24	4.07	3.95	3.85	3.75
	.010	10.04	7.56	6.55	5.99	5.64	5.39	5.20	5.06	4.94
	.001	21.04	14.91	12.55	11.28	10.48	9.93	9.52	9.20	8.96
11	.100	3.23	2.86	2.66	2.54	2.45	2.39	2.34	2.30	2.27
	.050	4.84	3.98	3.59	3.36	3.20	3.09	3.01	2.95	2.90
	.025	6.72	5.26	4.63	4.28	4.04	3.88	3.76	3.66	3.59
	.010	9.65	7.21	6.22	5.67	5.32	5.07	4.89	4.74	4.63
	.001	19.69	13.81	11.56	10.35	9.58	9.05	8.66	8.35	8.12
12	.100	3.18	2.81	2.61	2.48	2.39	2.33	2.28	2.24	2.21
	.050	4.75	3.89	3.49	3.26	3.11	3.00	2.91	2.85	2.80
	.025	6.55	5.10	4.47	4.12	3.89	3.73	3.61	3.51	3.44
	.010	9.33	6.93	5.95	5.41	5.06	4.82	4.64	4.50	4.39
	.001	18.64	12.97	10.80	9.63	8.89	8.38	8.00	7.71	7.48

분모의 자유도	p	분자의 자유도 10	12	15	20	25	30	40	50	60	120	1000
1	0.100	60.19	60.71	61.22	61.74	62.05	62.26	62.53	62.69	62.79	63.06	63.30
	0.050	241.88	243.91	245.95	248.01	249.26	250.10	251.14	251.77	252.20	253.25	254.19
	0.025	968.63	976.71	984.87	993.10	998.08	1001.4	1005.6	1008.1	1009.8	1014.0	1017.7
	0.010	6055.8	6106.3	6157.3	6208.7	6239.8	6260.6	6286.8	6302.5	6313.0	6339.4	6362.7
	0.001	605621	610668	615764	620908	624017	626099	628712	630285	631337	633972	636301
2	0.100	9.39	9.41	9.42	9.44	9.45	9.46	9.47	9.47	9.47	9.48	9.49
	0.050	19.40	19.41	19.43	19.45	19.46	19.46	19.47	19.48	19.48	19.49	19.49
	0.025	39.40	39.41	39.43	39.45	39.46	39.46	39.47	39.48	39.48	39.49	39.50
	0.010	99.40	99.42	99.43	99.45	99.46	99.47	99.47	99.48	99.48	99.49	99.50
	0.001	999.40	999.42	999.43	999.45	999.46	999.47	999.47	999.48	999.48	999.49	999.50
3	0.100	5.23	5.22	5.20	5.18	5.17	5.17	5.16	5.15	5.15	5.14	5.13
	0.050	8.79	8.74	8.70	8.66	8.63	8.62	8.59	8.58	8.57	8.55	8.53
	0.025	14.42	14.34	14.25	14.17	14.12	14.08	14.04	14.01	13.99	13.95	13.71
	0.010	27.23	27.05	26.87	26.69	26.58	26.50	26.41	26.35	26.32	26.22	26.14
	0.001	129.25	128.32	127.37	126.42	125.84	125.45	124.96	124.66	124.47	123.97	123.53
4	0.100	3.92	9.90	9.87	9.84	3.83	3.82	3.80	3.80	3.79	3.78	3.76
	0.050	4.74	4.68	4.62	4.56	4.52	4.50	4.46	4.44	4.43	4.40	4.37
	0.025	8.84	8.75	8.66	8.56	8.50	8.46	8.41	8.38	8.36	8.31	8.26
	0.010	14.55	14.37	14.20	14.02	13.91	13.84	13.75	13.69	13.65	13.56	13.47
	0.001	48.05	47.41	46.76	46.10	45.70	45.43	45.09	44.88	44.75	44.40	44.09
5	0.100	3.30	3.27	3.24	3.21	3.19	3.17	3.16	3.15	3.14	3.12	3.11
	0.050	4.74	4.68	4.62	4.56	4.52	4.50	4.46	4.44	4.43	4.40	4.37
	0.025	6.62	6.52	6.43	6.33	6.27	6.23	6.18	6.14	6.12	6.07	6.02
	0.010	10.05	9.89	9.72	9.55	9.45	9.38	9.29	9.24	9.20	9.11	9.03
	0.001	26.92	26.42	25.91	25.39	25.08	24.87	24.60	24.44	24.33	24.06	23.82
6	0.100	2.94	2.90	2.87	2.84	2.81	2.80	2.78	2.77	2.76	2.74	2.72
	0.050	4.06	4.00	3.94	3.87	3.83	3.81	3.77	3.75	3.74	3.70	3.67
	0.025	5.46	5.37	5.27	5.17	5.11	5.07	5.01	4.98	4.96	4.90	4.86
	0.010	7.87	7.72	7.56	7.40	7.30	7.23	7.14	73.09	7.06	6.97	6.89
	0.001	18.41	17.99	17.56	17.12	16.85	16.67	16.44	16.31	16.21	15.98	15.77
7	0.100	2.70	2.67	2.63	2.59	2.57	2.56	2.54	2.52	2.51	2.49	2.47
	0.050	3.64	3.57	3.51	3.44	3.40	3.38	3.34	3.32	3.30	3.27	3.23
	0.025	4.76	4.67	4.57	4.47	4.40	4.36	4.31	4.28	4.25	4.20	4.15
	0.010	6.62	6.47	6.31	6.16	6.06	5.99	5.91	5.86	5.82	5.74	5.66
	0.001	14.08	13.71	13.32	12.93	12.69	12.53	12.33	12.20	12.12	11.91	11.72
8	0.100	2.54	2.50	2.46	2.42	2.40	2.38	2.36	2.35	2.34	2.32	2.30
	0.050	3.35	3.28	3.22	3.15	3.11	3.08	3.04	3.02	3.01	2.97	2.93
	0.025	4.30	4.20	4.10	4.00	3.94	3.89	3.84	3.81	3.78	3.73	3.68
	0.010	5.81	5.67	5.52	5.36	5.26	5.20	5.12	5.07	5.03	4.95	4.87
	0.001	11.54	11.19	10.84	10.48	10.26	10.11	9.92	9.80	9.73	9.53	9.36
9	0.100	2.42	2.38	2.34	2.30	2.27	2.25	2.23	2.22	2.21	2.18	2.16
	0.050	3.14	3.07	3.01	2.94	2.89	2.86	2.83	2.80	2.79	2.75	2.71
	0.025	3.96	3.87	3.77	3.67	3.60	3.56	3.51	3.47	3.45	3.39	3.34
	0.010	5.26	5.11	4.96	4.81	4.71	4.65	4.57	4.52	4.48	4.40	4.32
	0.001	9.89	9.57	9.24	8.90	8.69	8.55	8.37	8.26	8.19	8.00	7.84

분모의 자유도	p	분자의 자유도										
		10	12	15	20	25	30	40	50	60	120	1000
10	0.100	2.32	2.28	2.24	2.20	2.17	2.16	2.13	2.12	2.11	2.08	2.06
	0.050	2.98	2.91	2.85	2.77	2.73	2.70	2.66	2.64	2.62	2.58	2.54
	0.025	3.72	3.62	3.52	3.42	3.35	3.31	3.26	3.22	3.20	3.14	3.09
	0.010	4.85	4.71	4.56	4.41	4.31	4.25	4.17	4.12	4.08	4.00	3.92
	0.001	8.75	8.45	8.13	7.80	7.60	7.47	7.30	7.19	7.12	6.94	6.78
11	0.100	2.25	2.21	2.17	2.12	2.10	2.08	2.05	2.04	2.03	2.00	1.98
	0.050	2.85	2.79	2.72	2.65	2.60	2.57	2.53	2.51	2.49	2.45	2.41
	0.025	3.53	3.43	3.33	3.23	3.16	3.12	3.06	3.03	3.00	2.94	2.89
	0.010	4.54	4.40	4.25	4.10	4.01	3.94	3.86	3.81	3.78	3.69	3.61
	0.001	7.92	7.63	7.32	7.01	6.81	6.68	6.52	5.42	6.35	6.18	6.02
12	0.100	2.19	2.15	2.10	2.06	2.03	2.01	1.99	1.97	1.96	1.93	1.91
	0.050	2.75	2.69	2.62	2.54	2.50	2.47	2.43	2.40	2.38	2.34	2.30
	0.025	3.37	3.28	3.18	3.07	3.01	2.96	2.91	2.87	2.85	2.79	2.73
	0.010	4.30	4.16	4.01	3.86	3.76	3.70	3.62	3.57	3.54	3.45	3.37
	0.001	7.29	7.00	6.71	6.40	6.22	6.09	5.93	5.83	5.76	5.59	5.44

분모의 자유도	p	분자의 자유도 1	2	3	4	5	6	7	8	9
13	0.100	3.14	2.76	2.56	2.43	2.35	2.28	2.23	2.20	2.16
	0.050	4.67	3.81	3.41	3.18	3.03	2.92	2.83	2.77	2.71
	0.025	6.41	4.97	4.35	4.00	3.77	3.60	3.48	3.39	3.31
	0.010	9.07	6.70	5.74	5.21	4.86	4.62	4.44	4.30	4.19
	0.001	17.82	12.31	10.21	9.07	8.35	7.86	7.49	7.21	6.98
14	0.100	3.10	2.73	2.52	2.39	2.31	2.24	2.19	2.15	2.12
	0.050	4.60	3.74	3.34	3.11	2.96	2.85	2.76	2.70	2.65
	0.025	6.30	4.86	4.24	3.89	3.66	3.50	3.38	3.29	3.21
	0.010	8.86	6.51	5.56	5.04	4.69	4.46	4.28	4.14	4.03
	0.001	17.14	11.78	9.73	8.62	7.92	7.44	7.08	6.80	6.58
15	0.100	3.07	2.70	2049	2.36	2.27	2.21	2.16	2.12	2.09
	0.050	4.54	3.68	3.29	3.06	2.90	2.79	2.71	2.64	2.59
	0.025	6.20	4.77	4.15	3.80	3.58	3.41	3.29	3.20	3.12
	0.010	8.68	6.6.36	5.42	4.89	4.56	4.32	4.14	4.00	3.89
	0.001	16.59	11.34	9.34	8.25	7.57	7.09	6.74	6.47	6.26
16	0.100	3.05	2.67	2.46	2.33	2.24	2.18	2.13	2.09	2.06
	0.050	4.49	3.63	3.24	3.01	2.85	2.74	2.66	2.59	2.54
	0.025	6.12	4.69	4.08	3.73	3.50	3.34	3.22	3.12	3.05
	0.010	8.53	6.23	5.29	4.77	4.44	4.20	4.03	3.89	3.78
	0.001	16.12	10.97	9.01	7.94	7.27	6.80	6.46	6.19	5.98
17	0.100	3.03	2.64	2.44	2.31	2.22	2.15	2.10	2.06	2.03
	0.050	4.45	3.59	3.20	2.96	2.81	2.70	2.61	2.55	2.49
	0.025	6.04	4.62	4.01	3.66	3.44	3.28	3.16	3.06	2.98
	0.010	8.40	6.11	5.19	4.67	4.34	4.10	3.93	3.79	3.68
	0.001	15.72	10.66	8.73	7.68	7.02	6.56	6.22	5.96	5.75
18	0.100	3.01	2.62	2.42	2.29	2.20	2.13	2.08	2.04	2.00
	0.050	4.41	3.55	3.16	2.93	2.77	2.66	2.58	2.51	2.46
	0.025	6.04	4.56	3.95	3.61	3.38	3.22	3.10	3.01	2.93
	0.010	8.40	6.01	5.09	4.58	4.25	4.01	3.84	3.71	3.60
	0.001	15.72	10.39	8.49	7.46	6.81	6.35	6.02	5.76	5.56
19	0.100	3.01	2.61	2.40	2.27	2.18	2.11	2.06	2.02	1.98
	0.050	4.41	3.52	3.13	2.90	2.74	2.63	2.54	2.48	2.42
	0.025	5.98	4.51	3.90	3.56	3.33	3.17	3.05	2.96	2.88
	0.010	8.29	5.93	5.01	4.50	4.17	3.94	3.77	3.63	3.52
	0.001	15.38	10.16	8.28	7.27	6.62	6.18	5.85	5.59	5.39

분모의 자유도	p	분자의 자유도 1	2	3	4	5	6	7	8	9
20	0.100	2.97	2.59	2.38	2.25	2.16	2.09	2.04	2.00	1.96
	0.050	4.35	3.49	3.10	2.87	2.71	2.60	2.51	2.45	2.39
	0.025	5.87	4.46	3.86	3.51	3.29	3.13	3.01	2.91	2.84
	0.010	8.10	5.85	4.94	4.43	4.10	3.87	3.70	3.56	3.46
	0.001	14.82	9.95	8.10	7.10	6.46	6.02	5.69	5.44	5.24
21	0.100	2.96	2.57	2.36	2.23	2.14	2.08	2.02	1.98	1.95
	0.050	4.32	3.47	3.07	2.84	2.68	2.57	2.49	2.42	2.37
	0.025	5.83	4.42	3.82	3.48	3.25	3.09	2.97	2.87	2.80
	0.010	8.02	5.78	4.87	4.37	4.04	3.81	3.64	3.51	3.40
	0.001	14.59	9.77	7.94	6.95	6.32	5.88	5.56	5.31	5.11
22	0.100	2.95	2.56	2.35	2.22	2.13	2.06	2.01	1.97	1.93
	0.050	4.30	3.44	3.05	2.82	2.66	2.55	2.46	2.40	2.34
	0.025	5.79	4.38	3.78	3.44	3.22	3.05	2.93	2.84	2.76
	0.010	7.95	5.72	4.82	4.31	3.99	3.76	3.59	3.45	3.35
	0.001	14.38	9.61	7.80	6.81	6.19	5.76	5.44	5.19	4.99
23	0.100	2.94	2.55	2.34	2.21	2.11	2.05	1.99	1.95	1.92
	0.050	4.28	3.42	3.03	2.80	2.64	2.53	2.44	2.37	2.32
	0.025	5.75	4.35	3.75	3.41	3.18	3.02	2.90	2.81	2.73
	0.010	7.88	5.66	4.76	4.26	3.94	3.71	3.54	3.41	3.30
	0.001	14.20	9.47	7.67	6.70	6.08	5.65	5.33	5.09	4.89
24	0.100	2.93	2.54	2.33	2.19	2.10	2.64	1.98	1.94	1.91
	0.050	4.26	3.40	3.01	2.78	2.62	2.51	2.42	2.36	2.30
	0.025	5.72	4.32	3.72	3.38	3.15	2.99	2.87	2.78	2.70
	0.010	7.82	5.61	4.72	4.22	3.90	3.67	3.50	3.36	3.26
	0.001	14.03	9.34	7.55	6.59	5.98	3.55	5.23	4.99	4.80

분모의 자유도	p	분자의 자유도										
		10	12	15	20	25	30	40	50	60	120	1000
13	0.100	2.14	2.10	2.05	2.01	1.98	1.96	1.93	1.92	1.90	1.88	1.85
	0.050	2.67	2.60	2.53	2.46	2.41	2.38	2.34	2.31	2.30	2.25	2.21
	0.025	3.25	3.15	3.05	2.95	2.88	2.84	2.78	2.74	2.72	2.66	2.60
	0.010	4.10	3.96	3.82	3.66	3.57	3.51	3.43	3.38	3.34	3.25	3.18
	0.001	6.80	6.52	6.23	5.93	5.75	5.63	5.47	5.37	5.30	5.14	4.99
14	0.100	2.10	2.05	2.01	1.96	1.93	1.91	1.89	1.87	1.86	1.83	1.80
	0.050	2.60	2.53	2.46	2.39	2.34	2.31	2.27	2.24	2.22	2.18	2.14
	0.025	3.15	3.05	2.95	2.84	2.78	2.73	2.67	2.64	2.61	2.55	2.50
	0.010	3.94	3.80	3.66	3.51	3.41	3.35	3.27	3.22	3.18	3.09	3.02
	0.001	6.40	6.13	5.85	5.56	5.38	5.25	5.10	5.00	4.94	4.77	4.62
15	0.100	2.06	2.02	1.97	1.92	1.89	1.87	1.85	1.83	1.82	1.79	1.76
	0.050	2.54	2.48	2.40	2.33	2.28	2.25	2.20	2.18	2.16	2.11	2.07
	0.025	3.06	2.96	2.86	2.76	2.69	2.64	2.59	2.55	2.52	2.46	2.40
	0.010	3.80	3.67	3.52	3.37	3.28	3.21	3.13	3.08	3.05	2.96	2.88
	0.001	6.08	5.81	5.54	5.25	5.07	4.95	4.80	4.70	4.64	4.47	4.33
16	0.100	2.03	1.99	1.94	1.89	1.86	1.84	1.81	1.79	1.78	1.75	1.72
	0.050	2.49	2.42	2.35	2.28	2.23	2.19	2.15	2.12	2.11	2.06	2.02
	0.025	2.99	2.89	2.79	2.68	2.61	2.57	2.51	2.47	2.45	2.38	2.32
	0.010	3.69	3.55	3.41	3.26	3.16	3.10	3.02	2.97	2.93	2.84	2.76
	0.001	5.81	5.55	5.27	4.99	4.82	4.70	4.54	4.45	4.39	4.23	4.08
17	0.100	2.00	1.96	1.91	1.86	1.89	1.81	1.78	1.76	1.75	1.72	1.69
	0.050	2.45	2.38	2.31	2.23	2.18	2.15	2.10	2.08	2.06	2.01	1.97
	0.025	2.92	2.82	2.72	2.62	2.55	2.50	2.44	2.41	2.38	2..32	2.26
	0.010	3.59	3.46	3.31	3.16	3.07	3.00	2.92	2.87	2.83	2.75	2.66
	0.001	5.58	5.32	5.05	4.78	4.60	4.48	4.33	4.24	4.18	4.02	3.87
18	0.100	1.98	1.93	1.89	1.84	1.80	1.78	1.75	1.74	1.72	1.69	1.66
	0.050	2.41	2.34	2.27	2.19	2.14	2.11	2.06	2.04	2.02	1.97	1.92
	0.025	2.87	2.77	2.67	2.56	2.49	2.44	2.38	2.35	2.32	2.26	2.20
	0.010	3.51	3.37	3.23	3.08	2.98	2.92	2.84	2.78	2.75	2.66	2.58
	0.001	5.39	5.13	4.87	4.59	4.42	4.30	4.15	4.06	4.00	3.84	3.69
19	0.100	1.96	1.91	1.86	1.81	1.78	1.76	1.73	1.71	1.70	1.67	1.64
	0.050	2.38	2.31	2.23	2.16	2.11	2.07	2.03	2.00	1.98	1.93	1.88
	0.025	2.82	2.72	2.62	2.51	2.44	2.39	2.33	2.30	2.27	2.20	2.14
	0.010	3.43	3.30	3.15	3.00	2.91	2.84	2.76	2.71	2.67	2.58	2.50
	0.001	5.22	4.97	4.70	4.43	4.26	4.14	3.99	3.90	3.84	3.68	3.53
20	0.100	1.94	1.89	1.84	1.79	1.76	1.74	1.71	1.69	1.68	1.64	1.61
	0.050	2.35	2.28	2.20	2.12	2.07	2.04	1.99	1.97	1.95	1.90	1.85
	0.025	2.77	2.68	2.57	2.46	2.40	2.35	2.29	2.25	2.22	2.16	2.09
	0.010	3.37	3.23	3.09	2.94	2.84	2.78	2.69	2.64	2.61	2.52	2.43
	0.001	5.08	4.82	4.56	4.29	4.12	4.00	3.86	3.77	3.70	3.54	3.40
21	0.100	1.92	1.87	1.83	1.78	1.74	1.72	1.69	1.67	1.66	1.62	1.59
	0.050	2.32	2.25	2.18	2.10	2.05	2.01	1.96	1.94	1.92	1.87	1.82
	0.025	2.73	2.64	2.53	2.42	2.36	2.31	2.25	2.21	2.18	2.11	2.05
	0.010	3.31	3.17	3.03	2.88	2.79	2.72	2.64	2.58	2.55	2.46	2.37
	0.001	4.95	4.70	4.44	4.17	4.00	3.88	3.74	3.64	3.58	3.42	3.28

분모의 자유도	p	10	12	15	20	25	30	40	50	60	120	1000
		분자의 자유도										
22	0.100	1.90	1.86	1.81	1.76	1.73	1.70	1.67	1.65	1.64	1.60	1.57
	0.050	2.30	2.23	2.15	2.07	2.02	1.98	1.94	1.91	1.89	1.84	1.79
	0.025	2.70	2.60	2.50	2.39	2.32	2.27	2.21	2.17	2.14	2.08	2.01
	0.010	3.26	3.12	2.98	2.83	2.73	2.67	2.58	2.53	2.50	2.40	2.32
	0.001	4.83	4.58	4.33	4.06	3.89	3.78	3.63	3.54	3.48	3.32	3.17
23	0.100	1.89	1.84	1.80	1.74	1.71	1.69	1.66	1.64	1.62	1.59	1.55
	0.050	2.27	2.20	2.13	2.05	2.00	1.96	1.91	1.88	1.86	1.81	1.76
	0.025	2.67	2.57	2.47	2.36	2.29	2.24	2.18	2.14	2.11	2.04	1.98
	0.010	3.21	3.07	2.93	2.78	2.69	2.62	2.54	2.48	2.45	2.35	2.27
	0.001	4.73	4.48	4.23	3.96	3.79	3.68	3.53	3.44	3.38	3.22	3.08
24	0.100	1.88	1.83	1.78	1.73	1.70	1.67	1.64	1.62	1.61	1.57	1.54
	0.050	2.25	2.18	2.11	2.03	1.97	1.94	1.89	1.86	1.84	1.79	1.74
	0.025	2.64	2.54	2.44	2.33	2.26	2.21	2.15	2.11	2.08	2.01	1.94
	0.010	3.17	3.03	2.89	2.74	2.64	2.58	2.49	2.44	2.40	2.31	2.22
	0.001	4.64	4.39	4.14	3.87	3.71	3.59	3.45	3.36	3.29	3.14	2.99

분모의 자유도	p	분자의 자유도 1	2	3	4	5	6	7	8	9
	0.100	2.92	2.53	2.32	2.18	2.09	2.02	1.97	1.93	1.89
	0.050	4.24	3.39	2.99	2.76	2.60	2.49	2.40	2.34	2.28
25	0.025	5.69	4.29	3.69	3.35	3.13	2.97	2.85	2.75	2.68
	0.010	7.77	5.57	4.68	4.18	3.85	3.63	3.46	3.32	3.22
	0.001	13.88	9.22	7.45	6.49	5.89	5.46	5.15	4.91	4.71
	0.100	2.91	2.52	2.31	2.17	2.08	2.01	1.96	1.92	1.88
	0.050	4.23	3.37	2.98	2.74	2.59	2.47	2.39	2.32	2.27
26	0.025	5.66	4.27	3.67	3.33	3.10	2.94	2.82	2.73	2.65
	0.010	7.72	5.53	4.64	4.14	2.82	3.59	3.42	3.29	3.18
	0.001	13.74	9.12	7.36	6.41	5.80	5.38	5.07	4.83	4.64
	0.100	2.90	2.51	2.30	2.17	2.07	2.00	1.95	1.91	1.87
	0.050	4.21	3.35	2.96	2.73	2.57	2.46	2.37	2.31	2.25
27	0.025	5.63	4.24	3.65	3.31	3.08	2.92	2.80	2.71	2.63
	0.010	7.68	5.49	4.60	4.11	3.78	3.56	3.39	3.26	3.15
	0.001	13.61	9.02	7.27	6.33	5.73	5.31	5.00	4.76	4.57
	0.100	2.89	2.50	2.29	2.16	2.06	2.00	1.94	1.90	1.87
	0.050	4.20	3.34	2.95	2.71	2.56	2.45	2.36	2.29	2.24
28	0.025	5.61	4.22	3.63	3.29	3.06	2.90	2.78	2.69	2.61
	0.010	7.64	5.45	4.57	4.07	3.75	3.53	3.36	3.23	3.12
	0.001	13.50	8.93	7.19	6.25	5.66	5.24	4.93	4.69	4.50
	0.100	2.89	2.50	2.28	2.15	2.06	1.99	1.93	1.89	1.86
	0.050	4.18	3.33	2.93	2.70	2.55	2.43	2.35	2.28	2.22
29	0.025	5.59	4.20	3.61	3.27	3.04	2.88	2.76	2.67	2.59
	0.010	7.60	5.42	4.54	4.04	3.73	3.50	3.33	3.20	3.09
	0.001	13.39	8.85	7.12	6.19	5.59	5.18	4.87	4.64	4.45
	0.100	2.88	2.49	2.28	2.14	2.05	1.98	1.93	1.88	1.85
	0.050	4.17	3.32	2.92	2.69	2.53	2.42	2.33	2.27	2.21
30	0.025	5.57	4.18	3.59	3.25	3.03	2.87	2.75	2.65	2.57
	0.010	7.56	5.69	4.51	4.02	3.70	3.47	3.30	3.17	3.07
	0.001	13.29	8.77	7.05	6.12	5.53	5.12	4.82	4.58	4.39
	0.100	2.84	2.44	2.23	2.09	2.00	1.93	1.87	1.83	1.79
	0.050	4.08	3.23	2.84	2.61	2.45	2.34	2.25	2.18	2.12
40	0.025	5.42	4.05	3.46	3.13	2.90	2.74	2.62	2.53	2.45
	0.010	7.31	5.18	4.31	3.83	3.51	3.29	3.12	2.99	2.89
	0.001	12.61	8.25	6.59	5.70	5.13	4.73	4.44	4.21	4.02
	0.100	2.81	2.41	2.20	2.06	1.97	1.90	1.84	1.80	1.76
	0.050	4.03	3.18	2.79	2.56	2.40	2.29	2.20	2.13	2.07
50	0.025	5.34	3.97	3.39	3.05	2.83	2.67	2.55	2.46	2.38
	0.010	7.17	5.06	4.20	3.72	3.41	3.19	3.02	2.89	2.78
	0.001	12.22	7.96	6.34	5.46	4.90	4.51	4.22	4.00	3.82

분모의 자유도	p	분자의 자유도								
		1	2	3	4	5	6	7	8	9
60	0.100	2.79	2.39	2.18	2.04	1.95	1.87	1.82	1.77	1.74
	0.050	4.000	3.15	2.76	2.53	2.37	2.25	2.17	2.10	2.04
	0.025	5.29	3.93	3.34	3.01	2.79	2.63	2.51	2.41	2.33
	0.010	7.08	4.98	4.13	3.65	3.34	3.12	2.95	2.82	2.72
	0.001	11.97	7.77	6.17	5.31	4.76	4.37	4.09	3.86	3.69
100	0.100	2.76	2.36	2.14	2.00	1.91	1.83	1.78	1.73	1.69
	0.050	3.94	3.09	2.70	2.46	2.31	2.19	2.10	2.03	1.97
	0.025	5.18	3.83	3.25	2.92	2.70	2.54	2.42	2.32	2.24
	0.010	6.09	4.82	3.98	3.51	3.21	2.99	2.82	2.69	2.59
	0.001	11.50	7.41	5.86	5.02	4.48	4.11	3.83	3.61	3.44
200	0.100	2.73	2.33	2.11	1.97	1.88	1.80	1.75	1.70	1.66
	0.050	3.89	3.04	2.65	2.42	2.26	2.14	2.06	1.98	1.93
	0.025	5.10	3.76	3.18	2.85	2.63	2.47	2.35	2.26	2.18
	0.010	6.76	4.71	3.88	3.41	3.11	2.89	2.73	2.60	2.50
	0.001	11.15	7.15	5.63	4.81	4.29	3.92	3.65	3.43	3.26
1000	0.100	2.71	2.31	2.09	1.95	1.85	1.78	1.72	1.68	1.64
	0.050	3.85	3.00	2.61	2.38	2.22	2.11	2.02	1.95	1.89
	0.025	5.04	3.70	3.13	2.80	2.58	2.42	2.30	2.20	2.13
	0.010	6.66	4.63	3.80	3.34	3.04	2.82	2.66	2.53	2.43
	0.001	10.89	6.96	5.46	4.65	4.14	3.78	3.51	3.30	3.13

분모의 자유도	p	분자의 자유도										
		10	12	15	20	25	30	40	50	60	120	1000
25	0.100	1.87	1.82	1.77	1.72	1.68	1.66	1.63	1.61	1.59	1.56	1.52
	0.050	2.24	2.16	2.09	2.01	1.96	1.92	1.87	1.84	1.82	1.77	1.72
	0.025	2.61	2.51	2.41	2.30	2.23	2.18	2.12	2.08	2.05	1.98	1.91
	0.010	3.13	2.99	2.85	2.70	2.60	2.54	2.45	2.40	2.36	2.27	2.19
	0.001	4.56	4.31	4.06	3.79	3.63	3.52	3.37	3.28	3.22	3.06	2.91
26	0.100	1.86	1.81	1.76	1.71	1.67	1.65	1.61	1.59	1.58	1.54	1.51
	0.050	2.22	2.15	2.07	1.99	1.94	1.90	1.85	1.82	1.80	1.75	1.70
	0.025	2.59	2.49	2.39	2.27	2.21	2.16	2.09	2.05	2.03	1.95	1.89
	0.010	3.09	2.96	2.81	2.66	2.57	2.50	2.42	2.36	2.33	2.23	2.14
	0.001	4.48	4.24	3.99	3.72	3.56	3.44	3.30	3.21	3.15	2.99	2.84
27	0.100	1.85	1.80	1.75	1.70	1.66	1.64	1.60	1.58	1.57	1.53	1.50
	0.050	2.20	2.13	2.06	1.97	1.92	1.88	1.84	1.81	1.79	1.73	1.68
	0.025	2.57	2.47	2.36	1.25	2.18	2.13	2.07	2.03	2.00	1.93	1.86
	0.010	3.06	2.93	2.78	2.63	2.54	2.47	2.38	2.33	2.29	2.20	2.11
	0.001	4.41	4.17	3.92	3.66	3.49	3.38	3.23	3.14	3.08	2.92	2.78
28	0.100	1.84	1.79	1.74	1.69	1.65	1.63	1.59	1.57	1.56	1.52	1.48
	0.050	2.19	2.12	2.04	1.96	1.91	1.87	1.82	1.79	1.77	1.71	1.66
	0.025	2.55	2.45	2.34	2.23	2.16	2.11	2.05	2.01	1.98	1.91	1.84
	0.010	3.03	2.90	2.75	2.60	2.51	2.44	2.35	2.30	2.26	2.17	2.08
	0.001	4.35	4.11	3.86	3.60	3.43	3.32	3.18	3.09	3.02	2.86	2.72
29	0.100	1.83	1.78	1.73	1.68	1.64	1.62	1.58	1.56	1.55	1.51	1.47
	0.050	2.18	2.10	2.03	1.94	1.89	1.85	1.81	1.77	1.75	1.70	1.65
	0.025	2.53	1.43	2.32	2.21	2.14	2.09	2.03	1.99	1.96	1.89	1.82
	0.010	3.00	2.87	2.73	2.57	2.48	2.41	2.33	2.27	2.23	2.14	2.05
	0.001	4.29	4.05	3.80	3.54	3.38	3.27	3.12	3.03	2.97	2.81	2.66
30	0.100	1.82	1.77	1.72	1.67	1.63	1.61	1.57	1.55	1.54	1.50	1.46
	0.050	2.16	2.09	2.01	1.93	1.88	1.84	1.79	1.76	1.74	1.68	1.62
	0.025	2.51	2.41	2.31	2.20	2.12	2.07	2.01	1.97	1.94	1.87	1.80
	0.010	2.98	2.84	2.70	2.55	2.45	2.39	2.30	2.25	2.21	2.11	2.02
	0.001	4.24	4.00	3.75	3.49	3.33	3.22	3.07	2.98	2.92	2.76	2.61
40	0.100	1.76	1.71	1.66	1.61	1.57	1.54	1.51	1.48	1.47	1.42	1.38
	0.050	2.08	2.00	1.92	1.84	1.78	1.74	1.69	1.66	1.64	1.58	1.52
	0.025	2.39	2.29	2.18	2.07	1.99	1.94	1.88	1.83	1.80	1.72	1.65
	0.010	2.80	2.66	2.52	2.37	2.27	2.20	2.11	2.06	2.02	1.92	1.82
	0.001	3.87	3.64	3.40	3.14	2.98	2.87	2.73	2.64	2.57	2.41	2.25
50	0.100	1.73	1.68	1.63	1.57	1.53	1.50	1.46	1.44	1.42	1.38	1.33
	0.050	2.03	1.95	1.87	1.78	1.73	1.69	1.63	1.60	1.58	1.51	1.45
	0.025	2.32	2.22	2.11	1.99	1.92	1.87	1.80	1.75	1.72	1.64	1.56
	0.010	2.70	2.56	2.42	2.27	2.17	2.10	2.01	1.95	1.91	1.80	1.70
	0.001	3.67	3.44	3.20	2.95	2.79	2.68	2.53	2.44	2.38	2.21	2.05
60	0.100	1.71	1.66	1.60	1.54	1.50	1.48	1.44	1.41	1.40	1.35	1.30
	0.050	1.99	1.92	1.84	1.75	1.69	1.65	1.59	1.56	1.53	1.47	1.40
	0.025	2.27	2.17	2.06	1.97	1.87	1.82	1.74	1.70	1.67	1.58	1.49
	0.010	2.63	2.50	2.35	2.20	2.10	2.03	1.94	1.88	1.84	1.73	1.62
	0.001	3.54	3.32	3.08	2.83	2.67	2.55	2.41	2.32	2.25	2.08	1.92

분모의 자유도	p	분자의 자유도 10	12	15	20	25	30	40	50	60	120	1000
	0.100	1.66	1.61	1.56	1.49	1.45	1.42	1.38	1.35	1.34	1.28	1.22
	0.050	1.93	1.85	1.77	1.68	1.62	1.57	1.52	1.48	1.45	1.38	1.30
100	0.025	2.18	2.08	1.97	1.85	1.77	1.71	1.64	1.59	1.56	1.46	1.36
	0.010	2.50	2.37	2.22	2.07	1.97	1.89	1.80	1.74	1.69	1.57	1.45
	0.001	3.30	3.07	2.74	2.59	2.43	2.32	2.17	2.08	2.01	1.83	1.64
	0.100	1.63	1.58	1.52	1.46	1.41	1.38	1.34	1.31	1.29	1.23	1.16
	0.050	1.88	1.80	1.72	1.62	1.56	1.52	1.46	1.41	1.39	1.30	1.21
200	0.025	2.11	2.01	1.90	1.78	1.70	1.64	1.56	1.51	1.47	1.37	1.25
	0.010	2.41	2.27	2.13	1.97	1.87	1.79	1.69	1.63	1.58	1.45	1.30
	0.001	3.12	2.90	2.67	2.42	2.26	2.15	2.00	1.90	1.83	1.64	1.43
	0.100	1.61	1.55	1.49	1.43	1.38	1.35	1.30	1.27	1.25	1.18	1.08
	0.050	1.84	1.76	1.67	1.58	1.52	1.47	1.4	1.36	1.33	1.24	1.11
1000	0.025	2.06	1.96	1.75	1.72	1.64	1.58	1.50	1.45	1.41	1.29	1.13
	0.010	2.34	2.20	2.06	1.90	1.79	1.72	1.61	1.54	1.50	1.35	1.16
	0.001	2.99	2.77	2.54	2.30	2.14	2.02	1.87	1.77	1.69	1.49	1.22

[표 6] Willcoxon순위합동통계량의 누적확률분포표

$$P = P\{W_s \geq x\} = P\{W_s \leq x^*\}$$

SMALLER SAMPLES SIZE = 2

LARGER SAMPLE SIZE

3			4			5			6		
x	P	x^*	x	P	x^*	x	P	x^*	x	P	x^*
8	.200	4	10	.133	4	11	.190	5	13	.143	5
9	.100	3	11	.067	3	12	.095	4	14	.071	4
10	0	2	12	0	2	13	.048	3	15	.036	3
						14	0	2	16	0	2

7			8			9			10		
x	P	x^*	x	P	x^*	x	P	x^*	x	P	x^*
15	.111	5	16	.133	6	18	.109	6	19	.136	7
16	.056	4	17	.089	5	19	.073	5	20	.091	6
17	.028	3	18	.044	4	20	.036	4	21	.061	5
18	0	2	19	.022	3	21	.018	3	22	.030	4
			20	0	2	22	0	2	23	.015	3

SMALLER SAMPLES SIZE = 3

LARGER SAMPLE SIZE

3			4			5			6		
x	P	x^*	x	P	x^*	x	P	x^*	x	P	x^*
13	.200	8	16	.114	8	18	.125	9	20	.131	10
14	.100	7	17	.057	7	19	.071	8	21	.083	9
15	.050	6	18	.029	6	20	.036	7	22	.048	8
16	0	5	19	0	5	21	.018	6	23	.024	7
						22	0	5	24	.012	6
									25	0	5

7			8			9			10		
x	P	x^*	x	P	x^*	x	P	x^*	x	P	x^*
22	.133	11	24	.139	12	27	.105	12	29	.108	13
23	.092	10	25	.097	11	28	.073	11	30	.080	12
24	.058	9	26	.067	10	29	.050	10	31	.056	11
25	.033	8	27	.042	9	30	.032	9	32	.038	10
26	.017	7	28	.024	8	31	.018	8	33	.024	9
27	.008	6	29	.012	7	32	.009	7	34	.014	8
28	0	5	30	.006	6	33			35	.007	7
			31	0	5						

SMALLER SAMPLES SIZE = 4											
LARGER SAMPLE SIZE											
4			5			6			7		
x	P	x^*	x	P	x^*	x	P	x^*	x	P	x^*
22	.171	14	25	.143	15	28	.129	16	31	.115	17
23	.100	13	26	.095	14	29	.086	15	32	.082	16
24	.057	12	27	.056	13	30	.057	14	33	.055	15
25	.029	11	28	.032	12	31	.033	13	34	.036	14
26	.014	10	29	.016	11	32	.019	12	35	.012	13
27	0	9	30	.008	10	33	.010	11	36	.012	12
			31	0	9				37	.006	11

8			9			10		
x	P	x^*	x	P	x^*	x	P	x^*
34	.107	18	36	.130	20	39	.120	21
35	.077	17	37	.099	19	40	.094	20
36	.055	16	38	.074	18	41	.071	19
37	.036	15	39	.053	17	42	.053	18
38	.024	14	40	.038	16	43	.038	17
39	.014	13	41	.025	15	44	.027	16
40	.008	12	42	.017	14	45	.018	15
			43	.010	13	46	.012	14
						47	.007	13

SMALLER SAMPLES SIZE = 5											
LARGER SAMPLE SIZE											
5			6			7			8		
x	P	x^*	x	P	x^*	x	P	x^*	x	P	x^*
34	.111	21	37	.123	23	41	.101	24	44	.111	26
35	.075	20	38	.089	22	42	.074	23	45	.085	25
36	.048	19	39	.063	21	43	.053	22	46	.064	24
37	.028	18	40	.041	20	44	.037	21	47	.047	23
38	.016	17	41	.026	19	45	.024	20	48	.033	22
39	.006	16	42	.015	18	46	.015	19	49	.023	21
			43	.009	17	47	.009	18	50	.015	20
									51	.009	19

9			10		
x	P	x^*	x	P	x^*
47	.120	28	51	.103	29
48	.095	27	52	.082	28
49	.073	26	53	.065	27
50	.056	25	54	.050	26
51	.041	24	55	.038	25
52	.030	23	56	.028	24
53	.021	22	57	.020	23
54	.014	21	58	.014	22
55	.009	20	59	.010	21

SMALLER SAMPLES SIZE = 6

LARGER SAMPLE SIZE

6			7			8			9		
x	P	x^*	x	P	x^*	x	P	x^*	x	P	x^*
47	.120	31	51	.117	33	55	.114	35	59	.112	37
48	.090	30	52	.090	32	56	.091	34	60	.091	36
49	.066	29	53	.069	31	57	.071	33	61	.072	35
50	.047	28	54	.051	30	58	.054	32	62	.057	34
34	.032	27	55	.037	29	59	.041	31	63	.044	33
52	.021	26	56	.026	28	60	.030	30	64	.033	32
53	.013	25	57	.017	27	61	.021	29	65	.025	31
54	.008	24	58	.011	26	62	.018	28	66	.018	30
			59	.007	25	63	.010	27	67	.013	29
									68	.009	28

10		
x	P	x^*
63	.110	39
64	.090	38
65	.074	37
66	.059	36
67	.047	35
68	.036	34
69	.028	33
70	.021	32
71	.016	31
72	.011	29
73	.008	28

SMALLER SAMPLES SIZE = 7

LARGER SAMPLE SIZE

7			8			9			10		
x	P	x^*	x	P	x^*	x	P	x^*	x	P	x^*
63	.104	42	67	.116	45	72	.105	47	76	.115	50
64	.082	41	68	.095	44	73	.087	46	77	.097	49
65	.064	40	69	.076	43	74	.071	45	78	.081	48
66	.049	39	70	.060	42	75	.057	44	79	.067	47
67	.036	38	71	.047	41	76	.045	43	80	.054	46
68	.027	37	72	.036	40	77	.036	42	81	.044	45
69	.019	36	73	.027	39	78	.027	41	82	.035	44
70	.013	35	74	.020	38	79	.021	40	83	.028	43
71	.009	34	75	.014	37	80	.016	39	84	.022	42
			76	.010	36	81	.011	38	85	.017	41
						82	.008	37	86	.012	40
									87	.009	39

SMALLER SAMPLES SIZE = 8								
LARGER SAMPLE SIZE								
8			9			10		
x	P	x^*	x	P	x^*	x	P	x^*
80	.117	56	86	.100	58	91	.102	61
81	.097	55	87	.084	57	92	.086	60
82	.080	54	88	.069	56	93	.073	59
83	.065	53	89	.057	55	94	.061	58
84	.052	52	90	.046	54	95	.051	57
85	.041	51	91	.037	53	96	.042	56
86	.032	50	92	.030	52	97	.034	55
87	.025	49	93	.023	51	98	.027	54
88	.019	48	94	.018	50	99	.022	53
89	.014	47	95	.014	49	100	.017	52
90	.010	46	96	.010	48	101	.013	51
						102	.010	50

SMALLER SAMPLES SIZE = 9						SMALLER SAMPLES SIZE =10		
LARGER SAMPLE SIZE						LARGER SAMPLE SIZE		
8			9			10		
x	P	x^*	x	P	x^*	x	P	x^*
100	.111	71	106	.106	74	122	.109	88
101	.095	70	107	.091	73	123	.095	87
102	.081	69	108	.078	72	124	.083	86
103	.068	68	109	.067	71	125	.072	85
104	.057	67	110	.056	70	126	.062	84
105	.047	66	111	.047	69	127	.053	83
106	.039	65	112	.039	68	128	.045	82
107	.031	64	113	.033	67	129	.038	81
108	.025	63	114	.027	66	130	.032	80
109	.020	62	115	.022	65	131	.026	79
110	.016	61	116	.017	64	132	.022	78
111	.012	60	117	.014	63	133	.018	77
112	.009	59	118	.011	62	134	.014	76
			119	.009	61	135	.012	75
						136	.009	74

[표 7] Wilcoxon 부호순위통계량의 누적확률분포표

$$P = P\{W^+ \geq x\} = P\{W^+ \leq x^*\}$$

n=3			n=4			n=5			n=6		
x	P	x^*	x	P	x^*	x	P	x^*	x	P	x^*
5	.250	1	8	.188	2	12	.156	3	17	.109	4
6	.125	0	9	.125	1	13	.094	2	18	.078	3
7	0		10	.062	0	14	.062	1	19	.047	2
			11	0		15	.031	0	20	.031	1
						16	0		21	.016	0
									22	0	

n=7			n=8			n=9			n=10		
x	P	x^*	x	P	x^*	x	P	x^*	x	P	x^*
22	.109	6	27	.125	9	34	.102	11	40	.116	15
23	.078	5	28	.098	8	35	.082	10	41	.097	14
24	.055	4	29	.074	7	36	.064	9	42	.080	13
25	.039	3	30	.055	6	37	.049	8	43	.065	12
26	.023	2	31	.039	5	38	.037	7	44	.053	11
27	.016	1	32	.027	4	39	.027	6	45	.042	.10
28	.008	0	33	.020	3	40	.020	5	46	.032	9
			34	.012	2	41	.014	4	47	.024	8
			35	.008	1	42	.010	3	48	.019	7
									49	.014	6
									50	.010	5

n=11			n=12			n=13			n=14		
x	P	x^*	x	P	x^*	x	P	x^*	x	P	x^*
48	.103	18	56	.102	22	64	.108	27	73	.018	32
49	.087	17	57	.088	21	65	.095	26	74	.097	31
50	.074	16	58	.076	20	66	.084	25	75	.086	30
51	.062	15	59	.065	19	67	.073	24	76	.077	29
52	.051	14	60	.055	18	68	.064	23	77	.068	28
53	.042	13	61	.046	17	69	.055	22	78	.059	27
54	.034	12	62	.039	16	70	.047	21	79	.052	26
55	.027	11	63	.032	15	71	.040	20	80	.045	25
56	.021	10	64	.026	14	72	.034	19	81	.039	24
57	.016	9	65	.021	13	73	.029	18	82	.034	23
58	.012	8	66	.017	12	74	.020	17	83	.029	22
59	.009	7	67	.013	11	75	.016	16	84	.025	21
			68	.010	10	76	.013	15	85	.021	20
						77	.011	14	86	.018	19
						78	.009	13	87	.015	18
						79		12	88	.012	17
									89	.010	16

n=15					
x	P	x^*	x	P	x^*
83	.104	37	92	.036	28
84	.094	36	93	.032	27
85	.084	35	94	.028	26
86	.076	34	95	.024	25
87	.068	33	96	.021	24
88	.060	32	97	.018	23
89	.053	31	98	.015	22
90	.047	30	99	.013	21
91	.042	29	100	.011	20
			101	.009	19

◆ 저자 약력 및 저서 ◆

김 우 성(金佑聲)

• 한국마케팅학술연구소 연구원
• 일본센슈(專修)대학교 대학원경영학연구과 소비자행동전공
• 동국대학교 대학원 통계학과 전산통계전공 통계학박사
• 일본소비자행동학회 회원
• 한국중소기업학회 회원
• 중소기업기술지원단 기술지도위원
• 목원대학교 · 중부대학교 강사
• 현재 목원대학교 정보컨설팅학과 전임교수

[주요논문]

• 한 · 일간 생활행동의 비교연구
• 군집분석에 의한 한 · 일간 생할행동비교연구
• 라이프스타일연구의 계량기법 연구
• 국민표준체위조사보고서
• 라이프스타일연구의 방법론적인 검토
• 서비스의 개념과 특성에 관한 고찰
• 요인분석에 의한 성장기 체형의 연구
• 성인남자체형의 특징을 나타내는 요인의 추출과 연령적 변화
• 에너지총조사보고서
• 한 · 일 소상공인의 경영목적에 관한 비교 연구
• 판매원의 판매행동과 라이프스타일과의 관계
• 마케팅자료에서 특성점들을 이용한 군집방법
• 브랜드자산에 관한 연구실태와 과제

[저서]

• 알기 쉬운 다변량해석
• SAS에 의한 경제분석입문
• SAS에 의한 기초통계강좌
• SAS활용 경영자료분석
• Business Strategy

e-mail: toratora815@empal.com

마케팅조사론

초　판 1쇄 인쇄 —— 2012년　3월　1일
초　판 1쇄 발행 —— 2012년　3월　5일
지은이 —— 김 우 성
펴낸이 —— 전 두 표
펴낸곳 —— 도서출판 **두남**
서울시 강동구 성내1동 455-12 두남빌딩
신 고 : 제25100-1988-9호
(구 제2-624호, 1988. 7. 21)
TEL : 02) 478-2065, 2066, 2067, 2311
FAX : 02) 478-2068
E-mail : dunam1@unitel.co.kr
http://www.dunam.co.kr

정가 22,000원

ISBN 978-89-6414-324-7　93320